manuales

CIENCIA Y TECNOLOGÍA

de la Universidad de Málaga

EDUARDO CASILARI PÉREZ
CONCEPCIÓN TÉLLEZ LABAO
FRANCISCO J. VIZCAÍNO MARTÍN
MARGARITA RUIZ GARCÍA
CARMEN DE TRAZEGNIES OTERO
RAFAEL MORENO SÁEZ

PROBLEMAS RESUELTOS DE ELECTRÓNICA ANALÓGICA

UNIVERSIDAD DE MÁLAGA
2025

© Los autores

© UMA Editorial. Universidad de Málaga
  Bulevar Louis Pasteur, 30 (Campus de Teatinos)
  29071 Málaga
  www.umaeditorial.uma.es

Imagen de la cubierta: Wikimedia Commons

Diseño de la colección: Tadigra
Maquetación: Aurora Álvarez. UMA Editorial.

ISBN: 978-84-1335-437-8
Depósito legal: MA 1365-2025

Impresión: Podiprint
Impreso en España - Printed in Spain

Esta obra también está disponible en formato electrónico.

Esta editorial es miembro de la UNE, lo que garantiza la difusion y comercialización de sus publicaciones a nivel nacional.

ÍNDICE

PRESENTACIÓN 7

   Summary in English 8

1. CONCEPTOS BÁSICOS DE AMPLIFICADORES.............................. 11

   Problemas sobre parámetros básicos de amplificadores................. 11

   Cálculo de la función de transferencia 18

   Caracterización de amplificadores 30

   Modelado de ruido en amplificadores 43

2. EL AMPLIFICADOR OPERACIONAL 51

   Aplicaciones lineales del amplificador operacional...................... 51

   No linealidades del amplificador operacional 88

   Amplificadores de instrumentación 118

3. AMPLIFICACIÓN CON TRANSISTORES 123

   Circuitos con diodos 123

   Etapas básicas de ganancia con transistores bipolares.................. 147

   Etapas básicas de ganancia con transistores FET 157

   Amplificadores multietapa 184

   Amplificadores diferenciales 196

CUESTIONES BREVES **259**

    Cuestiones breves sobre polarización de diodos y BJT 259

    Cuestiones breves sobre polarización de FET 264

    Cuestiones breves sobre análisis en pequeña señal 273

    Cuestiones breves sobre el amplificador diferencial 279

TEST DE REPASO **281**

    Soluciones al test de repaso 398

FORMULARIO BÁSICO **401**

    Configuraciones del amplificador operacional... 401

    Diseño de un circuito aritmético 406

    El diodo de unión PN 407

    El transistor bipolar de unión (BJT) 408

    El transistor JFET.. 411

    El transistor MOSFET 413

    Etapas básicas de ganancia con transistores BJT 416

    Etapas básicas de ganancia con transistores FET 417

    El amplificador diferencial con transistores BJT.. 418

    El amplificador diferencial con transistores FET 419

    Fuentes de corriente con bipolares.. 420

    Fuentes de corriente con FET 421

BIBLIOGRAFÍA **425**

PRESENTACIÓN

Este libro recoge un conjunto de problemas y ejercicios destinado a completar la formación en la asignatura Electrónica Analógica. Esta asignatura, de carácter obligatorio, forma parte de las materias comunes de los planes de estudio (reformados en 2023) de los cinco grados del ámbito de la Ingeniería de Telecomunicación que actualmente oferta la Universidad de Málaga. En estos cinco títulos (grados en Ingeniería de Sistemas de Telecomunicación, en Ingeniería de Electrónica de Telecomunicación, en Ingeniería de Sonido e Imagen, en Ingeniería Telemática y en Ingeniería de Tecnologías de Telecomunicación) se imparte durante el primer cuatrimestre del 2º año. Esta asignatura, que se completa con prácticas de laboratorio no recogidas en este trabajo, ofrece una introducción académica y práctica a los dispositivos y circuitos amplificadores, que resultan clave en cualquier sistema de telecomunicación.

Entendemos que este libro aporta una vía práctica y útil para que el alumnado pueda adquirir, trabajando de forma a la vez guiada y autónoma, algunas de las competencias que se pretenden adquirir cursando la asignatura. De forma añadida, este volumen se plantea como una interesante ayuda al estudiante en la medida que permite la importante tarea de la autoevaluación al tiempo que recoge ejercicios con la tipología y el nivel que luego se exige en algunas de las pruebas de evaluación.

El libro aprovecha, en buena medida, el numeroso material docente desarrollado (especialmente exámenes y problemas de clase) durante los más de 20 años de experiencia docente de los autores como profesores de asignaturas vinculadas a la Electrónica Analógica en la Escuelas Técnicas Superiores de Ingeniería de Telecomunicación e Ingeniería Industrial de la Universidad de Málaga.

En cuanto a la distribución de los contenidos de este tomo, estos se distribuyen en tres capítulos de problemas a los que siguen otras secciones con cuestiones breves, preguntas tipo test y un formulario básico de repaso.

Estos casi 100 problemas, detalladamente resueltos, se estructuran siguiendo el temario de la asignatura en tres temas o capítulos y de acuerdo con una complejidad creciente dentro de cada capítulo.

Así, en el primer tema se proponen problemas que abordan conceptos básicos de los amplificadores y sus diversos tipos, sin entrar en detalles de su implementación. De este modo, se tratan aspectos como la respuesta en frecuencia, la caracterización de amplificadores, los parámetros H o el modelado del ruido. El segundo capítulo se centra en el análisis y diseños de circuitos y aplicaciones lineales realizadas mediante Amplificadores Operacionales (A.O.). Además, asumiendo que el alumnado ya conoce los principios elementales de este subsistema analógico, se tienen en cuenta las no idealidades de los A.O. y se estudian además circuitos de compensación de éstas. El cuarto capítulo ofrece una amplia colección de problemas sobre análisis y diseño de amplificadores con transistores. El capítulo, tras algunos ejercicios que permiten repasar el funcionamiento del diodo, incluye diversos problemas que permiten ahondar en todos aquellos aspectos que se relacionan con la polarización y estudio en pequeña señal de circuitos con transistores. Consecuentemente, se van analizando ejemplos de etapas básicas de ganancia (realizadas tanto con transistores bipolares como de efecto campo), las configuraciones multietapa, el amplificador diferencial y las fuentes de corriente.

Tras estos capítulos con problemas, en una sección específica, se ha agrupado un conjunto de cuestiones breves, organizadas también por temas, y pequeñas preguntas tipo test, que ayudan a repasar y reflexionar sobre aspectos muy diversos de la materia tratada. Por último, el libro incluye el formulario básico con las definiciones, teoremas y expresiones empleados a lo largo de los problemas.

Los conceptos sobre electrónica analógica que se pretenden afianzar con el presente texto forman parte de la base tecnológica que necesita cualquier grado afín a la Ingeniería de Telecomunicación para comprender los rudimentos de cualquier sistema electrónico con parte analógica. En cualquier caso, al ceñirse al programa de una asignatura de formación básica en los primeros cursos de un grado, se ha de advertir que este libro no contempla ejercicios de temas fundamentales de la Electrónica Analógica que se corresponderían con el contenido de asignaturas posteriores. Entre los temas no tratados aquí y que forman parte del temario "clásico" de la Electrónica Analógica podemos mencionar la retroalimentación, la oscilación, la respuesta en frecuencia de amplificadores con transistores, las etapas de potencia, las fuentes de alimentación o los circuitos no lineales con amplificadores operacionales.

Finalmente, los autores quisieran pedir disculpas por adelantado por las posibles erratas que el lector pudiera encontrar en este libro. En ese sentido, estaríamos muy agradecidos de recibir sugerencias y opiniones para poder mejorarlo en ediciones futuras. Para ello, se anima a contactar con los autores a través del correo electrónico: ecasilari@uma.es

Nota: el esquema del amplificador de la portada de este libro se corresponde con la imagen, bajo licencia GNU, ofrecida por la versión inglesa de la Wikipedia en la entrada "Differential_amplifier":

- Wikimedia Commons contributors, "File:Differential amplifier long-tailed pair.svg," Wikimedia Commons, accessible en la dirección electronica: https://commons.wikimedia.org/w/index.php?title=File:Differential_amplifie r_long-tailed_pair.svg&oldid=676803138 (página consultada el 26 de julio de 2024).

SUMMARY IN ENGLISH

Key words: Analog electronics, transistors, operational amplifier, differential amplifier, biasing, small signal models, problems with solutions.

This book contains a set of problems and exercises designed to complement the training in the subject of Analog Electronics. The book is divided into three chapters of problems, followed by other sections with short questions, multiple-choice questions, and a basic review formula. These nearly 100 problems, thoroughly solved, are structured following the course syllabus into three topics or chapters and arranged according to increasing complexity within each chapter. Thus, in the first topic, problems address basic concepts of amplifiers and their various types without delving into implementation details. Thus, aspects such as frequency response, amplifier characterization, H parameters, and noise modeling are discussed. The second chapter focuses on the analysis and design of circuits and linear applications based on Operational Amplifiers (O.A.). Assuming that students already know the basic principles of this analog subsystem, the non-idealities of O.A.s are considered, and circuits designed to compensate for these are also studied. The third chapter offers a wide range of problems on the analysis and design of amplifier circuits using transistors. This chapter, after exercises reviewing diode operation, includes various problems that delve into aspects related to the biasing and small-signal analysis of transistor circuits. Consequently, examples of basic gain stages (using both bipolar and field-effect transistors), multi-stage configurations, differential amplifiers, and current sources are analyzed.

After these chapters with problems, a specific section includes a set of brief questions, also organized by topics, as well as small multiple-choice questions that help review and reflect on various aspects of the subject matter. Finally, the book includes a basic formula sheet with definitions, theorems, and expressions used throughout the problems.

The concepts of analog electronics that this text aims to reinforce are part of the technological foundation required for any degree related to Telecommunications Engineering to understand the fundamentals of any electronic system with an analog component. However, since it aligns with the syllabus of a foundational subject in the early years of a degree, it should be noted that this book does not cover exercises on fundamental topics of Analog Electronics that would correspond to the content of later subjects. Among the topics not covered here, which form part of the "classic" curriculum of Analog Electronics, we can mention feedback, oscillation, frequency response of amplifiers with transistors, power stages, power supplies, or nonlinear circuits with operational amplifiers.

1. CONCEPTOS BÁSICOS DE AMPLIFICADORES

PROBLEMAS SOBRE PARÁMETROS BÁSICOS DE AMPLIFICADORES

Problema 1.1.

Se pretenden conectar en cascada dos amplificadores iguales que presentan las siguientes características: ganancia de Tensión, $G_v = 100 \frac{V}{V} (40\ dB)$; impedancia de entrada, $Z_{ent} = 100\ k\Omega$; impedancia de salida, $Z_{sal} = 10\ k\Omega$. Suponiendo nula la impedancia de salida de la señal a amplificar (generador ideal) e infinita la impedancia de carga que se conecte a la salida de la conexión (salida en circuito abierto) ¿qué ganancia efectiva presentará el conjunto de la conexión en cascada de los dos amplificadores?

<u>Solución:</u>

La ganancia efectiva del circuito montado vendrá dada por el cociente entre la amplitud del voltaje de salida, V_{sal}, y la amplitud del voltaje de entrada, V_{ent}. Así se tiene que:

$$G_{ef} = \frac{V_{sal}}{V_{ent}} = \frac{G_v \cdot V_{ent2}}{V_{ent}}$$

donde V_{ent} define la señal de entrada al primer amplificador mientras que V_{ent2} representa la señal de tensión de entrada al segundo amplificador de la conexión en cascada (y por tanto, la salida del primer amplificador).

Como la entrada del segundo amplificador es precisamente la salida del primero, se puede expresar que:

$$V_{ent_2} = \frac{Z_{ent}}{Z_{sal} + Z_{ent}} \cdot G_v \cdot V_{ent}$$

Combinando las dos expresiones anteriores se llega a que

$$G_{ef} = Gv \cdot Gv \cdot \frac{Zent}{Zsal + Zent} = 100 \cdot 100 \cdot \frac{100\ k\Omega}{10\ k\Omega + 100\ k\Omega}$$
$$= 9090.9\ \frac{V}{V}\ (79.17dB)$$

Problema 1.2.

Se dispone de un amplificador genérico que presenta una ganancia de tensión, $G_v = 100\ \frac{V}{V}\ (40\ dB)$, una impedancia de entrada, $Z_{ent} = 100\ k\Omega$, y una impedancia de salida, $Z_{sal} = 10\ k\Omega$. Se utiliza el amplificador para amplificar la tensión $V_{señal}$ suministrada por un generador de señal con una resistencia de salida asociada, $R_o = 1\ k\Omega$, y entregar la señal amplificada a una resistencia de carga $R_L = 47\ k\Omega$, según se puede observar en el circuito de la figura.

Calcule, a partir de estos valores, cuál será la ganancia efectiva del circuito montado.

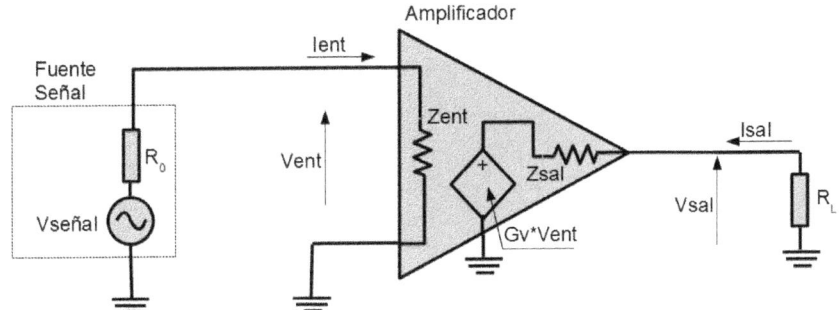

Circuito amplificador genérico con la fuente de entrada y la resistencia de carga.

<u>Solución:</u>

La ganancia efectiva del circuito montado vendrá dada por el cociente entre la amplitud del voltaje de salida en extremos de la resistencia de carga R_L, V_{sal}, y la amplitud del voltaje de entrada, $V_{señal}$. Así se tiene que:

$$G_{ef} = \frac{V_{sal}}{V_{señal}} = \frac{\dfrac{R_L}{Z_{sal} + R_L} G_v \cdot V_{ent}}{V_{señal}}$$

Dado que: $V_{ent} = \frac{Z_{ent}}{R_o + Z_{ent}} V_{señal}$

Se obtiene:

$$G_{ef} = \frac{R_L}{Z_{sal} + R_L} \cdot \frac{Z_{ent}}{R_o + Z_{ent}} \cdot G_v = \frac{47k}{10k + 47k} \cdot \frac{100k}{1k + 100k} 100$$
$$= 81.64 \ (38.23 \ dB)$$

Nótese que interesa, para no perder ganancia efectiva de tensión, que el amplificador tuviera una impedancia de entrada muy elevada (idealmente infinita) y una impedancia de salida muy baja (idealmente nula).

Problema 1.3.

Se desea caracterizar linealmente el circuito amplificador mostrado en la figura como un cuadripolo. Para ello se realizan sobre el mismo las siguientes medidas en el laboratorio:

1. Manteniendo cortocircuitada la salida, $V_{sal} = 0\ V$, se aplica una tensión a la entrada, V_{ent}, y se mide:
   a. La corriente entrante a la entrada del amplificador, I_{ent}.
   b. La corriente entrante a la salida del amplificador, I_{sal}.
2. Manteniendo la entrada en circuito abierto, $I_{ent} = 0$, se aplica una tensión a la salida, V_{sal}, y se mide:
   a. La tensión a la entrada, V_{ent}.
   b. La corriente entrante a la salida del amplificador, I_{sal}.

Con las medidas realizadas, se pide expresar la tensión de entrada, V_{ent}, y la corriente de salida, I_{sal}, en función de la tensión de salida, V_{sal}, y la corriente de entrada, I_{ent}.

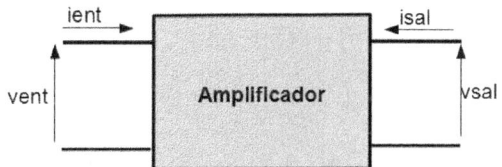

Amplificador representado como un cuadripolo.

Solución:

De las medidas realizadas con la salida cortocircuitada, se pueden determinar los siguientes parámetros del amplificador:

- La relación entre V_{ent} e I_{ent}, que podemos llamar impedancia de entrada del amplificador con salida en cortocircuito, Z_{ent}.
- La relación entre I_{sal} e I_{ent}, que podemos llamar ganancia de corriente directa (forward) con salida en cortocircuito, G_{if}.

Por otro lado, de las medidas realizadas con la entrada en circuito abierto, se puede obtener:

- La relación entre V_{ent} y V_{sal}, que podemos llamar ganancia inversa ("reverse") de tensión con entrada en circuito abierto, G_{ivr}.
- La relación entre I_{sal} y V_{sal}, que podemos llamar admitancia de salida con entrada en circuito abierto, Y_{sal}.

Conociendo estos parámetros, fácilmente se puede expresar V_{ent} como:

$$V_{ent} = Z_{ent} \cdot I_{ent} + G_{vr} \cdot V_{sal}$$

Y la corriente de salida I$_{sal}$ como:

$$I_{sal} = G_{if} \cdot I_{ent} + Y_{sal} \cdot V_{sal}$$

Este modelo que mezcla parámetros de impedancia (impedancia de entrada con salida en cortocircuito) y de admitancia (admitancia de salida con entrada en circuito abierto) recibe el nombre de modelo híbrido h, y los parámetros se denominan parámetros h, identificándose cada parámetro por un par de subíndices que corresponden a la posición en la matriz asociada al sistema de ecuaciones formado. También se puede identificar estos parámetros en el subíndice con una letra que indica su papel, "i" para la impedancia de entrada (input), "o" para la impedancia de salida (output), "r" para la ganancia de tensión inversa (reverse) y "f" para ganancia directa (forward) de corriente:

$$\begin{pmatrix} V_{ent} \\ I_{sal} \end{pmatrix} = \begin{pmatrix} Z_{ent} & G_{vr} \\ G_{if} & Y_{sal} \end{pmatrix} \times \begin{pmatrix} I_{ent} \\ V_{sal} \end{pmatrix} = \begin{pmatrix} h_{11} & h_{12} \\ h_{21} & h_{22} \end{pmatrix} \times \begin{pmatrix} I_{ent} \\ V_{sal} \end{pmatrix} = \begin{pmatrix} h_i & h_r \\ h_f & h_o \end{pmatrix} \times \begin{pmatrix} I_{ent} \\ V_{sal} \end{pmatrix}$$

Así se tiene que:

$Z_{ent} = h_{11} = h_i$: Impedancia de entrada con salida en cortocircuito.

$G_{vr} = h_{12} = h_r$: Ganancia inversa de tensión con entrada en circuito abierto.

$G_{if} = h_{21} = h_f$: Ganancia de corriente con salida en cortocircuito.

$Y_{sal} = h_{22} = h_o$: Admitancia de salida con entrada en circuito abierto.

La figura siguiente muestra el circuito lineal asociado al modelo híbrido con parámetros h. Este modelo es muy empleado para caracterizar linealmente el comportamiento en pequeña señal de transistores de unión bipolares (BJT). Así, los fabricantes suelen indicar en sus hojas de características los parámetros h de sus dispositivos[1].

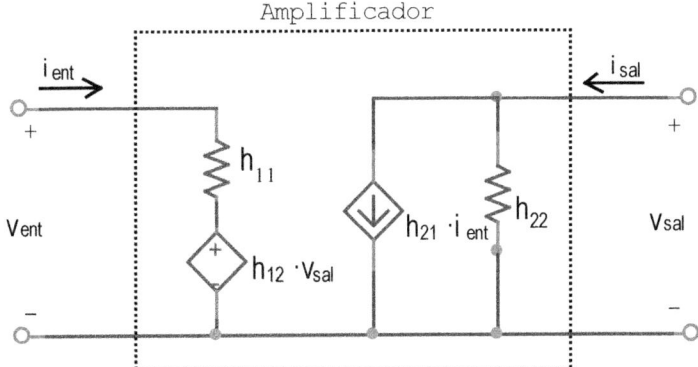

Modelo de circuito lineal para un amplificador mediante parámetros híbridos.

---

[1] Puede ver las hojas de características del transistor 2N2222 en la siguiente página web: https://www.alldatasheet.es/datasheet-pdf/download/181946/FAIRCHILD/PN2222A.html. Observe que el fabricante indica los valores de los parámetros $h_{ie} \equiv h_{11}$, $h_{re} \equiv h_{22}$, $h_{fe} \equiv h_{21}$ y $h_{oe} \equiv h_{21}$, para la configuración en emisor común.

CÁLCULO DE LA FUNCIÓN DE TRANSFERENCIA

Problema 1.4.

Calcule la función de transferencia del filtro paso bajo del circuito de la figura y obtenga:

a) **La expresión de la amplitud de la tensión de salida (V_{sal}) del circuito en función de la entrada del circuito (V_{ent}) y de su frecuencia.**

b) **La expresión de la fase de la tensión de salida del circuito en función de la frecuencia de la señal de entrada, supuesta ésta con fase cero.**

c) **La frecuencia de corte del filtro.**

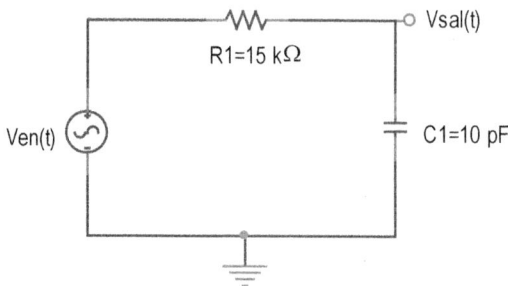

Filtro Paso Bajo RC.

Solución:

a) La función de transferencia del filtro paso bajo vendrá dada por la relación entre la tensión de salida y la tensión de entrada del mismo:

$$H(j\omega) = \frac{V_{sal}(j\omega)}{V_{ent}(\omega)}$$

Analizando el circuito se tiene que:

$$V_{sal}(j\omega) = I \cdot Z_{C1} = \frac{Z_{C1}}{R_1 + Z_{C1}} V_{ent}(\omega) = \frac{\frac{1}{j\omega C_1}}{R_1 + \frac{1}{j\omega C_1}} V_{ent}(\omega) = \frac{1}{1 + j\omega R_1 C_1} V_{ent}(\omega)$$

siendo I la corriente que circula por R_1 y C_1.

A partir de aquí, la función de transferencia del filtro se puede definir como:

$$H(j\omega) = \frac{V_{sal}(j\omega)}{V_{ent}(\omega)} = \frac{1}{1 + j\omega R_1 C_1}$$

El módulo de esta función de transferencia, nos dará la relación entre las amplitudes de la tensión de salida y la tensión de entrada.

$$|H(j\omega)| = \left|\frac{V_{sal}(j\omega)}{V_{ent}(\omega)}\right| = \left|\frac{1}{1 + j\omega R_1 C_1}\right| = \frac{1}{\sqrt{1 + (\omega R_1 C_1)^2}}$$

Gráficamente, la evolución con la frecuencia del módulo de la función de transferencia resulta como sigue:

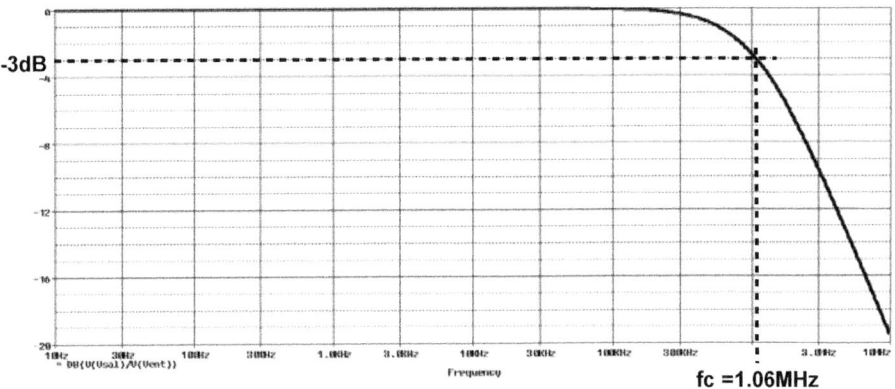

fc =1.06MHz

Gráfica de variación del módulo de la función de transferencia del filtro paso bajo con la frecuencia.

La figura se corresponde con el módulo en dB de la relación entre las señales de salida y entrada $\left(20 \cdot log\left|\frac{V_{sal}}{V_{ent}}\right|\right)$. Se ha obtenido haciendo variar la frecuencia f ($\omega = 2\pi f$) desde los 10 Hz hasta los 10 MHz en la expresión del módulo para los valores de R_1 y C_1 dados. Nótese el efecto del filtrado paso bajo: para frecuencia bajas (cercanas a 0 Hz), el módulo de la señal de salida prácticamente coincide con el de entrada (relación de 0 dB). En cambio, al aumentar la frecuencia, la función claramente disminuye, ofreciendo valores negativos (en dB), lo que implica la atenuación de la salida con respecto a la entrada.

b) El ángulo de fase de la función de transferencia será el desfase que el circuito introduce en la señal de salida con respecto a la fase de la señal de entrada. Supuesta ésta última cero, la fase de la señal de salida será:

$$\angle(H(j\omega)) = -arctan(\omega R_1 C_1)$$

La figura siguiente muestra la gráfica de variación de la relación de fase entre la señal de salida y la señal de entrada en grados obtenida haciendo variar la frecuencia f ($\omega = 2\pi f$) desde 10 Hz hasta 10 MHz en la expresión de la fase de la función de transferencia para los valores de R_1 y C_1 dados.

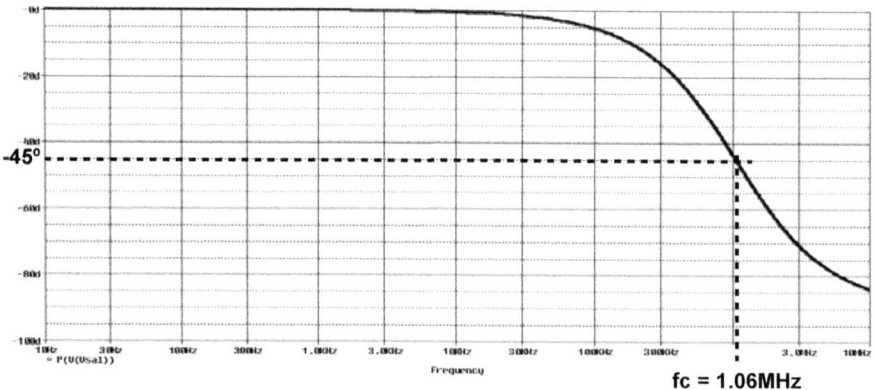

fc = 1.06MHz

Gráfica de variación de la fase de la función de transferencia del filtro paso bajo con la frecuencia.

c) La frecuencia de corte del filtro, f_c, es la frecuencia para la cual la potencia de la señal de salida (aplicada sobre cierta resistencia R_L) se reduce a la mitad de la potencia máxima alcanzable. Esto ocurre cuando el módulo de la tensión a la salida (con respecto a la máxima) se ve dividido por $\sqrt{2}$ con respecto al valor máximo que puede llegar a tener:

$$P(f_c) = \frac{1}{2}P_{máx} \Rightarrow \frac{V_{sal}^2(f_c)}{R_L} = \frac{1}{2}\frac{V_{sal(max)}^2}{R_L} \Rightarrow \frac{V_{sal}(f_c)}{V_{sal(max)}} = \frac{1}{\sqrt{2}} \approx 0.7$$

donde R_L sería la posible resistencia de carga conectada a la salida del circuito.

Como en este circuito $V_{sal(máx)} = V_{ent}$ (lo que ocurre para frecuencia nula, para la cual la atenuación del filtro es de 0 dB), la frecuencia de corte será aquella para la cual el módulo de la función de transferencia del circuito vale aproximadamente 0.7. Así se tiene que:

$$|H(j\omega_c)| = \frac{1}{\sqrt{1 + (\omega_c R_1 C_1)^2}} = \frac{1}{\sqrt{2}} \approx 0.7 \Rightarrow \omega_c = \frac{1}{R_1 C_1} \Rightarrow f_c = \frac{1}{2\pi R_1 C_1} = 1.06 \ MHz$$

Obsérvese que, para la frecuencia de corte, el desfase de la salida con respecto a la entrada es de 45º:

$$\angle(H(j\omega_c)) = -arctan(\omega_c R_1 C_1) = -arctan(1) = -\frac{\pi}{4} = -45 \ º$$

Sobre las gráficas anteriores, que representan el módulo y la fase de la función de transferencia del circuito, se ha marcado la posición de la frecuencia de corte.

La respuesta del filtro depende del valor del condensador, C_1, y del valor de la resistencia a través de la cual se carga y descarga el condensador, R_1, siendo el producto $R_1 \cdot C_1$ el que determina dicha respuesta. A este producto se le conoce como constante de tiempo del circuito, τ. La inversa de esta constante de tiempo es la llamada "pulsación" (o frecuencia) de corte del filtro, ω_c.

Problema 1.5.

Calcule la función de transferencia del filtro paso alto de la figura, determinando:

a) La amplitud de la tensión de salida del circuito en función de la entrada del circuito y de su frecuencia.

b) La fase de la tensión de salida del circuito en función de la frecuencia de la señal de entrada (supuesta ésta con fase cero).

c) La frecuencia de corte del filtro.

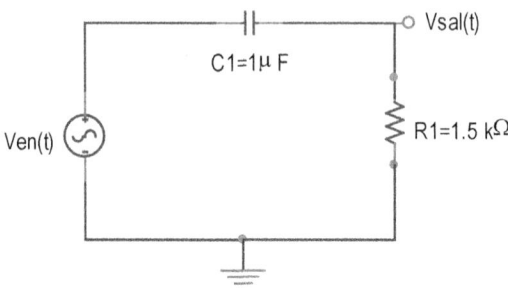

Filtro Paso Alto RC.

Solución:

a) Analizando el circuito se tiene que:

$$V_{sal}(j\omega) = I \cdot R_1 = \frac{R_1}{R_1 + Z_{C1}} V_{ent}(j\omega) = \frac{R_1}{R_1 + \frac{1}{j\omega C_1}} V_{ent}(j\omega) = \frac{j\omega R_1 C_1}{1 + j\omega R_1 C_1} V_{ent}(j\omega)$$

siendo I la corriente que circula por R_1 y C_1.

Por tanto, la función de transferencia del filtro paso alto quedará:

$$H(j\omega) = \frac{Vsal(j\omega)}{Vent(\omega)} = \frac{j\omega R_1 C_1}{1 + j\omega R_1 C_1}$$

El módulo de esta función establece la relación entre las amplitudes de la tensión de salida y la tensión de entrada:

$$|H(j\omega)| = \left|\frac{V_{sal}(j\omega)}{V_{ent}(\omega)}\right| = \left|\frac{j\omega R_1 C_1}{1 + j\omega R_1 C_1}\right| = \frac{1}{\sqrt{1 + \frac{1}{(\omega R_1 C_1)^2}}}$$

La evolución de este módulo ha sido representada en el diagrama de Bode que sigue. En concreto, la figura muestra la variación de la relación entre la amplitud de la señal de salida y la amplitud de la señal de entrada en dB $\left(20 \cdot log \left|\frac{V_{sal}}{V_{ent}}\right|\right)$ cuando la frecuencia f $(\omega = 2\pi f)$ varía desde 1 Hz hasta 1 MHz, teniendo en cuenta los valores de R_1 y C_1 dados.

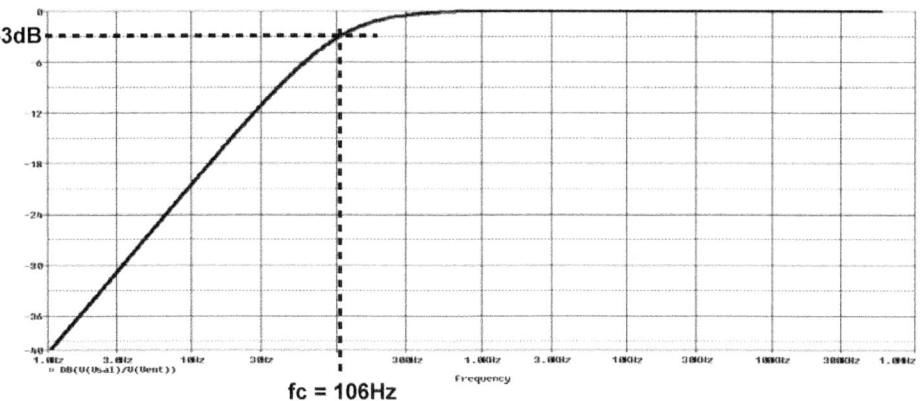

fc = 106Hz

Gráfica de variación del módulo de la función de transferencia del filtro paso alto con la frecuencia.

La evolución del módulo muestra claramente el comportamiento de filtro paso alto que posee el circuito. Así, las frecuencias bajas quedan fuertemente atenuadas mientras que, para frecuencias suficientemente altas, la atenuación tiende a anularse (0 dB).

b) El ángulo de fase de la función de transferencia será el desfase que introduce el circuito (a la salida) sobre la fase de la señal de entrada. Así, el desplazamiento de la fase a la señal de salida será:

$$\angle(H(j\omega)) = \frac{\pi}{2} - arctan(\omega R_1 C_1)$$

La figura que sigue muestra, para los valores de R_1 y C_1 empleados, la gráfica de variación de la relación de fase entre la señal de salida y la señal de entrada en grados. La gráfica, de nuevo, se ha obtenido desde 1 Hz hasta 1 MHz.

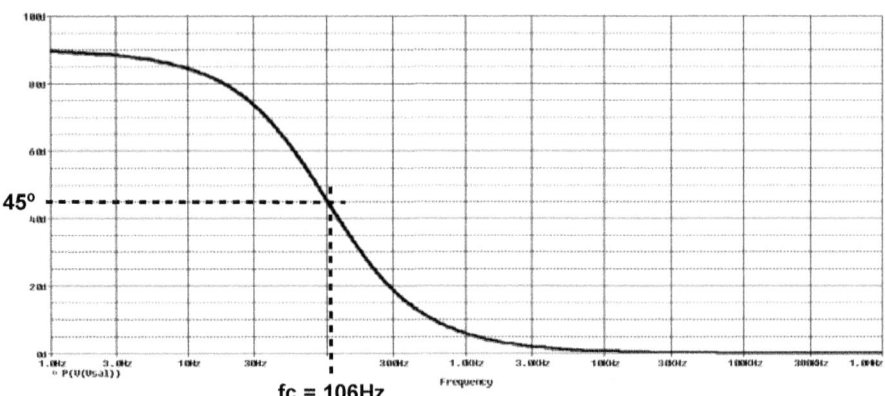

Gráfica de variación de la fase de la función de transferencia del filtro paso alto con la frecuencia.

c) Tal y como se vio en el ejercicio anterior, la frecuencia de corte será aquella para la cual la señal de salida decae en un factor de $\frac{1}{\sqrt{2}}$ (3 dB) con respecto a su valor máximo. Teniendo en cuenta que el valor máximo de la función de transferencia es 1 (0 dB), la frecuencia de corte se obtiene cuando el módulo de la función de transferencia del circuito vale aproximadamente 0.7.

Así se obtiene que:

$$|H(j\omega_c)| = \frac{1}{\sqrt{1 + \frac{1}{(\omega_c R_1 C_1)^2}}} = \frac{1}{\sqrt{2}} \approx 0.7 \Rightarrow \omega_c = \frac{1}{R_1 C_1} \Rightarrow f_c = \frac{1}{2\pi R_1 C_1} = 106\ Hz$$

Obsérvese que, para la frecuencia de corte, el desfase de la salida con respecto a la entrada es de 45º:

$$\angle(H(j\omega_c)) = \frac{\pi}{2} - arctan(\omega_c R_1 C_1) = \frac{\pi}{2} - arctan(1) = \frac{\pi}{4} = 45º$$

Sobre las gráficas del módulo y la fase de la función de transferencia del circuito se ha marcado la posición de la frecuencia de corte.

La respuesta del filtro, igual que en el ejercicio anterior, depende de la constante de tiempo del circuito, $\tau = R_1 \cdot C_1$, siendo la pulsación de corte del filtro, ω_c, la inversa de dicha constante de tiempo. R_1 es, de nuevo, la resistencia a través de la cual se carga y descarga el condensador.

Problema 1.6.

Determine la expresión de la función de transferencia $\left(\frac{V_{sal}}{V_{ent}}\right)$ del filtro paso banda de la figura. A partir de ahí, calcule:

a) La amplitud de la tensión de salida en función de la entrada y de su frecuencia.

b) El desfase de la tensión de salida con respecto a la entrada en función de la frecuencia de la señal de entrada.

c) Las frecuencias de corte inferior y superior del filtro.

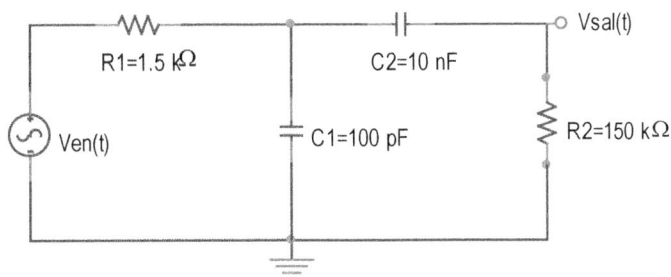

Filtro Paso Banda.

<u>Solución:</u>

a) Analizando el circuito se llega a que:

$$V_{sal}(j\omega) = I_2 \cdot R_2 = \frac{R_2}{R_2 + Z_{C2}}V_{C1} = \frac{R_2}{R_2 + Z_{C2}}[Z_{C1}\|(R_2 + Z_{C2})]I_1$$

donde I_2 es la corriente que circula por R_2, V_{C1} es la caída de potencial en el condensador C_1 e I_1 es la corriente a través de la resistencia R_1. Por su parte Z_{C1} y Z_{C2} representan las impedancias que ofrecen C_1 y C_2 respectivamente.

Expresando la corriente I_1 en función de la tensión de entrada, V_{ent} queda:

$$I_1 = \frac{V_{ent}(j\omega)}{(R_1 + [Z_{C1}\|(R_2 + Z_{C2})])}$$

De donde se tiene que:

$$V_{sal}(j\omega) = \frac{R_2}{(R_2 + Z_{C2})}\frac{[Z_{C1}\|(R_2 + Z_{C2})]}{(R_1 + [Z_{C1}\|(R_2 + Z_{C2})])}V_{ent}(j\omega)$$

Desarrollando los paralelos de impedancias en la expresión anterior se obtiene:

$$V_{sal}(j\omega) = \frac{R_2}{(R_2 + Z_{C2})} \frac{\dfrac{Z_{C1}(R_2 + Z_{C2})}{Z_{C1} + R_2 + Z_{C2}}}{\left\{R_1 + \dfrac{Z_{C1}(R_2 + Z_{C2})}{Z_{C1} + R_2 + Z_{C2}}\right\}} V_{ent}(j\omega) =$$

$$= \frac{R_2 Z_{C1}}{R_1(Z_{C1}+Z_{C2}+R_2)+Z_{C1}(R_2+Z_{C2})} V_{ent}(j\omega) = \frac{1}{1+\dfrac{R_1}{R_2}+\dfrac{R_1 Z_{C2}}{R_2 Z_{C1}}+\dfrac{R_1}{Z_{C1}}+\dfrac{Z_{C2}}{R_2}} V_{ent}(j\omega)$$

Sustituyendo las impedancias de los condensadores por sus valores complejos llega a la expresión:

$$V_{sal}(j\omega) = \frac{1}{1+\dfrac{R_1}{R_2}+\dfrac{R_1 C_1}{R_2 C_2}+j\left(\omega R_1 C_1 - \dfrac{1}{\omega R_2 C_2}\right)} V_{ent}(\omega)$$

Por tanto, la función de transferencia del filtro paso banda resulta ser:

$$H(j\omega) = \frac{V_{sal}(j\omega)}{V_{ent}(j\omega)} = \frac{1}{A + jB(\omega)}$$

donde los parámetros A y B quedan definidos como:

$$A = 1 + \frac{R_1}{R_2} + \frac{R_1 C_1}{R_2 C_2}$$

$$B(\omega) = \omega R_1 C_1 - \frac{1}{\omega R_2 C_2}$$

El módulo de la función de transferencia nos dará la relación entre las amplitudes de la tensión de salida y la tensión de entrada:

$$|H(j\omega)| = \left|\frac{V_{sal}(j\omega)}{V_{ent}(\omega)}\right| = \frac{1}{\sqrt{A^2 + B^2(\omega)}}$$

Teniendo en cuenta los valores concretos de los componentes utilizados, el siguiente diagrama de Bode muestra la variación en dB de este módulo en escala logarítmica ($20 \cdot log\,|H(j\omega)|$), para un rango de frecuencias entre 1 Hz y 100 MHz.

El diagrama muestra claramente el comportamiento paso-banda del filtro, ya que la atenuación que produce sólo se minimiza para un rango (o banda) de frecuencias muy concreto (aproximadamente entre 100 Hz y 1 MHz). Fuera de este rango la atenuación se hace muy elevada, por lo que señales de entrada que no trabajaran en esa banda quedarían filtradas y apenas tendrían repercusión a la salida.

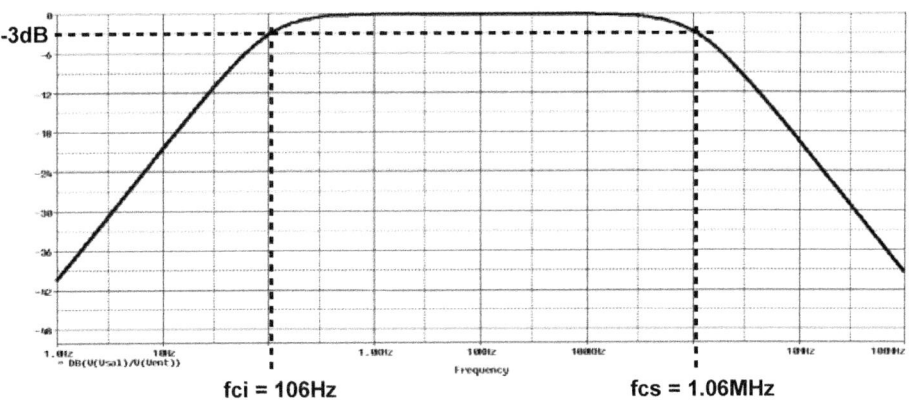

fci = 106Hz   fcs = 1.06MHz

Gráfica de variación del módulo de la función de transferencia del filtro paso banda con la frecuencia.

b) El ángulo de fase de la función de transferencia define el desfase que el filtro introduce a la salida con respecto a la señal de entrada. Así, este desfase de la señal de salida queda como:

$$\angle(H(j\omega)) = -arctan\left(\frac{B(\omega)}{A}\right)$$

Este desfase ha sido representado, en el mismo margen de frecuencias que el módulo, en la figura que sigue.

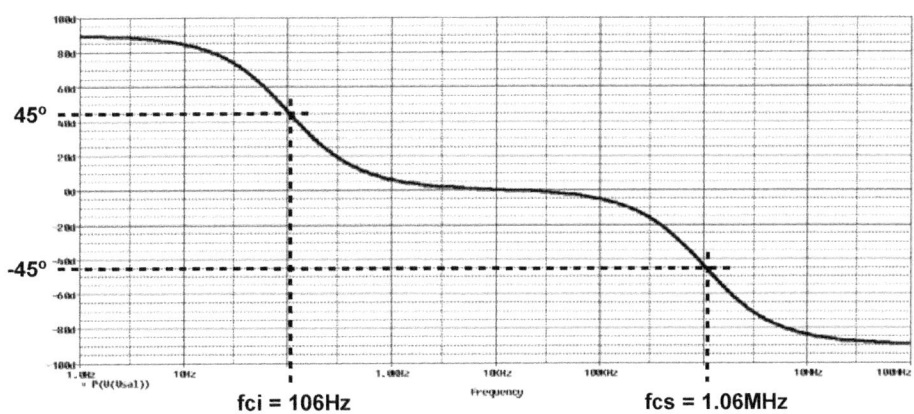

fci = 106Hz   fcs = 1.06MHz

Gráfica de variación de la fase de la función de transferencia del filtro paso banda con la frecuencia.

c) La frecuencia de corte se puede hallar analíticamente calculando la frecuencia (en este caso las frecuencias: inferior y superior) para las que la función de transferencia queda dividida por $\sqrt{2}$ con respecto a su valor máximo. En este circuito, la obtención de dichas frecuencias obliga a resolver la siguiente ecuación de segundo grado:

$$|H(j\omega_c)| = \left|\frac{Vsal(j\omega_c)}{Vent}\right| = \frac{1}{\sqrt{A^2 + B^2(\omega_c)}} = \frac{1}{\sqrt{2}}$$

De donde se obtiene que las frecuencias de corte superior (f_{cs}) e inferior (f_{ci}) valen, respectivamente, y tal y como se indica en los diagramas de Bode anteriores, 1.06 MHz y 106 Hz respectivamente.

Se puede comprobar que la frecuencia de corte inferior del filtro, f_{ci}, es aproximadamente la misma que la frecuencia de corte del filtro paso alto formado por C_2 y R_2. Análogamente la frecuencia de corte superior, f_{cs}, se aproxima a la frecuencia de corte del filtro paso bajo formado por C_1 y R_1.

$$f_{ci} \approx \frac{1}{2\pi R_2 C_2} = 106Hz$$

$$f_{cs} \approx \frac{1}{2\pi R_1 C_1} = 1.06MHz$$

Para conseguir esto (que permite contemplar el circuito como la combinación de dos filtros, uno para el paso alto y otro para el paso bajo, que se pueden analizar por separado) es necesario que $R_1 \ll R_2$ y, también que $R_1 \cdot C_1 \ll R_2 \cdot C_2$.

En nuestro circuito esas condiciones se cumplen dado que:

$R_2 = 100 \cdot R_1$ y $R_2 \cdot C_2 = 10000 \cdot R_1 \cdot C_1$.

Así, para frecuencias bajas, en las que $\omega \ll 1/R_2 C_2$, se tiene que C_1 y R_1 no tienen efecto sobre la función de transferencia, la cual básicamente viene determinada por el filtro paso alto que conforman C_2 y R_2:

$$H(j\omega) = \frac{1}{A + jB(\omega)} \approx \frac{1}{1 + \frac{1}{j\omega R_2 C_2}}$$

Esta función se corresponde, por tanto, a la función de transferencia de un filtro paso alto con pulsación de corte, $\omega_c = 1/R_2 C_2$, pulsación de corte inferior.

Por el contrario, para frecuencias altas, con $\omega \gg 1/R_1 C_1$, bajo las condiciones antes mencionadas, la función de transferencia se puede aproximar como:

$$H(j\omega) = \frac{1}{A + jB(\omega)} \approx \frac{1}{1 + j\omega R_1 C_1}$$

Esta expresión se corresponde con la función de transferencia de un filtro paso bajo con pulsación de corte, $\omega_c = 1/R_1 C_1$, pulsación de corte superior.

Cuando ω se encuentra entre estas dos pulsaciones de corte, los dos circuitos RC tienden a dejar pasar la señal sin alteración ya que ese margen de frecuencias se encuentra en la banda de paso tanto del filtro paso alto como del filtro paso bajo.

Básicamente y, en general, cuando en un circuito hay varios condensadores, cada uno contribuye a la respuesta del mismo en función de su posición en la trayectoria de paso de la señal y de la resistencia que posibilite la carga y descarga del condensador en cuestión.

Así, el condensador C_1 se halla en "paralelo" con la señal de entrada y se carga y descarga a través de la serie R_1. A baja frecuencia la impedancia que presenta C_1 será muy alta, por lo que no alterará la señal de entrada. Sin embargo, a altas frecuencias su impedancia será muy pequeña y tenderá a anular la tensión de salida, por tanto su comportamiento será similar al de un filtro paso bajo. La frecuencia de corte impuesta por C_1 dependerá de su constante de tiempo, $\tau_1 = R_1 \cdot C_1$, la cual determina la velocidad de respuesta (carga-descarga) del condensador ante los cambios en la tensión de entrada

El condensador C_2 se encuentra en "serie" con la señal de entrada, cargándose y descargándose mediante la serie de resistencias $R_2 + R_1 \approx R_2$ (ya que se ha impuesto que $R_1 \ll R_2$). A baja frecuencia su impedancia será muy elevada, impidiendo la circulación de corriente hacia la salida y tendiendo a anular la tensión de salida. Por el contrario, a alta frecuencia su impedancia será muy reducida y la salida tenderá a igualarse a la entrada. En consecuencia, su efecto será el de un filtro paso alto con una frecuencia de corte que vendrá impuesta por la constante de tiempo, $\tau_2 = R_2 \cdot C_2$.

CARACTERIZACIÓN DE AMPLIFICADORES

Problema 1.7.

La figura (a) corresponde a un amplificador en emisor común basado en un transistor bipolar de unión (BJT: *Bipolar Junction Transistor*) con condensadores de acoplamiento para la entrada, C_e, y la salida, C_s, y un condensador de paso, C_p, para la resistencia de emisor.

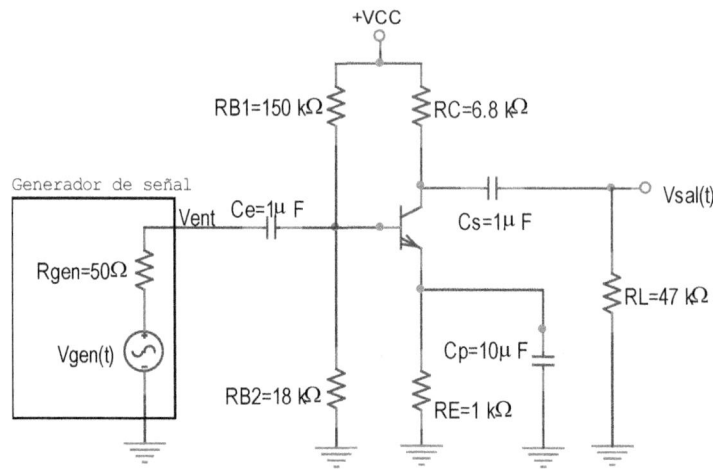

(a) Amplificador en emisor común con transistor bipolar de unión (BJT)

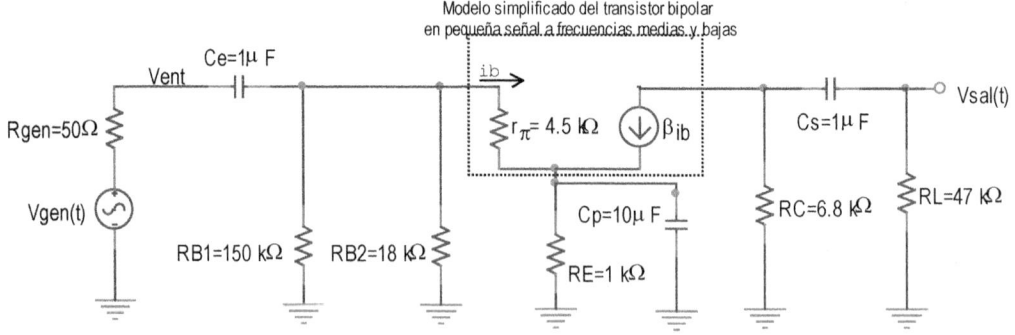

(b) Modelo lineal para pequeña señal del amplificador

En la figura (b), por su parte, se ha representado el modelo lineal simplificado de pequeña señal del amplificador de la figura (a) para frecuencias medias y para el punto de trabajo que presenta el transistor en el circuito. Como se puede observar, el transistor BJT está representado por la resistencia r_π y por el generador de corriente dependiente βi_b, siendo i_b la corriente que circula por r_π.

Analice el efecto que los condensadores de acoplo y de paso tendrán sobre la respuesta en frecuencia del amplificador, determinando la frecuencia de corte inferior del circuito.

Son datos del modelo en pequeña señal: $r_\pi = 4.5k\Omega; \beta = 150$.

<u>Solución:</u>

Aunque el análisis de la polarización de transistores y su modelado en pequeña señal se corresponde con temas ulteriores, éstos en principio no hacen falta para la realización del ejercicio ya que éste sólo pretende analizar el comportamiento en frecuencia de un modelo lineal de pequeña señal, el cual se puede analizar si se poseen conocimientos de teoría de circuitos lineales.

Como se ha visto en los ejercicios anteriores, la respuesta en frecuencia de cualquier circuito dependerá de la constante de tiempo asociada a cada condensador del circuito, es decir, al tiempo de respuesta que presente dicho condensador. Este tiempo viene determinado tanto por el valor de la propia capacidad como de la resistencia (o resistencias) conectadas, a través de las cuales se produce el proceso de carga y descarga del condensador.

El amplificador de este problema presenta una determinada ganancia a las llamadas frecuencias "medias" (el margen de frecuencias para las que el amplificador se diseña). A esas frecuencias medias (y aprovechando que la impedancia de un condensador decrece con la frecuencia) los condensadores de acoplamiento y de paso se comportan como cortocircuitos, es decir, presentan una impedancia prácticamente despreciable, dejando pasar (como cortocircuitos equivalentes) la señal que se está procesando. En esas condiciones el amplificador ofrecerá su máxima ganancia.

Sin embargo, para frecuencias bajas, por debajo del rango marcado por esas frecuencias medias, la impedancia de los condensadores aumentará, provocando una disminución de la ganancia del amplificador, ya que la corriente que debe circular por el circuito se ve disminuida. Por tanto, estos condensadores de acoplo (paso) y desacoplo degradan el comportamiento del amplificador a bajas frecuencias, estableciendo una frecuencia de corte inferior global, por debajo de la cual el amplificador no funciona adecuadamente (con la misma ganancia que presenta a frecuencias medias).

Si se estudia el comportamiento de cada condensador de forma aislada, cada uno de estos condensadores introducirá en la respuesta del circuito una frecuencia de corte inferior (pues, de lo expuesto en el párrafo precedente, la red RC formada por cada condensador y la resistencia equivalente conectada a él a través de la cual se carga y descarga, se pueden contemplar como un filtro paso alto).

La frecuencia de corte inferior que introduce cada condensador será:

$$f_{ci} = \frac{1}{2\pi\tau_C}$$

donde τ_C es la constante de tiempos asociada con cada condensador: $\tau_C = R_{eq} C$

En el cálculo de esta constante de tiempo, C es el valor de capacidad del condensador que se esté estudiando en tanto que R_{eq} es la resistencia equivalente total conectada en extremos de dicho condensador.

Por ejemplo, el condensador de acoplamiento de entrada, C_e, "observa" una resistencia equivalente conectada en sus extremos igual a:

$$R_{eqCe} = R_{gen} + \{R_{B1}\|R_{B2}\|[r_\pi + (\beta + 1)R_E]\} \approx 15 \, k\Omega$$

De forma, que C_e introduce una frecuencia de corte inferior de:

$$f_{ciCe} = \frac{1}{2\pi C_e\{R_{gen} + [R_{B1}\|R_{B2}\|(r_\pi + (\beta + 1)R_E)]\}} \approx \frac{1}{2\pi \cdot 1\,\mu F \cdot 15 \, k\Omega}$$
$$= 10 \, Hz$$

El condensador de acoplamiento de salida, C_s, por su parte, presenta una resistencia equivalente conectada en sus extremos que viene dada por la expresión:

$$R_{eqCs} = R_C + R_L = 53.8 \, k\Omega$$

Así, la frecuencia de corte inferior que fija C_s resulta ser:

$$f_{ciCs} = \frac{1}{2\pi C_s (R_C + R_L)} \approx \frac{1}{2\pi \cdot 1\mu F \cdot 53.8\ k\Omega} = 2.90\ Hz$$

Por último, el condensador de paso, C_p, cuya resistencia equivalente conectada en sus extremos es:

$$R_{eqCp} = R_E \| \left[\frac{(R_{gen}\|R_{B1}\|R_{B2}) + r_\pi}{\beta + 1} \right] \approx 30\ \Omega$$

establece una frecuencia de corte inferior de:

$$f_{ciCp} = \frac{1}{2\pi C_p \left\{ R_E \| \left[\frac{(R_{gen}\|R_{B1}\|R_{B2}) + r_\pi}{\beta + 1} \right] \right\}} \approx \frac{1}{2\pi \cdot 10\ \mu F \cdot 30\ \Omega} \approx 530\ Hz$$

Por tanto, en este circuito la frecuencia de corte inferior dominante será la impuesta por el condensador de paso, ya que es la de mayor valor y, por ende, la más restrictiva para el circuito.

Como en este amplificador la resistencia vista por el condensador de paso es la más pequeña, el valor de la capacidad tendrá que ser mucho mayor que la de los condensadores de acoplo para que su efecto en la respuesta en frecuencia sea despreciable frente al efecto de los otros condensadores.

Evidentemente, cuanto mayor sea el valor de los condensadores más baja será la frecuencia de corte inferior del amplificador y, por tanto, menos efecto tendrán sobre la respuesta en frecuencia del mismo. De hecho, un condensador de acoplo o desacoplo ideal será aquel que presenta un hipotético valor infinito (lo que implicaría una frecuencia de corte inferior nula en todos los casos, de forma que el circuito no presentaría ninguna degradación de su ganancia a frecuencias bajas).

La figura siguiente muestra la respuesta en frecuencia del circuito propuesto obtenida mediante simulación con el programa OrCAD. En ella se aprecia la frecuencia de corte dominante debida a C_p (alrededor de los 550Hz) si bien, en la caída de la gráfica para frecuencias inferiores a los 100 Hz se puede observar el efecto de los condensadores de acoplo (la gráfica no disminuye de acuerdo a una pendiente constante, sino que, a partir de 10-20 Hz, aproximadamente, presenta una inflexión que hace más acusada la caída de la ganancia).

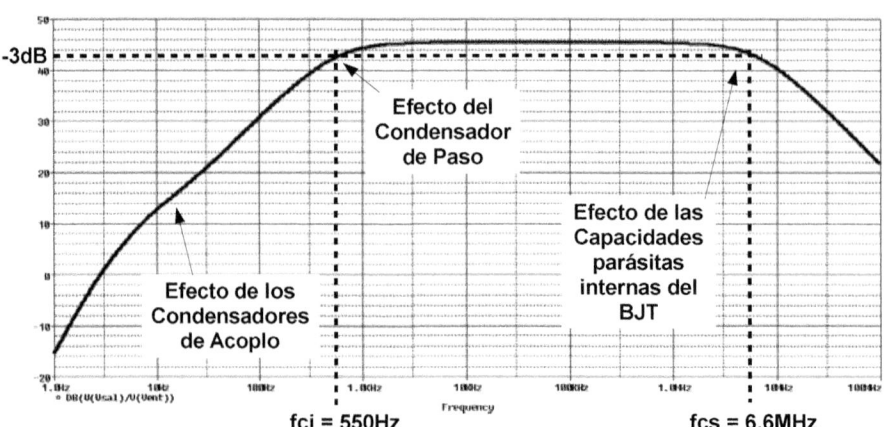

1.4.1. Respuesta en frecuencia del circuito amplificador basado en BJT.

La frecuencia de corte dominante será la que introduzca el condensador con una constante de tiempo más pequeña (que fija el denominado polo dominante). Esta frecuencia se puede diseñar en función del circuito y de los valores de las capacidades elegidas.

Problema 1.8.

La figura inferior corresponde al modelo para pequeña señal y alta frecuencia del amplificador en emisor común basado en BJT del problema anterior. En este modelo se han incluido las capacidades parásitas internas que el dispositivo BJT presenta para el punto de trabajo que impone el mencionado amplificador. Analice el efecto que dichas capacidades tendrán sobre la respuesta en frecuencia del amplificador.

Son datos del modelo en pequeña señal del transistor:

$$g_m = 0.04\ A/V; C_{be} = 25\ pF; C_{bc}(= C_{obo}) = 8\ pF; r_\pi = 4.5\ k\Omega$$

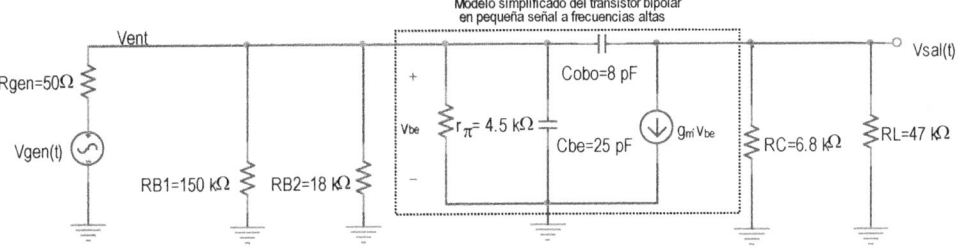

Modelo simplificado para alta frecuencia del amplificador en emisor común basado en BJT.

Solución:

La figura anterior, tal y como se comenta en el enunciado, refleja un modelo simplificado para alta frecuencia del amplificador en emisor común diseñado con un transistor bipolar de unión, concretamente el modelo 2N2222.

En este modelo simplificado y, a título de curiosidad, cabe decir que la resistencia r_{pi} (r_π) corresponde a la resistencia de entrada del transistor en la configuración en emisor común (relación entre la tensión entre los terminales de base-emisor y la corriente que circula entrante por la base), esta resistencia (como el resto de parámetros de pequeña señal del transistor) dependerá del punto de polarización del amplificador. La capacidad C_{be} (también llamada C_{ibo}, capacitancia de entrada, en las hojas de características de los transistores.[2]) es una capacidad parásita prácticamente igual a lo que se conoce como capacitancia de difusión (capacitancia de carga de la base), asociada con la unión base-emisor del transistor. La capacidad C_{bc} (denominada C_{obo}, capacitancia de salida, en las hojas de características) es otra capacidad parásita interna del transistor asociada con la unión colector-base.

Para facilitar el análisis, mediante dos capacidades equivalentes, el efecto de la capacidad base-colector, C_{bc}, se ha trasladado a la entrada, a través de una capacidad C_{oboE}, y a la salida, con una capacidad C_{oboS}, tal y como se muestra en la figura siguiente.

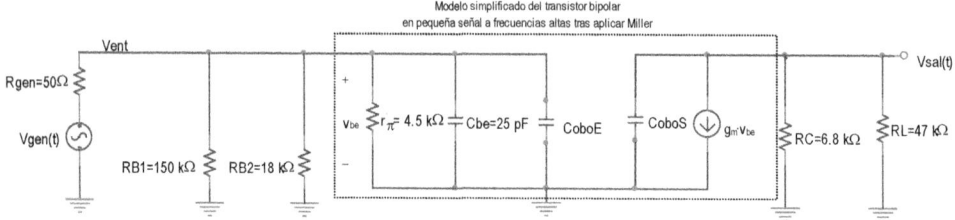

Modelo lineal de altas frecuencias del amplificador tras aplicar el efecto Miller a la capacidad Cobo.

Para realizar este cambio, introduciendo dos capacidades, se ha empleado el llamado teorema de Miller. El efecto Miller indica que la impedancia de entrada efectiva de un amplificador depende de la impedancia conectada desde la entrada a la salida del mismo, con un factor de escalado dependiente de la ganancia del propio amplificador que, en muchos casos, da lugar a que sea el elemento determinante de su respuesta en frecuencia. Para comprender el efecto Miller, observe el circuito básico de la figura siguiente, donde se pueden expresar las corrientes I_1 e I_2 de la forma:

---

[2] Por ejemplo, en: https://www.onsemi.com/pdf/datasheet/p2n2222a-d.pdf puede ver las hojas de características del transistor 2N2222.

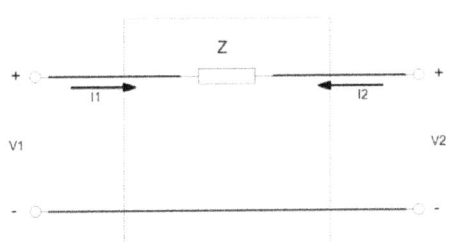

Sencillo circuito para ilustrar el efecto Miller.

$$I_1 = \frac{V_1 - V_2}{Z} \text{ e } I_2 = \frac{V_2 - V_1}{Z}$$

Si se desea que el circuito tenga un comportamiento equivalente al de la figura que sigue deberá cumplirse:

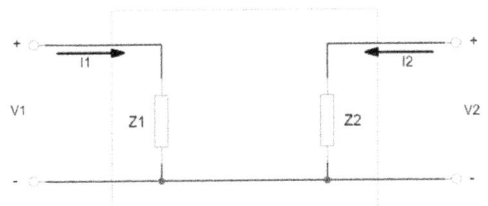

Circuito equivalente al de la figura anterior.

$$I_1 = \frac{V_1 - V_2}{Z} = \frac{V_1}{Z_1}$$

$$I_2 = \frac{V_2 - V_1}{Z} = \frac{V_2}{Z_2}$$

Así, para una perfecta equivalencia entre los dos circuitos anteriores, las impedancias de entrada y de salida del segundo circuito (Z_1 y Z_2) vendrán dadas por:

$$Z_{ent} = Z_1 = \frac{V_1}{I_1} = \frac{Z}{1 - \frac{V_2}{V_1}} = \frac{Z}{1 - \Delta_V} \quad y \quad Z_{sal} = Z_2 = \frac{V_2}{I_2} = \frac{Z}{1 - \frac{V_1}{V_2}} = \frac{Z}{1 - \frac{1}{\Delta_V}}$$

donde Δ_V corresponde a un término de ganancia en tensión del circuito, relación entre el voltaje de salida y el de entrada del mismo.

Aplicando este teorema de Miller en el circuito del problema, con el objeto de simplificar el análisis y evitar la capacidad "flotante" C_{bc}, hay que tener en cuenta que la impedancia entre entrada y salida viene dada por la que presenta la propia capacidad C_{obo} (o C_{bc}) mientras que la ganancia Δ_v del amplificador (obviando el efecto de los capacidades) resulta ser:

$$\Delta_V = \frac{V_{sal}}{V_{ent}} = \frac{-g_m \cdot v_{be} \cdot (R_C \| R_L)}{v_{be}} = -g_m(R_C \| R_L) \approx -238 \, \frac{V}{V}$$

La impedancia de entrada asociada a esta capacidad a colocar en paralelo con la ya existente en el circuito ha de ser:

$$Z_{ent} = \frac{Z}{1 - \Delta_V} = \frac{1}{j\omega C_{obo}(1 - \Delta_V)} \Rightarrow C_{oboE} = C_{obo}(1 - \Delta_V) \approx 1.9\,nF$$

Por su parte, la impedancia de salida (a colocar entre la salida del circuito y tierra) se puede estimar como:

$$Z_{sal} = \frac{Z}{1 - \frac{1}{\Delta_V}} = \frac{1}{j\omega C_{obo}(1 - \frac{1}{\Delta_V})} \Rightarrow C_{oboS} = C_{obo}\left(1 - \frac{1}{\Delta_V}\right) \approx 8\,pF$$

Por tanto, en el circuito quedan dos capacidades independientes, una de entrada formada por el paralelo de C_{be} y C_{oboE} y otra de salida, C_{oboS}, cada una de las cuales afectará a la respuesta en frecuencia introduciendo un polo que, como ya se ha visto en ejercicios previos, dependerá del valor de dicha capacidad y de la resistencia equivalente conectada en extremos de ella (en definitiva, su constante de tiempo).

Así, la capacidad de entrada total, $C_E = C_{be} + C_{oboE} = 25\,pF + 1.9\,nF = 1925\,pF$, tiene conectada entre sus terminales una resistencia equivalente, R_{eqCE}, de:

$$R_{eqCE} = R_{gen}\|R_{B1}\|R_{B2}\|r_\pi \approx 49\,\Omega$$

Por lo que introducirá una frecuencia de corte superior de

$$f_{csCE} = \frac{1}{2\pi C_E R_{eqCE}} \approx \frac{1}{2\pi \cdot 1925\,pF \cdot 49\,\Omega} \approx 1.68\,MHz$$

Observe la repercusión de la resistencia de salida del generador empleado (en este caso 50 Ω) en la frecuencia de corte introducida por la capacidad de entrada. Cuanto más pequeña sea esta resistencia, mayor será esta frecuencia de corte (lo cual, es algo deseable).

Por otro lado, la capacidad de salida total, $C_S = C_{oboS} = 8\,pF$, tiene conectada entre sus terminales una resistencia equivalente, R_{eqCS}, de:

$$R_{eqCS} = R_C\|R_L \approx 6\,k\Omega$$

Por lo que introducirá una frecuencia de corte superior de

$$f_{cscS} = \frac{1}{2\pi C_S R_{eqCS}} \approx \frac{1}{2\pi \cdot 8\,pF \cdot 6\,k\Omega} \approx 3.3\,MHz$$

El polo dominante vendrá determinado por la menor de estas dos frecuencias de corte. Así, el polo queda asociado a la capacidad total de la entrada, de forma que la frecuencia de corte superior será, aproximadamente, f_{cscE}. Sin embargo, si la resistencia de salida del generador de señal tendiera a cero (fuese mucho más pequeña), el polo dominante sería entonces el asociado a la capacidad de salida y la frecuencia de corte superior vendría dada por f_{cscS}.

Problema 1.9.

Obtenga las expresiones de las impedancias de entrada y salida del circuito de la figura con respecto a los parámetros de los componentes del mismo.

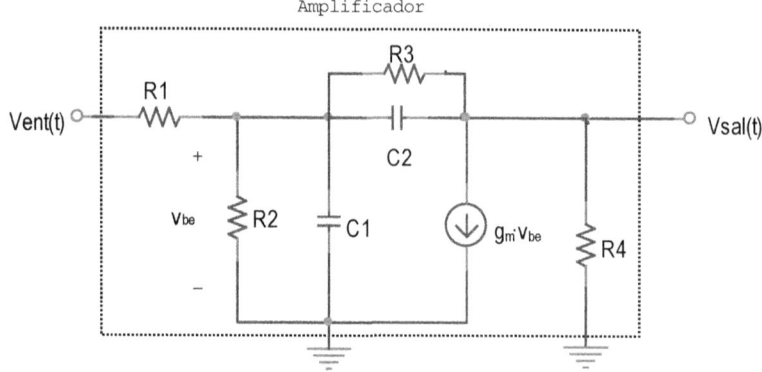

Modelo π-híbrido del BJT para alta frecuencia.

Solución:

- Impedancia de entrada

Para calcular la impedancia de entrada del circuito hay que calcular el cociente entre la tensión de entrada, V_{ent}, y la corriente de entrada, I_{ent} (corriente que circula por la resistencia R_1).

Analizando el circuito se observa que:

$$V_{ent} = R_1 \cdot I_{ent} + v_{be}$$

La tensión v_{be}, por su parte, se puede expresar como:

$$v_{be} = Z_3 I_2 + (I_2 - g_m \cdot v_{be})R_4$$

donde:

$$Z_3 = R_3 \| Z_{C2}$$

$$I_2 = I_{ent} - \frac{v_{be}}{Z_2}; \text{ con } Z_2 = R_2 \| Z_{C2}$$

siendo I_2 la corriente que circula por Z_3 (paralelo de R_3 y C_2).

Teniendo en cuenta que $(I_2 - g_m \cdot v_{be})$ es la corriente que circula por R_4, se llega a que:

$$v_{be} = Z_3 \left(I_{ent} - \frac{v_{be}}{Z_2} \right) + \left[\left(I_{ent} - \frac{v_{be}}{Z_2} \right) - g_m \cdot v_{be} \right] R_4$$

De donde se tiene:

$$v_{be} = (Z_3 + R_4) I_{ent} - \left(\frac{Z_3}{Z_2} + \frac{R_4}{Z_2} + g_m R_4 \right) v_{be} \Rightarrow v_{be} = \frac{Z_3 + R_4}{1 + \frac{Z_3}{Z_2} + \frac{R_4}{Z_2} + g_m R_4} I_{ent}$$

Sustituyendo en la expresión de V_{ent}, quedará

$$V_{ent} = R_1 \cdot I_{ent} + \frac{Z_3 + R_4}{1 + \frac{Z_3}{Z_2} + \frac{R_4}{Z_2} + g_m R_4} I_{ent} = \left(R_1 + \frac{Z_3 + R_4}{1 + \frac{Z_3}{Z_2} + \frac{R_4}{Z_2} + g_m R_4} \right) I_{ent}$$

Y la expresión de la impedancia de entrada del circuito será:

$$Z_{ent}(j\omega) = \frac{V_{ent}}{I_{ent}} = R_1 + \frac{Z_3 + R_4}{1 + \frac{Z_3}{Z_2} + \frac{R_4}{Z_2} + g_m R_4}$$

donde $Z_3 = R_3 \| Z_{C2} = \frac{R_3}{1 + j\omega R_3 C_2}$ y $Z_2 = R_2 \| Z_{C1} = \frac{R_2}{1 + j\omega R_2 C_1}$

- Impedancia de salida

Para calcular la impedancia de salida del circuito hay que calcular el cociente entre la tensión de salida, V_{sal}, y la corriente entrante al circuito por el terminal de salida, I_{sal}, anulando la posible tensión aplicada a la entrada del circuito (cortocircuitando los terminales de entrada, $V_{ent} = 0$), tal y como se realiza en el circuito de la siguiente figura.

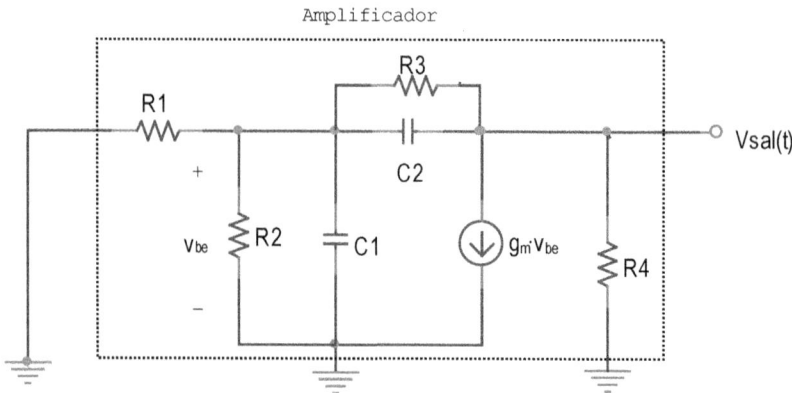

Circuito para el cálculo de la impedancia de salida en el Modelo π-híbrido del BJT para alta frecuencia.

En este circuito puede verse que: $I_{sal} = \dfrac{V_{sal}}{R_4} + \dfrac{V_{sal}}{Z_1+Z_2} + g_m v_{be}$

donde: $v_{be} = \dfrac{Z_1}{Z_1+Z_2} V_{sal}$; siendo $Z_1 = R_1 \| R_2 \| Z_{C1}$; y $Z_2 = R_3 \| Z_{C2}$

Sustituyendo en la expresión de I_{sal}, quedará:

$$I_{sal} = \frac{V_{sal}}{R_4} + \frac{V_{sal}}{Z_1+Z_2} + g_m \left(\frac{Z_1}{Z_1+Z_2} V_{sal} \right) = \left(\frac{1}{R_4} + \frac{1}{Z_1+Z_2} + \frac{g_m Z_1}{Z_1+Z_2} \right) V_{sal}$$

La expresión de la impedancia de salida del circuito resulta ser, por tanto:

$$Z_{sal}(j\omega) = \frac{V_{sal}}{I_{sal}} = \frac{1}{\dfrac{1}{R_4} + \dfrac{1}{Z_1+Z_2} + \dfrac{g_m Z_1}{Z_1+Z_2}} = \frac{1}{\dfrac{1}{R_4} + \dfrac{1+g_m Z_1}{Z_1+Z_2}}$$

$$= R_4 \| \left(\frac{Z_1+Z_2}{1+g_m Z_1} \right)$$

donde

$$Z_1 = R_1 \| R_2 \| Z_{C1} = \frac{1}{\dfrac{R_1+R_2}{R_1 R_2} + j\omega C_1} \quad y \quad Z_2 = R_3 \| Z_{C2} = \frac{R_3}{1+j\omega R_3 C_2}$$

MODELADO DE RUIDO EN AMPLIFICADORES

Problema 1.10.

Todo resistor introduce un ruido en el circuito donde se le emplea. Este ruido se puede modelar añadiendo a la resistencia (considerada ya ideal) una fuente parásita de tensión o corriente, tal y como se ilustra en la figura adjunta.

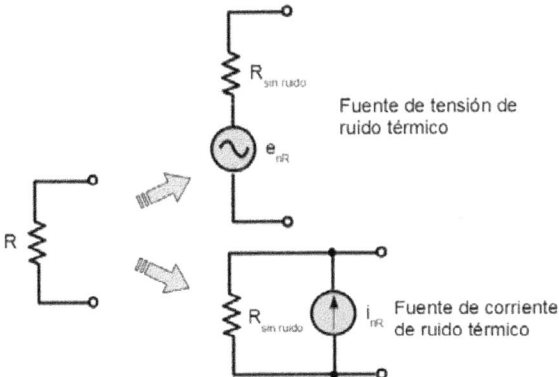

Modelo de ruido térmico para una resistencia.

El valor de estas fuentes generadoras equivalentes de ruido (en voltios y amperios) se puede modelar como sigue: $e_{nR} = 2\sqrt{kTRB}$ V; $i_{nR} = 2\sqrt{\dfrac{kTB}{R}}$ A

siendo B el ancho de banda de la señal a tratar (en Hz), K la llamada constante de Boltzmann ($1.38 \cdot 10^{-23}$ J/ºK), T es la temperatura de la resistencia en grados Kelvin y R su valor en Ohmios (Ω).

Las fórmulas anteriores resultan del hecho de que la potencia de ruido (en vatios) que, en circuito abierto, una resistencia disipa es:

$$P_{nR} = \frac{e_{nR}^2}{R} = i_{nR}^2 R = 4kTB \text{ W}$$

Aplicando el modelo anterior, calcule el modelo de ruido térmico para dos resistencias, R_1 y R_2, conectadas: a) en serie, b) en paralelo, para un ancho de banda B y una temperatura T.

<u>Solución:</u>

a) Si se tienen dos resistencias en serie, R_1 y R_2, haciendo uso del modelo de circuito equivalente como fuente de tensión de ruido térmico en serie con una resistencia sin ruido, el modelo de la conexión de las dos resistencias en serie resultará como el mostrado en la figura siguiente. En esta figura, las fuentes de tensión e_{nR1} y e_{nR2} identifican las fuentes de ruido introducidas por las resistencias.

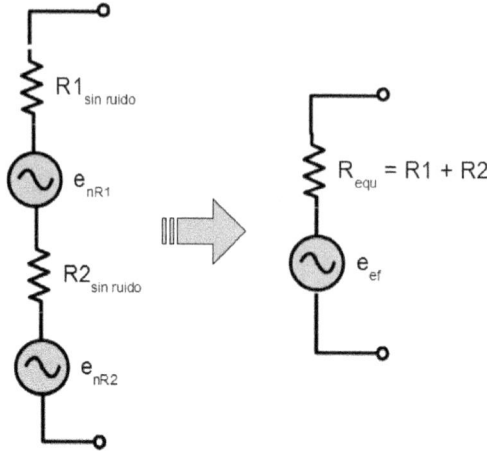

Modelo de ruido térmico equivalente para una conexión serie de dos resistencias.

Evidentemente, la resistencia ideal global resulta de la serie de ambas resistencias, por lo que su valor ha de ser la suma de ambas:

$$R_{eq} = R_1 + R_2$$

A partir de ahí, teniendo en cuenta que el circuito se equipara a una resistencia equivalente de valor $R_1 + R_2$, es inmediato entender que la fuente de ruido equivalente que acompaña en serie a esta resistencia se puede modelar como una fuente de tensión eficaz de valor:

$$e_{ef} = e_{nserie} = 2\sqrt{kTB(R_{eq})} = 2\sqrt{kTB(R_1 + R_2)} \text{ voltios}$$

Este valor también se podía haber obtenido teniendo en cuenta que, al agregar dos fuentes de ruido (incorreladas) como son las resistencias, el valor cuadrático medio del ruido resultante es la suma de los valores cuadráticos medios de los ruidos introducidos por cada fuente.

Los valores cuadráticos medios de las tensiones de ruido térmico en el ancho de banda B asociadas a R_1 y a R_2 resultan ser.

$$\overline{e_{nR_1}^2} = 4kTR_1B \; V^2 \; y \; \overline{e_{nR_2}^2} = 4kTR_2B \; V^2$$

Por lo tanto, se tiene que:

$$\overline{e_{nserie}^2} = \overline{e_{nR_1}^2} + \overline{e_{nR_2}^2} = 4kTR_1B + 4kTR_1B \Rightarrow e_{nserie} = \sqrt{\overline{e_{nR_1}^2} + \overline{e_{nR_2}^2}}$$

$$= 2\sqrt{kTB(R_1 + R_2)}$$

b) Si se tienen las dos resistencias en paralelo, empleando el modelo de circuito equivalente como fuente de corriente de ruido térmico en paralelo con una resistencia sin ruido, el modelo de la conexión de las dos resistencias en paralelo será como el mostrado en la figura siguiente.

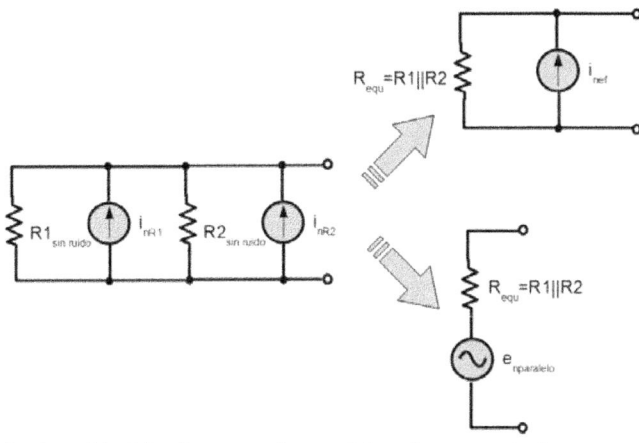

Modelo de ruido térmico para dos resistencias conectadas en paralelo.

En este modelo de la conexión paralelo, la resistencia equivalente viene dada por:

$$R_{eq} = R_1 \| R_2 = \frac{R_1 \cdot R_2}{R_1 + R_2}$$

Con lo que la corriente eficaz de ruido equivalente será:

$$i_{nef} = 2\sqrt{\frac{kTB}{R_{eq}}} = 2\sqrt{\frac{kTB}{R_1 \| R_2}} = 2\sqrt{kTB\left(\frac{1}{R_1} + \frac{1}{R_2}\right)}$$

Como en la topología en serie, a esta expresión también se podía haber llegado a partir de los valores cuadráticos medios de corriente de ruido térmico asociados a R_1 y a R_2 respectivamente: $\overline{i_{nR_1}^2} = \dfrac{4kTB}{R_1} A^2$ y $\overline{i_{nR_2}^2} = \dfrac{4kTB}{R_2} A^2$

De forma que:

$$i_{nef} = \sqrt{\overline{i_{nparalelo}^2}} = \sqrt{\overline{i_{nR_1}^2} + \overline{i_{nR_2}^2}} = 2\sqrt{kTB\left(\frac{1}{R_1} + \frac{1}{R_2}\right)}$$

Esta fuente de ruido se podría expresar como tensión, siendo el valor cuadrático medio de la tensión:

$$\overline{e_{nparalelo}^2} = 4kTB(R_1\|R_2) \; V^2$$

Y su valor eficaz: $e_{nparalelo} = 2\sqrt{kTB(R_1\|R_2)} \; Vrms$

Problema 1.11.

La figura muestra un amplificador genérico con ganancia G_v que amplifica una señal suministrada por una fuente de voltaje V_s, la cual posee una resistencia de salida R_s. Obtenga las expresiones de la relación señal a ruido, SNR, y de la figura de ruido, NF, del conjunto formado para un ancho de banda B, a una temperatura T, si el fabricante del amplificador indica que el amplificador presenta una corriente de ruido de entrada equivalente, i_n (expresada en $\frac{A}{\sqrt{Hz}}$) y una tensión de ruido de entrada equivalente, e_n (que viene dada en $\frac{V}{\sqrt{Hz}}$).

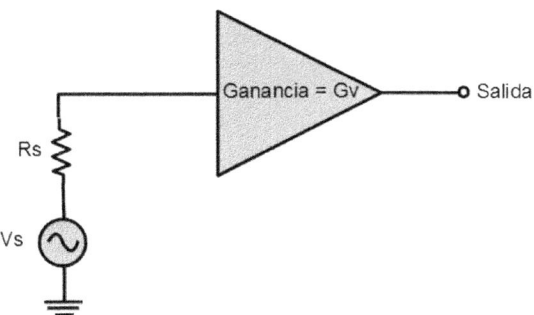

Amplificador genérico de ganancia Gv atacado por el generador de señal $V_s - R_s$

Solución:

En un circuito como el indicado están presentes diferentes fuentes de ruido como pueden ser el ruido térmico, el de disparo o el de parpadeo asociados a las resistencias y dispositivos semiconductores que integran dicho circuito. Los fabricantes de amplificadores de bajo ruido suelen indicar en sus hojas de características[3] el voltaje de ruido, e_n, y la corriente de ruido, i_n, equivalentes a la entrada del amplificador en función de la frecuencia de trabajo. Estos voltajes y corrientes de ruido modelan globalmente todas las fuentes de ruido que pueden afectar al mismo, permitiendo caracterizar al amplificador como un amplificador sin ruido junto con dos generadores ficticios de densidad de ruido, uno de voltaje y

---

[3] Véase, por ejemplo, el documento de Linear Technology, "LT1028/LT1128 Ultralow Noise Precision High Speed Op Amps", disponible en la página: http://www.linear.com/product/LT1028.

otro de corriente, conectados a los terminales de entrada del mismo, como se muestra en la figura que sigue. En esta figura también se ha sustituido la resistencia de salida del generador de señal por su modelo de ruido (una resistencia sin ruido y su generador de ruido térmico).

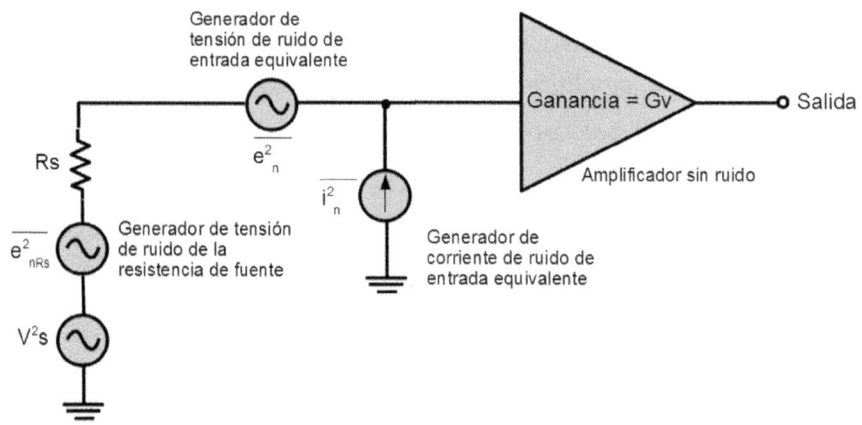

Modelo de ruido para el amplificador y el generador de señal

Ya que las fuentes de ruido se consideran aleatorias y no correladas, la potencia de ruido en un sistema es aditiva y el ruido eficaz total será la raíz cuadrada de la suma de los valores cuadráticos medios de la salida de cada generador de ruido.

Así, el valor cuadrático medio del voltaje de ruido (expresado en voltios al cuadrado o V^2) asociado a la resistencia de salida del generador de señal es:

$$\overline{e_{nRs}^2} = 4kTR_sB \ V^2$$

Por su parte, teniendo en cuenta que el fabricante nos informa de la densidad de ruido, el valor cuadrático medio del voltaje de ruido asociado al generador de voltaje de ruido de entrada del amplificador resulta de multiplicar este valor por el ancho de banda de la señal (B):

$$\overline{e_n^2}B \ V^2$$

Igualmente, el valor cuadrático medio del voltaje de ruido asociado al generador de corriente de ruido de entrada del amplificador (considerando la caída de tensión que provoca en la resistencia de salida del generador de señal) vale:

$$\overline{(i_nR_s)^2}B \ V^2$$

En consecuencia, el valor cuadrático medio del voltaje de ruido total a la entrada del amplificador vendrá dado por la suma de todos estos ruidos cuadráticos medios:

$$\overline{e_{ent}^2} = \left(4kTR_s + \overline{e_n^2} + \overline{(i_nR_s)^2}\right)B \; V^2$$

En tanto que el valor eficaz del voltaje de ruido de entrada es:

$$e_{ent} = \sqrt{\left(4kTR_s + \overline{e_n^2} + \overline{(i_nR_s)^2}\right)B} \; \; V$$

Por otro lado, el valor eficaz del voltaje de ruido total a la salida del amplificador será simplemente el resultado de multiplicar el anterior valor por la ganancia (G_v) en tensión del circuito:

$$e_{sal} = G_v e_{ent} = \sqrt{\left(4kTR_s + \overline{e_n^2} + \overline{(i_nR_s)^2}\right)B} \cdot G_v$$

Asimismo, la componente de señal a la salida del amplificador no es sino la tensión de entrada multiplicada por la ganancia:

$$V_{sal} = G_v \cdot V_s$$

La relación señal a ruido, SNR, cociente de la componente de señal a la salida y la componente de ruido será:

$$SNR_s = \frac{V_{sal}}{e_{sal}} = \frac{V_s}{\sqrt{\left(4kTR_s + \overline{e_n^2} + \overline{(i_nR_s)^2}\right)B}}$$

Observe que la SNR es mayor cuanto más pequeña sea R_s.

Por otro lado, la figura de ruido, NF, se define como el cociente entre la SNR (en términos de voltaje o potencia) con el amplificador desconectado y la SNR (en términos de voltaje o potencia) con el amplificador conectado. Normalmente la figura de ruido se expresa en dB. Como con el amplificador desconectado el ruido únicamente proviene de la resistencia de salida, R_s, del generador de señal, la SNR sin amplificador (SNR_s) es:

$$SNR_s = \frac{V_s}{e_{nRs}} = \frac{V_s}{\sqrt{(4kTR_s)B}}$$

Y, por tanto, la figura de ruido será:

$$NF = 20\,log\left(\frac{SNR_s}{SNR}\right) = 20\,log\left(\frac{\dfrac{V_s}{\sqrt{(4kTR_s)B}}}{\dfrac{V_s}{\sqrt{\left((4kTR_s) + \overline{e_n^2} + \overline{(i_n R_s)^2}\right)B}}}\right)$$

$$= 20\,log\left(\sqrt{1 + \frac{\overline{e_n^2} + \overline{(i_n R_s)^2}}{4kTR_s}}\right)\ dB$$

2. EL AMPLIFICADOR OPERACIONAL

APLICACIONES LINEALES DEL AMPLIFICADOR OPERACIONAL

Problema 2.1.

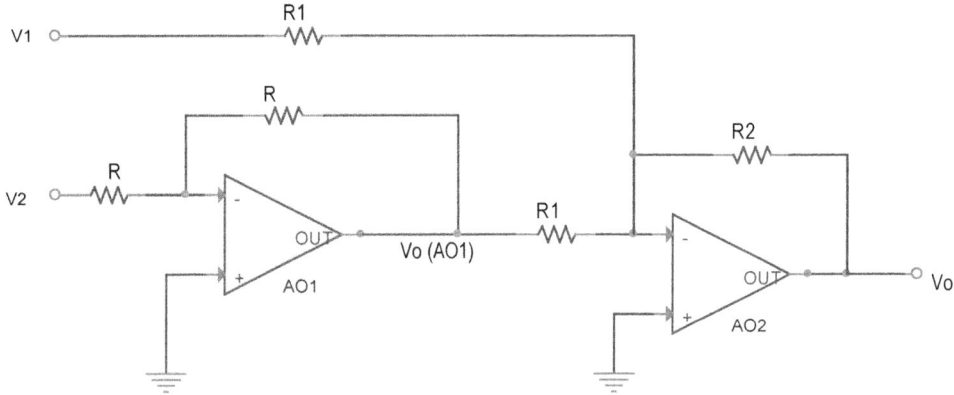

En el circuito de la figura, determine la expresión de la tensión de salida en función de v_1 y v_2.

Solución:

El amplificador AO1 trabaja en la configuración inversora, de modo que, a su salida, se tiene que:

$$v_{o\,AO1} = -\frac{R}{R}v_2 = -v_2$$

El amplificador AO2, en cambio, actúa como un sumador inversor:

$$v_o = -R_2 \left(\frac{v_{oAO1}}{R_1} + \frac{v_1}{R_1} \right) = -R_2 \left(\frac{-v_2}{R_1} + \frac{v_1}{R_1} \right) = \frac{R_2}{R_1} (v_2 - v_1)$$

Por tanto, el circuito amplifica por un factor (definido por R_2 y R_1) la diferencia entre las dos entradas, comportándose como un amplificador diferencial.

Problema 2.2.

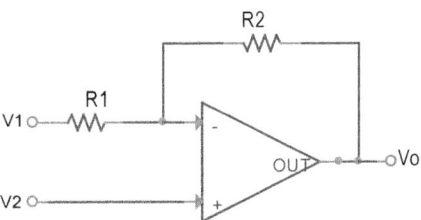

En el circuito de la figura, determine la expresión de la tensión de salida en función de las tensiones v_1 y v_2.

<u>Solución:</u>

Aplicando el teorema de la superposición, se tiene que el operacional se comporta como un no inversor para la entrada v_2 y como un inversor para la entrada v_1, así se llega a que:

$$v_o = \left(1 + \frac{R_2}{R_1}\right) v_2 - \frac{R_2}{R_1}(v_1) = v_2 + \frac{R_2}{R_1}(v_2 - v_1)$$

Problema 2.3.

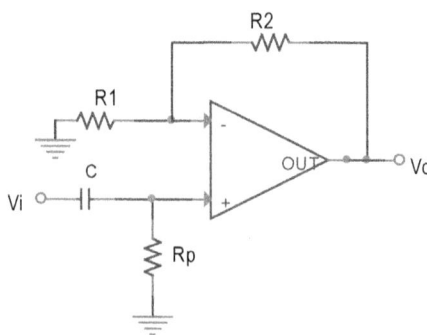

Suponiendo que el AO es ideal, determine cuánto valdría la tensión de salida en el circuito de la figura ante las siguientes entradas:

a) $V_i = 5\ V$

b) $V_i(t) = 5 \cdot sen(\omega_1 \cdot t)\ (V)$

Datos: $R_1 = R_2$; $\omega_1 \cdot\gg 1/(R_p \cdot C)$

<u>Solución:</u>

a) Para una tensión constante (DC) el condensador se comporta como un circuito abierto impidiendo la entrada de tensión al circuito. Por tanto, en ese caso:

$V_o = 0\ V$

b) Para la frecuencia de trabajo de la señal (ω_1) se tiene que $\omega_1 \gg 1/(R_p \cdot C)$. Esto implica que la impedancia del condensador es muy inferior a la de la resistencia R_p (que queda en serie con ella) ya que:

$$|Z_{C1}| = \left|\frac{1}{j\omega_1 C}\right| \ll R_p$$

Por tanto, teniendo en cuenta que C y R_p forman un divisor de tensión, se tendría que $V+\approx V_i$. En ese caso el circuito se comporta como un amplificador no inversor, de forma que:

$$v_o = \left(1 + \frac{R_2}{R_1}\right)V_i = 2 \cdot V_i = 10 \cdot sen(\omega_1 t)$$

Problema 2.4.

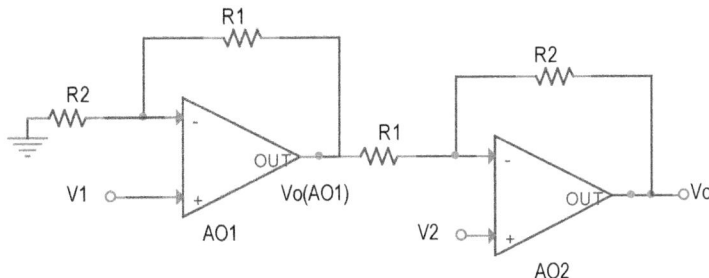

En el circuito de la figura, determine la expresión de la tensión de salida en función de v_1 y v_2.

<u>Solución:</u>

Del análisis visual del primer operacional (AO1) se deduce que amplifica la entrada v_1 trabajando como un no inversor, por tanto:

$$v_{o(AO1)} = \left(1 + \frac{R_1}{R_2}\right) v_1.$$

Aplicando el teorema de la superposición en el segundo operacional (AO2) se puede considerar que se comporta como un no inversor para v_2 y como un inversor para la salida del AO1. Así se llega a que:

$$v_o = -\frac{R_2}{R_1} v_{o(AO1)} + \left(1 + \frac{R_2}{R_1}\right) v_2 = -\frac{R_2}{R_1}\left(1 + \frac{R_1}{R_2}\right) v_1 + \left(1 + \frac{R_2}{R_1}\right) v_2 =$$
$$= \left(-\frac{R_2}{R_1} - 1\right) v_1 + \left(1 + \frac{R_2}{R_1}\right) v_2 = \left(1 + \frac{R_2}{R_1}\right)(v_2 - v_1)$$

Por lo tanto, el circuito se comporta como un amplificador diferencial cuya ganancia diferencial sigue la expresión de la ganancia de un no inversor.

Problema 2.5.

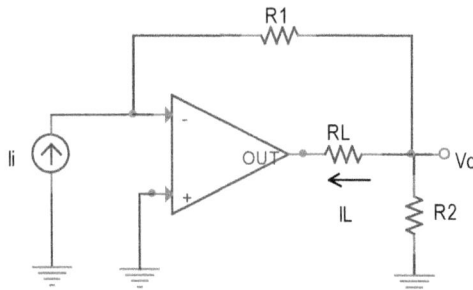

El circuito de la figura representa un amplificador de corriente con carga flotante. Determine la expresión de la ganancia de corriente $\left(\frac{i_L}{i_i}\right)$.

<u>Solución:</u>

La corriente que circula por R_L se puede calcular a partir de la diferencia entre lo que circula por R_1 y la que pasa por R_2.

Por R_1 circula la corriente de entrada i_i (dado que el terminal negativo del operacional no absorbe corriente). Por otro lado, se puede calcular la tensión a la salida del operacional $(-i_i \cdot R_1)$ sabiendo que, por cortocircuito virtual, en el terminal negativo hay 0 V.

De este modo se tiene que:

$$i_L = i_{R1} - i_{R2} = i_i - \frac{v_o}{R_2} = i_i - \frac{(-i_i R_1)}{R_2} = i_i\left(1 + \frac{R_1}{R_2}\right) \Rightarrow \frac{i_L}{i_i} = 1 + \frac{R_1}{R_2}$$

Adviértase que la corriente aportada a la carga es, en principio, independiente del valor de ésta. A cambio, la carga ha de ser "flotante", lo cual no siempre es posible.

Problema 2.6.

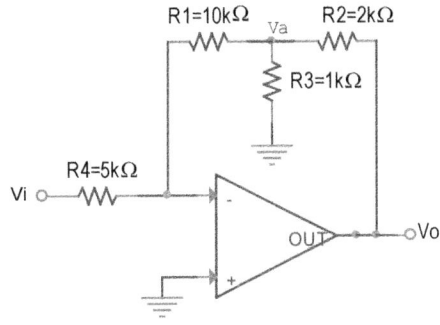

En el amplificador de la figura, asumiendo un AO ideal, determine:

a) la expresión y el valor de la ganancia de la configuración $\left(\frac{v_o}{v_i}\right)$

b) la impedancia de entrada de la configuración.

Solución:

a) Aplicando la primera ley de Kirchhoff en el nodo común de R_1, R_2 y R_3 y sabiendo que por los terminales de entrada del operacional no entra corriente se tiene que:

$$i_{R1} = \frac{v_i - v_a}{R_1 + R_4} = i_{R3} + i_{R2} = \frac{v_a}{R_3} + \frac{v_a - v_o}{R_2}$$

donde v_a es la tensión en dicho nodo común, la cual se puede expresar en función de v_i si se considera que por R_1 y R_4 circula la misma corriente y que en el terminal negativo de entrada del operacional hay 0 V por cortocircuito virtual con el positivo:

$$\frac{v_i - 0}{R_4} = \frac{0 - v_a}{R_1} \Rightarrow v_a = -\frac{R_1}{R_4} v_i$$

Así se tiene que: $\dfrac{v_i + \frac{R_1}{R_4} v_i}{R_1 + R_4} = \dfrac{-\frac{R_1}{R_4} v_i}{R_3} + \dfrac{-\frac{R_1}{R_4} v_i - v_o}{R_2}$

De donde se llega a:

$$\frac{v_o}{v_i} = -R_2 \left(\frac{1 + \frac{R_1}{R_4}}{R_1 + R_4} + \frac{\frac{R_1}{R_4}}{R_3} + \frac{\frac{R_1}{R_4}}{R_2} \right) = -6.4 \frac{V}{V}$$

b) Teniendo en cuenta que por cortocircuito virtual en el terminal negativo del operacional hay 0 V, la resistencia de entrada resulta ser claramente R_4.

Problema 2.7.

Diseñe un circuito de seis entradas $(v_1, v_2, v_3, v_a, v_b$ y $v_c)$ basado en operacionales, que permita realizar la siguiente operación aritmética:

$$v_o = 5v_1 + 3v_2 + 4v_3 - 8v_a - 2v_b - v_c$$

Para evitar un consumo innecesario el circuito no debe emplear resistencias menores de 5 kΩ

<u>Solución:</u>

Como diseño se propone el circuito aritmético de seis entradas de la figura, en el que se ha tenido en cuenta que los coeficientes X, Y y Z, definidos a partir de la función que se desea implementar, valen:

$$X = 5 + 3 + 4 = 12; \ Y = 8 + 2 + 1 = 11; \ Z = X - (Y + 1) = 0$$

A partir de estos valores y de los coeficientes específicos de cada sumando o restando de la función, se pueden calcular los valores de las resistencias asociadas con los términos que suman (R_1, R_2 y R_3) y los que restan (R_a, R_b y R_c), relativos al valor de R_F. La elección de R_F, por otro lado. viene determinada por el mínimo valor de las resistencias a emplear (R_a que ha de valer al menos 5 kΩ y resulta ser 1/8 de R_F). Una vez conocido R_F, el cálculo de las demás resistencias resulta inmediato, tal y como se observa en la tabla siguiente:

$Z = X - (Y + 1)$	R_y	R_x	R_i	R_j
= 0	∞	∞	$R_1 = R_F/5 = 8 \ k\Omega$ $R_2 = R_F/3 = 13.3 \ k\Omega$ $R_3 = R_F/4 = 10 \ k\Omega$	$R_a = R_F/8 = 5 \ k\Omega \rightarrow R_F = 40 \ k\Omega$ $R_b = R_F/2 = 20 \ k\Omega$ $R_c = R_F/1 = 40 \ k\Omega$

donde R_x y R_y representan las resistencias que habría entre los terminales positivo y negativo, respectivamente, y tierra. En este caso (con $Z = 0$) su valor resulta ser infinito, por lo que quedan en circuito abierto y no figuran en el circuito-solución.

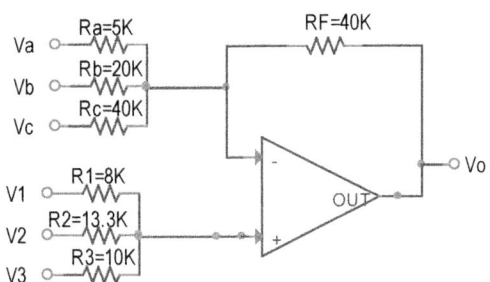

Problema 2.8.

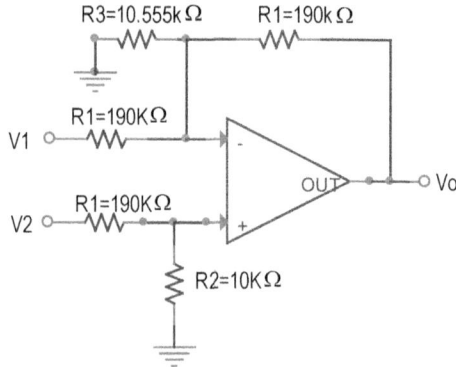

Determine la relación entre la tensión de salida y las de entrada en el amplificador adjunto.

<u>Solución:</u>

Aplicando el teorema de la superposición, se puede ver que para la entrada v_1 el operacional trabaja como una configuración inversora, dado que, al anular v_2, el terminal positivo quedaría conectado con tierra (lo que anula, además el efecto de R_3 sobre amplificación de v_1).Similarmente, al anular v_1 y ver cómo amplifica el circuito v_2, se tiene que el amplificador trabaja como un no inversor (donde R_3 y R_1 quedan en paralelo), donde R_1 y R_2 actúan como divisor de la tensión de entrada a amplificar. Así, se tiene que:

$$v_o = v_1 \left(-\frac{R_1}{R_1}\right) + v_2 \left(\frac{R_2}{R_1 + R_2}\right)\left(1 + \frac{R_1}{R_1 \| R_3}\right)$$

donde, sustituyendo, se llega a que el circuito se comporta prácticamente como un diferencial:

$$v_o \approx v_2 - v_1$$

Problema 2.9.

Diseñe el valor de R_G en el amplificador diferencial de la figura para que la salida sea una señal de 2 V de amplitud cuando la señal en modo común a la entrada sea de 5 V_P y la señal diferencial de 0.02 V_P.

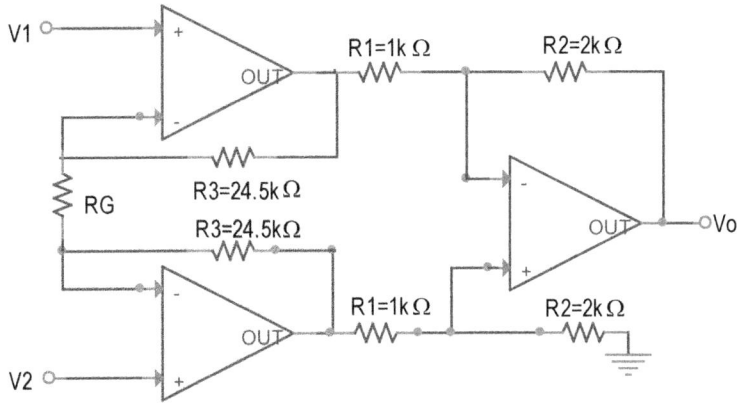

Solución:

Al ser un amplificador diferencial, idealmente el modo común es rechazado y la salida sólo responde a la entrada diferencial. De ese modo resulta fácil deducir que la ganancia diferencial ha de tener un valor de $2/0.02 = 100 \frac{V}{V}$. Teniendo en cuenta la fórmula de diseño de este típico amplificador de instrumentación, se deriva fácilmente el valor de R_G a partir de la ganancia diferencial deseada, R_1, R_2 y R_3.

$$A_d = \left(1 + \frac{2R_3}{R_G}\right)\frac{R_2}{R_1} = 100 \rightarrow R_G = 1\ k\Omega$$

Problema 2.10.

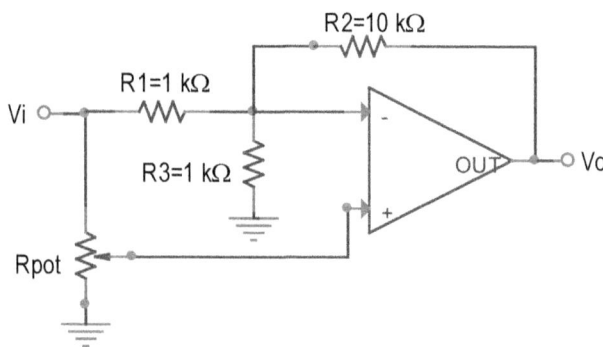

a) Determine la ganancia del circuito de la figura cuando el potenciómetro R_{pot} se encuentra en sus dos valores extremos

b) Calcule la misma expresión para cualquier posición intermedia del potenciómetro. A tal efecto, suponga que el potenciómetro se modela como dos resistencias en serie: una de valor $k \cdot R_{pot}$ y otra de valor $(1 - k) \cdot R_{pot}$, donde k (entre 0 y 1) representa el valor del factor de división del potenciómetro.

Solución:

a) En un extremo ($k = 0$, V+ a tierra), el amplificador se comporta como un inversor de ganancia $- R_2/R_1 = -10 \frac{V}{V}$.

En el otro extremo ($k = 1, V+= V_i$), no habría corriente por R_1 (ya que por cortocircuito virtual caería la misma tensión en sus extremos) y el amplificador se comportaría como un no inversor de ganancia $(1 + R_2/R_3) = +11\frac{V}{V}$

b) El circuito se podría ahora analizar como si estuviera excitado por dos señales (v_i y $k \cdot v_i$), tal y como se indica en la siguiente figura:

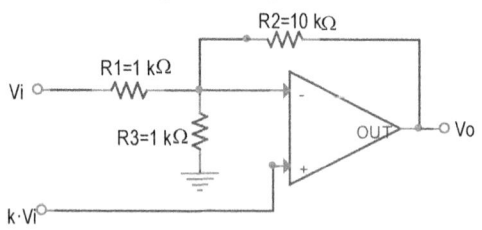

Aplicando el teorema de superposición y considerando que para la entrada v_i el circuito trabaja como un inversor en tanto que para la entrada $k \cdot v_i$ lo hace como un no inversor, se obtiene que:

$$v_o = -\frac{R_2}{R_1}(v_i) + k \cdot v_i \left(1 + \frac{R_2}{R_3 \| R_1}\right) = -\frac{R_2}{R_1}(v_i) + k \cdot v_i \left(1 + R_2\left(\frac{1}{R_1} + \frac{1}{R_3}\right)\right) =$$

$$= -\frac{R_2}{R_1}(v_i - k \cdot v_i) + k \cdot v_i \left(1 + \frac{R_2}{R_3}\right)$$

De donde se llega a que la ganancia: $A_v = \frac{v_o}{v_i} = -\frac{R_2}{R_1}(1 - k) + k\left(1 + \frac{R_2}{R_3}\right)$

Nótese que el circuito presenta un comportamiento variable. En un extremo del terminal de ajuste del potenciómetro ($k = 0$), se comporta como un no inversor, en tanto que en el otro extremo ($k = 1$) actúa como un inversor.

Problema 2.11.

Se desea trabajar con el derivador de la figura con señales de 20 kHz ¿Cree que su comportamiento sería el correcto? Razone la respuesta.

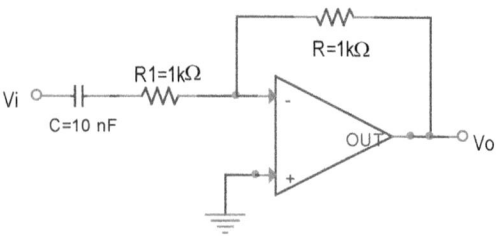

<u>Solución:</u>

R_1 se coloca para evitar que ruidos de alta frecuencia alteren el comportamiento del derivador. A cambio, R_1 limita el rango de frecuencias en el que el circuito se comporta como un derivador. En ese sentido, el circuito RC formado por R_1 y C introduce una frecuencia de corte superior de $f = \dfrac{1}{2\pi R_1 C} = 15.915\ kHz$

 Por tanto, el derivador sólo trabaja bien para frecuencias suficientemente inferiores a ese valor, lo que impide que una señal de 20 kHz sea derivada adecuadamente.

Problema 2.12.

Suponiendo que se trabaja con AO ideales alimentados con tensiones $\pm V_{CC}$ de ±15 V, determine la forma de la tensión de salida en los siguientes circuitos si la entrada es una señal sinusoidal de 100 mV de amplitud.

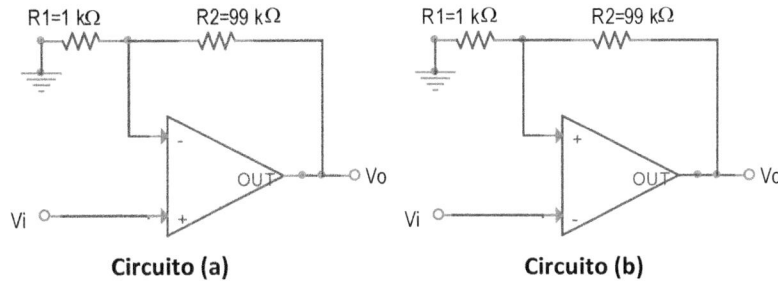

Circuito (a)   Circuito (b)

<u>Solución:</u>

Circuito a) El operacional trabaja en la configuración no inversora con una ganancia en tensión de $100\ \frac{V}{V}$ Por tanto, la salida será una señal sinusoidal de 10 V de amplitud con la misma frecuencia y fase de la señal de entrada.

Circuito b) El operacional trabaja como un comparador con histéresis ya que la realimentación de tensión se efectúa por el terminal de entrada no inversor (positivo). En consecuencia, la salida (asumiendo un margen dinámico máximo ya que el AO se considera ideal) será $+V_{CC}$ o $-V_{CC}$ dependiendo del valor que ya hubiera en la señal de salida. Teniendo en cuenta que R_1 y R_2 forman un divisor de tensión, la tensión en el terminal no inversor será la centésima parte de la señal de salida (+0.15 V o -0.15 V). Considerando que la amplitud de la señal de entrada es de 0.1 V, en ningún momento se superará (en módulo) ninguno de esos valores, por lo que la señal de entrada no provocará ningún cambio en la salida. En consecuencia, la salida continuará manteniendo el valor que tenía (+15 V o -15 V) en el momento de aplicar la señal de entrada.

Problema 2.13.

En el circuito adjunto, determine el valor de la salida v_o en función de la tensión de entrada de referencia flotante v_i.

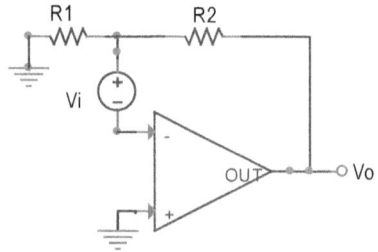

Solución:

Teniendo en cuenta que el operacional no permite que circule corriente por el generador v_i, el comportamiento es el mismo que el de un amplificador no inversor. Así, en los extremos de R_1 (tras aplicar el cortocircuito virtual), se tiene también v_i. Por otro lado, sabiendo que por R_2 y R_1 circula la misma corriente se llega a que:

$$\frac{v_o - v_i}{R_2} = \frac{v_i}{R_1} \Rightarrow v_o = \left(1 + \frac{R_2}{R_1}\right) v_i$$

Esta fórmula confirma que el comportamiento del circuito es análogo al de la configuración no inversora.

Problema 2.14.

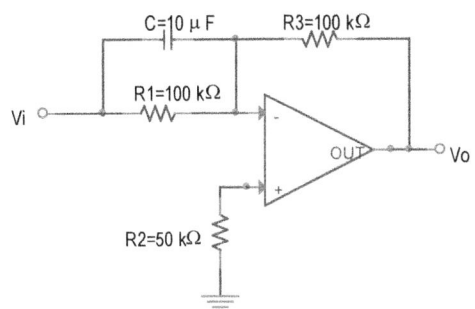

Determine, tanto en el dominio de la frecuencia como en el del tiempo, la expresión de la relación entre las tensiones de salida y entrada en el circuito adjunto. A la vista de los resultados tras sustituir los valores de los componentes ¿qué hace realmente el circuito? ¿para qué sirve R_2?

<u>Solución:</u>

En el circuito anterior, R_2 (si el AO es ideal) no tiene ningún efecto y el terminal positivo presenta una tensión nula. Así, teniendo en cuenta que el circuito es realmente un amplificador inversor, la respuesta en el dominio de la frecuencia se puede calcular a partir de la relación entre R_3 y la impedancia resultante del paralelo de C y R_1:

$$\frac{v_o(j\omega)}{v_i(j\omega)} = -\frac{R_3}{\left(\frac{1}{R_1} + j\omega C\right)^{-1}} = -\frac{R_3}{R_1} - j\omega C R_3$$

En el dominio del tiempo, aplicando la ley de corrientes de Kirchhoff en el nodo de entrada negativo (donde por cortocircuito virtual hay 0 V), la relación entre tensión de entrada y salida queda:

$$\frac{v_o(t)}{R_3} + \frac{v_i(t)}{R_1} + C\frac{dv_i(t)}{dt} = 0 \rightarrow v_o(t) = -\frac{R_3}{R_1}v_i(t) - CR_3\frac{dv_i(t)}{dt}$$

Sustituyendo valores se llega a:

$$v_o(t) = -v_i(t) - \frac{dv_i(t)}{dt}$$

Por tanto, el circuito invierte la señal de entrada y le resta su derivada (circuito diferenciador aumentado).

Por otro lado, R_2 se elige igual al paralelo de R_3 y R_1 para que en DC los dos terminales de entrada vean una impedancia similar y así se minimice el efecto de las corrientes de polarización de entrada.

Problema 2.15.

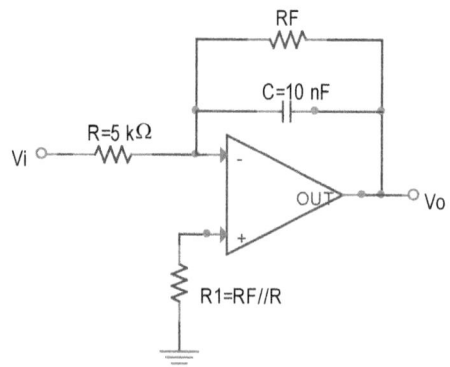

Diseñe el valor de R_F en el circuito adjunto para que la configuración se comporte como un integrador a frecuencias superiores a 10 kHz. ¿Qué ganancia presenta el circuito a frecuencias bajas?

<u>Solución:</u>

Teniendo en cuenta que el circuito se comporta como un amplificador inversor en el que la impedancia del numerador ha de tener en cuenta el efecto del condensador, la función de transferencia del circuito es:

$$\frac{v_o(j\omega)}{v_i(j\omega)} = -\frac{R_F \left\| \frac{1}{j\omega C}\right.}{R} = -\frac{\left(\dfrac{R_F\frac{1}{j\omega C}}{R_F + \frac{1}{j\omega C}}\right)}{R} = -\frac{R_F}{R(1 + j\omega C R_F)}$$

Como se puede observar, la capacidad C introduce, en la función de transferencia, un polo (frecuencia a la que la ganancia decae por raíz de 2) en la frecuencia:

$$f = \frac{1}{2\pi R_F C}$$

Fijando ese polo en una frecuencia de 1 kHz, a 10 kHz la impedancia del condensador será suficientemente inferior a la de R_F para considerar el efecto de R_F despreciable y asumir que el circuito actúa como un integrador.

Despejando R_F de la fórmula anterior se tiene: $R_F = \frac{1}{2\pi f C} = 15.91 \; k\Omega$

Con ese valor de R_F, a frecuencias bajas (donde la impedancia del condensador es mucho más grande que la de R_F, esto es, $\omega CR \ll 1$) el circuito se comporta como un amplificador inversor de ganancia: $A_v|_{\omega CR \ll 1} = -\frac{R_F}{R} = -3.18 \; \frac{V}{V}$

Problema 2.16.

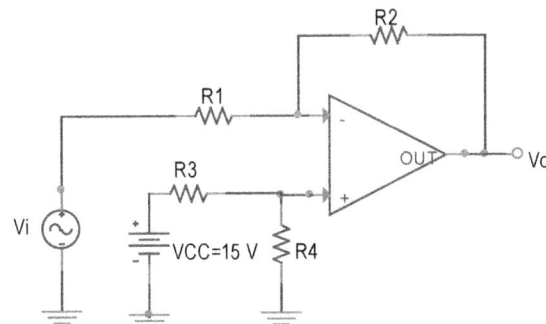

En el circuito adjunto
a) Determine la relación:
$$V_o = f(V_i)$$
b) Diseñe los valores de las cuatro resistencias para implementar la siguiente función: $V_o = 10 - 4 \cdot V_i$

La resistencia mínima ha de ser de al menos 1 kΩ. Haga el diseño, así mismo, para minimizar los efectos de las corrientes de polarización de entrada del operacional.

Solución:

a) Aplicando el teorema de la superposición con las dos fuentes existentes se llega fácilmente a:

$$v_o = -\left(\frac{R_2}{R_1}\right)v_i + V_{CC}\left(\frac{R_4}{R_4 + R_3}\right)\left(1 + \frac{R_2}{R_1}\right)$$

b) Comparando la expresión de la función anterior con la que se pretende conseguir se llega a las siguientes ecuaciones:

$$\frac{R_2}{R_1} = 4$$

$$V_{CC}\left(\frac{R_4}{R_4 + R_3}\right)\left(1 + \frac{R_2}{R_1}\right) = 15\left(\frac{R_4}{R_4 + R_3}\right)(1 + 4) = 75\left(\frac{R_4}{R_4 + R_3}\right) = 10\ V$$

$$\rightarrow \frac{R_3}{R_4} = \frac{65}{10}$$

Añadidamente, se tiene que la resistencia observada desde ambas entradas ha de ser la misma (para reducir los efectos de las corrientes de entrada por el operacional) con lo que también se tiene:

$$R_1 \| R_2 = R_3 \| R_4$$

Dando a R_4 el valor mínimo de 1 kΩ, y empleando las expresiones anteriores se llega a que: $R_4 = 1\ k\Omega, R_3 = 6.5\ k\Omega, R_1 = 1.08\ k\Omega, R_2 = 4.33\ k\Omega$.

Problema 2.17.

Diseñe el valor de R en el circuito adjunto para minimizar los efectos de las corrientes de entrada en el operacional.

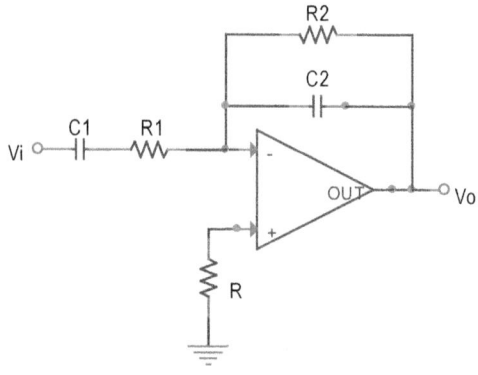

Solución:

R debe ser igual a la resistencia que "ve" el terminal de entrada inversor en DC. Dado que C_1 ofrece un circuito abierto en continua, por R_1 no puede circular corriente continua y esa resistencia observada se limita a R_2. Así el diseño debe imponer que: $R = R_2$.

Problema 2.18.

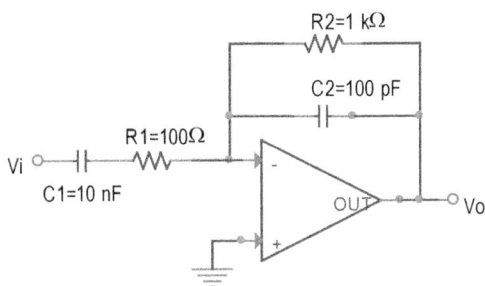

a) **Asumiendo que los AO son ideales ¿cómo se comportaría el circuito de la figura a frecuencias suficientemente bajas? ¿y a frecuencias suficientemente altas?**

b) **¿Cuál sería la tensión de salida del circuito si la entrada es una señal triangular de 8 V$_{pp}$ y 5 kHz de frecuencia?**

Solución:

a) A frecuencias suficientemente bajas la impedancia de C_1 y C_2 serán muy superiores a las de R_1 y R_2, respectivamente. En consecuencia, el efecto de R_1 será despreciable frente al de C_1 (puesto que están en serie) mientras que el paralelo de R_2 y C_2 prácticamente será equivalente a R_2. Sin R_1 y C_2, el circuito se comportaría como un derivador (formado por R_2 y C_1).

De forma complementaria, para frecuencias suficientemente altas, el efecto de las impedancias de R_2 y C_1 resulta despreciable frente a las de C_2 y R_1. Consecuentemente, el circuito se comportará como un integrador (formado por R_1 y C_2).

b) A 5 kHz se tiene que:

$$|Z_{C1}| = \frac{1}{\omega C_1} = \frac{1}{2\pi \cdot 5000 \cdot 10 \cdot 10^{-9}} = 3183 \; \Omega \gg R_1 = 100 \; \Omega$$

$$|Z_{C2}| = \frac{1}{\omega C_2} = \frac{1}{2\pi \cdot 5000 \cdot 100 \cdot 10^{-12}} = 318 \; k\Omega \gg R_2 = 1 \; k\Omega$$

En consecuencia, el efecto de C_2 y de R_1 es despreciable y el circuito se comporta como un derivador, de forma que la salida se puede aproximar por:

$$v_o(t) = -C_1 R_2 \frac{dv_i(t)}{dt}$$

La señal de entrada, por su lado, es una rampa ascendente con una variación de 8 V durante medio periodo ($T/2 = 1/(5000 \cdot 2) = 0.1 \, ms$). Así, durante ese medio periodo, la señal de salida será una señal de valor constante (derivada de una función lineal) igual a:

$$v_o(t) = -C_1 R_2 \frac{\Delta V_{pp}}{\dfrac{T}{2}} = -10 \cdot 10^{-9} \cdot 1000 \cdot \frac{8}{0.1 \cdot 10^{-3}} = -0.8 \, V$$

Durante el semi-periodo en el que la señal triangular decrece la tensión de salida será, aplicando el mismo razonamiento, +0.8 V.

Por tanto, la señal de salida será una señal cuadrada entre 0.8 V y -0.8 V con un periodo de 0.2 ms.

Problema 2.19.

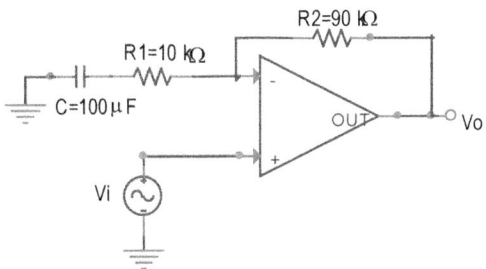

a) Determine la expresión de la función de transferencia, $\dfrac{v_o(j\omega)}{v_i(j\omega)}$, del circuito siguiente.

b) Calcule la forma de la señal de salida para las siguientes entradas:

1) $v_i(t) = 1V$

2) $v_i(t) = 1 \cdot sen(2000 \cdot \pi \cdot t)V$

Solución:

a) Considerando que el circuito trabaja como una configuración no inversora se llega fácilmente a:

$$\frac{v_o(j\omega)}{v_i(j\omega)} = 1 + \frac{R_2}{R_1 + \dfrac{1}{j\omega C}}$$

b.1) Ante una señal continua el condensador C se comporta como un circuito abierto, Por ende, el circuito actúa como un seguidor de tensión y la salida será igual a la entrada (una señal constante de 1 V). A la misma conclusión se llega si, en la función de transferencia anterior, sustituimos $\omega = 0$.

$$\frac{v_o(j\omega = 0)}{v_i(j\omega = 0)} = 1$$

b.2) Teniendo en cuenta que la frecuencia de la señal de entrada es de 1 kHz, muy superior al polo introducido por C:

$$f_C = \frac{1}{2\pi C R_1} = \frac{1}{2\pi \cdot 10000 \cdot 100 \cdot 10^{-6}} = 0.15 \; Hz \ll f_i = 1000 \; Hz$$

Podemos considerar que, a esa frecuencia, la impedancia de la capacidad es despreciable frente a la de la resistencia R_1. En consecuencia, el amplificador se comporta como un no inversor con sólo dos resistencias:

$$\frac{v_o(j\omega)}{v_i(j\omega)} = 1 + \frac{R_2}{R_1} = 10$$

Por lo tanto: $v_o(t) = 10 \cdot v_i(t) = 10 \cdot sen(2000 \cdot \pi \cdot t)V$

Por lo tanto, considerando que la frecuencia de corte es extremadamente baja, podemos concluir que este circuito se comporta como un seguidor de continua (sin amplificarla) en tanto que actúa como un amplificador (multiplicando por 10) casi para cualquier otra frecuencia distinta de 0.

Problema 2.20.

El amplificador de instrumentación de la figura se implementa de forma que las cuatro resistencias que utiliza poseen el mismo valor nominal de 1 kΩ. Suponiendo que las resistencias poseen una tolerancia del 5%, ¿cuál sería el CMRR más bajo que se podría conseguir? ¿Y si la tolerancia fuera del 1%?

Nota: Suponga que la ganancia diferencial no se ve alterada significativamente por la tolerancia de las resistencias.

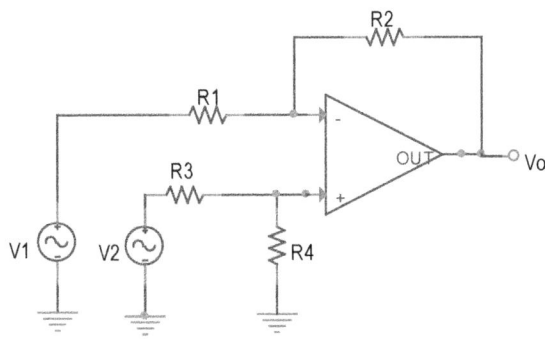

Solución:

Se puede demostrar (aplicando el teorema de la superposición) que la relación entre la salida y las entradas es:

$$v_o = \left(-\frac{R_2}{R_1}\right)v_1 + \left(1 + \frac{R_2}{R_1}\right)\left(\frac{R_4}{R_3 + R_4}\right)v_2$$

En esta fórmula, igualando ambas entradas y aplicando en ellas una tensión común v_{cm}, se llega a la siguiente expresión de la ganancia en modo común:

$$\Delta_{CM} = \frac{v_o}{v_{CM}} = \left(-\frac{R_2}{R_1}\right) + \left(1 + \frac{R_2}{R_1}\right)\left(\frac{R_4}{R_3 + R_4}\right) = \frac{R_1 R_4 - R_2 R_3}{R_1(R_3 + R_4)}$$

Asumiendo que las cuatro resistencias son iguales, la ganancia diferencial ideal resultaría ser de $1\frac{V}{V}$ ya que: $v_o = v_2 - v_1$

Por otro lado, si las 4 resistencias son iguales, la ganancia Δ_{CM} sería nula y el factor de rechazo CMRR infinito. Teniendo en cuenta que las resistencias pueden variar desde 0.95 kΩ a 1.05 kΩ, el peor de los casos, en módulo, se da cuando se maximiza el numerador, cosa que ocurre cuando:

$R_1 = R_4 = 0.95k\Omega$, mientras que $R_2 = R_3 = 1.05k\Omega$:

$$\left|A_{CM(max)}\right| = \left|\frac{0.95 \cdot 0.95 - 1.05 \cdot 1.05}{0.95(0.95 + 1.05)}\right| = 0.105 \frac{V}{V}$$

Para ese valor, el CMRR (mínimo) resulta ser:

$$CMRR_{min} = \left|\frac{A_d}{A_{CM(max)}}\right| = 20\,log_{10}\left|\frac{1}{0.105}\right| = 19.55\,dB$$

Para un 1% de tolerancia, el peor CMRR sería muy superior:

$$\left|A_{CM(max)}\right| = \left|\frac{0.99 \cdot 0.99 - 1.01 \cdot 1.01}{0.99 \cdot (0.99 + 1.01)}\right| = 0.0202 \frac{V}{V}$$

$$CMRR_{min} = \left|\frac{A_d}{A_{CM(max)}}\right| = 20\,log_{10}\left|\frac{1}{0.0202}\right| = 33.89\,dB$$

Obsérvese, la fuerte degradación que posee el CMRR por culpa de la tolerancia de los componentes.

Problema 2.21.

Determine la expresión de la relación entre las tensiones de salida y entrada $\frac{V_o}{V_i}$ del circuito siguiente.

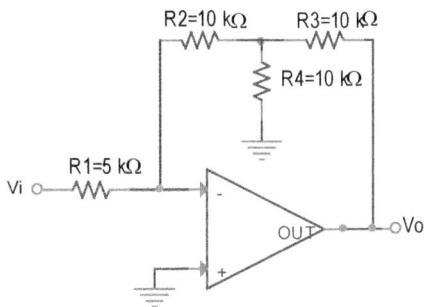

Solución:

Aplicando la ley de corrientes de Kirchhoff en el nodo al que está conectado R_4 (donde la tensión se puede calcular teniendo en cuenta que el AO se comporta como un inversor, puesto que por R_2 y R_1 circula la misma corriente y en el terminal común de ambas resistencias hay 0 V, por cortocircuito virtual con tierra) se tiene que:

$$\frac{v_i}{R_1} = \frac{v_i\left(-\frac{R_2}{R_1}\right)}{R_4} + \frac{v_i\left(-\frac{R_2}{R_1}\right) - v_o}{R_3}$$

De donde se llega a que:

$$\frac{v_o}{v_i} = -R_3\left[\frac{1}{R_1} + \frac{R_2}{R_4 R_1} + \frac{R_2}{R_3 R_1}\right] = -6\,\frac{V}{V}$$

Problema 2.22.

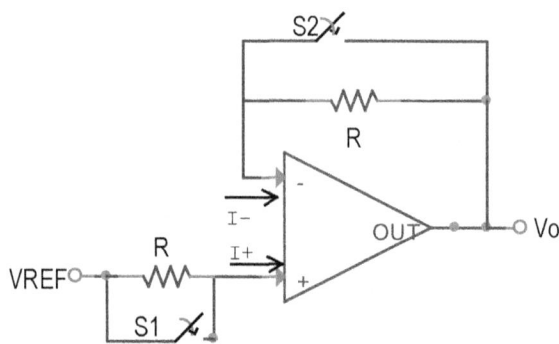

El circuito de test de la figura se emplea para medir las corrientes de entrada de un operacional. Calcule cuál sería la tensión de salida en función de la tensión de referencia y las corrientes de entrada $I+$ e $I-$, según las posibles combinaciones de las posiciones de los conmutadores S1 y S2. Rellene con los resultados la tabla adjunta en la que el término abierto implica que el conmutador provoca un circuito abierto, mientras que cerrado supone un cortocircuito. Desprecie el resto de no idealidades del operacional.

S1	S2	Tensión de salida
Cerrado	Cerrado	
Abierto	Cerrado	
Cerrado	Abierto	
Abierto	Abierto	

Solución:

A continuación, se realiza el análisis considerando las combinaciones de las posiciones de los conmutadores:

1) S1 y S2 cerrados

En este caso el operacional se comporta como un seguidor de tensión ideal, ya que las resistencias quedarían cortocircuitadas y, por tanto, anuladas. Las corrientes de entrada del operacional no tendrían ningún efecto a la salida porque no provocan ninguna caída de tensión Por tanto, se tendría que:

$$v_o = V_{REF}$$

2) S1 abierto y S2 cerrado

En este caso el circuito traslada a la salida, a través del cortocircuito virtual y la configuración seguidora, la tensión en el terminal positivo. La diferencia radica en que ahora, la tensión en el terminal positivo no coincide con V_{REF} puesto que hay que restar la caída de tensión que provoca I^+ en R. Así se tiene que:

$$v_o = V_{REF} - RI^+$$

3) S1 cerrado y S2 abierto

Ahora en el terminal positivo se aplica V_{REF}, tensión que, por cortocircuito virtual, aparecerá en el terminal negativo. A la salida, por tanto tendremos V_{REF} más la caída que se produce en R por la existencia de I^-. Por tanto, a la salida se obtiene:

$$v_o = V_{REF} + RI^-$$

4) S1 y S2 abiertos

Cuando no se cortocircuita ninguna resistencia la salida viene marcada por el efecto combinado de ambas resistencias. Así se tiene que:

$$v_o = V^- + RI^- = V_{REF} - RI^+ + RI^- = V_{REF} - R(I^+ - I^-) = V_{REF} - RI_{IO}$$

En este caso, la salida viene determinada por la diferencia entre ambas corrientes de entrada, dato normalmente ofrecido por los fabricantes de operacionales en las hojas de catálogo como I_{IO} (Input Offset Current).

Recopilando estos resultados, la tabla a rellenar queda como sigue:

S1	S2	Tensión de salida
Cerrado	Cerrado	$v_o = V_{REF}$
Abierto	Cerrado	$v_o = V_{REF} - RI^+$
Cerrado	Abierto	$v_o = V_{REF} + RI^-$
Abierto	Abierto	$v_o = V_{REF} - RI_{IO}$

Problema 2.23.

Determine la expresión de la ganancia en corriente del circuito (i_L/i_i)

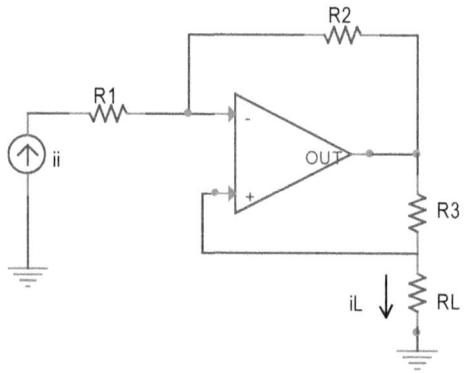

Solución:

Aplicando el concepto cortocircuito virtual entre las entradas del AO, se tiene que la tensión que cae en R_2 es la misma que la que cae en R_3. Como por las entradas del operacional no circula corriente, i_i circula íntegramente por R_2 mientras que i_L lo hace por R_3. Así se llega a que:

$$i_i R_2 = -i_L R_3 \rightarrow \Delta_i = \frac{i_L}{i_i} = -\frac{R_2}{R_3}$$

   Nótese que, en principio y como corresponde a un amplificador de corriente, la corriente aportada a la carga es independiente del valor de ésta y sólo viene determinada por la relación entre dos resistencias.

Problema 2.24.

Determine la resistencia de entrada vista por el generador de entrada (v_i/i_i) en el circuito adjunto:

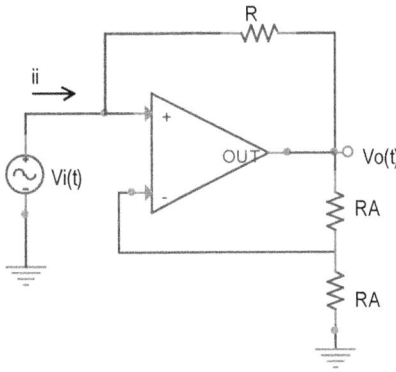

Solución:

Teniendo en cuenta que la tensión a la salida del operacional se puede calcular fácilmente considerando que trabaja en la configuración no inversora (con una ganancia de $2 \frac{V}{V}$ en este caso) y sabiendo que la corriente de entrada es la que circula por la resistencia R, se tiene que:

$$R_{IN} = \frac{v_i}{i_i} = \frac{v_i}{\dfrac{(v_i - v_o)}{R}} = \frac{v_i}{\dfrac{\left(v_i - v_i\left(1 + \dfrac{R_A}{R_A}\right)\right)}{R}} = \frac{v_i}{\dfrac{(v_i - 2v_i)}{R}} = -R$$

Nótese que la resistencia de entrada es negativa, de ahí que a este circuito se le denomine convertidor de impedancia negativa.

Problema 2.25.

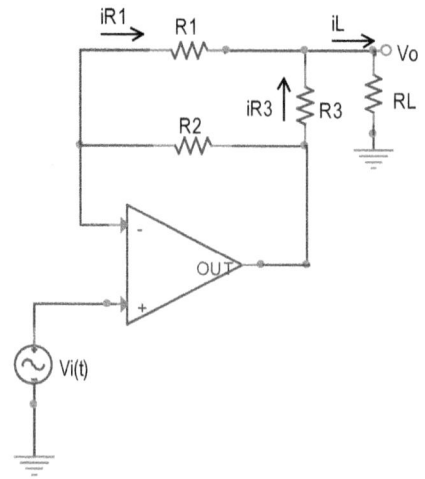

Determine la expresión de la relación entre las tensiones de salida y entrada $\left(\dfrac{v_o}{v_i}\right)$ del circuito adyacente.

Solución:

En el circuito hay que tener en cuenta que por R_2 y R_1 circula la misma corriente, ya que por el terminal inversor del operacional no pasa corriente. A su vez, la corriente por la carga es el agregado de i_{R3} e i_{R1}:

$$v_o = i_L R_L = (i_{R1} + i_{R3})R_L$$

Por otro lado, en R_3 cae la misma tensión que en la serie de R_2 y R_1:

$$i_{R3} R_3 = i_{R1}(R_2 + R_1) \Rightarrow i_{R3} = i_{R1}\frac{(R_2 + R_1)}{R_3}$$

Aplicando el cortocircuito virtual, se tiene que en el terminal positivo se tiene la tensión de entrada. Por tanto:

$$i_{R1} = \frac{v_i - v_o}{R_1}$$

Al mismo tiempo la tensión de salida se puede calcular como:

$$v_o = i_L R_L = (i_{R1} + i_{R3})R_L = \left(i_{R1} + i_{R1}\frac{(R_1 + R_2)}{R_3}\right)R_L =$$

$$= \left(\frac{v_i - v_o}{R_1} + \frac{(v_i - v_o)(R_1 + R_2)}{R_1 R_3}\right)R_L$$

De donde, operando se llega a que:

$$\frac{v_o}{v_i} = \frac{R_1 + R_2 + R_3}{R_1 R_3 + (R_1 + R_2 + R_3) R_L} R_L$$

Problema 2.26.

El circuito representa un amplificador de transresistencia que convierte una corriente de entrada en una tensión de salida. Calcule el valor de esa transresistencia $(R_m = V_o/I_i)$ así como el de la resistencia de entrada $(R_i = V_i/I_i)$ del circuito en los siguientes casos:

a) el amplificador operacional es ideal

b) el operacional presenta una ganancia en lazo abierto (Δ_{vo}) finita.

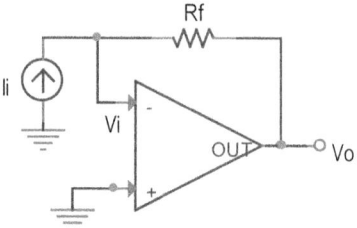

Solución:

a) Si el operacional es ideal, aplicando el cortocircuito virtual, resulta inmediato calcular la transresistencia y la resistencia de entrada:

$$R_m = \frac{v_o}{i_i} = -R_f; \; R_{in} = \frac{v_i}{i_i} = 0$$

b) Asumiendo que el operacional no presenta ganancia infinita, el circuito equivalente quedaría como sigue:

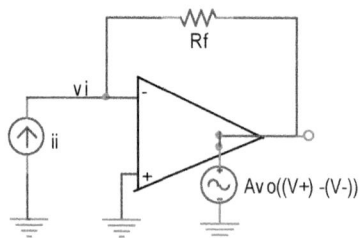

En este circuito, la tensión de salida se puede calcular a partir de la corriente de entrada como:

$$v_o = \Delta_{vo}(v^+ - v^-) = \Delta_{vo}\left(0 - \left(v_o + i_i R_f\right)\right) \Rightarrow v_o = -\left(\frac{\Delta_{vo}}{\Delta_{vo} + 1}\right) i_i R_f$$

Así, la transresistencia resulta ser:

$$R_m = \frac{v_o}{i_i} = -\left(\frac{\Delta_{vo}}{\Delta_{vo} + 1}\right) R_f$$

Por otro lado, la resistencia de entrada se puede calcular como:

$$R_i = \frac{v_i}{i_i} = \frac{v^-}{\dfrac{v^- - v_o}{R_f}} = \frac{v^-}{\dfrac{v^- - (-\Delta_{vo}v^-)}{R_f}} = \frac{R_f}{1 + \Delta_{vo}}$$

Nótese que ambos resultados convergen con los del apartado (a) cuando el operacional es ideal y Δ_{vo} tiende a ∞.

Problema 2.27.

El circuito adjunto muestra una celda Rauch, empleada para diseñar filtros de distinta tipología en función de la naturaleza y el valor de cinco admitancias $(Y_1, Y_2, Y_3, Y_4, Y_5)$.

Determine la expresión de la función de transferencia en función de esas cinco admitancias.

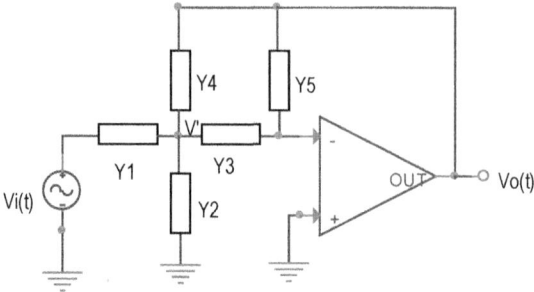

Solución:

Llamando V' a la tensión en el nodo compartido por Y_1, Y_2, Y_3, y Y_4, resulta inmediato que la relación entre las tensiones V' y de salida V_o viene dada por la fórmula de la configuración inversora:

$$\frac{v_o}{v'} = -\frac{Z_5}{Z_3} = -\frac{Y_3}{Y_5} \rightarrow V' = -\frac{Y_5}{Y_3} v_o$$

Por otro lado, aplicando la primera ley de Kirchhoff en el nodo V' se tiene:

$$(v_i - v')Y_1 = (v' - v_o)Y_4 + v'(Y_3 + Y_2)$$

donde se ha tenido en cuenta que en uno de los extremos de la impedancia Y_5 hay una tensión nula por el cortocircuito virtual con tierra que forma entre las entradas el operacional. Sustituyendo V' por su expresión en función de v_o se llega a que:

$$\left(v_i + \frac{Y_5}{Y_3} v_o\right) Y_1 = \left(-\frac{Y_5}{Y_3} v_o - v_o\right) Y_4 + \left(-\frac{Y_5}{Y_3}\right) v_o(Y_3 + Y_2)$$

De donde, despejando y sacando factor común v_o se tiene:

$$v_i Y_1 = v_o \left(-\frac{Y_5 Y_1}{Y_3} + -\frac{Y_5 Y_4}{Y_3} - Y_4 - \frac{Y_5 (Y_3 + Y_2)}{Y_3} \right) =$$

$$= v_o \left(-\frac{Y_5 Y_1 + Y_5 Y_4 + Y_5 Y_3 + Y_5 Y_2 + Y_4 Y_3}{Y_3} \right)$$

De donde se obtiene la relación:

$$\frac{v_o}{v_i} = -\frac{Y_3 Y_1}{Y_5 (Y_1 + Y_2 + Y_3 + Y_4) + Y_4 Y_3}$$

NO LINEALIDADES DEL AMPLIFICADOR OPERACIONAL

Problema 2.28.

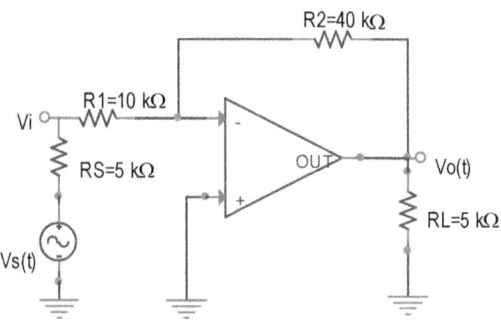

En el amplificador de la figura, asumiendo un AO ideal, determine:

a) La ganancia de la configuración, $\frac{v_o}{v_i}$, y la ganancia total del circuito $\frac{v_o}{v_s}$. ¿Cuánto vale la salida para una v_s de -2 V?

b) La resistencia de entrada de la configuración

c) Para esa misma v_s de -2 V ¿cuál sería la tensión de salida si R_L valiera 50 Ω y la máxima corriente que pudiera dar el operacional fuera de 20 mA?

Solución:

a) Teniendo en cuenta que R_1 y R_S se encuentran en serie es fácil observar que el circuito se ha de comportar como una configuración inversora, donde la relación entre la tensión v_o y la excitación v_s ha de ser:

$$\frac{v_o}{v_s} = -\left(\frac{R_2}{R_1 + R_S}\right) = -2.67\frac{V}{V}$$

Para una tensión v_s de -2 V la salida valdría, por tanto, +5.33 V.

En la expresión anterior se ha tenido en cuenta la resistencia asociada a la excitación de entrada (v_s). La ganancia del circuito (al margen de la resistencia R_S que pueda llevar asociada la fuente) es:

$$\frac{v_o}{v_i} = -\left(\frac{R_2}{R_1}\right) = -4\frac{V}{V}$$

b) Podemos calcular la resistencia de entrada como la relación entre la tensión de entrada (v_i) al circuito y la corriente de entrada (en este caso, la que pasa por R_1). Esa corriente (I_{R1}) se puede calcular:

$$I_{R1} = \frac{v_i - v^-}{R_1}$$

Asumiendo que el operacional es ideal, podemos asumir que no hay corrientes por los terminales de entrada. Aplicando el cortocircuito virtual se llega rápidamente a que:

$$I_{R1} = \frac{v_i - v^-}{R_1} = \frac{v_i - v^+}{R_1} = \frac{v_i}{R_1} \Rightarrow R_{IN} = \frac{v_i}{I_{R1}} = R_1 = 10 \ k\Omega$$

c) La corriente de salida del operacional ha de proporcionar (o drenar, según el caso) las corrientes que circulan por R_2 y R_L:

$$I_{OAO} = \frac{v_o}{R_L} + \frac{v_o - v_S}{R_1 + R_2 + R_s}$$

Si el inversor funcionara con normalidad, la salida para una entrada (v_s) de -2 V valdría -5.33 V, lo que implica, para una R_L de 50 Ω, que circularía por la carga una corriente de más de 100 mA, inasumible por el operacional (que sólo puede drenar 20 mA). Por tanto, el circuito dejaría de funcionar correctamente y la tensión de salida vendría dada por esa corriente límite del operacional, no por la función inversora de la configuración:

$$v_o = \left(\frac{1}{R_1 + R_2 + R_s} + \frac{1}{R_L}\right)^{-1} \left(I_{OAO(max)} + \frac{v_s}{R_1 + R_2 + R_s}\right) = 0.996V$$

Lo que también se podría haber aproximado (dado que $R_L \ll R_1 + R_2 + R_s$) por:

$$v_o \approx I_{OAO(max)} R_L = 1 \ V$$

Problema 2.29.

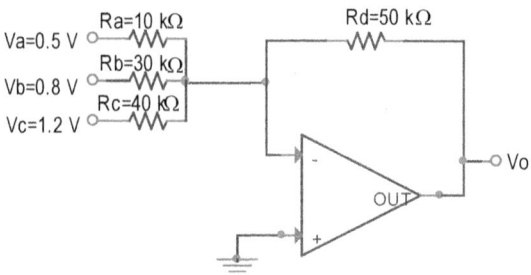

En el amplificador de la figura, suponiendo un AO ideal, determine:

a) La tensión a la salida

b) ¿Cuál sería la resistencia de salida de la configuración si el amplificador operacional no fuera ideal y tuviera una R_{out} de 50 Ω y una ganancia en lazo abierto de $10^5 \frac{V}{V}$?

Solución:

a) El circuito es un sumador inversor que presenta una tensión a la salida:

$$v_o = -50k \left(\frac{0.5V}{10k} + \frac{0.8V}{20k} + \frac{1.2V}{30k} \right) = -6.5 \, V$$

b) La resistencia de salida se puede calcular analíticamente colocando a la salida un generador v_o, anulando las entradas y estudiando la relación entre la tensión v_o y la corriente que aporta dicho generador al circuito (i_o). Teniendo en cuenta la amplificación (no infinita) del operacional, así como su resistencia de salida, en este caso el circuito equivalente para calcular la resistencia de salida quedaría como sigue:

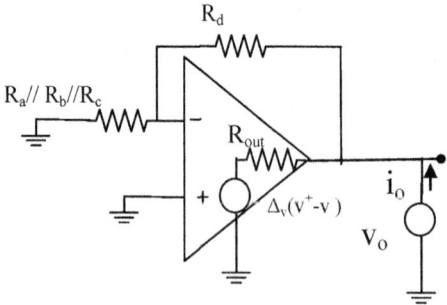

Nótese que las tres resistencias de entrada (de 10 kΩ, 20 kΩ y 30 kΩ) quedan en paralelo tras anular v_a, v_b y v_c.

Del circuito anterior y considerando que las corrientes por los terminales de entrada del operacional son nulas, se tiene que la corriente aportada por la fuente se puede calcular como:

$$i_o = \frac{v_o - (\Delta_V(v^+ - v^-))}{R_{out}} + \frac{v_o}{R_d + R_a\|R_b\|R_c} = \frac{v_o + (\Delta_V v^-)}{R_{out}} + \frac{v_o}{R_d + R_a\|R_b\|R_c}$$

donde se ha aplicado que la tensión v+ es nula.

Por otro lado, la tensión en el terminal positiva resulta del divisor de tensión que forman las cuatro resistencias:

$$v^- = v_o \frac{R_a\|R_b\|R_c}{R_a\|R_b\|R_c + R_d}$$

De donde

$$i_o = \frac{v_o + \left(\Delta_V v_o \dfrac{R_a\|R_b\|R_c}{R_d + R_a\|R_b\|R_c}\right)}{R_{out}} + \frac{v_o}{R_d + R_a\|R_b\|R_c} =$$

$$= \frac{v_o \left(1 + \Delta_V \dfrac{R_a\|R_b\|R_c}{R_d + R_a\|R_b\|R_c}\right)}{R_{out}} + \frac{v_o}{R_d + R_a\|R_b\|R_c}$$

De donde se llega a que la resistencia de salida del circuito vale:

$$R_{sal} = \frac{v_o}{i_o} = \frac{R_{out}}{\left(1 + \Delta_V \dfrac{R_a\|R_b\|R_c}{R_d + R_d\|R_b\|R_c}\right)} \| (R_d + R_a\|R_b\|R_c) \approx$$

$$\approx \frac{R_{out}}{\left(1 + \Delta_V \dfrac{R_a\|R_b\|R_c}{R_d + R_a\|R_b\|R_c}\right)} = \frac{50\Omega}{\left(1 + 10^5 \dfrac{10\|20\|30}{50 + 10\|20\|30}\right)} = 5 \, m\Omega \approx 0$$

Nótese que la realimentación hace decaer notablemente (hasta prácticamente anularla) la baja impedancia de salida que ya, de por sí, presenta el operacional.

Problema 2.30.

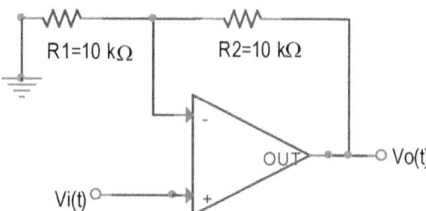

El amplificador operacional de la figura posee un *slew rate* (SR) de 0.5 V/μs, razone si la configuración amplificadora de la figura tendría algún problema para amplificar una señal senoidal de entrada de 5 V de amplitud y 10 kHz de frecuencia.

Solución:

Dado que el circuito posee una ganancia de $2\frac{V}{V}$ (al tratarse de una configuración no inversora), la salida, para la entrada, propuesta debería ser una senoide de 10 V de amplitud y 10 kHz de frecuencia. Esa señal exige una máxima variación de la tensión de:

$$max\left(\frac{dV_o(t)}{dt}\right) = 2 \cdot \pi \cdot f_{FP} \cdot V_{o\,(max)} = 628318\frac{V}{s} = 0.628\frac{V}{\mu s} > SR$$

Al ser superior este parámetro a la máxima tasa de variación que permite el operacional, la señal de salida sufriría distorsión (aparecería muy probablemente la típica forma de rampa de tensión asociada a los problemas de slew rate) y la configuración no podría amplificar normalmente.

Problema 2.31.

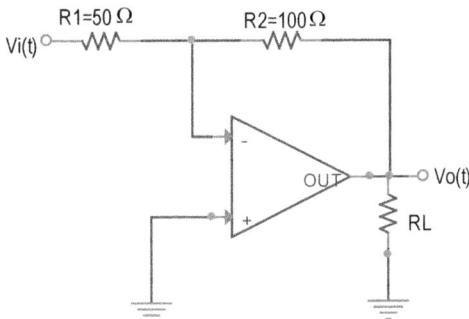

Si el amplificador operacional de la figura posee una corriente de salida máxima de 100 mA, calcule (para una carga R_L en circuito abierto) la máxima amplitud de la señal de entrada (v_i) que se puede amplificar sin distorsionar.

Solución:

El caso óptimo es cuando la carga (R_L) no pide corriente, que se da cuando ésta queda en circuito abierto $(R_L = \infty)$. En ese caso, toda la corriente aportada (o drenada) por el operacional es la que circula por R_2. Esta corriente vale:

$$i_L = \frac{v_o}{R_2}$$

De donde se deduce fácilmente cuál es la máxima tensión que se puede tener a la salida:

$$v_{omax} = R_2 i_{Lmax} = 10\ V$$

Dado que este inversor posee una ganancia del circuito es $2\ \frac{V}{V}$, la tensión de entrada, para esos 10 V a la salida han de corresponderse con:

$$v_{imax} = 5\ V$$

Problema 2.32.

El AO741 posee un producto Ganancia-Ancho de Banda (o frecuencia de transición) de 1 MHz. Si se emplea en una configuración amplificadora con una ganancia en tensión de 60 dB ¿cuál será la frecuencia de corte superior de dicha configuración?

Solución:

El producto (GBP, o Gain-Bandwidth Product) ganancia (Δ_V)-Ancho de banda (f_c o frecuencia de corte) de un operacional (compensado) se mantiene prácticamente constante:

$$GBP = f_c \Delta_v$$

Así, si el operacional se emplea en una configuración con una ganancia de 60 dB. lo que se corresponde con $1000\,\frac{V}{V}$:

$$\Delta_v(V/V) = 10^{\frac{G_V(dB)}{20}} = 10^{\frac{60}{20}} = 1000\,\frac{V}{V}$$

se llega a que el ancho de banda de la configuración es:

$$f_c = \frac{GBP}{\Delta_v} = \frac{1\ MHz}{1000} = 1\ kHz$$

Problema 2.33.

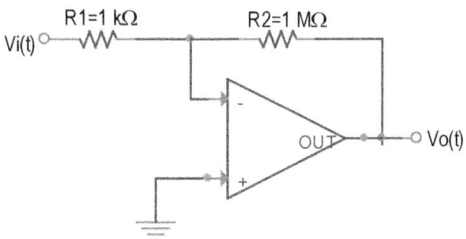

Determine el ancho de banda típico del amplificador de la figura si se sabe que emplea el AO OP27A de Analog Devices.

Solución:

El producto ganancia ancho de banda típico del AO OP27A es de 8 MHz (este dato se puede encontrar en la hoja de catálogo correspondiente: http://www.analog.com/static/imported-files/data_sheets/OP27.pdf)

A partir de ahí, sabiendo que el módulo de la ganancia de esta configuración inversora es de 1000 $\frac{V}{V}$, se tiene que la frecuencia de corte superior (ancho de banda) del amplificador vale: $f_c = 8\ MHz/1000 = 8\ kHz$.

Problema 2.34.

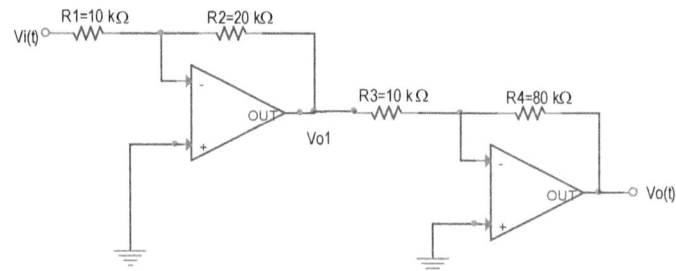

a) Determine el ancho de banda típico del amplificador de dos etapas de la figura si se sabe que emplea el AO LF411A de National Semiconductor.

b) Si realizáramos un amplificador con la misma ganancia, pero empleando un único AO ¿qué producto ganancia-ancho de banda habría de tener ese operacional para tener el mismo ancho de banda que el amplificador de la figura?

Solución:

a) El producto ganancia-ancho de banda típico del LF411A es de 4 MHz (véanse las hojas de catálogo en Internet). El ancho de banda viene determinado por el más restrictivo (el menor) de las dos etapas usadas (teniendo en cuenta que ambas consisten en configuraciones inversoras). La ganancia de la primera etapa es -2 $\frac{V}{V}$. Teniendo en cuenta que el producto ganancia-ancho de banda se mantiene constante, se tiene que el ancho de banda de la primera etapa es de 2 MHz (4 MHz/2). Por su parte, la ganancia de la segunda etapa es -8 $\frac{V}{V}$, de donde se colige que el ancho de banda de esta segunda etapa es 500 kHz (4 MHz/8). El ancho de banda del circuito global por tanto es 500 kHz.

b) Si deseamos un amplificador de un único AO con una ganancia de 16 (-8 x -2) y un ancho de banda de 500 kHz, el AO habría de tener un producto ganancia-ancho de banda de 8 MHz (16x500 kHz, el doble que presenta el AO usado en la configuración con dos etapas). Es decir, necesitaríamos un AO de mejores prestaciones y, por tanto, probablemente más caro. Esto nos hace ver el problema de concentrar una ganancia elevada en una sola etapa: se reduce proporcionalmente el ancho de banda del amplificador.

Problema 2.35.

Un preamplificador de audio ha de manejar señales de salida de hasta 22 KHz y 12 V de amplitud. ¿Cuál ha de ser el SR mínimo que ha de presentar el AO de salida? ¿Serviría el AO 741? ¿Y el AO OP27A de Analog Devices? Consulte en Internet, para responder a este apartado, las hojas de catálogo de ambos dispositivos.

Solución:

La señal de salida exige una máxima variación de la tensión de salida de:

$$max \left(\frac{dV_o(t)}{dt} \right) = 2 \cdot \pi \cdot V_{o(max)} \cdot f_{FP} = 1.65 \frac{V}{\mu s}.$$

La tasa de variación o velocidad máxima a la salida o slew rate (SR) típico del OP27A es de 2.8 V/μs (el mínimo garantizado de 1.7 V/μs), por lo que sí podría emplearse para este preamplificador. Sin embargo, el SR típico del AO 741 es de 0.5 V/μs, por lo que no serviría para este diseño.

Problema 2.36.

Diseñe un amplificador de tensión basado en operacionales comerciales AO 741 que presente un ancho de banda de 100 kHz y una ganancia de 32 dB. Emplee para ello en exclusiva la configuración no inversora. La resistencia mínima empleada ha de ser de 1 kΩ.

Solución:

Con una única etapa, empleando el AO 741, no se puede conseguir el ancho de banda solicitado, puesto que 32 dB se corresponden con una ganancia aproximada de $40 \frac{V}{V}$ y, dado que el producto ganancia-ancho de banda del 741 es 1 MHz, el ancho de banda de la configuración resultaría ser 25 kHz (menor que el demandado).

Como mucho, para tener un ancho de banda de 100 kHz, la ganancia de una sola etapa podría ser de 10. Diseñando un no inversor con ganancia $10 \frac{V}{V}$, haría falta una segunda etapa que tuviera una ganancia de $4 \frac{V}{V}$ (con un ancho de banda de 250 kHz). Un posible circuito solución es el de la siguiente figura:

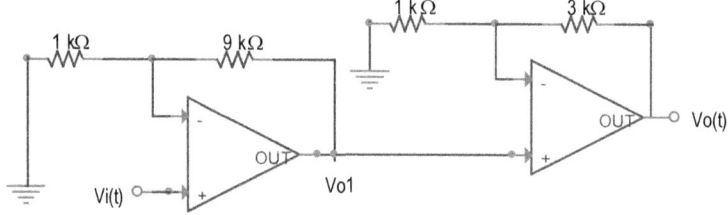

Problema 2.37.

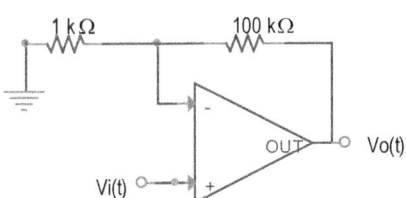

El AO empleado en el circuito de la figura es el modelo 5534A de Texas Instruments. Teniendo en cuenta la tensión de entrada de *offset* (V$_{io}$) y las corrientes de entrada de dicho operacional, determine la tensión continua de *offset* a la salida del amplificador de la figura en ausencia de señal de entrada ($v_i = 0\ V$).

Solución:

De las hojas de catálogo se tiene que: $V_{io} = 0.5\ mV, I_{IO} = 20\ nA, I_{IB} = 500\ nA$.

De aquí se puede obtener las corrientes (salientes) por los terminales positivo (I^+) y negativo (I^-) como:

$$I^- = I_{IB} - \frac{I_{IO}}{2} = 490nA\,; \quad I^+ = I_{IB} + \frac{I_{IO}}{2} = 510\ nA$$

En ausencia de señal de entrada, la tensión de salida (offset) valdría:

$$V_{offset} = V_{io} \cdot \Delta_v + |I^- \cdot R_2| \approx 0.5\ mV \cdot 101 + (490)\ nA \cdot 100\ k\Omega =$$
$$= 0.0505 + 0.049 = 0.0995\ V$$

donde se ha tenido en cuenta que el circuito (en configuración no inversora) presenta una ganancia de $101\ \frac{V}{V}$. Asimismo, la resistencia por la que circularía la corriente de entrada por el terminal inversor sería R_2.

Problema 2.38.

Un amplificador diferencial presenta una ganancia diferencial de 60 dB y un CMRR de 80 dB. Si se cortocircuitan ambas entradas y se aplica sobre ellas una señal de 2 V de amplitud ¿qué amplitud tendría la señal de salida?

<u>Solución:</u>

La señal aplicada es una señal común, de forma que la ganancia en modo común es: $G_{cm}(dB) = G_d(dB) - CMRR = -20\ dB$.

En escala lineal, -20 dB se corresponde con una ganancia en modo común:

$$\Delta_{cm} = 0.1\ \frac{V}{V}$$

De donde se obtiene que la amplitud de la tensión a la salida (correspondiente a la tensión común atenuada) es:

$$v_o = v_{cm} \cdot \Delta_{cm} = 0.2\ V$$

Problema 2.39.

La alimentación de un operacional que trabaja como seguidor de tensión (con una ganancia unidad) presenta un rizado de 1 V de amplitud. Si el PSRR del AO es de 80 dB ¿qué rizado tendrá la señal de salida?

Solución:

La variación de la alimentación es atenuada por $10000\ \frac{V}{V}$, lo que se corresponde 80 dB. En consecuencia, el rizado de tensión de salida (que se corresponderá con el de entrada) provocado por la variación de la tensión de alimentación será de 0.1 mV.

Problema 2.40.

¿Qué señal habría a la salida del problema 2.9 (con el valor de R_G calculado) si se supiera que el amplificador de instrumentación no es ideal y posee un CMRR de 80 dB?

<u>Solución:</u>

La ganancia diferencial del amplificador era de $100 \frac{V}{V}$ o, lo que es lo mismo, 40 dB. Por tanto la ganancia en modo común resultaría ser:

$G_{cm}(dB) = G_d - CMRR = -40 \, dB.$

De donde se tendría una ganancia en modo común (en $\frac{V}{V}$) de $\Delta_{cm} = 0.01 \frac{V}{V}$

Dado que la señal en modo común a la entrada era de 5 V_p, la salida añadirá a la señal diferencial un rizado de 50 mV de amplitud:

$$v_o = v_{cm} \cdot \Delta_{cm} = 0.05 \cdot V_p$$

Problema 2.41.

a) Determine la ganancia en corriente del circuito de la figura $\left(\frac{i_L}{i_i}\right)$.

b) ¿Cuál es la máxima señal de corriente a la entrada que se puede amplificar si se sabe que el margen dinámico (MD) del operacional es ±13 V y que la máxima corriente que puede entregar es de 25 mA?

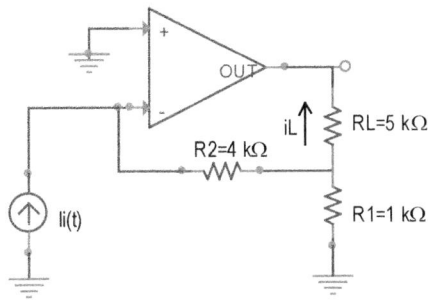

Solución:

a) Aplicando el cortocircuito virtual, se concluye que en bornes de R_1 cae una tensión de $- i_i R_2$. Teniendo en cuenta que la corriente que llega a la carga es i_i más la que corriente que fluye desde R_1 se llega a que:

$$\Delta_i = \frac{i_L}{i_i} = \frac{i_i + \dfrac{0 - (-i_i R_2)}{R_1}}{i_i} = 1 + \frac{R_2}{R_1} = 5\frac{A}{A}$$

b) En este punto hay que considerar que la corriente en la carga es directamente la aportada (o drenada, según el sentido) por el operacional. La corriente máxima de 25 mA permitiría, por tanto, una corriente de entrada (a amplificar) de hasta $25/5 = 5\ mA$.

Por otro lado, la tensión más negativa posible a la salida es de -13 V. Esta tensión se da con una corriente de entrada de 0.448 mA:

$$-v_{o(max)} = -13 = -i_{L(max)}R_L - i_{i(max)}R_2 = -\Delta_i i_{i(max)}R_L - i_{i(max)}R_2$$

$$\rightarrow i_{i(max)} = \frac{v_{o(max)}}{\Delta_i R_L + R_2} = 0.448\ mA$$

Por tanto, el margen dinámico impone un límite más restrictivo a la ganancia de corriente que la propia corriente máxima que es capaz de suministrar el AO.

Problema 2.42.

Un AO compensado presenta un producto ganancia ancho de banda (f_T) de 10 MHz.

a) ¿A qué frecuencia la ganancia en tensión es de 60 dB?

b) ¿Cuál es su ganancia (a frecuencias bajas) en dB si la frecuencia de corte es 10 Hz?

Solución:

a) La frecuencia de transición (a la que la ganancia es de 0 dB) es equiparable al producto ganancia-ancho de banda (GBP), el cual se mantiene aproximadamente constante. Para una ganancia, G_v(dB) de 60 dB, lo que se corresponde, en $\frac{V}{V}$, con una ganancia en tensión de $\Delta_v(f) = 1000 \frac{V}{V}$, se tiene que la frecuencia de trabajo ha de ser $f = GBP/\Delta\_v(f) = 10\ MHz/1000 = 10\ kHz$.

Nótese que la caída de la ganancia es de 20 dB/década. Si a 10 MHz la ganancia es de 0 dB, la ganancia de 60 dB ha de darse 3 décadas antes (a 10 kHz).

b) De nuevo, aprovechamos la constancia del producto ganancia ancho de banda. Así se tiene que: $\Delta_v f_c = f_T$

De donde se llega a que: $\Delta_v = f_T/f_c = 10^6\ \frac{V}{V}$, lo que se corresponde con:

$$G_v(dB) = 120dB$$

Problema 2.43.

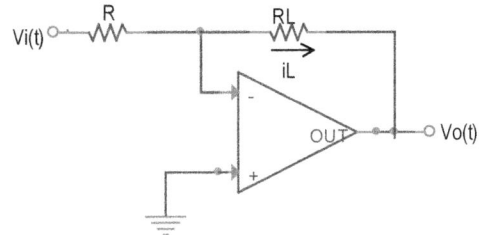

a) En la fuente de corriente con carga flotante de la figura, sabiendo que la tensión de entrada es $v_i = 15\ V$, calcule el valor mínimo que ha de tener R para que la corriente con que se alimenta la carga no exceda la corriente máxima que puede entregar el operacional (20 mA).

b) Para el valor de R calculado en el apartado anterior, teniendo en cuenta que el margen dinámico del AO empleado es de ±14 V, determine el valor máximo de R_L para la que la fuente sigue funcionando correctamente.

Solución:

a) En este circuito, la corriente de entrada (I_R, la que circula por R) es la misma que la que pasa por la carga y coincide a su vez con la que aporta (o drena) la salida del operacional.

Así se tiene que: $I_L = I_R = \dfrac{v_i - 0}{R} \rightarrow R_{min} = \dfrac{v_i}{I_{Lmax}} = \dfrac{15}{20mA} = 750\ \Omega$

b) En este caso, analizamos el caso peor en el que, a la salida, tenemos el valor de tensión más negativo ($v_{o(min)} = -14\ V$). Sabiendo que esa tensión cae por entero en $R_{L(max)}$ (ya que en el otro extremo hay 0 V por el cortocircuito virtual con el terminal positivo), se obtiene que, si circulara la máxima corriente por la salida, el máximo valor posible para R_L que no excede (en módulo) esa $v_{o(min)}$ es:

$v_{o(min)} = 0 - I_{Lmax} \cdot R_{Lmax} \rightarrow R_{L(max)} = \dfrac{v_{o(min)}}{-I_{Lmax}} = \dfrac{-14\ V}{-20\ mA} = 700\ \Omega$

Problema 2.44.

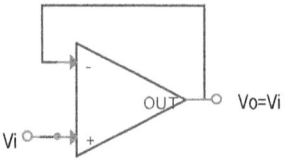

Sabiendo que el AO empleado en el *buffer* de tensión (configuración seguidora de tensión) de la figura posee una ganancia diferencial de 100 dB y una resistencia de salida ($R_{OUT(AO)}$) de 100 Ω determine la resistencia de salida de la configuración

<u>Solución:</u>

Para alcanzar la expresión de la resistencia de salida de un circuito es preciso anular el generador de entrada, excitar la salida con un generador y determinar qué corriente aporta ese generador en función de la tensión generada. Teniendo en cuenta que el operacional no es ideal, pues posee una ganancia finita de 100 dB ($\Delta_v = 10^5 V/V$) y cierta resistencia de salida, el circuito equivalente de este seguidor para calcular la resistencia de salida R_{sal} (asumiendo que la resistencia de entrada del operacional sí es ideal, esto es, infinita) queda como sigue:

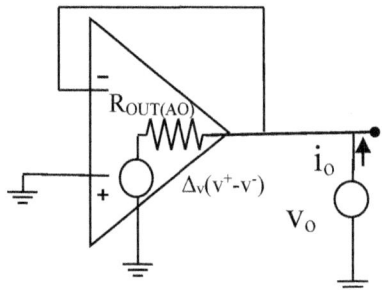

Del análisis del circuito se llega fácilmente a que:

$$i_o = \frac{v_o - \Delta_v(v^+ - v^-)}{R_{OUT(AO)}} = \frac{v_o - \Delta_v(0 - v_o)}{R_{OUT(AO)}} = \frac{v_o(1 + \Delta_v)}{R_{OUT(AO)}} \Rightarrow$$

$$R_{sal} = \frac{v_o}{i_o} = \frac{v_o}{\frac{v_o(1 + \Delta_v)}{R_{OUT(AO)}}} = \frac{R_{OUT(AO)}}{(1 + \Delta_v)} = \frac{100\,\Omega}{(1 + 10^5)} = 1\,m\Omega \approx 0$$

Repárese en cómo la etapa seguidora minimiza la resistencia observada desde la salida, característica siempre deseable en un buffer de tensión.

Problema 2.45.

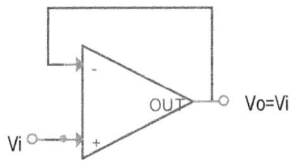

Sabiendo que el AO empleado en el *buffer* de tensión (configuración seguidora de tensión) de la figura posee una ganancia diferencial de 80 dB y una resistencia de entrada $(R_{IN(AO)})$ de 1 MΩ determine la resistencia de entrada de la configuración.

Solución:

Para definir la expresión de la resistencia de entrada de un circuito es preciso determinar la relación entre tensión entrada (v_i) y corriente de entrada (i_i) en función de los parámetros del circuito (en este caso, ganancia y resistencia de entrada del AO). Teniendo en cuenta la resistencia de entrada y la ganancia finitas del operacional (y asumiendo que su resistencia de salida sí es ideal, es decir, nula), el circuito equivalente para calcular la resistencia de entrada es el que sigue:

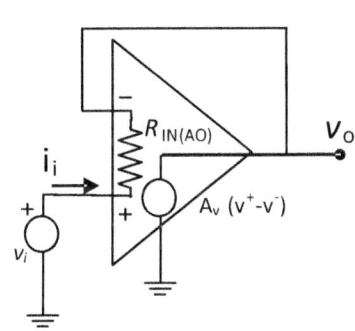

Analizando este circuito de un lado se tiene que la tensión de salida es:

$$v_o = \Delta_v(v_i - v_o) \rightarrow v_o = \frac{\Delta_v}{\Delta_v + 1}v_i$$

Empleando esta relación se llega a que la corriente de entrada se puede expresar como:

$$i_i = \frac{v_i - v_o}{R_{IN(AO)}} = \frac{v_i - \dfrac{\Delta_v}{\Delta_v + 1}v_i}{R_{IN(AO)}}$$

De aquí se llega fácilmente a una expresión para la resistencia de entrada:

$$R_{IN} = \frac{v_i}{i_i} = \frac{R_{IN(AO)}}{1 - \dfrac{\Delta_v}{\Delta_v + 1}} = (\Delta_v + 1)R_{IN(AO)} = (10^4 + 1)1M\Omega = 10 \; G\Omega$$

donde $\Delta_v = 10^4 V/V$ puesto que la ganancia es de 80 dB.

Nótese cómo la configuración seguidora multiplica por la ganancia la resistencia de entrada (ya de por sí alta) del operacional, lo que hace elevadísima la resistencia de entrada de la propia configuración (tal y como interesa en un buffer de tensión).

Problema 2.46.

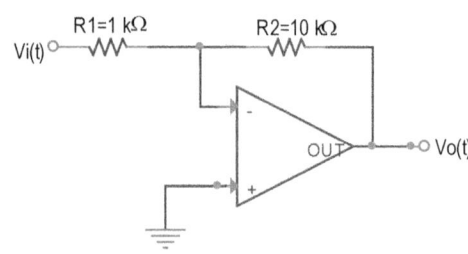

Sabiendo que el operacional del amplificador de la figura posee una tensión de entrada de *offset* (v_{io}) de 5 mV y despreciando el efecto de otras no idealidades, determine la salida que presentaría el circuito si la tensión de entrada es una tensión de 10 mV. ¿Cuál es la tensión de entrada mínima para el error introducido por v_{io} sea menor del 5%?

<u>Solución:</u>

A la hora de calcular la tensión de salida hay que tener en cuenta que la tensión de entrada de offset actúa como una tensión parásita equivalente a v_{io} en el terminal positivo. Por tanto, la configuración amplificaría esa tensión como si fuera una configuración no inversora. Así la tensión de salida, considerando también que se trata de una etapa inversora, es:

$$v_o = -\left(\frac{R_2}{R_1}\right)v_i + \left(1 + \frac{R_2}{R_1}\right)v_{io} = -10 \cdot v_i + 11 \cdot v_{io} = -45 \ mV$$

Dado que se produce un offset a la salida de $11 \cdot v_{io} = 55mV$, para que la salida cometa un error de menos del 5%, su valor ha de ser $(55 \ mV \cdot 100/5) = 1.1 \ V$, de donde se obtiene que la entrada ha de presentar una amplitud de, al menos, 0.11 V.

Problema 2.47.

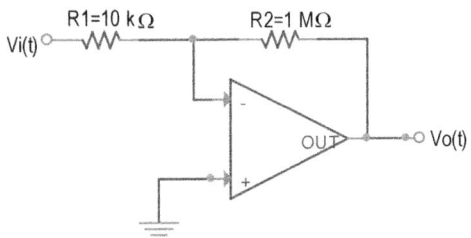

Un amplificador operacional en configuración como el de la figura es empleado para amplificar señales de audio en un rango de frecuencias de 20 Hz a 22 kHz. La señal amplificada a la salida tendrá una amplitud de 1 V. Si se sabe que el operacional posee una densidad de ruido de entrada equivalente (e_n) de 10 nV/√Hz (y considerando que ese es el único ruido del sistema) determine la relación señal a ruido (SNR) en dB a la salida.

Nota: en ese rango de frecuencias es despreciable el ruido *flicker* (o *1/f*).

Solución:

Dado que el ruido es puramente blanco (puesto que el flicker, que depende de la frecuencia, es despreciable), se tiene que la tensión de ruido equivalente a la entrada (del terminal positivo) del amplificador es proporcional a la raíz del ancho de banda de la aplicación:

$$v_{ni} = e_n\sqrt{BW} = \frac{10nV}{\sqrt{Hz}}\sqrt{22000 - 20} = 1.482\ \mu V$$

Este ruido se ve amplificado a la salida por:

$$v_{no} = v_{ni}\left(1 + \frac{R_2}{R_1}\right) = 1.482\mu V \cdot 101 = 149.7\ \mu V$$

Por tanto, la relación SNR a la salida vale:

$$SNR = 20\log_{10}\left(\frac{v_o}{v_{no}}\right) = 76.49\ dB$$

Problema 2.48.

a) Se dispone de dos amplificadores operacionales (AO) con diferente *slew rate*: uno con SR de 1 V/μs y otro con un SR de 10 V/μs. Se desea emplear ambos operacionales en el circuito que sigue con el objeto de que el efecto del *slew rate* comience a la frecuencia más alta posible en este amplificador de dos etapas ¿cuál emplearía en la primera etapa y cuál en la segunda?

b) Si el margen dinámico de los operacionales, para la alimentación que poseen, es de ±14 V ¿Cuál sería el SR y el ancho de banda a plena potencia del circuito global con la elección del apartado anterior?

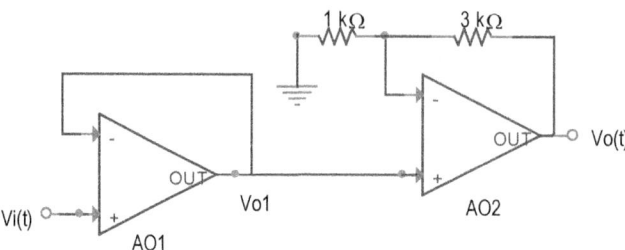

Solución:

a) Dado que la tensión de salida del circuito (V_o) amplifica por cuatro (gracias a la configuración no inversora) la salida de la primera etapa (V_{o1}), el amplificador operacional que debe trabajar con señales cuya tensión cambia más rápido es el segundo. Así resulta más adecuado colocar el AO con SR de 10 V/μs en la segunda etapa (AO2).

b) Con la elección anterior, el límite a la variación de la tensión de salida vendría dado por el AO1 que posee un SR de 1 V/μs. Teniendo en cuenta la ganancia de la segunda etapa, cuando V_{o1} alcance ese ritmo de variación de 1 V/μs, la tensión de salida cambiará a un ritmo de 4 V/μs (que el AO2 podrá soportar ya que su SR es de 10 V/μs).

Con este SR global el ancho de banda a plena potencia resulta ser:

$$f_{FP} = \frac{SR}{2\pi V_{o(max)}} = 45473 \ Hz$$

Problema 2.49.

a) En el generador de corriente de la figura, determine el valor de la corriente por la carga (I_L), en función de la tensión de entrada y de las resistencias R_1, R_2 y R_o. Suponga para ello que $R_L \ll R_2$.

Nota: para ayudarse a resolver el circuito, suponga que $_o$ es una entrada más y aplique el teorema de superposición para calcular la salida del segundo AO.

b) Calcule I_L para los valores de resistencia dados y una tensión de entrada de 10 V. Suponiendo que los AO son ideales y que están alimentados con ±15 V ¿Cuál sería la máxima R_L para la que el generador de corriente funciona bien?

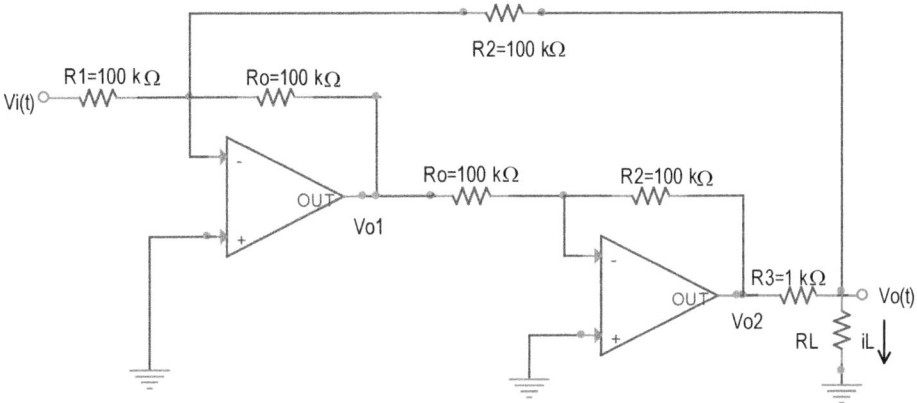

Solución:

a) Considerando v_o como una entrada más del sistema, el primer operacional se puede observar que trabaja en una configuración sumadora-inversora. El segundo operacional, por su parte, actúa como un inversor. Así se tiene que:

$$v_{o2} = \left(-\frac{R_2}{R_o}\right)\left\{v_i\left(-\frac{R_o}{R_1}\right) + v_o\left(-\frac{R_o}{R_2}\right)\right\} = v_i\left(\frac{R_2}{R_1}\right) + v_o$$

Aplicando Kirchhoff en el nodo de salida y teniendo en cuenta que la corriente por R_2 (sobre la que también cae v_o) es despreciable frente a R_L (ya que $R_L \ll R_2$) se llega a que:

$$I_L = \frac{v_{o2} - v_o}{R_3} - \frac{v_o}{R_2} \approx \frac{v_{o2} - v_o}{R_3} = \frac{\left(V_i\left(\frac{R_2}{R_1}\right) + V_o\right) - v_o}{R_3} = v_i\left(\frac{R_2}{R_1 R_3}\right)$$

Por tanto, el amplificador convierte la tensión de entrada en una corriente a la salida que no depende del valor de la carga (R_L).

b) Para los valores de tensión y resistencia dados se tendría que: $I_L = 10 \; mA$.

Este circuito entrega 10 mA a la carga, para lo cual adapta el valor de la tensión de salida con el objeto de que fluyan 10 mA con independencia del valor de la carga. Esto es así siempre que no se exija que esa tensión a la salida alcance un valor que no puedan proporcionar los operacionales.

Así, se tiene que la máxima tensión a la salida del segundo operacional $\left(v_{o2(max)}\right)$ determina la máxima tensión que se puede tener a la salida global del circuito ya que:

$$v_{o2(max)} = 15 = v_i\left(\frac{R_2}{R_1}\right) + v_{o(max)} = v_i + v_{o(max)} \rightarrow v_{o(max)} = v_{o2(max)} - v_i = 5 \; V$$

Para esta tensión, no podríamos colocar una carga que exigiera más de los 10 mA que, en principio, entrega el circuito.

Por tanto, la máxima R_L posible será:

$$R_{L(max)} = \frac{V_{o2(max)}}{I_L} = 500 \; \Omega$$

Problema 2.50.

Para el amplificador de instrumentación de la figura se ha empleado el modelo LM741C trabajando con una alimentación (V_{CC}) de ±15 V. ¿Cuál sería la máxima entrada en modo común con la que podría trabajar el amplificador de instrumentación? ¿funcionaría adecuadamente el circuito si $v_1 = 15\ V$ y $v_2 = 17\ V$? ¿Y con $v_1 = 49\ V$ y $v_2 = 48\ V$?

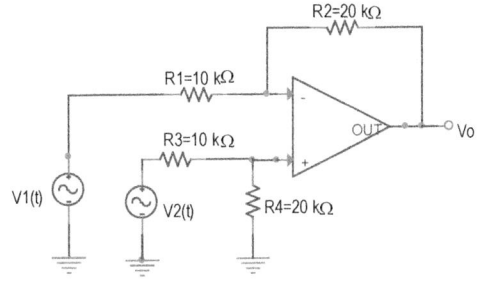

Solución:

El circuito anterior (asumiendo que el operacional es ideal y que las resistencias no sufren variación con respecto a su valor nominal) rechaza el modo común, de forma que la salida sólo depende de la tensión diferencial ($v_1 - v_2$):

$$v_o = \left(\frac{R_2}{R_1}\right)(v_2 - v_1) = 2 \cdot (v_2 - v_1)$$

Sin embargo, esto se cumple siempre y cuando los valores de tensión de entrada en los terminales positivo y negativo no excedan cierto umbral. En las hojas de catálogo se nos informa de que ese umbral ("input voltage range"), para una alimentación de 15 V, tiene un valor típico de 13 V. Ese valor se alcanzará cuando, aplicando la misma tensión sobre ambas entradas ($v_1 = v_2 = v_{CM}$) se tenga que:

$$v^+ = \left(\frac{R_4}{R_3 + R_4}\right)v_2 = \left(\frac{R_4}{R_3 + R_4}\right)v_{CM} = 13\ V \rightarrow v_{CM} = 19.5\ V$$

O cuando:

$$v^- = \left(\frac{R_2}{R_1 + R_2}\right)v_1 = \left(\frac{R_2}{R_1 + R_2}\right)v_{CM} = 13\ V \rightarrow v_{CM} = 19.5\ V$$

Por tanto, la máxima tensión de entrada en modo común con la que puede trabajar el circuito es 19.5 V.

Con $v_1 = 15\,V$ y $v_2 = 17\,V$ se tiene un modo común de 16 V, por lo que no se excede ese valor de 19.5 V y la salida sería 4 V (amplificando por 2 la señal diferencial de 2 V).

Con $v_1 = 49\,V$ y $v_2 = 48\,V$, aunque la señal diferencial sea menor (1 V), la tensión en modo común sería de 48.5 V, que supera los 19.5 V permitidos. Por tanto, el circuito dejaría de funcionar correctamente.

Problema 2.51.

Se desea construir un seguidor de tensión que bloquee la componente continua (DC) de la tensión de entrada. Para ello se propone el circuito de la figura. Teniendo en cuenta las no idealidades del operacional ¿por qué este circuito no podría funcionar?

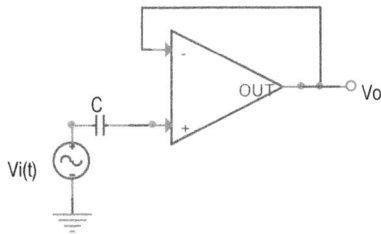

Solución:

El condensador impide que haya un camino de corriente para la corriente de polarización de entrada por el terminal positivo (I^+). Dado que sin esa corriente los transistores internos del operacional no se polarizan adecuadamente, el circuito no funcionaría. Para solventar este problema, bastaría con colocar una resistencia entre el terminal positivo y tierra (para compensar la caída de tensión que provocaría esta resistencia, a su vez, se podría colocar otra igual entre la salida y el terminal de entrada negativo).

Problema 2.52.

Un amplificador operacional (AO), alimentado con $\pm V_{CC} = \pm 15V$ se emplea en una configuración amplificadora inversora de ganancia $-5\frac{V}{V}$. Determine qué efecto o no idealidad del operacional (*slew rate*, máxima corriente de salida o *voltage swing*) puede provocar no linealidades a la salida en los siguientes casos:

a) A la entrada se aplica una señal sinusoidal de 1 V y 1 MHz y a la salida la carga es de 1 kΩ.

b) A la entrada se aplica una señal sinusoidal de 1 V y 10 kHz y a la salida la carga es de 100 Ω.

c) A la entrada se aplica una señal sinusoidal de 3 V y 10 kHz y a la salida la carga es de 1 kΩ.

d) La alimentación de un operacional que trabaja como seguidor de tensión (con una ganancia unidad) presenta un rizado de 1 V de amplitud. Si el PSRR del AO es de 80 dB ¿qué rizado tendrá la señal de salida?

Datos del operacional: $I_{o(max)} = 20 \, mA$, $SR = 1 \, V/\mu s$, Máxima variación de la tensión de salida o *voltage swing* (para $\pm V_{CC} = \pm 15V$)= $\pm 13 \, V$.

Solución:

a) En las condiciones del caso (a), si el operacional fuera ideal, a la salida tendríamos una señal sinusoidal de 5 V de amplitud (lo que no supera el voltage swing del operacional) mientras que la carga pediría una corriente límite de 5 mA (cuando la salida alcance 5 V de pico: 5 V_p/1 kΩ), la cual tampoco excede la corriente máxima que suministra el AO (20 mA).

Sin embargo, esta señal de salida de 5 V_p tendría, en principio, la misma frecuencia de la de entrada (1 MHz). Esto implica que la salida debería pasar de 0 a 5 V en 0.25 μs (la cuarta parte del periodo de la señal, que es 1 μs). Esta variación exige un SR mínimo de $5 \, V/0.25 \, \mu s = 20 \, V/\mu s$. El SR del AO utilizado es de tan sólo 1 V/μs. En consecuencia, la señal se deformaría (mostrando el típico efecto de rampa desfasada con respecto a la entrada) por culpa del slew rate.

b) En este segundo caso, la frecuencia de la señal es 100 veces menor (el periodo de la señal es de 100 μs). Por consiguiente, el SR mínimo exigido al AO será también 100 veces inferior (0.2 V/μs). Este valor no ofrece ahora problemas al SR del operacional, así como tampoco lo hace la amplitud de la señal de salida, que sigue siendo de 5 V_p. Por el contrario, la carga de 100 Ω exigiría picos de corriente de hasta ±50 mA, corriente que no puede aportar a la carga el operacional, que vería su señal de salida recortada en un valor no superior (en módulo) a 2 V_p.

c) En este último caso, ni la corriente de salida ni el SR suponen ninguna limitación a la salida. La salida, teóricamente, consistiría en una tensión de 15 V_p y 100 Hz, que reclamaría hasta 15 mA al AO y un SR de 0.6 V/μs (15 V/(100 μs/4)). Sin embargo, la máxima amplitud que permite la salida del operacional es de ±13 V, por lo que sería el voltage swing o margen dinámico del AO el que recortaría la señal a ese valor límite tanto en los ciclos negativos como en los positivos.

d) El Factor de Rechazo a Fuente de Alimentación (o PSRR: Power Supply Rejection Ratio) describe cómo repercute el amplificador en la salida posibles variaciones (indeseables) de la tensión de alimentación.

En concreto (y asumiendo que es constante con la frecuencia, algo que no es ralmente cierto) el PSRR (referido a la entrada) se define como:

$$PSRR(dB) = 20 \, log_{10} \left(\frac{\Delta V_{CC}}{\Delta V_{out}} |\Delta_v| \right)$$

donde Δ_v indica la ganancia de la configuración del operacional y ΔV_{CC} el rizado que sufre la alimentación (1 V en este ejercicio). Despejando se llega a que:

$$\Delta V_{out} = \frac{\Delta V_{CC}}{10^{\frac{PSRR(dB)}{20}}} |\Delta_v| = \frac{1}{10^{\frac{80}{20}}} 5 = 5 \, mV$$

AMPLIFICADORES DE INSTRUMENTACIÓN

Problema 2.53.

a) Demuestre que el amplificador de instrumentación de la figura posee la siguiente la ganancia diferencial: $\Delta_d = \dfrac{v_o}{v_B - v_A} = \left(1 + \dfrac{R_2}{R_1} + \dfrac{2R_2}{R_G}\right)$

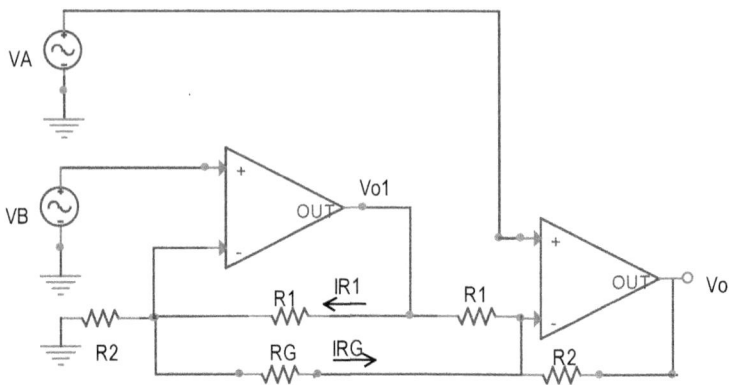

b) ¿Qué ventajas podría decir que posee esta configuración con respecto a otros amplificadores de instrumentación?

<u>Solución:</u>

a) Para resolver el circuito (y puesto que se trata de un amplificador lineal) aplicamos el teorema de la superposición, lo que nos permite separar los efectos en la salida de las dos excitaciones de entrada, de forma que la tensión a la salida resultará de sumar los efectos de ambas tensiones de entrada por separado.

<u>*Salida para cierta tensión v_A cuando $v_B = 0$.*</u>

Para determinar el efecto de la tensión v_A anulamos v_B. Gracias al cortocircuito virtual entre las entradas del AO1, habría prácticamente una tensión nula en bornes de R_2 (la conectada al AO1) por lo que podemos asumir que no circula corriente por R_2 y que R_G tiene un extremo en tierra (el correspondiente a la entrada inversora del AO1).

Por cortocircuito virtual en las entradas del AO2, podemos considerar que la tensión en el otro extremo de R_G es precisamente v_A.

Teniendo en cuenta que por la resistencia R_2 conectada al AO1 no hay corriente, por R_G circula necesariamente la misma corriente que por la resistencia R_1 (la que retroalimenta la salida de AO1). Así se llega a que:

$$i_{R1} = \frac{v_{o1} - 0}{R_1} = i_{RG} = \frac{0 - v_A}{R_G} \rightarrow v_{o1} = v_A\left(-\frac{R_1}{R_G}\right)$$

donde v_{o1} es la tensión de salida del AO1.

Por otra parte, volviendo a tener en cuenta que en la entrada inversora del AO1 hay una tensión nula, la tensión de salida total se puede calcular a partir del siguiente circuito equivalente, que realmente se corresponde con un sumador-restador de v_A (que queda multiplicada por un coeficiente positivo) y v_{o1} (que lo hace por un coeficiente negativo):

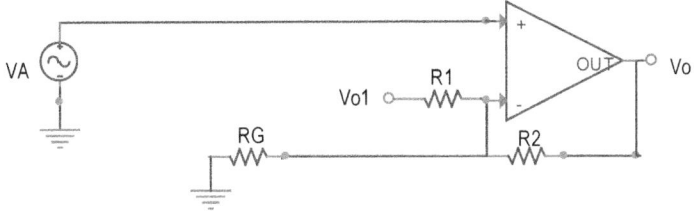

Aplicando de nuevo el teorema de superposición en este circuito y considerando que el AO2 se comporta como un amplificador no inversor para v_A y como un inversor para v_{o1}, se obtiene fácilmente que:

$$v_o = v_A\left(1 + \frac{R_2}{R_1 \| R_G}\right) + v_{o1}\left(-\frac{R_2}{R_1}\right) = v_A\left(1 + \frac{R_2}{\dfrac{R_1 R_G}{R_1 + R_G}}\right) + v_A\left(-\frac{R_1}{R_G}\right)\left(-\frac{R_2}{R_1}\right)$$

donde se ha aplicado la relación anteriormente calculado entre las tensiones v_A y v_{o1}.

Desarrollando algebraicamente la expresión anterior y sacando factor común v_A se llega a que:

$$v_o = v_A\left(1 + \frac{R_2(R_1 + R_G)}{R_1 R_G} + \frac{R_2}{R_G}\right) = v_A\left(1 + \frac{R_2}{R_1} + \frac{2R_2}{R_G}\right)$$

Salida para cierta tensión v_B cuando $v_A = 0$.

Complementariamente al paso anterior, ahora anulamos la tensión v_A y tratamos de averiguar el efecto de cierta tensión aplicada en la entrada v_B.

Por cortocircuito virtual, la tensión en la entrada inversora del AO2 es nula, por lo que el circuito equivalente (a efectos del AO1) que se puede analizar es el de la siguiente figura:

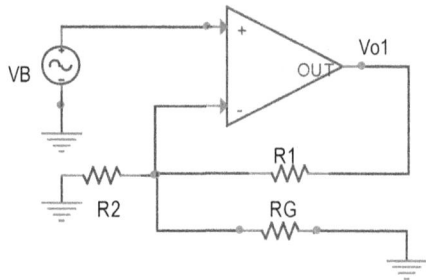

Por observación de este circuito equivalente se concluye rápidamente que el AO1 se comporta como un simple amplificador no inversor, en el que la salida (v_{o1}) vale:

$$v_{o1} = v_B \left(1 + \frac{R_1}{R_2 \| R_G}\right)$$

Por otra parte, teniendo en cuenta que, por cortocircuito virtual, en la entrada inversora del AO1 (y, por tanto, en un extremo de R_G) la tensión es v_B, el AO2 se comporta como un circuito sumador-inversor de v_B y v_{o1}, tal y como se observa en el circuito equivalente (a efectos de AO2) que sigue;

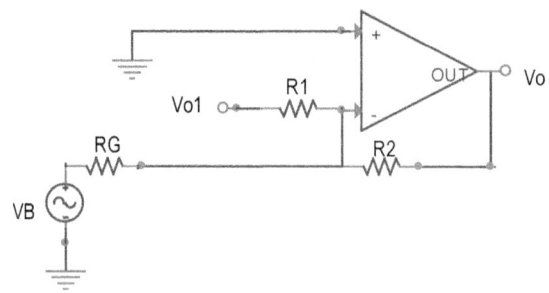

Analizando este circuito, se llega fácilmente a que:

$$v_o = v_B \left(-\frac{R_2}{R_G} \right) + v_{o1} \left(-\frac{R_2}{R_1} \right) = v_B \left(-\frac{R_2}{R_G} \right) + v_B \left(1 + \frac{R_1}{R_2 \| R_G} \right) \left(-\frac{R_2}{R_1} \right)$$

donde de nuevo se ha aplicado la relación entre v_{o1} y la tensión de entrada (ahora v_B)

Desarrollando la expresión anterior se consigue:

$$v_o = v_B \left(-\frac{R_2}{R_G} - \frac{R_2}{R_1} - \frac{(R_2 + R_G)}{R_G} \right) = -v_B \left(1 + \frac{R_2}{R_1} + \frac{2R_2}{R_G} \right)$$

Para concluir con el análisis sólo es preciso sumar el efecto que, a la salida, por separado, tienen las dos entradas:

$$v_o = v_A \left(1 + \frac{R_2}{R_1} + \frac{2R_2}{R_G} \right) - v_B \left(1 + \frac{R_2}{R_1} + \frac{2R_2}{R_G} \right) = (v_A - v_B) \left(1 + \frac{R_2}{R_1} + \frac{2R_2}{R_G} \right)$$

Con lo que se demuestra que el circuito se comporta como un amplificador diferencial de ganancia $\left(1 + \frac{R_2}{R_1} + \frac{2R_2}{R_G} \right)$.

b) El circuito anterior se comporta como un amplificador de instrumentación de gran impedancia de entrada (teóricamente infinita si los AO se comportaran de forma ideal). Con únicamente dos operacionales permite asimismo (como el típico amplificador de instrumentación de tres operacionales de similar función) controlar el factor de amplificación diferencial modificando el valor de una sola resistencia (R_G). Obviamente, como en todos los amplificadores de instrumentación, el rechazo completo del modo común sólo se conseguiría idealmente si los operacionales fueran ideales y, sobre todo, si las resistencias R_2 y R_1, que aparecen duplicadas en el diseño, presentaran exactamente el mismo valor para dichos dos resistores. Por tanto, las asimetrías en los operacionales y los desajustes en los valores de R_2 y R_1 afectarían al valor del CMRR.

3. AMPLIFICACIÓN CON TRANSISTORES

CIRCUITOS CON DIODOS

Problema 3.1. Divisor de tensión en pequeña señal con diodo

En el circuito de la figura, diseñe el valor de I para que, en pequeña señal y a frecuencias bajas, $v_o/v_i = 0.4V/V$. Dato: $V_T = kT/e = 25\ mV$

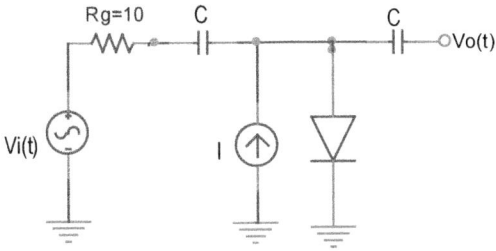

Solución:

En pequeña señal, cortocircuitando las capacidades de desacoplo y anulando el generador de corriente continua I (la fuente de corriente se convierte en un circuito abierto) el circuito queda como sigue:

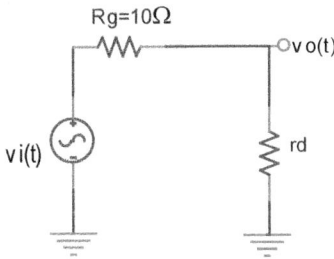

donde el modelo de diodo se limita a una resistencia (r_d) ya que, a frecuencias bajas, los efectos capacitivos son despreciables.

Del circuito se deduce que la relación entre tensiones de salida y entrada es:

$$\frac{v_o}{v_i} = \frac{r_d}{r_d + R_g} = 0.4 \ \frac{V}{V} \Rightarrow r_d = \left(\frac{\frac{v_o}{v_i}}{1 - \frac{v_o}{v_i}} \right) \cdot R_g = 6.66 \ \Omega$$

A partir de este valor se puede deducir la corriente de polarización, coincidente con I, dado que el circuito de polarización es:

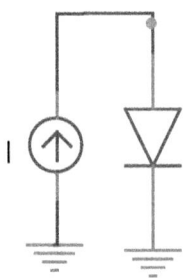

De manera que: $r_d = \frac{V_T}{I_D} = 6.66 \ \Omega \Rightarrow I_D = \frac{V_T}{r_d} = 3.75 \ mA$

Problema 3.2. Problema de circuito recortador con dos diodos

En la figura adjunta se ha representado un circuito recortador que emplea dos diodos, que pueden considerarse como conmutadores ideales.

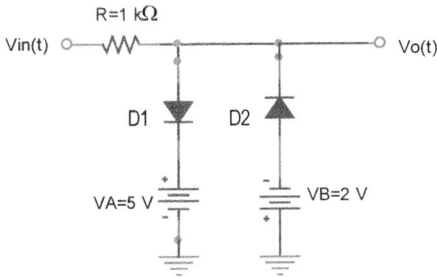

Calcule y represente la relación entra la tensión continua a la salida y la tensión continua a la entrada $V_o = f(V_i)$, indicando, para cada tramo, el estado de los diodos (directa o inversa).

Solución:

Para calcular la función de transferencia $V_o = f(V_i)$ y dado que tenemos dos diodos que, en función de V_i, pueden encontrarse en directa o inversa, nos planteamos cuatro posibles situaciones:

1. D1 en directa (ON) y D2 en inversa (OFF):

En ese caso el circuito equivalente, considerando los diodos como conmutadores ideales, queda como sigue:

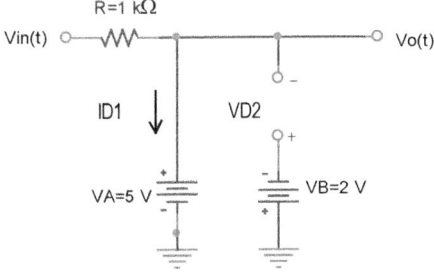

En esta situación se tiene que, obviamente, $V_o = V_A = 5V$.

Para saber qué condiciones se tienen que dar para que los diodos se encuentren en estos estados debemos considerar que:

$$D1\ ON \Rightarrow I_{D1} = \frac{V_i - V_A}{R} > 0 \Rightarrow V_i - V_A > 0 \Rightarrow V_i > V_A = 5\ V$$

$$D2\ OFF \Rightarrow V_{D2} = -V_B - V_o \leq 0 \Rightarrow V_o = 5V \geq -V_B = -2\ V$$

De donde se colige que la única condición es que la tensión V_i supere los 5 V, ya que en el momento que el diodo D1 conduce, la tensión impuesta a la salida impide que lo haga D2.

2. Ambos diodos en inversa (D1 y D2 en OFF):

El circuito equivalente queda ahora del modo:

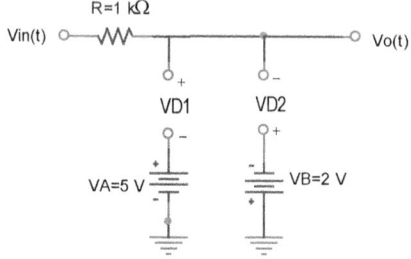

Ahora, al no circular corriente por R, la tensión de salida (en ausencia de carga) coincide con la de V_i. Por otro lado, esta situación exige las condiciones:

$$D1\ OFF \Rightarrow V_{D1} = V_o - V_A \leq 0 \Rightarrow V_o = V_i \leq V_A = 5\ V$$

$$D2\ OFF \Rightarrow V_{D2} = -V_B - V_o \leq 0 \Rightarrow V_o = V_i \geq -V_B = -2\ V$$

Por lo que es necesario que la tensión de entrada se encuentre entre –2 V y 5 V para que ambos diodos se encuentren en inversa.

3. Ambos diodos en directa (D1 y D2 en ON):

Situación imposible, ya que, como se comentó, cuando D1 conduce, impone 5 V a la salida, lo que lleva a una polarización negativa de –7 V (-2 V en ánodo y +5 V en cátodo) en D2.

4. D1 en inversa (OFF) y D2 en directa (ON):

En ese caso el circuito equivalente, considerando diodos ideales, queda como sigue:

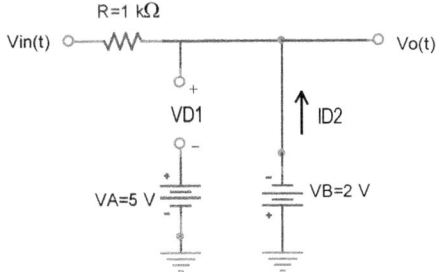

En esta situación se tiene que la salida $V_o = -V_B = -2V$.

En cuanto a las condiciones se ha de considerar:

$$D1\ OFF \Rightarrow V_{D1} = V_o - V_A \leq 0 \Rightarrow V_o = -2V \leq V_A = 5\ V$$

$$D2\ ON \Rightarrow I_{D2} = \frac{-V_B - V_i}{R} > 0 \Rightarrow -V_B - V_i > 0 \Rightarrow V_i < -V_B = -2\ V$$

Por lo que si la tensión de entrada es inferior a –2 V, el diodo D2 conduce e impide que conduzca D1 al imponer en su ánodo –2 V.

Tras analizar todas las situaciones se puede definir la función de transferencia por tramos:

$$V_o = \begin{cases} -2\ V\ si\ \ V_i < -2V \\ V_i\ si\ \ -2\ V\ \leq V_i \leq 5\ V \\ 5V\ si\ V_i > 5V \end{cases}$$

La cual indica una clara función recortadora de señales superiores a 5 V e inferiores de –2 V, tal y como se representa en la siguiente figura:

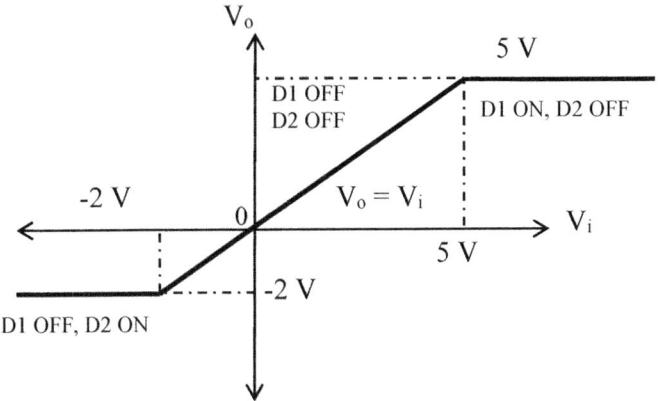

Problema 3.3. Análisis de pequeña señal de un circuito con diodo

Se sabe que la tensión en bornes del diodo incluido en el circuito de la figura siguiente evoluciona de acuerdo con la relación: $v_D(t) = 0.7 + 0.04 \cdot sen(\omega \cdot t)$ (voltios) cuando dicho circuito es excitado con una tensión de pequeña señal a la entrada: $v_i(t) = 0.1 \cdot sen(\omega \cdot t) (voltios)$, donde ω es tal que los efectos capacitivos del diodo son despreciables. Represente los circuitos equivalentes en continua y pequeña señal. Igualmente, calcule el valor de la resistencia de polarización (R_P) sabiendo que $R_P \gg r_d$ (resistencia dinámica del diodo en pequeña señal.).

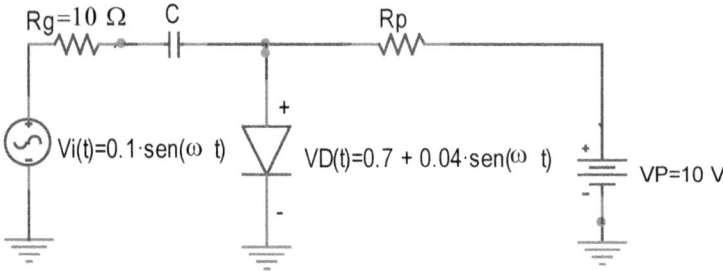

Solución:

Para establecer los modelos en alterna y continua se ha de ser consciente de que sobre el diodo existen dos componentes de tensión bien diferenciados: uno continuo de 0.7 V, causado por la tensión de polarización V_P, y otro de alterna (de 0.04 V de amplitud) provocado por la pequeña señal $v_i(t)$, variable en el tiempo y de frecuencia ω. Despreciando los efectos capacitivos del diodo en pequeña señal, el circuito en alterna quedaría como se muestra en la figura siguiente:

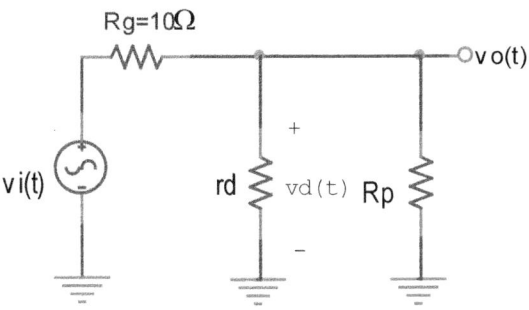

Circuito equivalente en pequeña señal.

Del circuito se deduce que: $\dfrac{v_d(t)}{v_i(t)} = \dfrac{r_d//R_P}{r_d//R_P+R_g} \cong \dfrac{r_d}{r_d+R_g}$

donde se ha despreciado R_P al quedar en paralelo con r_d y suponerse que posee un valor muy superior $(R_P \gg r_d)$.

Puesto que se conoce la relación entre las amplitudes de las señales $v_d(t)$ y $v_i(t)$, se puede despejar r_d:

$$r_d = \frac{R_g}{\dfrac{v_i(t)}{v_d(t)} - 1} = \frac{10\ \Omega}{\dfrac{0.1}{0.04} - 1} = 6.66\ \Omega$$

Conocido el parámetro en pequeña señal se puede deducir la corriente de polarización que debe circular por el diodo:

$$I_D = \frac{V_T}{r_d} = 3.75\ mA$$

Por otro lado, este dato, así como el componente positivo de tensión en continua (0.7 V) y la propia posición del diodo con respecto a V_P, indica que el diodo se encuentra polarizado en directa. Representando el modelo en continua del dispositivo se tendría que:

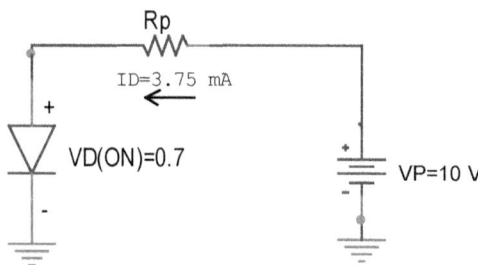

donde se ha sustituido el diodo por una pila de valor igual a la tensión que cae en él en continua.

Del circuito se deduce fácilmente que:

$$R_P = \frac{V_P - V_{D(ON)}}{I_D} = \frac{10 - 0.7 \ V}{3.75 \ mA} = 2.48 \ k\Omega$$

Lo cual confirma la hipótesis hecha para llegar a estos resultados de que $R_P \gg r_d$.

Problema 3.4. Análisis en DC de un circuito con un diodo zéner

Sabiendo que el diodo del circuito siguiente presenta la relación tensión-corriente que se ilustra en la figura adjunta, calcule la función de transferencia en DC del circuito $V_o = f(V_i)$, representándola.

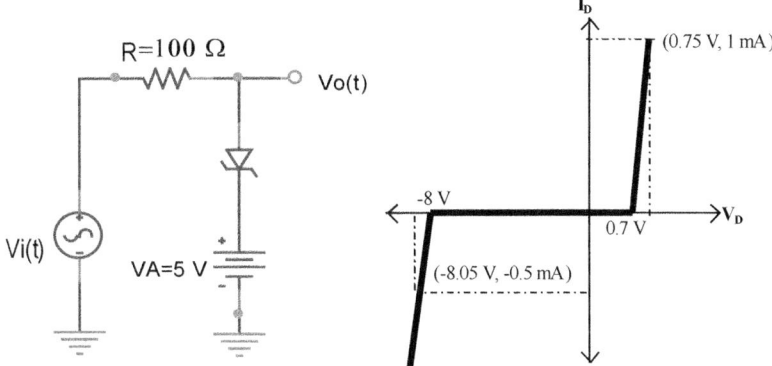

Solución:

La curva del dispositivo muestra tres zonas claramente diferenciadas en donde será preciso establecer un modelo específico para el comportamiento en continua:

- La zona directa comienza a partir de 0.7 V y el crecimiento de la corriente con la tensión no es ideal sino que se manifiesta con una aguda pendiente, lo que es indicio de que la resistencia en esta zona no es completamente nula sino que presenta un valor:

$$R_{D(ON)} = \frac{\Delta V_D}{\Delta I_D} = \frac{0.75 - 0.7 \; V}{1 - 0 \; mA} = 50 \; \Omega$$

Así el modelo en esta zona del diodo es el de una pila de 0.7 V en serie con una resistencia $R_{D(ON)}$ de 50 Ω.

- En la región inversa, que se extiende para polarizaciones de V_D desde −8 a 0.7 V, el diodo no conduce ninguna corriente, por lo que puede ser modelado por el típico esquema de un circuito abierto.

- Por último, en la región zéner el diodo presenta un valor más o menos estable en torno a −8 V. Sin embargo, la pendiente no infinita en esta zona muestra la existencia de cierta resistencia equivalente parásita R$_Z$, que, en el modelo equivalente, iría en serie con un generador de tensión continua (V_Z) de 8 V entre cátodo y ánodo. El valor de R_Z se calcula a partir de la citada pendiente:

$$R_Z = \frac{\Delta V_D}{\Delta I_D} = \frac{-8-(-8.05\ V)}{0-(-0.5)\ mA} = 100\ \Omega$$

Suponiendo ahora que el diodo trabaja en directa el modelo del circuito total sería:

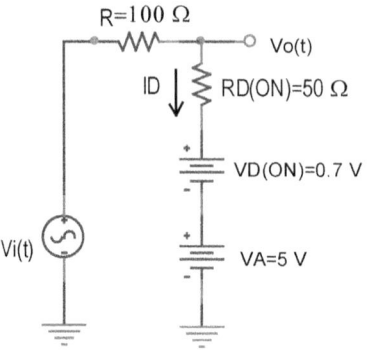

De donde se deriva que:

$$V_o = V_A + V_{D(ON)} + \frac{V_i - (V_A + V_{D(ON)})}{R + R_{D(ON)}} R_{D(ON)} \Rightarrow V_o = 5.7 + \frac{V_i - 5.7}{3}$$

Teniendo en cuenta que la corriente debe ser entrante por ánodo, la condición para trabajar en esta región sería:

$$I_D = \frac{V_i - (V_A + V_{D(ON)})}{R + R_{D(ON)}} > 0 \Rightarrow V_i > V_A + V_{D(ON)} = 5.7\ V$$

En inversa, en cambio, el modelo del circuito es el dibujado en la siguiente figura. Se deduce sin problema que, al no haber corriente por R, la salida V_o coincide con V_i, lo cual exige una tensión en el diodo que cumpla la condición de inversa:

$$-V_Z \leq (V_D = V_i - V_A) \leq V_{D(ON)} \Rightarrow V_A - V_Z \leq V_i \leq V_A + V_{D(ON)}$$
$$\Rightarrow -3\ \ V \leq V_i \leq 5.7\ V$$

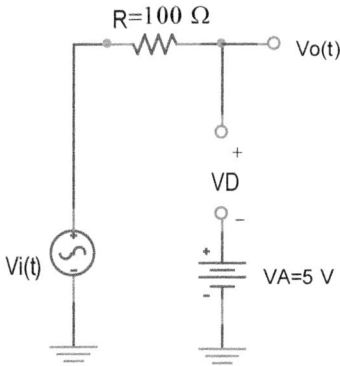

Por último, cuando el diodo trabaja en la zona zéner el circuito equivalente es como sigue:

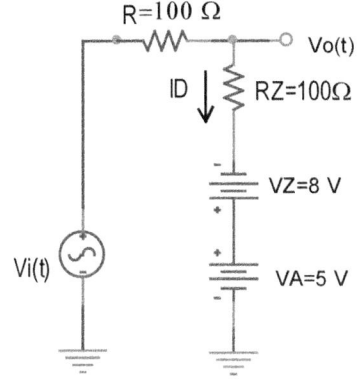

De donde:

$$V_o = V_A - V_Z + \frac{V_i - (V_A - V_Z)}{R + R_Z} R_Z$$

$$\Rightarrow V_o = -3 + \frac{V_i+3}{2}$$

Considerando que, en este caso, al contrario de directa, la corriente debe ser entrante por cátodo (negativa, tal y como se ha definido), la condición de trabajo en esta región se calcularía como:

$$I_D = \frac{V_i-(V_A-V_Z)}{R+R_Z} < 0 \Rightarrow V_i < V_A - V_Z = -3 \ V$$

Resumiendo, la función de transferencia, representada en la figura siguiente, queda analíticamente expresada como:

$$V_o = \begin{cases} -3 + \dfrac{V_i + 3}{2} & si \ \ V_i < -3V \\ V_i & si \ \ -3 \ V \ \leq V_i \leq 5.7 \ V \\ 5.7 + \dfrac{V_i - 5.7}{3} & si \ \ V_i > 5.7V \end{cases}$$

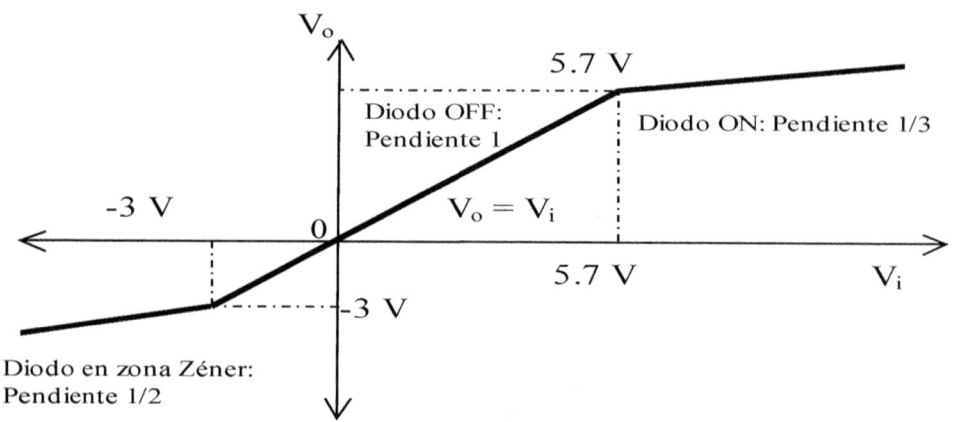

Problema 3.5. Análisis de un rectificador con un diodo LED

En el circuito adjunto, que emplea un operacional y un diodo LED:

Calcule la relación entre tensión de entrada y salida $V_o = f(V_i)$. Suponga que el operacional es ideal y está alimentado con tensiones $\pm V_{CC}$.

Calcule la tensión de salida si V_i vale, alternativamente, 5 V y -5 V y la salida se aplica sobre una resistencia de carga (R_L) de 4 kΩ.

Datos: $R_2 = R_1 = 2\ k\Omega$. Tensión de conducción del diodo $V_{D(ON)} = 1.5V$

Nota: asuma que el diodo no tiene limitaciones por disrupción, esto es, que solo puede trabajar en directa o en inversa.

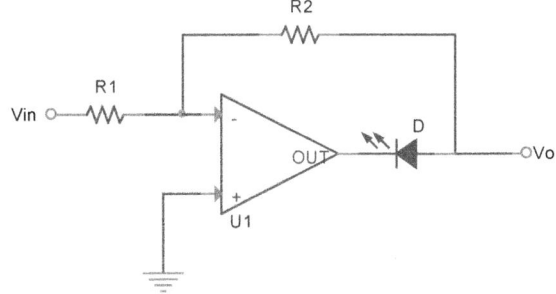

Solución:

a) Analizamos primero las condiciones que se tienen que dar para que el diodo se encuentre conduciendo. En esas circunstancias, si se sustituye el diodo por su modelo en continua en conducción (una fuente de tensión entre ánodo y cátodo de valor $V_{D(ON)}$) el circuito equivalente queda como sigue:

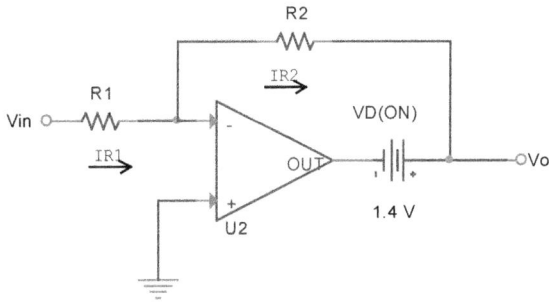

Al existir un bucle de realimentación entre la salida y el terminal negativo se puede aplicar el concepto de cortocircuito virtual, por lo que se puede aproximar que en el terminal de entrada inversor hay una tensión nula: $V^- \approx V^+ = 0\,V$.

Teniendo en cuenta que por dicho terminal inversor no entra corriente, se llega a que:

$$I_{R1} = \frac{v_{in} - 0}{R_1} = I_{R2} = \frac{0 - v_o}{R_2} \rightarrow v_o = -\frac{R_2}{R_1}v_{in} = -v_{in}$$

Como se puede observar, el circuito se comporta como un simple inversor. Ahora bien, para que el diodo trabaje en conducción es necesario que por él circule una corriente en el sentido ánodo-cátodo:

$$I_{R1} = I_{R2} = I_{R1} = \frac{v_{in} - 0}{R_1} > 0$$

Lo que sólo se puede dar si la tensión de entrada es positiva: $v_{in} > 0$.

En el caso de que el diodo se encuentre en inversa, su modelo es el de un circuito abierto y el circuito equivalente quedaría del siguiente modo:

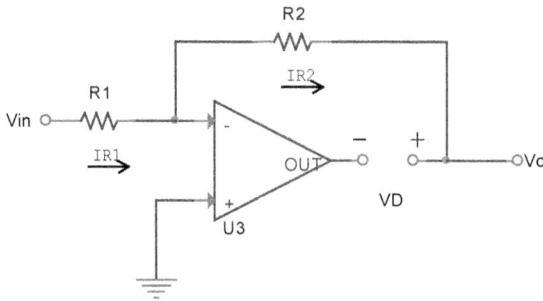

Al no cerrarse el bucle de realimentación, no se puede aplicar el cortocircuito virtual. Además, no puede haber corriente por las resistencias, puesto que el bucle queda abierto. Por consiguiente, ni en R_1 ni en R_2 cae tensión, lo que implica que la salida vale $v_o = v_i$.

Por otra parte, la condición que debe darse para que el diodo no conduzca es que en él exista una tensión inferior a la de conducción: $V_D \leq V_{D(ON)}$.

De donde se obtiene que:

$$V_D = v_o - V_{OUT} = v_{in} - V_{OUT} \leq V_{D(ON)} \rightarrow v_{in} \leq V_{OUT} + V_{D(ON)}$$

Aquí hemos de tener en cuenta que, al quedar abierto el bucle de realimentación, el amplificador operacional (AO) se comporta como un comparador y en la salida solo cabe obtener dos valores ($+V_{CC}$ o $-V_{CC}$, si el AO es ideal), dependiendo de si hay más tensión en el terminal no inversor (V⁺) que en el inversor (V⁻)o viceversa.

El segundo caso ($V_{OUT} = -V_{CC}$) no es posible, ya que eso obligaría a que:

$$V^- = v_{in} > V^+ = 0$$

Pero en ese caso, la tensión en el diodo sería: $V_D = v_{in}-(-V_{CC}) > V_{D(ON)}$, una tensión necesariamente positiva y superior a la tensión de conducción, lo que sería incongruente con la condición de inversa.

En el caso de aplicar una tensión negativa a la entrada ($v_{in} \leq 0$), el funcionamiento en inversa del diodo sí es posible puesto que: $V^- = v_{in} \leq V^+ = 0 \to v_{in} \leq 0$.

En este caso, la tensión en el diodo es negativa, pues al aplicarse más tensión en el terminal no inversor que en el inversor, $V_{OUT} = +V_{CC}$ y se tiene: $V_D = v_{in}-(+V_{CC})$, un valor necesariamente negativo, que garantiza el comportamiento en inversa del diodo.

Recapitulando resultados se llega a que la función $v_o = f(v_{in})$ se puede expresar como:

$$v_o = \begin{cases} -v_{in} & si \quad v_{in} > 0V \\ v_{in} & v_{in} \leq 0\ V \end{cases}$$

Se trata, por tanto, de un circuito que aparentemente "deja pasar" (sin afectarlas) las tensiones de polarización negativa e invierte (sin amplificar) las tensiones positivas.

Nótese que, en la expresión anterior no figura la tensión de conducción del diodo $\left(V_{D(ON)}\right)$, que no afecta a la salida.

b) Si se aplica una tensión positiva, el razonamiento del apartado anterior sigue siendo válido, pues el circuito equivalente es el que sigue y se puede seguir aplicando cortocircuito virtual y la lógica de la configuración inversora:

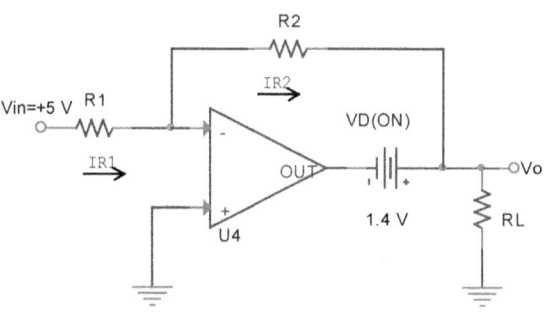

Por tanto, en ese caso, $v_o = -v_{in} = -5V$.

En cambio, cuando se aplican a la entrada -5 V, al existir una carga finita, el razonamiento del apartado anterior y la función $f(v_{in})$ calculada no son del todo correctos. Cuando no existía R_L, la tensión de salida coincidía con la de entrada porque la corriente por R_1 y R_2 era nula, ya que el diodo quedaba en inversa y cortaba todo camino para que dicha corriente se produjera. Sin embargo, con R_L, aunque el operacional sigue funcionando como un comparador, se produce un camino de corriente entre v_{in} y tierra (a través de R_1, R_2 y R_L), que tiene un efecto divisor de tensión a la salida. Así, el circuito queda como sigue:

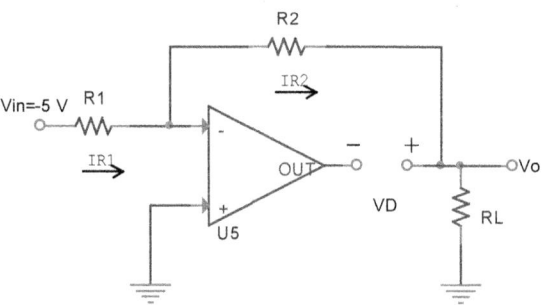

Y la tensión a la salida resulta valer:

$$v_o = I_{R1}R_L = \frac{v_{in}}{R_1 + R_2 + R_L}R_L = \frac{(-5\,V)}{2k\Omega + 2k\Omega + 4k\Omega}4\,k\Omega = -2.5\,V$$

Problema 3.6. Análisis de un rectificador de precisión con dos diodos

En el siguiente circuito, calcule la relación entre la tensión de entrada y la de salida $V_o = f(V_i)$. Suponga $R_2 = R_1$ y $V_{D\,(ON)} = 0.7V$.

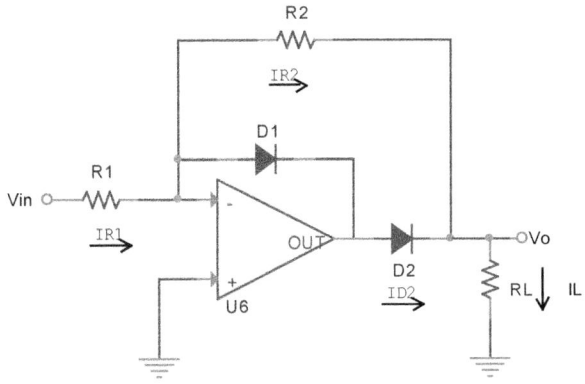

Solución:

Se puede demostrar que si el diodo D1 conduce, D2 no puede conducir, ya que en ese caso el circuito equivalente sería el siguiente:

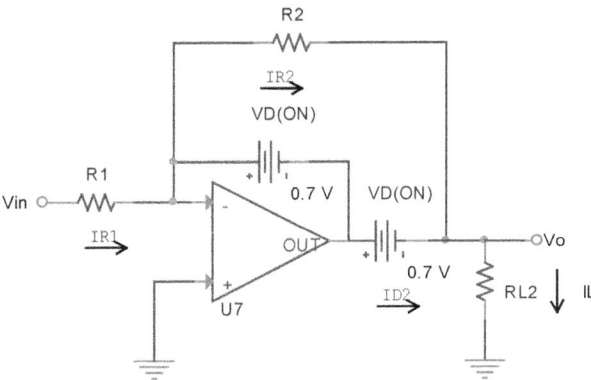

Al cerrar D1 el bucle de realimentación hacia la entrada inversora se puede aplicar cortocircuito virtual, por tanto: $V^- \approx V^+ = 0\,V$

En este caso, la tensión de salida sería:

$$V_o = V^- - V_{D(ON)1} - -V_{D(ON)2} = 0 - 0.7 - 0.7 = -1.4\,V$$

Esta tensión a la salida implicaría que las corrientes por R_2 y R_L serían entrante en el nodo de salida, pues se tiene que:

$$I_L = \frac{V_o - 0}{R_L} = \frac{-1.4\,V}{R_L} < 0 \; (entrante\ en\ nodo\ salida);$$

$$I_{R2} = \frac{V^- - V_o}{R_2} = \frac{0 - (-1.4\,V)}{R_2} > 0 \; (entrante\ en\ nodo\ salida)$$

Por otra parte, para que el diodo D2 conduzca la corriente también debe ser entrante en el nodo de salida. De esta manera, las tres corrientes en dicho nodo habrían de ser necesariamente entrante, lo cual es imposible.

De este razonamiento se deduce que D2 no conduce si lo hace D1. En ese caso el circuito equivalente sería:

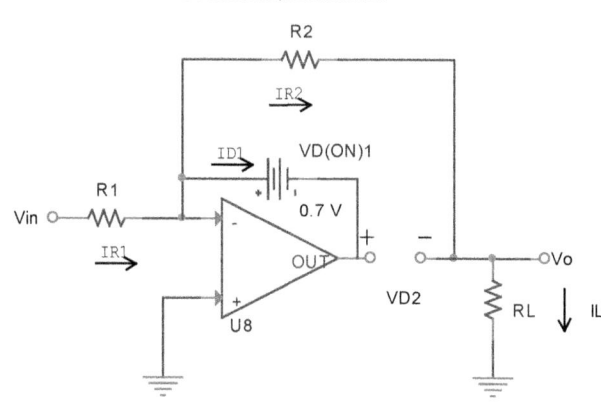

En esta nueva situación se puede seguir aplicando el cortocircuito virtual (y, por ende $V^- \approx 0$), pero las corrientes I_{R2} e I_L son nulas, pues teniendo en cuenta que R_1 y R_L quedan en serie se llega fácilmente a que:

$$I_{R2} = I_L = \frac{V^- - 0}{R_2 + R_L} = 0$$

Esto significa que la tensión de salida es nula: $V_o = R_L I_L = 0\,V$

Por otra parte, la condición para que el diodo D1 conduzca es que por él circule una corriente en el sentido ánodo cátodo.

$$I_{D1} = I_{R1} - I_{R2} = I_{R1} = \frac{V_{in} - V^-}{R_1} = \frac{V_{in}}{R_1} > 0 \;\; V_{in} > 0$$

En consecuencia, la condición para que D1 conduzca (lo que provoca una tensión de salida nula) es que la tensión de entrada sea positiva.

En lo que respecta al diodo D2 se puede comprobar que se encuentra en inversa ya que la tensión en sus bornes es negativa:

$$V_{D2} = V_{OUT} - V_o = \left(V^- - V_{D(ON)1}\right) - V_o = 0 - 0.7 - 0 = -0.7 < V_{D(ON)2}$$

En el caso de que D1 no condujera; D2 conducirá forzosamente y el circuito queda como sigue:

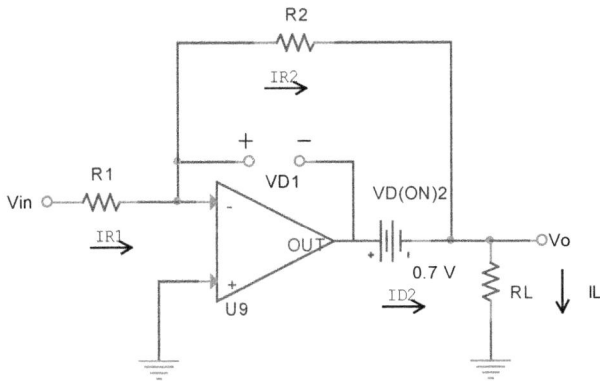

En este caso el bucle de realimentación se cierra a través del diodo D2, por lo que se puede continuar aplicando el cortocircuito virtual $(V^- \approx V^+ = 0\,V)$. La etapa se comporta ahora como un inversor dado que:

$$I_{R1} = \frac{V_{in} - 0}{R_1} = I_{R2} = \frac{0 - V_o}{R_2} \quad \rightarrow \quad V_o = -\frac{R_2}{R_1}V_{in} = -V_{in}$$

Para que D2 conduzca se exige que la corriente que lo atraviese sea positiva (entrante por ánodo y saliente por cátodo), lo cual exige que:

$$I_{D2} = I_L - I_{R2} = \frac{V_o}{R_L} - \frac{V_{in} - V_o}{R_1 + R_2} = \frac{-V_{in}}{R_L} - \frac{V_{in} - (-V_{in})}{R_1 + R_2} =$$

$$-V_{in}\left(\frac{1}{R_L} + \frac{2}{R_1 + R_2}\right) > 0 \ \rightarrow V_{in} < 0$$

Es decir, la condición necesaria es que la tensión a la entrada sea negativa. En estas circunstancias se puede probar que D1 no conduce ya que se llega a una condición que se cumple si la tensión de entrada es negativa:

$$V_{D1} = V^- - V_{OUT} = \left(0 - \left(V_o + V_{D(ON)2}\right)\right) = -(-V_i + V_{D(ON)2}) < V_{D(ON)1}$$

$$V_i < V_{D(ON)1} + V_{D(ON)2} = 1.4\ V$$

En consecuencia, la relación entrada-salida queda determinada por la siguiente función definida con dos trozos o ramas:

$$V_o = \begin{cases} 0 & si\ \ V_i > 0V \\ -V_i & V_i \le 0\ V \end{cases}$$

Nótese que el valor de la carga (R_L) en todo este análisis resulta, en principio, indiferente.

Problema 3.7. Problema sobre detección de niveles de una batería

El circuito de la figura 1 pretende ser un detector de batería baja. V_{BAT} indica la tensión de salida de cierta batería de 5 V y los diodos LED1 (verde) y LED2 (rojo) son indicadores luminosos que indicarán que la batería presenta un nivel de tensión aceptable $(V_{BAT} \approx 5\,V)$ (LED1 encendido y LED2 apagado), o que la batería debe ser reemplazada urgentemente $(V_{BAT} < 3\,V)$, lo que se indicará mediante LED1 verde apagado y el LED2 rojo encendido.

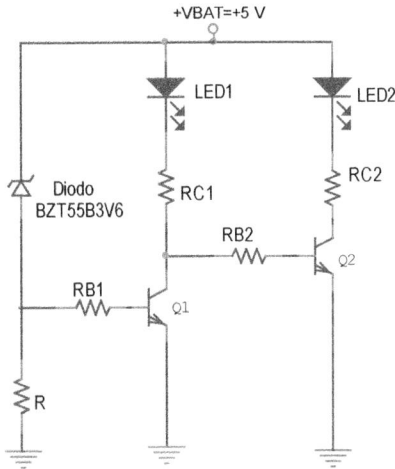

Diseñe el circuito (calculando los valores de R, R_{B1}, R_{C1}, R_{B2} y R_{C2}) para que el transistor Q₁ se encuentre saturado y Q₂ cortado cuando V_{BAT} se mantenga en un valor próximo a 5 V (es decir, cuando la batería esté cargada) y para que el transistor Q₁ se encuentre cortado y Q₂ saturado cuando V_{BAT} alcanza un valor de 3.6 V. Ajuste los valores de estos resistores a valores comerciales de resistencias con tolerancias del 5%. Son datos:

Diodo Zéner: BZT55B3V6: $V_z = 3.6\,V; I_{ZT} = 5\,mA$

Diodos LED1 y LED2: $V_{D(ON)} = 1.5\,V; I_F = 2\,mA$ (corriente que garantiza cierta emisión lumínica del LED)

Transistores Q₁ y Q₂: $\beta = 150; V_{BE(ON)} = 0.7\,V; V_{CE(SAT)} = 0\,V$

Solución:

1) Caso de la batería cargada

Cuando se cumple que la tensión de la batería es superior a la tensión del zéner ($V_{BAT} > V_z$), el diodo zéner debe "regular" (conducir en la región zéner imponiendo entre sus terminales una tensión V_z de 3.6 V). De esta forma, la tensión en el ánodo de V_z vale $V_{BAT} - V_z = 1.4\,V$. Para que efectivamente regule, la corriente que circule por él debe ser superior o igual a $I_{ZT} = 5\,mA$. Por tanto (despreciando la corriente de base por Q_1, que, como se comprobará, es mucho más pequeña) la resistencia R debe tener un valor máximo de:

$$R = \frac{V_{BAT} - V_Z}{I_{ZT}} = \frac{1.4\,V}{5\,mA} = 280\Omega \Rightarrow (270\Omega\ valor\ comercial)$$

Con esta tensión de 1.4 V, el transistor Q_1 debería saturarse, lo que implicaría que entre colector y emisor prácticamente habría 0 V ($V_{CE1} \approx V_{CE(SAT)} = 0V$).

Para que, en estas circunstancias, el diodo LED1 se encienda debe conducir (con $V_{D(ON)} = 1.5\,V$) con una corriente de al menos $I_F = 2\,mA$. Imponiendo estas condiciones se tiene que el valor máximo de R_C ha de ser:

$$R_{C1} = \frac{(V_{BAT} - V_F) - V_{CE1}}{I_F} = \frac{V_{BAT} - V_F}{I_F} = \frac{5 - 1.5}{2} = 1.75\,k\Omega$$

Lo que, redondeando, nos llevaría a emplear una resistencia comercial de 1.5 kΩ

Por otro lado, para que Q1 realmente esté saturado es necesario que:

$$I_{BQ1} > \frac{I_{CQ1}}{\beta} = \frac{I_D}{\beta} = \frac{(5-1.5)/1.5k\Omega}{\beta} = \frac{2.33\,mA}{150} = 15.5\,\mu A$$

A partir de este valor mínimo que ha de tener la corriente de base de Q1 se puede calcular el valor máximo que puede presentar R_{B1} para garantizar dicha saturación: $R_{B1} < \frac{V_{BAT} - V_z - V_{BEon}}{I_{BQ1}} = \frac{5 - 3.6 - 0.7}{15.5\,\mu A} = 45.06\,k\Omega$

Redondeando de nuevo, elegiríamos un valor comercial para R_{B1} de 39 kΩ (o inferior).

Evidentemente, en este análisis se ha tenido en cuenta que cuando Q1 está saturado, imponiendo $V_{CE1} \approx 0V$, Q2 estará cortado, ya que no existirá suficiente tensión en su base para que entre en conducción.

2) Caso de la batería descargada

Cuando $V_{BAT} < V_z = 3.6\ V$, el diodo zéner no regulará, esto es, se encontrará en la región inversa, comportándose aproximadamente como un circuito abierto e impidiendo que llegue corriente a la base de Q1. De este modo, Q1 quedará cortado. En estas condiciones deseamos que Q2 se sature, lo que implica que $V_{CEQ2} \approx 0\ V$. A partir de aquí y al igual que en el caso anterior, R_{C2} se calcula para garantizar que por el diodo (LED2 en este caso) circule una corriente mínima que garantice el encendido:

$$R_{C2} = \frac{(V_{BAT} - V_F) - V_{CE2}}{I_F} = \frac{V_{BAT} - V_F}{I_F} = \frac{3.6 - 1.5}{2} = 1.05\ k\Omega$$

valor que podemos redondear a una resistencia comercial de 1 kΩ

Para que el transistor Q2 esté realmente saturado se debe cumplir de nuevo que:

$$I_{BQ2} > \frac{I_{CQ2}}{\beta} = \frac{(3.6 - 1.5)/1\ k\Omega}{\beta} = \frac{2.1\ mA}{150} = 14\ \mu A$$

Igual que en el apartado anterior y teniendo en cuenta el hecho de que toda la corriente que circula por el diodo LED1 pasa por la base de Q2 (ya que Q1 está cortado), para garantizar esta corriente de base, la resistencia de base RB2 deberá valer, como mucho:

$$R_{B2} < \frac{V_{BAT} - V_{LED1} - I_{BQ2}R_{C1}}{I_{BQ2}}$$

donde V_{LED1} es la tensión que cae en el LED1. Esta tensión será realmente inferior a $V_F = 1.5V$, ya que la corriente que circula por el diodo será menor que I_F. Así, la resistencia R_{B2} se puede elegir entre unos márgenes marcados por los valores extremos de V_{LED2} (0 y V_F). Asumiendo el caso peor en el que la caída en el diodo sigue siendo de 1.5 V y, por tanto, la corriente de base es la menor posible, tendríamos que:

$$R_{B2} < \frac{V_{BAT} - V_F - I_{BQ2}R_{C1}}{I_{BQ2}} = 148.5\ k\Omega$$

Valor que se puede aproximar con una resistencia comercial de 150 kΩ (valdría elegir una resistencia comercial menor).

Nota: en este circuito, conforme la tensión de la batería desciende desde su valor de carga plena, empezará a apagarse el LED1 y a encenderse el LED2 hasta que finalmente se encienda completamente el LED2 y se apague el LED1. La tensión que ofrece una batería, conforme progresa la descarga, va decreciendo muy lentamente hasta que llega un punto en el que esa caída se hace muy brusca. De este modo, la transición entre estas dos situaciones en este detector sería realmente rápida. Obviamente, conforme la tensión siga disminuyendo el diodo LED2 también se acabaría apagando.

ETAPAS BÁSICAS DE GANANCIA CON TRANSISTORES BIPOLARES

Problema 3.8. Etapa bipolar en emisor común

El circuito de la figura representa una etapa amplificadora en emisor común, polarizada en base con un generador de corriente constante I_{BB}.

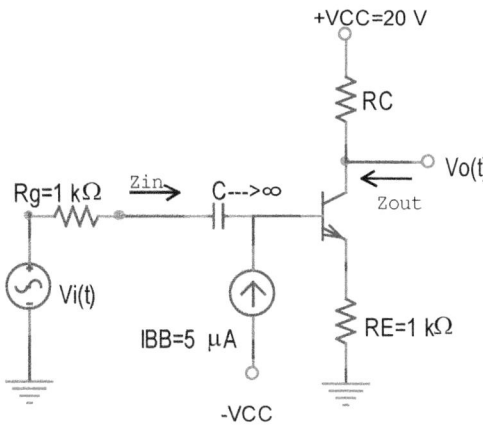

Datos: $V_{CE(SAT)} = 0\ V; h_{fe} = \beta = 100; V_T = kT/e = 25\ mV$

a) Represente el circuito en pequeña señal a frecuencias medias. Calcule el valor que ha de tener R_C para que la ganancia en pequeña señal sea $\frac{v_o}{v_i} = -10\ \frac{V}{V}$.

b) Para el valor de R_C calculado en el apartado anterior, determine el punto de trabajo, el margen dinámico y las impedancias de entrada y salida (para una $v_i = 0$) en pequeña señal.

c) Por un fallo en la fuente de corriente que polariza la base, I_{BB} pasa de valer 5 µA a valer 25 µA. ¿Podría el circuito en estas circunstancias seguir funcionando como un amplificador de pequeña señal?

Solución:

a) El circuito en pequeña señal será:

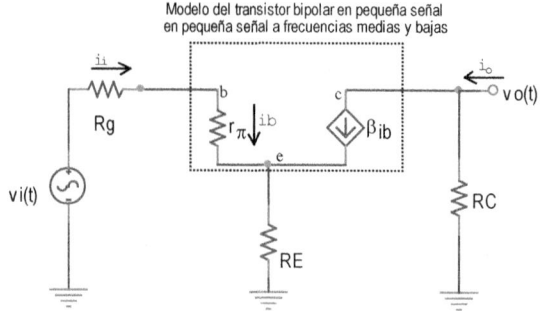

Modelo del transistor bipolar en pequeña señal
en pequeña señal a frecuencias medias y bajas

donde: $r_\pi = \dfrac{V_T}{I_B} = 5\ k\Omega$

siendo $I_B = I_{BB}$ la corriente de polarización de base.

Del circuito en pequeña señal, la ganancia se puede calcular:

$$A_V = \frac{v_o}{v_i} = \frac{-\beta i_b R_C}{i_b(R_g + r_\pi) + (\beta i_b + i_b)R_E} = \frac{-\beta R_C}{R_g + r_\pi + (\beta + 1)R_E}$$

Despejando R_C para obtener una ganancia de $-10\,\dfrac{V}{V}$ se obtiene:

$$R_C = A_V \frac{R_g + r_\pi + (\beta + 1)R_E}{-\beta} = 10.7\ k\Omega$$

b) La fuente de corriente impone una corriente de base $I_{BQ} = 5\mu A$, por tanto, la corriente de colector, suponiendo que el transistor trabaja en la zona activa, se calcula como: $I_{CQ} = \beta I_{BQ} = 0.5\ mA$

Por otra parte, la recta de carga de continua (que para este circuito coincide con la de alterna) será, de la malla de salida: $V_{CC} = V_{CE} + I_C(R_C + R_E)$

donde se ha considerado $I_C \approx I_E$. De este modo tendremos:

$$V_{CEQ} = V_{CC} - I_{CQ}(R_C + R_E) = 14.15\ V$$

Obsérvese que es correcta la suposición de funcionamiento del transistor en zona activa ya que $V_{CEQ} > V_{CE(SAT)}$.

La representación gráfica de la recta de carga y el punto de trabajo se muestra en la siguiente figura:

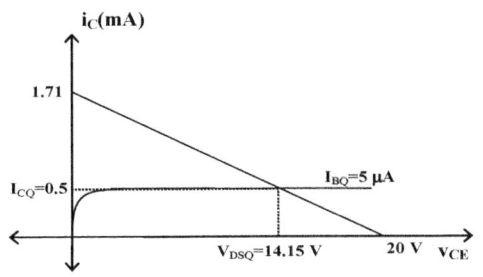

De la figura, es claro que el margen dinámico estará impuesto en este caso por el hecho de que el transistor llegue al corte. Los márgenes dinámicos de tensión y corriente serán, respectivamente:

$$MD_V = \pm(20 - 14.15) = \pm5.85 \ V$$

$$MD_I = \pm0.5 \ mA$$

Impedancia de entrada y salida:

Del circuito en pequeña señal, fácilmente se obtiene que la impedancia de entrada (sin tener en cuenta la resistencia del generador R_g, que forma parte del equivalente Thévenin con el que, realmente, modelamos la posible etapa previa) viene dada por:

$$Z_I = \frac{v_i}{i_i} = \frac{i_b(r_\pi) + (\beta i_b + i_b)R_E}{i_b} = r_\pi + (\beta + 1) \cdot R_E = 106 \ k\Omega$$

Y la impedancia de salida:

$$Z_o = \frac{v_o}{i_o}\bigg|_{v_i=0} = R_C = 10.7 \ k\Omega$$

c) En este caso el transistor entraría en saturación, ya que tendríamos:

$$I_{C(SAT)} = \frac{V_{CC} - V_{CE(SAT)}}{R_C + R_E} = 1.71 \ mA < \beta I_B = 100 \cdot 25\mu A = 2.5mA$$

Lo cual también se puede demostrar calculando la tensión V_{CE} en el caso de suponer que el transistor sigue en activa:

$$V_C = V_{CC} - I_C(R_C + R_E) = V_{CC} - \beta I_B(R_C + R_E) = -9.25 \ V < V_{CE(SAT)} = 0$$

Por consiguiente, el circuito no podría funcionar adecuadamente como amplificador.

Problema 3.9. Etapa bipolar en colector común

La figura representa una etapa amplificadora en configuración de colector común:

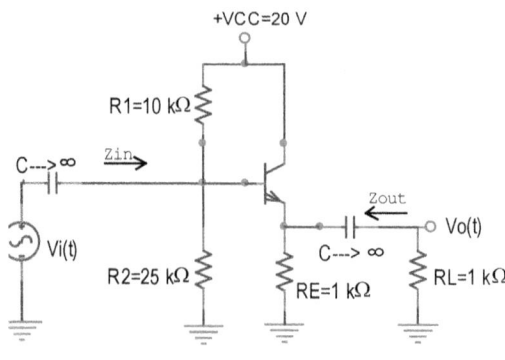

Datos: $\beta = 300$;
$V_{BE(ON)} = 0.6V$;
$V_{CE(SAT)} = 0V$;
$kT/e = 25\ mV$

a) Calcule el punto de trabajo y el margen dinámico.

b) Calcule la ganancia en pequeña señal a frecuencias medias y las impedancias de salida (con entrada en cortocircuito) y entrada (con salida en circuito abierto).

Solución:

a) *Punto de trabajo:*

Los condensadores constituyen un circuito abierto para la corriente continua, por tanto, en continua, el circuito a analizar será el de la figura 1. Para calcular el punto de trabajo del transistor, en primer lugar hallamos el circuito equivalente de Thévenin que se "ve" desde la base del transistor, resultando el que aparece en la figura 2:

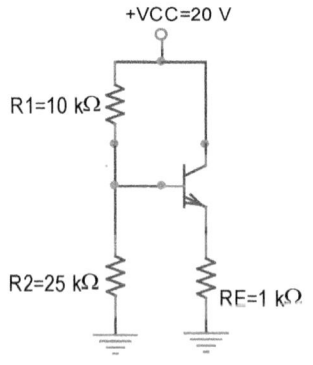

Figura 1

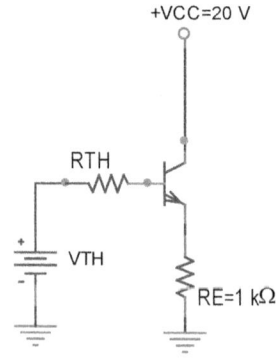

Figura 2

donde:

$$R_{TH} = R_1 \| R_2 = \frac{R_1 \cdot R_2}{R_1 + R_2} = 7.14 \ k\Omega$$

$$V_{TH} = V_{CC} \frac{R_2}{R_1 + R_2} = 14.28 \ V$$

De la malla de entrada del circuito podemos escribir:

$$V_{TH} = I_B R_{TH} + V_{BE} + I_E R_E$$

Y teniendo en cuenta la relación (suponiendo funcionamiento en la región activa):

$$I_E = I_B + I_C = I_B(\beta + 1)$$

La corriente de base se calcula como: $I_{BQ} = \frac{V_{TH} - V_{BE(ON)}}{R_{TH} + R_E(\beta+1)} = 44.4 \ \mu A$

Y la corriente de colector: $I_{CQ} = \beta I_{BQ} = 13.31 \ mA$

Por otra parte, la ecuación de la malla de salida viene dada por: $V_{CC} = V_{CE} + I_C R_E$

donde se ha considerado $I_C \approx I_E$. Por tanto tendremos:

$$V_{CEQ} = V_{CC} - I_{CQ} R_E = 6.69 \ V$$

Obsérvese que es correcta la suposición de funcionamiento del transistor en zona activa ya que $V_{CEQ} > V_{CE(SAT)}$. Otra forma de comprobar que el transistor está efectivamente en zona activa es verificar que se cumple:

$$I_{CQ} < I_{C(SAT)} = \frac{V_{CC} - V_{CE(SAT)}}{R_E} = 20 \ mA$$

Margen dinámico:

La recta de carga de continua viene dada por la ecuación de la malla de salida en continua que, como ya hemos indicado, viene dada por: $V_{CC} = V_{CE} + I_C R_E$

Sin embargo, para estudiar el margen dinámico necesitamos conocer la recta de carga de alterna, que en este caso es distinta a la de continua debido a la existencia del condensador a la salida. Concretamente, el circuito de salida para la corriente alterna será:

Teniendo en cuenta que $i_c \approx i_e$, la ecuación de la malla de salida para alterna será: $v_{ce} = -i_c(R_E \| R_L)$

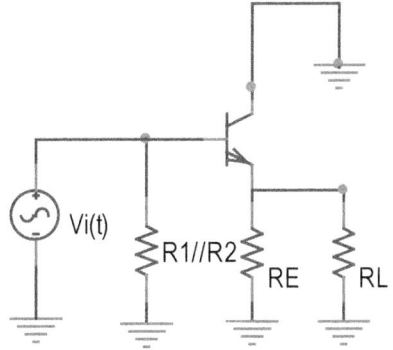

La tensión colector-emisor alterna v_{ce} es la diferencia entre la tensión total v_{CE} y la continua V_{CEQ}, por tanto podemos escribir:

$$v_{ce} = v_{CE} - V_{CEQ}$$

Del mismo modo, para la corriente de colector tenemos: $i_c = i_C - I_{CQ}$

Y sustituyendo se obtiene la recta de carga de alterna del circuito:

$$v_{CE} - V_{CEQ} = -(i_C - I_{CQ})(R_E\|R_L)$$

En la siguiente gráfica se muestran las rectas de carga de continua y alterna:

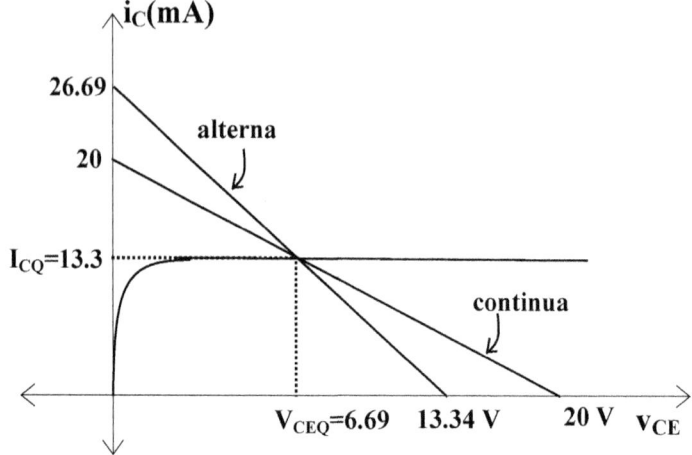

Nótese de la gráfica, que la máxima tensión v_{CE} se da para el caso en que $i_C = 0$, por tanto, de la recta de carga:

$$v_{CE(max)} = v_{CE}|_{i_C=0} = V_{CEQ} + I_{CQ}(R_E\|R_L) = 13.34 \ V$$

Y la máxima corriente i_C se da cuando $v_{CE} = 0 \ V$, por tanto:

$$i_{C(max)} = i_C|_{v_{CE}=0} = \frac{V_{CEQ}}{(R_E\|R_L)} + I_{CQ} = 26.69 \ mA$$

De la figura, es claro que el margen dinámico vendrá impuesto, en este caso, por el hecho de que el transistor llegue al corte. Los márgenes dinámicos de tensión y corriente serán, respectivamente:

$$MD_V = \pm min(\ 6.69, \ 13.34 - 6.69) = \pm6.65 \ V$$

$$MD_I = \pm min(\ 13.31, \ 26.69 - 13.31) \pm 13.31 \ mA$$

b) El circuito en pequeña señal será el que sigue, donde el parámetro r_π se calcula como: $r_\pi = \dfrac{V_T}{I_B} = \dfrac{kT/e}{I_B} = 0.56 \; k\Omega$

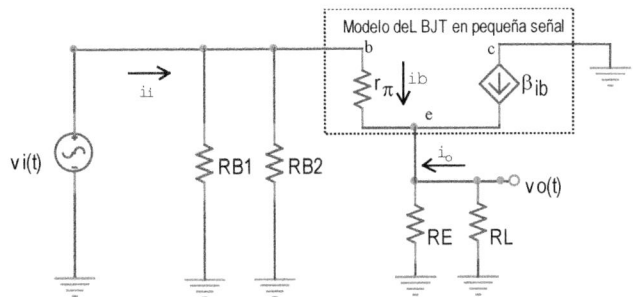

Del circuito en pequeña señal, la ganancia se puede calcular:

$$A_V = \frac{v_o}{v_i} = \frac{(\beta i_b + i_b)(R_E \| R_L)}{i_b r_\pi + (\beta i_b + i_b)(R_E \| R_L)} = \frac{(\beta+1)(R_E \| R_L)}{r_\pi + (\beta+1)(R_E \| R_L)} = 0.996 \; \frac{V}{V}$$

La impedancia de entrada se calcula:

$$Z_I = \frac{v_i}{i_i} = \frac{v_i}{\dfrac{v_i}{R_1} + \dfrac{v_i}{R_2} + i_b}$$

Teniendo en cuenta la relación:

$$v_i = i_b r_\pi + (\beta i_b + i_b)(R_E \| R_L)$$

Despejando i_b y sustituyendo en la impedancia de entrada:

$$Z_I = \frac{v_i}{i_i} = \frac{v_i}{\dfrac{v_i}{R_1} + \dfrac{v_i}{R_2} + \dfrac{v_i}{r_\pi + (\beta+1)(R_E \| R_L)}} = R_1 \| R_2 \| [r_\pi + (\beta+1)(R_E \| R_L)]$$

$$= 6.82 \; k\Omega$$

Por otra parte, la impedancia de salida se calcula sustituyendo R_L por un generador v_o:

$$Z_o = \frac{v_o}{i_o}\bigg|_{v_i=0} = \frac{v_o}{\dfrac{v_o}{R_E} - i_b - \beta i_b}$$

Téngase en cuenta que, considerando la fuente de entrada cortocircuitada, se tiene que: $v_o = -i_b r_\pi$

Por tanto, despejando i_b y sustituyendo se obtiene;

$$Z_o = \frac{v_o}{i_o}\bigg|_{v_i=0} = \frac{v_o}{\dfrac{v_o}{R_E} + \dfrac{v_o}{r_\pi/(\beta+1)}} = R_E \| \frac{r_\pi}{\beta+1} = 1.86 \; \Omega$$

Problema 3.10. Etapa bipolar en base común

En la siguiente figura se representa un amplificador en base común.

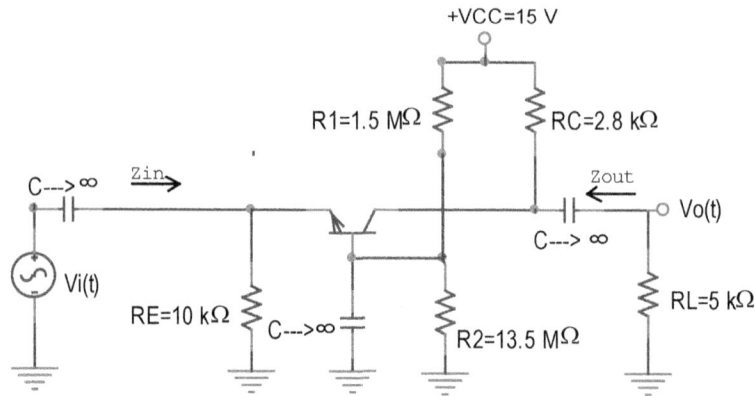

Datos: $\beta = 100; V_{BE(ON)} = 0.7\ V; V_{CE(SAT)} = 0.2V; V_T = kT/e = 25\ mV$

a) Calcule el punto de trabajo (tenga en cuenta que el borne inferior de R_1 está conectado a la base del transistor (donde se marca el nodo) pero no al colector).

b) Dibuje el circuito equivalente en pequeña señal del amplificador y calcule la ganancia en tensión y la impedancia de entrada.

<u>Solución:</u>

a) Teniendo en cuenta que los condensadores de desacoplo constituyen circuitos abiertos en continua, el circuito de polarización del amplificador es el mostrado en la figura 1. Por otra parte, si hallamos el circuito equivalente de Thévenin que se ve desde la base del transistor, resulta el representado en la figura 2:

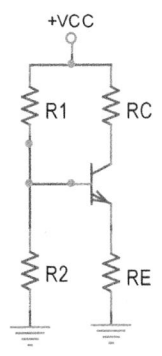

Figura 1

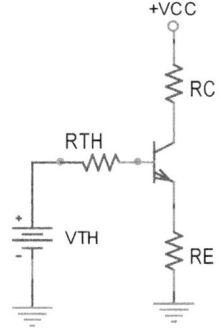

Figura 2

En este segundo circuito:

$$R_{TH} = R_1\|R_2 = \frac{R_1 \cdot R_2}{R_1+R_2} = 1.35 \ M\Omega; \ V_{TH} = V_{CC}\frac{R_2}{R_1+R_2} = 13.5 \ V$$

De la malla de entrada del circuito podemos escribir: $V_{TH} = I_B R_{TH} + V_{BE} + I_E R_E$

Y teniendo en cuenta la relación (suponiendo que el transistor trabaja en la zona activa): $I_E = I_B + I_C = I_B(\beta + 1)$

La corriente de base será: $I_{BQ} = \frac{V_{TH}-V_{BE(ON)}}{R_{TH}+R_E(\beta+1)} = 5.42 \ \mu A$

Y la corriente de colector: $I_{CQ} = \beta I_{BQ} = 0.542 \ mA$

Por otra parte, la ecuación de la malla de salida será: $V_{CC} = V_{CE} + I_C(R_C + R_E)$ donde se ha considerado $I_C \approx I_E$.

Por tanto, tendremos: $V_{CEQ} = V_{CC} - I_{CQ}(R_C + R_E) = 8.06 \ V$

Obsérvese que es correcta la suposición de funcionamiento del transistor en zona activa ya que $V_{CEQ} > V_{CE(SAT)}$.

b) El circuito en pequeña señal del amplificador viene dado por:

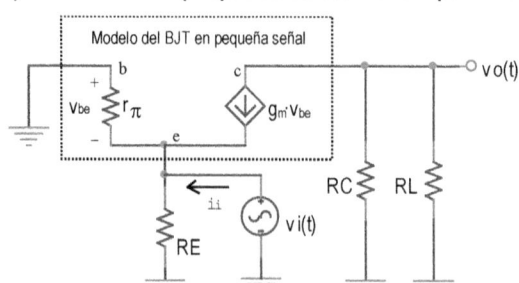

donde $r_\pi : r_\pi = \dfrac{V_T}{I_B} = \dfrac{kT/e}{I_B} = 4.6 \ k\Omega$; $g_m = \dfrac{I_C}{V_T} = 21.7 \ mA/V$

Teniendo en cuenta que en el circuito de pequeña señal se verifica: $v_{be} = -v_i$, la ganancia en tensión se calcula:

$$A_V = \frac{v_o}{v_i} = \frac{-g_m v_{be}(R_C \| R_L)}{-v_{be}} = g_m(R_C \| R_L) = 38.9 \ V/V$$

Y la impedancia de entrada viene dada por:

$$Z_I = \frac{v_i}{i_i} = \frac{v_i}{\dfrac{v_i}{R_E} + \dfrac{v_i}{r_\pi} + g_m v_i} = \frac{1}{\dfrac{1}{R_E} + \dfrac{1}{r_\pi} + g_m} = \frac{1}{\dfrac{1}{R_E} + \dfrac{1}{r_\pi} + \dfrac{\beta}{r_\pi}} = R_E \| \frac{r_\pi}{\beta + 1} = 45 \ \Omega$$

ETAPAS BÁSICAS DE GANANCIA CON TRANSISTORES FET

Problema 3.11. Etapa con JFET en drenador común

En la etapa amplificadora de drenador común representada en la figura:

a) Calcule el punto de trabajo, comprobando la región donde se encuentra trabajando el transistor.

b) Calcule, en pequeña señal, la ganancia en tensión de la etapa así como las impedancias de entrada y salida.

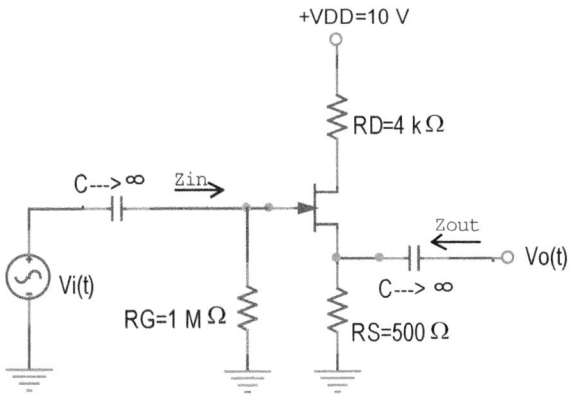

Datos del transistor: $I_{DSS} = 4\ mA, V_P = -2\ V$ (suponga que, en saturación, la relación $I_D - V_{GS}$ se rige por la típica ley cuadrática con la que se modelan los dispositivos JFET)

<u>Solución:</u>

a) Teniendo en cuenta que en continua (DC) los condensadores se comportan como circuitos abiertos, tal y como se muestra en la figura adjunta. Del circuito de polarización se deduce la recta de carga a la entrada:

$$V_{GS} = V_G - V_S = -V_S = -I_D \cdot R_S$$

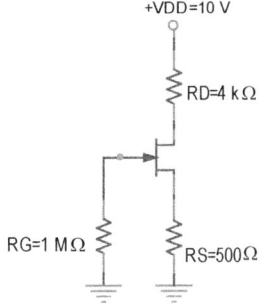

donde la tensión en puerta es nula ($V_G = 0$) ya que la corriente por puerta es despreciable y no cae tensión en R_G.

Por otra parte, considerando que el transistor trabaja en saturación tenemos que:

$$I_D = I_{DSS} \cdot \left(1 - \frac{V_{GS}}{V_P}\right)^2$$

Al hacer esta suposición, el punto de trabajo que se pueda encontrar ha de ser coherente con las condiciones de la región de saturación, esto es:

1) $V_{GS} > V_P$ (*condición de conducción*)
2) $V_{DS} > V_{DS(SAT)} = V_{GS} - V_P$ (*condición de saturación*)

Combinado la ley del dispositivo en saturación y la recta de carga a la entrada se obtiene la ecuación cuadrática: $I_D = I_{DSS} \cdot \left(1 - \frac{V_{GS}}{V_P}\right)^2 = -\frac{V_{GS}}{R_S}$

De donde se despeja V_{GS} y se obtienen dos resultados: $V_{GS1} = -5.23\ V$ y $V_{GS2} = -0.76\ V$. La primera de las soluciones se desecha ya que supone un valor inferior a V_P lo cual implicaría que el transistor está cortado, algo incoherente con la suposición de saturación. Para el segundo valor (que cumple la condición de conducción), la corriente I_D sería: $I_D = \frac{-V_{GS}}{R_S} = -\frac{0 - V_S}{R_S} = \frac{V_S}{R_S} = 1.52\ mA$

Por otro lado, de la recta de carga a la salida se tendría:

$$V_{DS} = V_{DD} - I_D \cdot (R_S + R_D) = 3.16\ V$$

Valor que cumple la condición de saturación:

$$V_{DS} = 3.16 > V_{DS(SAT)} = V_{GS} - V_P = -0.76 - (-2) = 1.24\ V$$

Por lo tanto el punto de trabajo resulta ser:

$$(V_{DS}, I_D, V_{GS})_Q = (3.16\ V, 1.52\ mA, -0.76\ V)$$

b) El circuito en pequeña señal queda como se indica en la figura adjunta, donde no se ha incluido la resistencia del canal en el modelo del dispositivo al considerarse que el transistor es ideal (tensión de Early equivalente infinita).

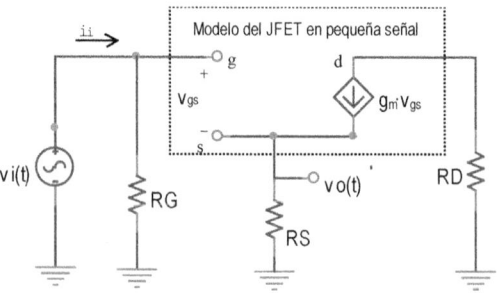

La transconductancia, por su parte, viene impuesta por el punto de trabajo:

$$g_m = \left.\frac{\partial I_D}{\partial V_{GS}}\right|_{V_{GSQ}} = \frac{2I_{DSS}}{-V_P} \cdot \left(1 - \frac{V_{GS}}{V_P}\right) = 2.4 \cdot 10^{-3} \; \Omega^{-1}$$

Con este valor ya se puede calcular la ganancia. Despejando el valor de v_o en función de la tensión de entrada se tiene:

$$v_o = g_m \cdot v_{gs} \cdot R_s = g_m \cdot R_s \cdot \left(v_g - v_s\right) = g_m \cdot R_s \cdot (v_i - v_o)$$

donde se ha empleado que $v_g = v_i$ y $v_s = v_o$.

de donde: $\Delta_V = \frac{v_o}{v_i} = \frac{g_m \cdot R_s}{1 + g_m \cdot R_s} = +0.55 \; \frac{V}{V}$

Resultado coherente con una etapa en drenador común (seguidor de fuente) para la que la ganancia es positiva (sin desfase) y menor siempre que la unidad (lo que implica cierta atenuación).

En cuanto a la impedancia de entrada, resulta obvio que:

$$Z_i = \frac{v_i}{i_i} = R_G = 1 \; M\Omega$$

Para el cálculo de la impedancia de salida anulamos el generador de entrada y colocamos una fuente v_o a la salida:

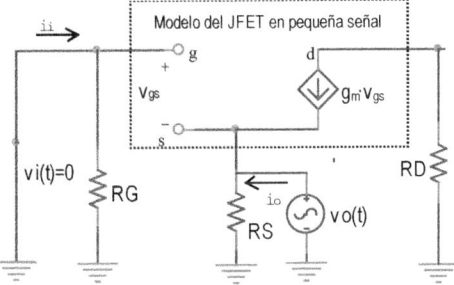

La impedancia de salida valdría: $Z_o = \left.\frac{v_o}{i_o}\right|_{v_i=0} = \frac{v_o}{\frac{v_o}{R_S} - g_m v_{gs}} = \frac{v_o}{\frac{v_o}{R_S} - g_m(v_i - v_o)} =$

$\frac{v_o}{\frac{v_o}{R_S} - g_m(-v_o)} = \frac{1}{\frac{1}{R_S} + g_m} = R_s \| \frac{1}{g_m} = 227 \; \Omega$

En la expresión anterior se tiene que la impedancia "vista" desde la fuente hacia el dispositivo es el inverso de la transconductancia.

Como se puede corroborar, la impedancia observada a la salida por la etapa es muy pequeña mientras que la de entrada es alta, lo cual la habilita como buffer de tensión.

Problema 3.12. Etapa con JFET en drenador común

Un transistor JFET se emplea en el siguiente circuito amplificador, donde C_1, C_2 y C_3 tienen una capacidad muy grande.

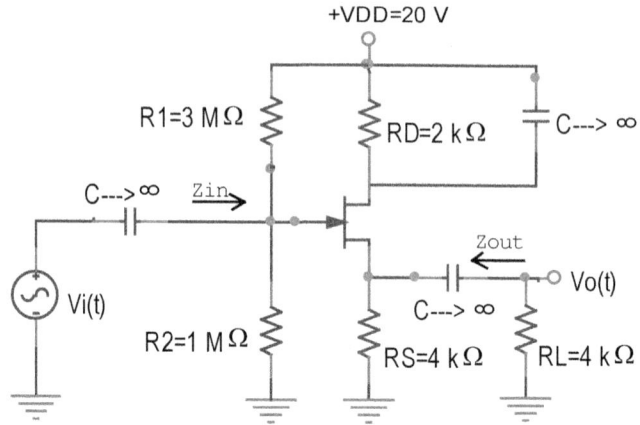

a) Calcule el punto de trabajo del dispositivo (I_D, V_{DS}, V_{GS}) teniendo en cuenta que, en saturación, la corriente del transistor se rige por la ley cuadrática:

$$I_D = I_{DSS}\left(1 - \frac{V_{GS}}{V_P}\right)^2; \text{ con } I_{DSS} = 5\,mA, V_P = -8.2\,V$$

b) Calcule la ganancia y las impedancias de entrada y salida del amplificador a frecuencias medias teniendo en cuenta que $|V_A| = 20\,V$.

<u>Solución:</u>

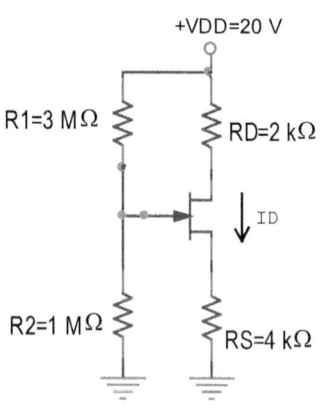

a) El circuito en continua, considerando que los condensadores a frecuencia nula presentan una impedancia infinita (circuitos abiertos), quedaría como se muestra en la figura adyacente.

Dado que no existe corriente de puerta, R_1 y R_2 actúan como un simple divisor de tensión imponiendo el voltaje en puerta V_G:

$$V_G = V_{DD} \cdot \frac{R_2}{R_1 + R_2} = 5\,V$$

Por tanto, la tensión V_{GS} vale:

$$V_{GS} = V_G - V_S = V_{DD} \cdot \frac{R_2}{R_1+R_2} - I_D \cdot R_S$$

Suponiendo que el transistor se encuentra saturado: $I_D = I_{DSS} \cdot \left(1 - \frac{V_{GS}}{V_P}\right)^2$

Con lo que: $I_D = I_{DSS} \cdot \left(1 - \frac{V_{GS}}{V_P}\right)^2 = -\frac{V_{GS} - V_{DD} \cdot \frac{R_2}{R_1 + R_2}}{R_S}$

De la ecuación cuadrática anterior se obtienen dos soluciones numéricas distintas: $V_{GS1} = -16.8\ V$ y $V_{GS2} = -3\ V$, la primera de las cuales se ignora al poseer un valor más negativo que V_P, lo que llevaría al transistor a trabajar a corte.

Con la segunda solución, la corriente resulta ser: $I_D = 2mA$; valor que lleva a una polarización de drenador fuente de:

$$V_{DS} = V_{DD} - I_D \cdot (R_S + R_D) = 8\ V > V_{GS} - V_P = -3 - (-8.2) = 5.2\ V$$

Con lo que la condición de saturación queda probada.

b) En pequeña señal y a frecuencias medias (para las que los efectos capacitivos del modelo del transistor son despreciables), el circuito equivalente, tras anular el generador V_{DD} y convertir en cortocircuitos los condensadores de desacoplo, quedaría:

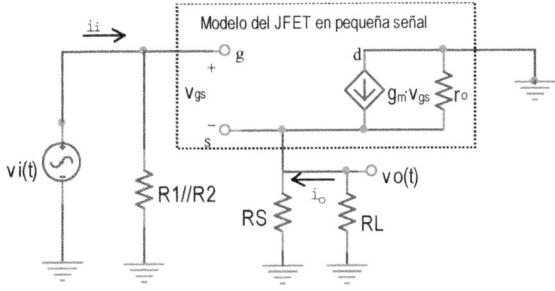

donde los parámetros en pequeña señal valen:

$$g_m = \left.\frac{\partial I_D}{\partial V_{GS}}\right|_{V_{GSQ}} = \frac{2I_{DSS}}{-V_T} \cdot \left(1 - \frac{V_{GS}}{V_T}\right) = \frac{2 \cdot 5\ mA}{-(-8.2)} \cdot \left(1 - \frac{-3}{-8.2}\right) = 0.773 \cdot 10^{-3}\ \Omega^{-1}$$

$$r_o = \frac{V_A}{I_D} = \frac{20\ V}{2\ mA} = 10\ k\Omega$$

Como se aprecia, la resistencia de salida no es infinita dado que el transistor no es ideal y posee una tensión de Early equivalente finita.

La ganancia, que ha de ser inferior a la unidad, como corresponde a un seguidor de fuente (drenador común) se calcula de manera parecida al ejercicio anterior, con la única particularidad de incluir la resistencia de carga (R_L) y la resistencia de salida del transistor (r_o):

$$v_o = g_m \cdot v_{gs} \cdot (R_s \| r_o \| R_L) = g_m \cdot (R_s \| r_o \| R_L) \cdot (v_i - v_o)$$

De donde: $\Delta_V = \dfrac{v_o}{v_i} = \dfrac{g_m \cdot (R_s \| r_o \| R_L)}{1 + g_m \cdot (R_s \| r_o \| R_L)} = +0.56 \ \dfrac{V}{V}$

También, de modo similar al ejercicio anterior, se pueden calcular impedancia de entrada y salida:

$$Z_i = \dfrac{v_i}{i_i} = R_1 \| R_2 = 0.75 \ M\Omega$$

$$Z_o = \dfrac{v_o}{i_o}\bigg|_{v_i=0} = \dfrac{v_o}{\dfrac{v_o}{R_S} + \dfrac{v_o}{r_o} - g_m v_{gs}} = \dfrac{v_o}{\dfrac{v_o}{R_S} + \dfrac{v_o}{r_o} - g_m(v_i - v_o)} = \dfrac{1}{\dfrac{1}{R_S} + \dfrac{1}{r_o} + g_m} =$$

$$Z_o = R_S \| r_o \| \dfrac{1}{g_m} = 880 \ \Omega$$

Problema 3.13. Etapa con JFET en puerta común

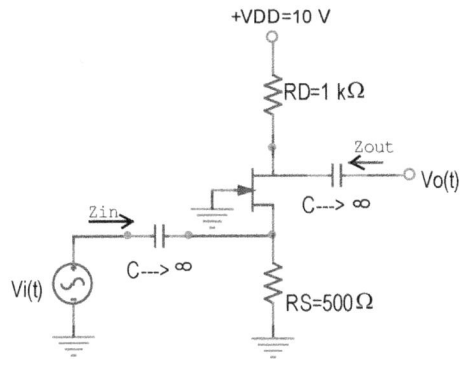

Un transistor JFET con $V_P = -2V$ se utiliza en la etapa amplificadora de puerta común representada en la figura. Si el comportamiento del transistor en la región de saturación se rige por la ley cuadrática:

$$I_D = I_{DSS}\left(1 - \frac{V_{GS}}{V_P}\right)^2$$

con $I_{DSS} = 4\ mA$

Calcule el punto de trabajo, así como las ganancias de tensión y corriente y las impedancias de entrada y salida a frecuencias medias.

Solución:

Anulando la fuente de alterna y convirtiendo en circuitos abiertos los condensadores, el circuito en continua resulta ser el de la figura adjunta.

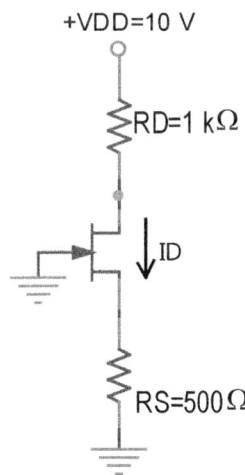

Del circuito auto-polarizado se desprende que:

$$V_{GS} = V_G - V_S = 0 - I_D \cdot R_S$$

Ecuación que, combinada con la ley de saturación, da:

$$I_D = I_{DSS} \cdot \left(1 - \frac{V_{GS}}{V_P}\right)^2 = -\frac{V_{GS}}{R_S}$$

Como en los ejercicios anteriores, la ecuación cuadrática anterior ofrece dos soluciones numéricas diversas: la primera es $V_{GS1} = -5.23V$, la cual se desprecia por ser inferior a la tensión de pinch-off (V_P) de –2 V, y la segunda $V_{GS2} = -0.765\ V$, que sí cumple la condición de conducción.

Con esta segunda solución, la corriente tendría un valor $I_D = 1.527\ mA$; lo que conduce a una polarización V_{DS} de:

$$V_{DS} = V_{DD} - I_D \cdot (R_S + R_D) = 7.7\ V > V_{GS} - V_P = -0.765 - (-2) = 1.235\ V$$

Lo que prueba la hipótesis de saturación.

El circuito en pequeña señal, por su parte, queda como sigue:

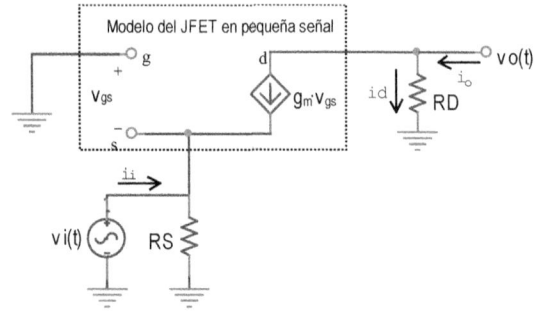

donde la transconductancia vale:

$$g_m = \left.\frac{\partial I_D}{\partial V_{GS}}\right|_{V_{GSQ}} = \frac{2I_{DSS}}{-V_P} \cdot \left(1 - \frac{V_{GS}}{V_P}\right) = \frac{2 \cdot 4\ mA}{-(-2)} \cdot \left(1 - \frac{-0.7635}{-2}\right) = 2.47 \cdot 10^{-3}\ \Omega^{-1}$$

La tensión de salida se puede calcular como: $v_o = -g_m \cdot v_{gs} \cdot R_D$

Dado que $v_{gs} = 0 - v_i$, se obtiene que:

$$v_o = -g_m \cdot (0 - v_i) \cdot (R_D) = g_m \cdot v_i \cdot R_D \ \Rightarrow A_v = \frac{v_o}{v_i} = g_m \cdot R_D = 2.47\ V/V$$

Por lo que se refiere a la impedancia de entrada, esta coincide con la de salida de la etapa de drenador común:

$$Z_i = \frac{v_i}{i_i} = \frac{v_i}{\frac{v_i}{R_S} - g_m v_{gs}} = \frac{v_i}{\frac{v_i}{R_S} - g_m(0 - v_i)} = \frac{1}{\frac{1}{R_S} + g_m} = R_S \left\| \frac{1}{g_m} = 223\ \Omega \right.$$

Mientras que la impedancia de salida:

$$Z_o = \left.\frac{v_o}{i_o}\right|_{v_i=0} = \frac{v_o}{\frac{v_o}{R_D} + g_m v_{gs}} = \frac{v_o}{\frac{v_o}{R_D} - g_m(0 - v_i)} = R_D = 1\ k\Omega$$

La etapa actúa como buffer de corriente ya que presenta una impedancia de entrada baja, una impedancia de salida más o menos alta, dependiendo de R_D y una ganancia de corriente menor siempre a la unidad:

$$A_i = \frac{i_d}{i_i} = \frac{-g_m v_{gs}}{\frac{v_i}{R_S} - g_m v_{gs}} = \frac{-g_m \cdot (0 - v_i)}{\frac{v_i}{R_S} - g_m \cdot (0 - v_i)} = \frac{g_m}{\frac{1}{R_S} + g_m} = 0.55\ A/A$$

Problema 3.14. Estudio de estabilidad en un amplificador con JFET

Un fabricante de semiconductores discretos informa acerca de cierto transistor JFET de canal N de que su tensión umbral o de *pinch–off* (V_T, también denominada en los catálogos V_P o $V_{GS(OFF)}$) se encuentra entre los valores de −2 y -8 V. Igualmente, sobre la corriente I_{DSS} se conoce que se encuentra en el rango 4-10 mA. Dicho transistor es utilizado en la configuración amplificadora de la figura.

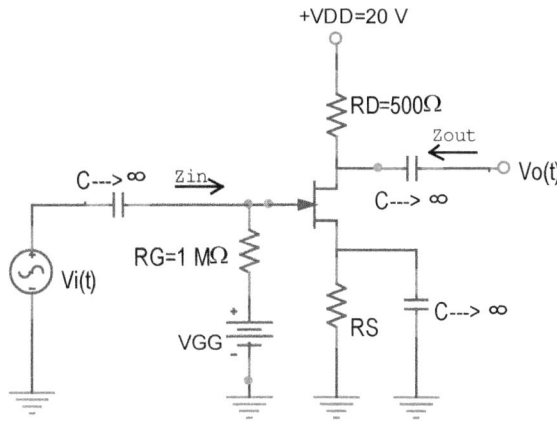

a) Diseñe los valores de V_{GG} y R_S para asegurar que la corriente de polarización I_D se encuentra en el intervalo 2-6 mA.

b) ¿Cómo se podría evitar la pila V_{GG} sin que cambie la polarización del circuito? Diseñe una solución alternativa que presente la misma impedancia de entrada.

c) Calcule la ganancia mínima en tensión del circuito así como su impedancia de salida.

Solución:

a) Asumiendo que, en saturación, la relación entre I_D y V_{GS} sigue una expresión cuadrática, el transistor saturado podría trabajar en cualquier punto dentro de una región limitada por dos curvas, una correspondiente a los valores máximos (en módulo) de los parámetros V_T e I_{DSS}, y otra correspondiente a los valores mínimos, tal y como se muestra en la siguiente figura.

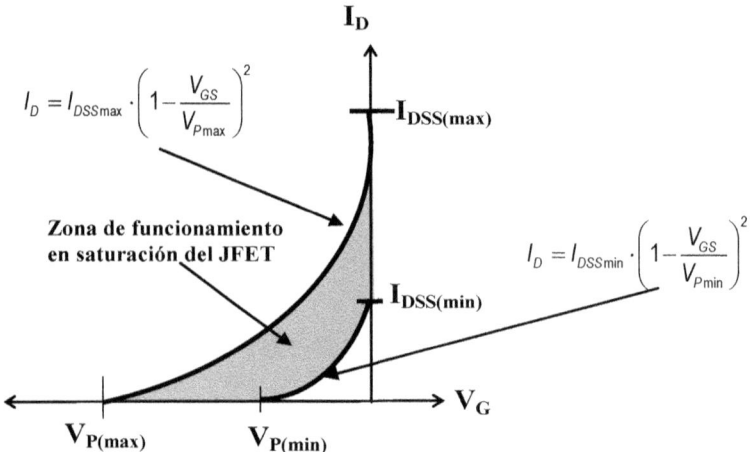

Por otro lado, teniendo en cuenta que no hay corriente de puerta y que se puede despreciar la caída de tensión en R_G, la recta de carga a la entrada impuesta por el circuito externo resulta ser:

$$V_{GS} = V_G - V_S = V_{GG} - I_D \cdot R_S \Rightarrow I_D = \frac{V_{GG} - V_{GS}}{R_S}$$

El punto de trabajo del dispositivo resultará del corte entre esta recta y la curva real de trabajo del dispositivo, que se encontrará en la región limitada por las curvas ya comentadas. El problema se resuelve pues, imponiendo que los puntos máximo y mínimo de corte coincidan con el rango de corriente deseado.

De esta manera imponiendo $I_{D(min)} = 2\,mA$ y despejando en la curva que limita por debajo, se obtendría uno de los puntos de corte:

$$I_{D\,(min)} = I_{DSS(min)} \cdot \left(1 - \frac{V_{GS(min)}}{V_{P(min)}}\right)^2 \Rightarrow V_{GS(min)} = V_{P(min)} \cdot \left(1 - \sqrt{\frac{I_{D\,(min)}}{I_{DSS(min)}}}\right)$$

$$= -0.58V$$

donde $V_{GS(max)}$ es el valor (máximo en módulo) de la tensión V_{GS} en el punto inferior de corte.

Realizando lo mismo con $I_{D(max)} = 6\ mA$ y la curva límite superior se obtendría el otro punto:

$$I_{D(max)} = I_{DSS(max)} \cdot \left(1 - \frac{V_{GS(max)}}{V_{P(max)}}\right)^2 \Rightarrow V_{GS(max)} = V_{P(max)} \cdot \left(1 - \sqrt{\frac{I_{D(max)}}{I_{DSS(max)}}}\right) = -1.80V$$

La forma resultante de la recta de carga a diseñar se ha representado en la siguiente figura:

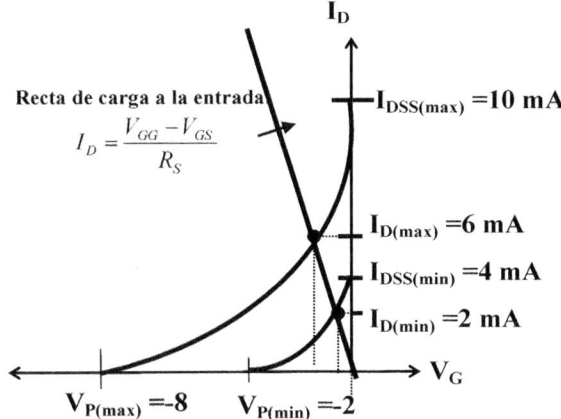

Con los dos puntos anteriores se pueden calcular los valores de V_{GG} y R_S resolviendo el sistema:

$$I_{D(max)} = \frac{V_{GG} - V_{GS(max)}}{R_S} \Rightarrow 6\ mA = \frac{V_{GG} - (-1.80)}{R_S}$$

$$I_{D(min)} = \frac{V_{GG} - V_{GS(min)}}{R_S} \Rightarrow 2\ mA = \frac{V_{GG} - (-0.58)}{R_S}$$

De donde se obtiene que: $V_{GG} = 0.03\ V$ y $R_S = 305\ \Omega$.

b) Para evitar V_{GG} se puede diseñar un divisor de tensión que aproveche V_{DD} y el hecho de que la corriente por puerta es despreciable. Así, como circuito de polarización a la entrada, se podría emplear el siguiente divisor de tensión representado en la figura adjunta.

De su análisis se desprende que la tensión en puerta V_G depende de R_{G1} y R_{G2} de acuerdo con la siguiente ecuación:

$$V_G = V_{GG} = V_{DD} \cdot \frac{R_{G1}}{R_{G1} + R_{G2}} = 0.03 \ V$$

Mientras que la impedancia de entrada (que antes era $R_G = 1M\Omega$) ahora resulta del paralelo de las dos nuevas resistencias:

$$Z_{IN} = R_G = \frac{R_{G1} \cdot R_{G2}}{R_{G1} + R_{G2}} = 1 \ M\Omega$$

Del sistema que resulta de las dos últimas ecuaciones se tienen los valores:

$$R_{G1} = 1.0015 \ M\Omega \ y \ R_{G2} = 666.666 \ M\Omega.$$

c) El circuito en pequeña señal es el representado en la figura.

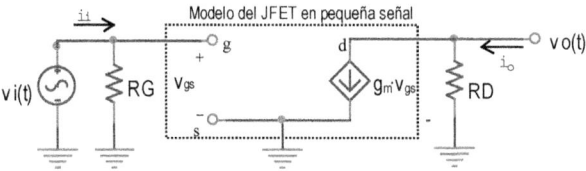

De aquí se desprende que:

$$A_V = \frac{v_o}{v_i} = -\frac{g_m \cdot v_{gs} \cdot R_D}{v_i} = -\frac{g_m \cdot (v_i - 0) \cdot R_D}{v_i} = -g_m \cdot R_D$$

Como la ganancia es directamente proporcional a la transconductancia, se hará mínima cuando el parámetro g_m sea mínimo (lo que ocurre con I_D e I_{DSS} mínimos):

$$g_m = \left.\frac{\partial I_D}{\partial V_{GS}}\right|_{V_{GSQ}} = \frac{2I_{DSS}}{-V_P} \cdot \left(1 - \frac{V_{GS}}{V_P}\right) = \frac{2\sqrt{I_{DSS} \cdot I_D}}{-V_P}; \; ya \;\; que \;\; \left(1 - \frac{V_{GS}}{V_P}\right) = \sqrt{\frac{I_D}{I_{DSS}}}$$

$$g_{m(min)} \cong \frac{2\sqrt{I_{DSS(min)} \cdot I_{D(min)}}}{-V_{P(max)}} = \frac{2\sqrt{4 \; mA \cdot 2 \; mA}}{-(-8)} = 0.707 \cdot 10^{-3} \; \Omega^{-1}$$

Con lo que: $A_{V(min)} = -g_{m(min)} \cdot R_D = -0.3535 \; V/V$

En cuanto a la impedancia de salida, ésta se calcula anulando v_i:

$$Z_o = \left.\frac{v_o}{i_o}\right|_{v_i=0} = \frac{v_o}{\dfrac{v_o}{R_D} + g_m v_{gs}} = \frac{v_o}{\dfrac{v_o}{R_S} + g_m(v_i - 0)} = R_D = 500 \; \Omega$$

Problema 3.15. Etapa con JFET en surtidor común con R_S

Un transistor JFET de canal P, con parámetros $V_P = 2\ V$ e $I_{DSS} = 2\ mA$, se utiliza en el amplificador de la figura adjunta.

a) Calcule R_{S1} para que la corriente de polarización sea $I_{DQ} = 1\ mA$.

b) Determine la ganancia y las impedancias de entrada y salida en la etapa amplificadora.

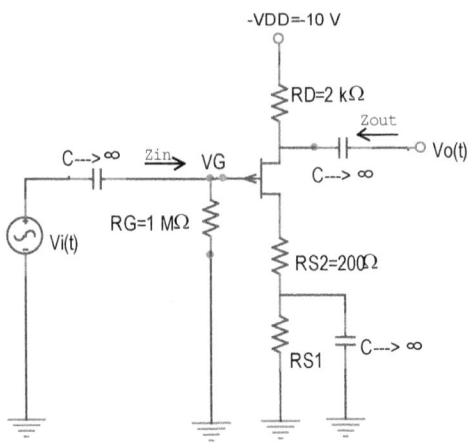

Solución:

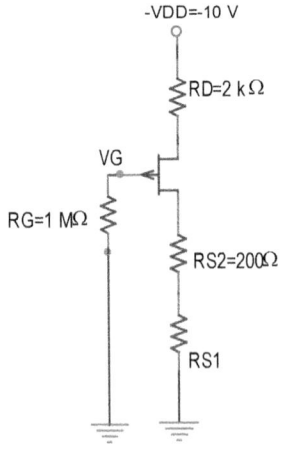

a) Suponiendo que el transistor se encuentra saturado y asumiendo la típica ley cuadrática, la polarización V_{GS} habría de ser:

$$V_{GS} = V_P \cdot \left(1 - \sqrt{\frac{I_D}{I_{DSS}}}\right) = 0.585\ V$$

Teniendo en cuenta que el circuito en continua es el de la figura adjunta, donde como se observa, al tratarse de un JFET de canal P la corriente de drenador es entrante por fuente y saliente por drenador, la recta de carga a la entrada sigue la expresión:

$$V_{GS} = 0 - (-I_D) \cdot (R_{S1} + R_{S2}) \Rightarrow I_D = \frac{+V_{GS}}{R_{S1} + R_{S2}}$$

ya que en R_G no cae tensión continua. De la ecuación anterior se tiene:

$$R_{S1} = \frac{+V_{GS}}{I_D} - R_{S2} = 385\ \Omega$$

Finalmente se comprueban las condiciones para la saturación, que en un dispositivo de canal P son las complementarias a la de uno N:

1) $V_{GS} = 0.585\ V < V_P = 2\ V$

2) $V_{DS} = -V_{DD} + I_D \cdot (R_D + R_{S1} + R_{S2}) = -7.415 < V_{DS(SAT)} = V_{GS} - V_P = -1.415\ V$

También expresables como:

1) $V_{SG} = -0.585\ V > -V_P = -2\ V$

2) $V_{SD} = V_{DD} - I_D \cdot (R_D + R_{S1} + R_{S2}) = 7.415 > V_{SD(SAT)} = V_{SG} + V_P = 1.415\ V$

b) En cuanto a la ganancia, estudiando el circuito en pequeña señal representado en la figura siguiente, se tiene: $v_o = -g_m \cdot v_{gs} \cdot R_D$

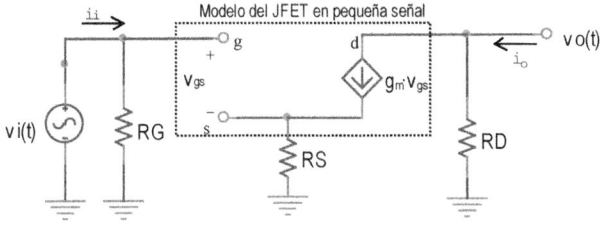

Modelo del JFET en pequeña señal

donde: $v_{gs} = v_i - g_m \cdot v_{gs} \cdot R_{S2} \Rightarrow v_{gs} = \dfrac{v_i}{1+g_m\cdot R_{S2}}$ y la transconductancia g_m

vale: $g_m = \left.\dfrac{\partial I_D}{\partial V_{SG}}\right|_{V_{SGQ}} = \dfrac{2I_{DSS}}{V_P} \cdot \left(1 + \dfrac{V_{SG}}{V_P}\right) = \dfrac{2\cdot 2\ mA}{(2)} \cdot \left(1 + \dfrac{-0.585}{2}\right) = 1.415 \cdot 10^{-3}\ \Omega^{-1}$

Con lo que: $\Delta_v = \dfrac{v_o}{v_i} = \dfrac{-g_m\cdot R_D}{1+g_m\cdot R_{S2}} = -2.2\ \dfrac{V}{V}$

Esta ganancia es negativa debido a que se trata de una etapa de fuente común. Como se observa de la fórmula, la resistencia en fuente no desacoplada en la fuente (R_{S1}) reduce la ganancia de la etapa (término mayor en el denominador) aunque suaviza su dependencia con la transconductancia, haciéndola más estable.

Las impedancias de entrada y salida resultan ser:

$$Z_i = \frac{v_i}{i_i} = R_G = 1\ M\Omega;\ Z_o = \left.\frac{v_o}{i_o}\right|_{v_i=0} = R_D = 2\ k\Omega$$

Problema 3.16. Etapa N-MOS en fuente (o surtidor) común

En el circuito de la figura se representa una etapa amplificadora realizada mediante un transistor MOS de canal N. Por otra parte, se muestran las curvas de funcionamiento de dicho transistor así como la recta de carga correspondiente a su polarización dentro del circuito.

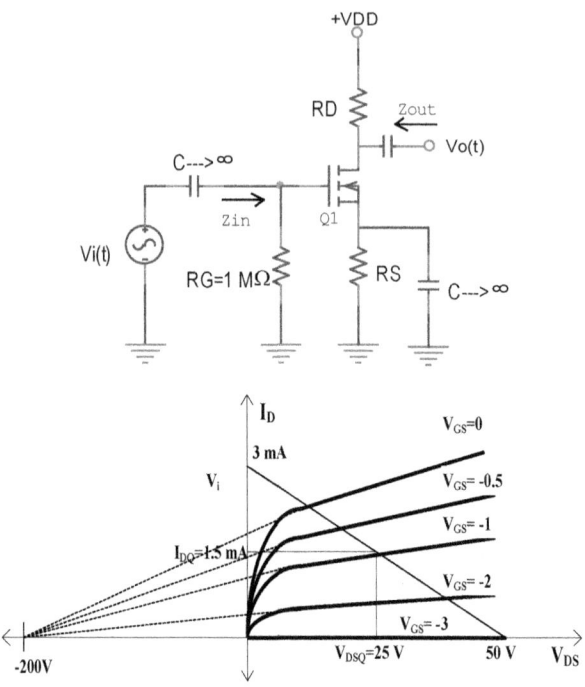

Se sabe que, en saturación, la corriente de drenador del dispositivo queda definida por la expresión:

$$I_D = K(V_{GS} - V_T)^2 \left(1 + \frac{V_{DS}}{|V_A|}\right) = I_{DSS}\left(1 - \frac{V_{GS}}{V_T}\right)^2 \left(1 + \frac{V_{DS}}{|V_A|}\right)$$

a) Calcule R_D, R_S y V_{DD} si se conoce que el transistor funciona en el punto de trabajo: $V_{GSQ} = -1\,V, V_{DSQ} = 25\,V, I_{DQ} = 1.5\,mA$.

b) Calcule los parámetros V_T, K e I_{DSS} del transistor.

c) Calcule, a frecuencias medias, la ganancia de tensión en pequeña señal del circuito y las impedancias de entrada (Z_i) y salida (Z_o, para $v_i = 0$) del amplificador.

Solución:

a) La recta de carga del circuito será: $V_{DD} = V_{DS} + I_D(R_S + R_D)$

A partir de la cual, con la ayuda de la gráfica se calcula fácilmente la tensión de la fuente de alimentación: $V_{DD} = V_{DS}|_{I_D=0} = 50\ V$

Por otra parte, teniendo en cuenta la malla de entrada, se puede escribir:

$$V_{GSQ} = V_G - V_S = 0 - I_{DQ}R_S \Rightarrow R_S = \frac{V_{GSQ}}{-I_{DQ}} = 666.6\ \Omega$$

Conocida R_S, de la recta de carga podemos despejar R_D, obteniendo:

$$R_D = \frac{V_{DD} - V_{DQ}}{I_{DQ}} - R_S = 16\ k\Omega$$

b) La tensión umbral V_T es la tensión V_{GS} a partir de la cual el transistor conduce. De las curvas del transistor se observa: $V_T = V_{GS}|_{I_D=0} = -3\ V$

De las curvas del transistor, es claro también que $V_A = -200\ V$. Por tanto, conocido el punto de trabajo, podemos despejar I_{DSS} de la ecuación:

$$I_D = I_{DSS}\left(1 - \frac{V_{GS}}{V_T}\right)^2\left(1 + \frac{V_{DS}}{|V_A|}\right)$$

Obteniendo: $I_{DSS} = \dfrac{I_{DQ}}{(1-\frac{V_{GSQ}}{V_T})^2(1+\frac{V_{DSQ}}{|V_A|})} = 3\ mA$

Por otra parte, se verifica: $I_{DSS} = K \cdot V_T^2$

Y despejando, obtenemos: $K = \dfrac{I_{DSS}}{V_T^2} = 0.333\ mA/V^2$

c) El circuito en pequeña señal se muestra en la siguiente figura:

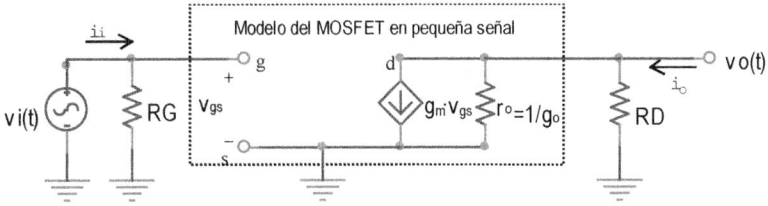

donde la transconductancia vale:

$$g_m = \frac{\partial i_D}{\partial v_{GS}} = \frac{2I_{DSS}}{-V_T}\left(1 - \frac{V_{GS}}{V_T}\right)\left(1 + \frac{V_{DS}}{|V_A|}\right) = 1.5\ mA/V$$

mientras que la admitancia de salida (inverso de r_o) del transistor se calcula como:

$$g_o = \frac{1}{r_o} = \frac{\partial i_D}{\partial v_{DS}} = \frac{I_{DSS}}{|V_A|}\left(1 - \frac{V_{GS}}{V_T}\right)^2 = 6.66\ \mu A/V$$

Ganancia:

Del circuito en pequeña señal es claro que $v_{gs} = v_i$ por tanto, la ganancia se puede calcular:

$$A_V = \frac{v_o}{v_i} = \frac{-g_m v_{gs}\left(R_D \left\|\frac{1}{g_o}\right.\right)}{v_i} = \frac{-g_m v_i\left(R_D \left\|\frac{1}{g_o}\right.\right)}{v_i} = -g_m\left(R_D \left\|\frac{1}{g_o}\right.\right)$$
$$= -g_m(R_D\|r_o) = -21.68\ V/V$$

Impedancia de entrada y salida:

Del circuito, fácilmente se obtiene:

$$Z_I = R_G = 1\ M\Omega$$

Y la impedancia de salida:

$$Z_o = \left.\frac{v_o}{i_o}\right|_{v_i=0} = R_D\|r_o = 14.45\ k\Omega$$

Problema 3.17. Amplificador P-MOS en drenador común

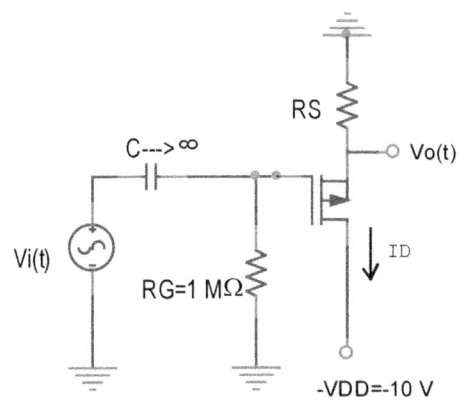

Dado el circuito amplificador de la figura:

a) Diseñe R_S para que la corriente de polarización de drenador sea de 0.1 mA.

b) Calcule la ganancia en tensión del circuito.

Datos del transistor:

$$K = 0.1mA/V2; V_T = 1.6V$$

Solución:

Nota: La etapa emplea un dispositivo MOSFET de canal P de deplexión o empobrecimiento (ya que posee una V_T positiva). Estos dispositivos MOSFET de deplexión (que, en el caso de los de canal P, no son muy comunes) presentan un comportamiento básico en continua que puede modelarse con las mismas fórmulas que se utilizan habitualmente para un JFET (siendo $V_P = V_T$ e $I_{DSS} = K \cdot V_T^2$). No obstante, para estudiar su polarización pueden seguirse empleando las mismas ecuaciones básicas que gobiernan la relación tensión-corriente de los dispositivos de acumulación o enriquecimiento.

a) Suponemos que el transistor trabaja en la región de pinch-off, por tanto se cumple: $I_D = K(V_{SG} + V_T)^2$

De donde podemos despejar: $V_{SG} = \pm\sqrt{\dfrac{I_D}{K}} - V_T = \begin{cases} -0.6V \\ -2.6V \end{cases}$

Como se observa, se obtienen dos soluciones: $V_{SG} = -2.6$ V y $V_{SG} = -0.6$V. La primera de estas soluciones no es válida, ya que implicaría que el transistor trabajaría en corte (puesto que $V_{SG} < -V_T$, que es, precisamente, la condición de corte en un P-MOS) y, por tanto, que no circularía corriente, lo cual es contrario a la hipótesis que nos ha llevado a la solución. Así, se tiene: $V_{SG} = -0.6$ V.

Por otra parte, del circuito se tiene la siguiente recta de carga a la salida:

$$V_{SG} = V_S - V_G = (0\text{-}I_D R_S) - 0 = -I_D R_S$$

donde se ha tenido en cuenta que, en continua, en puerta hay una tensión nula dado que no circula corriente por la resistencia R_G.

De la ecuación anterior se despeja: $R_S = \dfrac{V_{SG}}{-I_D} = 6 \text{ k}\Omega$

Se comprueba además que, para el punto de trabajo, el transistor trabaja en la región de pinch-off ya que:

$$V_{SD} = V_S - V_D = -0.6 - (-10) = 9.4 \text{ V} > V_{SG} + V_T = -0.6 + 1.6 = 1 \text{ V}$$

b) El circuito en pequeña señal del amplificador será:

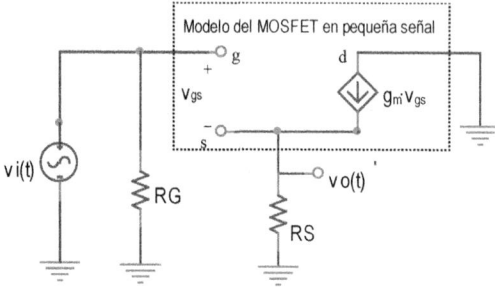

donde: $g_m = \dfrac{\partial i_D}{\partial v_{SG}} 2K(V_{SG} + V_T) = 0.2 \text{ mA/V}$

Observando el circuito en pequeña señal podemos escribir:

$$v_{gs} = v_g - v_s = v_i - v_o$$
$$v_o = g_m v_{gs} R_S$$

Por tanto, nos queda que:

$$v_o = g_m(v_i - v_o)R_S$$

De donde fácilmente se deduce la expresión y el valor de la ganancia en tensión, que es la correspondiente a una etapa en drenador común:

$$A_V = \frac{v_o}{v_i} = \frac{g_m R_S}{1 + g_m R_S} = 0.55 \text{ V/V}$$

Problema 3.18. Etapa N-MOSFET en surtidor común

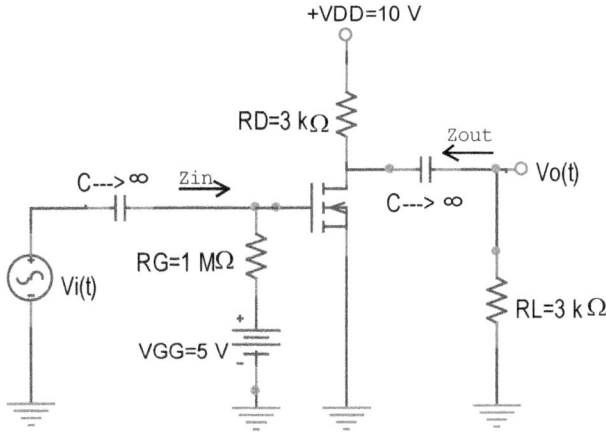

En la etapa amplificadora en surtidor común de la figura, que emplea un transistor MOSFET de canal N de acumulación:

a) Calcule el punto de trabajo del transistor.

b) Para frecuencias medias, calcule la ganancia en pequeña señal, así como la impedancia de entrada y la de salida.

Datos del transistor: $K = 0.1\ \frac{mA}{V^2}$; $V_T = 0.87\ V$

<u>Solución:</u>

a) Teniendo en cuenta que por el terminal de puerta del transistor no circula corriente y que el terminal de fuente está conectado a tierra tendremos:

$V_{GS} = V_G - V_S = V_{GG}$ -0 $= 5 - 0 = 5\ V$

Y, suponiendo que el transistor trabaja en la región de pinch-off, la corriente de drenador se calculará: $I_D = K(V_{GS} - V_T)^2 = 1.7\ mA$

Por otra parte, de la ecuación de la malla de salida tendremos:

$V_{DS} = V_{DD} - I_D R_D = 4.88\ V$

Y podemos comprobar que, para el punto de trabajo obtenido, se verifica que el transistor trabaja en la región de pinch-off, ya se cumple:

$V_{DS} = 4.88 > V_{DS(SAT)} = V_{GS} - V_T = 5 - 0.87 = 4.13\ V$

b) *Ganancia*: El circuito equivalente en pequeña señal del amplificador a frecuencias medias es el que sigue:

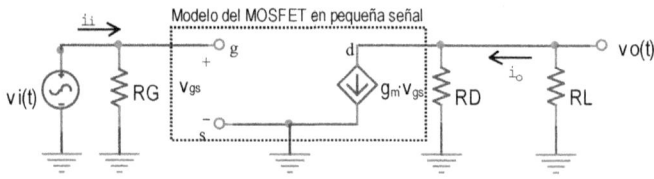

donde: $g_m = \dfrac{\partial i_D}{\partial v_{GS}} = 2K(V_{GS} - V_T) = 0.826 \ mA/V$

Del circuito de la figura es claro que $v_{gs} = v_i$, por tanto, la ganancia se puede calcular como:

$$A_V = \frac{v_o}{v_i} = \frac{-g_m v_{gs}(R_D \| R_L)}{v_i} = \frac{-g_m v_i(R_D \| R_L)}{v_i} = -g_m(R_D \| R_L) = -1.239 \ \frac{V}{V}$$

Impedancia de entrada y salida:

Del circuito, fácilmente se obtiene: $Z_I = \dfrac{v_i}{i_i} = R_G = 1 \ M\Omega$

Y la impedancia de salida: $Z_o = \dfrac{v_o}{i_o}\bigg|_{v_i=0} = R_D = 3 \ k\Omega$

Problema 3.19. Etapa MOSFET en fuente común con realimentación

En el amplificador de la figura se tiene que para el transistor MOS:
$$K = 0.2\ mA/V^2; V_T = 1\ V.$$

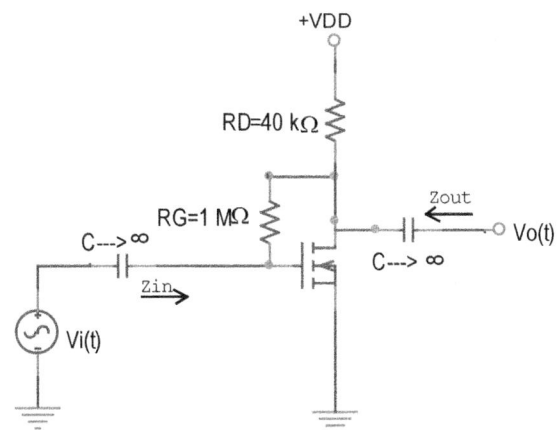

a) Para los valores de las resistencias y la fuente de tensión V_{DD} utilizadas, se sabe que la tensión de polarización $V_{DSQ} = 2\ V$. Calcule la corriente I_{DQ} y la tensión V_{GSQ}.

b) Dibuje el circuito equivalente en pequeña señal y calcule la ganancia en tensión, así como la resistencia de entrada.

Solución:

a) Debido a que por la puerta del transistor no circula corriente, no hay caída de tensión en la resistencia R_G y por tanto tendremos: $V_{GS} = V_{DS} = 2\ V$

El transistor trabaja en la región de pinch-off, ya que se verifica:

$$V_{DS} = V_{GS} = 2 > V_{GS} - V_T = 1\ V$$

Por lo que la corriente de drenador la podemos calcular como:

$$I_D = K(V_{GS} - V_T)^2 = 0.2\ mA/V^2$$

b) El circuito en pequeña señal será:

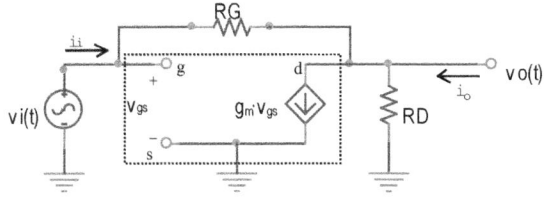

donde: $g_m = \dfrac{\partial i_D}{\partial v_{GS}} = 2K(V_{GS} - V_T) = 0.4\ mA/V$

Considerando salientes todas las corrientes en el nodo de salida, podemos escribir la ecuación: $\frac{v_o-v_i}{R_G} + g_m v_{gs} + \frac{v_o}{R_D} = 0$

De la ecuación anterior, teniendo en cuenta que $v_{gs} = v_i$, operando:

$$v_o\left(\frac{1}{R_G}+\frac{1}{R_D}\right) = v_i\left(\frac{1}{R_G} - g_m\right)$$

De donde se deduce que la ganancia será: $A_V = \frac{v_o}{v_i} = \frac{\left(\frac{1}{R_G}-g_m\right)}{\left(\frac{1}{R_G}+\frac{1}{R_D}\right)} = -15.34\frac{V}{V}$

Que, si despreciamos la corriente que circula por R_G, debido al elevado valor de esta resistencia, se reduce a:

$$A_V = \frac{v_o}{v_i} \approx -g_m R_D = -16\ \frac{V}{V}$$

Para calcular la resistencia de entrada, podemos considerar el hecho de que la tensión v_i es la suma de las que caen en R_G y R_D:

$$v_i = i_i R_G + (i_i - g_m v_{gs})R_D$$

donde se ha tenido en cuenta que por R_D circula la corriente de entrada (i$_i$) menos la que pasa por el generador controlado de corriente ($g_m \cdot v_{gs}$). Como sabemos que $v_{gs} = v_i$ podemos llegar fácilmente a:

$$v_i = i_i R_G + (i_i - g_m v_i)R_D \rightarrow v_i(1 + g_m R_D) = i_i(R_G + R_D)$$
$$R_i = \frac{v_i}{i_i} = \frac{R_G + R_D}{1 + g_m R_D} \approx 61\ k\Omega$$

A este resultado se podría también haber llegado aplicando el teorema de Miller (que permite desglosar en dos la resistencia flotante R_G entre los puntos de entrada y salida), ya que la impedancia equivalente que se observaría desde la entrada es:

$$R_i = \frac{R_G}{1 - \dfrac{v_o}{v_i}} = \frac{R_G}{1 - A_v} \approx 61\ k\Omega$$

Problema 3.20. Etapa en drenador común con realimentación

Mediante un transistor MOS de deplexión de canal N con $V_T = -2\ V$ se diseña la estructura seguidora de la figura.

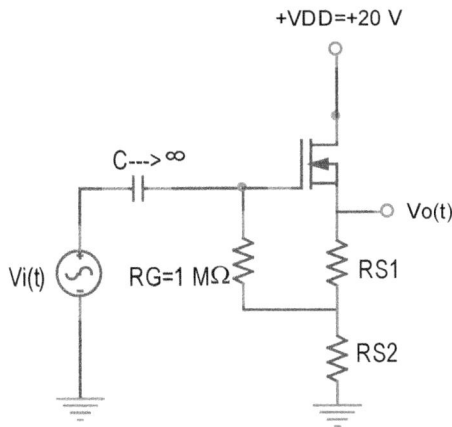

a) Calcule los valores de R_{S1} y R_{S2} para que el punto de trabajo del transistor quede establecido en $V_{DSQ} = 10\ V$, $I_{DQ} = 3.33\ mA$, $V_{GSQ} = -1\ V$.

b) Determine el valor de la ganancia en tensión a frecuencias medias

Dato: $K = \mu_n \dfrac{C_o}{2}\left(\dfrac{Z}{L}\right) = 1\ \dfrac{mA}{V^2}$

Solución:

a) Del circuito, se puede escribir:

$$V_{GS} = V_G - V_S = I_D R_{S2} - I_D(R_{S1} + R_{S2}) = -I_D R_{S1}$$

De donde podemos despejar: $R_{S1} = \dfrac{-V_{GSQ}}{I_{DQ}} = 300\ \Omega$

Por otra parte, la recta de carga de continua será:

$$V_{DD} = V_{DS} + I_D(R_{S1} + R_{S2})$$

De donde se llega a que:

$$R_{S2} = \frac{V_{DD} - V_{DSQ} - I_{DQ}R_{S1}}{I_{DQ}} = 2.7 \ k\Omega$$

b) El circuito equivalente en pequeña señal a frecuencias medias (suponiendo que el transistor es ideal y no presenta r_o) es el que se representa a continuación:

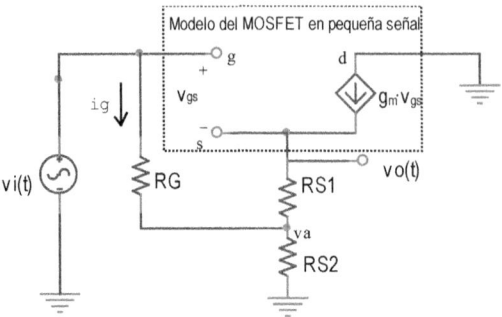

Donde el parámetro en pequeña señal del transistor (g_m) *se* puede calcular como:

$$g_m = \frac{\partial i_D}{\partial v_{GS}} = 2K(V_{GS} - V_T) = 2 \cdot 1 \cdot (-1 - (-3)) = 4 \ \frac{mA}{V}$$

Analizando el circuito se observa que la tensión (v_a) en el extremo de la resistencia R_{S2} se puede calcular como la tensión en surtidor (tensión de salida) menos la que cae en el resistor R_{S1}. Sabiendo que: $v_o = v_s = v_g\text{-}v_{gs} = v_i\text{-}v_{gs}$, se llega a que:

$$v_a = v_o - g_m v_{gs}R_{S1} = v_i - v_{gs} - g_m v_{gs}R_{S1} = v_i - (1 + g_m R_{S1})v_{gs}$$

Con este valor de v_a se alcanza una expresión que permite definir la corriente (i_g) que pasa por R_G en función de v_{gs}:

$$i_g = \frac{v_g - v_a}{R_G} = \frac{v_i - (v_i - (g_m R_{S1} + 1)v_{gs})}{R_G} = \left(\frac{1 + g_m R_{S1}}{R_G}\right)v_{gs}$$

Por otro lado, se tiene

$$\frac{v_o}{v_i} = \frac{v_s}{v_g} = \frac{v_a + g_m v_{gs}R_{S1}}{v_a + i_g R_G} = \frac{(g_m v_{gs} + i_g)R_{S2} + g_m v_{gs}R_{S1}}{(g_m v_{gs} + i_g)R_{S2} + i_g R_G}$$

donde se ha tenido en cuenta que por el resistor R_{S2} circula la suma de i_g y la corriente que aporta el generador controlado $(g_m \cdot v_{gs})$.

Sustituyendo i_g, en la ecuación previa, por la expresión antes calculada se obtiene:

$$\frac{v_o}{v_i} = \frac{\left(g_m v_{gs} + \left(\frac{1 + g_m R_{s1}}{R_G}\right) v_{gs}\right) R_{s2} + g_m v_{gs} R_{s1}}{\left(g_m v_{gs} + \left(\frac{1 + g_m R_{s1}}{R_G}\right) v_{gs}\right) R_{s2} + \left(\frac{1 + g_m R_{s1}}{R_G}\right) v_{gs} R_G}$$

Eliminando la variable de tensión v_{gs} en numerador y denominador se llega a:

$$\frac{v_o}{v_i} = \frac{\left(g_m + \left(\frac{1 + g_m R_{s1}}{R_G}\right)\right) R_{s2} + g_m R_{s1}}{\left(g_m v_{gs} + \left(\frac{1 + g_m R_{s1}}{R_G}\right)\right) R_{s2} + 1 + g_m R_{s1}}$$

Reordenando esta expresión se obtiene:

$$\frac{v_o}{v_i} = \frac{\left(\frac{1 + g_m R_{s1}}{R_G}\right) R_{s2} + g_m (R_{s1} + R_{s2})}{\left(\frac{1 + g_m R_{s1}}{R_G}\right) R_{s2} + 1 + g_m (R_{s1} + R_{s2})} = 0.9231 \, \frac{V}{V}$$

Nótese que, en la expresión anterior, si la realimentación que introduce R_G queda en circuito abierto ($R_G = \infty$), la expresión anterior coincide con la de una típica etapa en drenador común sin dicha realimentación (que siempre lleva a una ganancia sin desfase y con un valor inferior a 1, por la naturaleza "seguidora" de este tipo de etapas):

$$\frac{v_o}{v_i} \approx \frac{g_m (R_{s1} + R_{s2})}{1 + g_m (R_{s1} + R_{s2})} = 0.9231 \, \frac{V}{V}$$

Como puede observarse, aunque la presencia de R_G (en este caso) complica bastante el cálculo de la ganancia, al tener un valor muy elevado (1 MΩ), su efecto práctico sobre la ganancia es muy limitado.

AMPLIFICADORES MULTIETAPA

Problema 3.21. Amplificador de tres etapas desacopladas en DC

En el circuito de la figura:

a) Identificar la función de cada transistor dentro del circuito.

b) Estudiar el punto de polarización de los transistores, comprobando la región de funcionamiento.

c) Para el amplificador anterior obtenga los valores de la impedancia de entrada, la impedancia de salida, y la ganancia $\left(\frac{v_0}{v_i}\right)$.

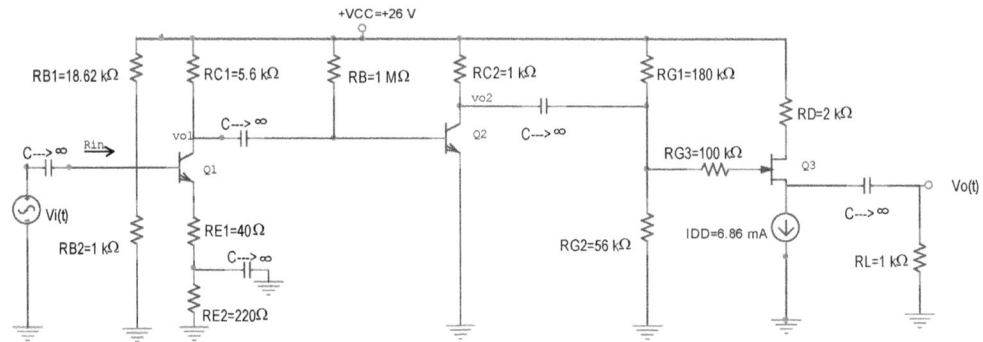

Datos:

Transistores bipolares: $\beta = 100; V_A = \infty, V_{BE(ON)} = 0.7\ V; V_T = 25\ mV$

Transistor JFET: $I_{DSS} = 10\ mA; V_P = -4\ V; V_A = \infty$

Solución:

a) El circuito es un amplificador multietapa formado por tres etapas colocadas en serie y desacopladas en continua mediante condensadores de desacoplo: la primera, formada por el transistor Q_1, es un amplificador en emisor común con resistencia de emisor (R_{E1}), la segunda, que constituye Q_2, es una etapa en emisor común (ya que, como en la anterior, la entrada viene por base y la salida se toma en colector) mientras que la tercera, formada por el JFET Q_3,es una etapa en drenador común (la entrada viene por puerta y la salida por surtidor). Para distinguir, en este último caso, el drenador del surtidor, hemos de considerar que, en un JFET de canal N, la corriente continua (que en este caso viene impuesta por la fuente I_{DD}) entra por el drenador y sale por el surtidor.

b) Para estudiar la polarización hay que tener en cuenta que las etapas están desacopladas en DC gracias a los condensadores. Así, tras convertir en circuitos abiertos los condensadores, la polarización de cada etapa se puede estudiar por separado. El circuito en DC de la primera etapa es el que sigue:

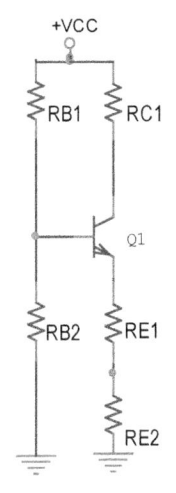

Analizando la tensión en la base del transistor (V_{B1}) se llega (suponiendo que el transistor está en activa):

$$\frac{V_{CC} - V_{B1}}{R_{B1}} = \frac{V_{B1}}{R_{B2}} + I_{B1} = \frac{V_{B1}}{R_{B2}} + \frac{V_{B1} - V_{BE1(ON)}}{(R_{E1} + R_{E2})(\beta + 1)}$$

De aquí: $V_{B1} = 1.3 \ V$. De donde:

$$I_{B1} = \frac{V_{B1} - V_{BE1(ON)}}{I_{E1}/(\beta + 1)} = \frac{V_{B1} - V_{BE1(ON)}}{(R_{E1} + R_{E2})(\beta + 1)} = 23 \ \mu A$$

Por tanto: $I_{C1} = \beta I_{B1} = 2.3 \ mA$

$$V_{CE} = (V_{CC} - I_{C1}R_{C1}) - I_{E1}(R_{E1} + R_{E2})$$

Suponiendo $I_{C1} \approx I_{E1}$:

$$V_{CE1} = \left(V_{CC} - I_{C1}(R_{C1} + R_{E1} + R_{E2})\right) = 12.52 \ V$$

Se demuestra la condición de activa:

$$V_{C1} = V_{CC} - I_{C1}R_{C1} = 13.12 \ V > V_{B1} = 1.3 \ V$$

Por tanto el punto de trabajo o reposo es:

$$(I_{B1}, I_{C1}, V_{CE1})_Q = (23 \ \mu A, 2.32 \ mA, 12.52 \ V)$$

El circuito equivalente en DC de la segunda etapa es el que se adjunta a continuación:

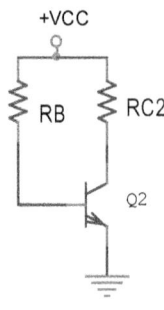

Analizando la tensión en la base del transistor (suponiendo que el transistor está en activa) se llega a:

$$I_{B2} = \frac{V_{CC} - V_{BE2(ON)}}{R_B} = 25.3 \ \mu A \Rightarrow I_{C2} = \beta I_{B2} = 2.53 \ mA$$

$$V_{CE2} = (V_{CC} - I_{C2}R_{C2}) - 0 = 23.47 \ V$$

De aquí se prueba la condición de activa:

$$V_{C2} = V_{CE2} = 23.47 \ V > V_{B2} = V_{BE2(ON)} = 0.7$$

De forma que el punto de reposo resulta ser:

$$(I_{B2}, I_{C2}, V_{CE2})_Q = (25.3 \ \mu A, 2.53 \ mA, 23.47 \ V)$$

El circuito equivalente en continua de la tercera etapa es el de la figura siguiente.

La fuente de corriente impone el valor de I_D: $I_{D3} = I_{DD} = 6.86 \ mA$

Suponiendo que el transistor está saturado:

$$I_{D3} = I_{DSS}\left(1 - \frac{V_{GS3}}{V_{P3}}\right)^2 \rightarrow V_{GS3} = V_{P3}\left(1 \pm \sqrt{\frac{I_{D3}}{I_{DSS}}}\right) = \begin{cases} -0.686V > V_{P3} = -4 \ V \Rightarrow V\acute{a}lida \\ -7.31 \ V < V_{P3} = -4 \ V \Rightarrow No \ v\acute{a}lida \end{cases}$$

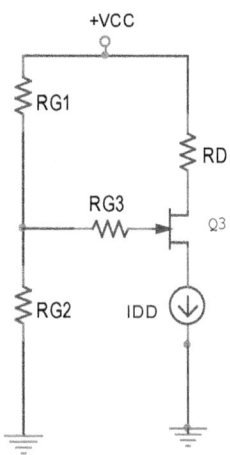

Para demostrar la condición de saturación es preciso conocer la tensión en el surtidor y el drenador. La primera se conoce a partir del valor de V_{GS} y la tensión de puerta. Teniendo en cuenta que no cae tensión en R_{G2} (porque no entra corriente por la puerta) se tiene:

$$V_S = V_G - V_{GS3} = V_{CC}\frac{R_{G2}}{R_{G1} + R_{G2}} - V_{GS3} = 6.86 \ V$$

Así se tiene que:

$$V_{DS} = (V_{CC} - I_D R_D) - V_S = 5.42 \ V$$

$$que \ cumple: V_{DS} > V_{GS} - V_P = 3.314 \ V$$

Por tanto:

$$(V_{GS3}, I_{D3}, V_{DS3})_Q = (-0.686 \ V, 6.86 \ mA, 5.42 \ V)$$

c) Para estudiar la ganancia del circuito podemos analizar la ganancia de cada etapa con la única precaución de que la resistencia de carga de cada etapa es la de entrada de la siguiente.

Hecha esta consideración, los modelos equivalentes en pequeña señal de las tres etapas son los que siguen:

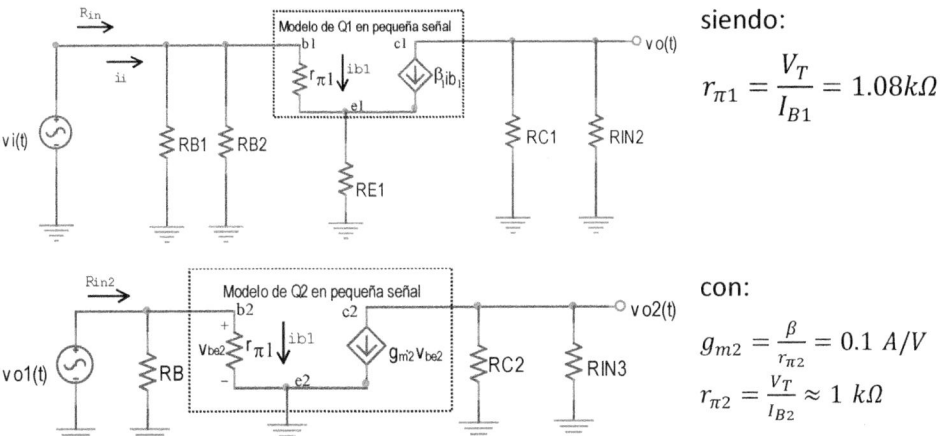

siendo:

$$r_{\pi 1} = \frac{V_T}{I_{B1}} = 1.08 k\Omega$$

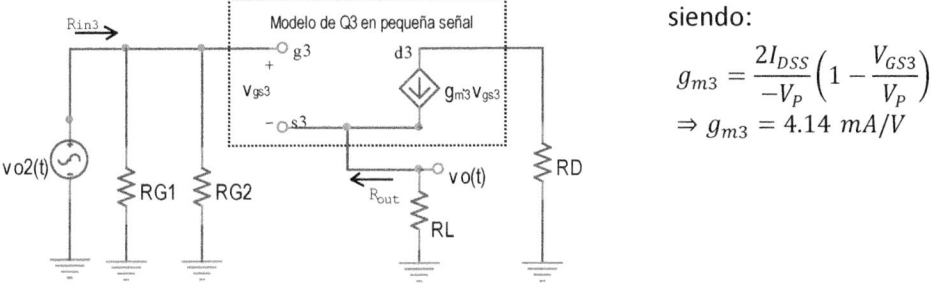

con:

$$g_{m2} = \frac{\beta}{r_{\pi 2}} = 0.1 \; A/V$$

$$r_{\pi 2} = \frac{V_T}{I_{B2}} \approx 1 \; k\Omega$$

De aquí se obtiene fácilmente que: $R_{IN2} = R_B \| r_{\pi 2} \approx r_{\pi 2} = 1 \; k\Omega$

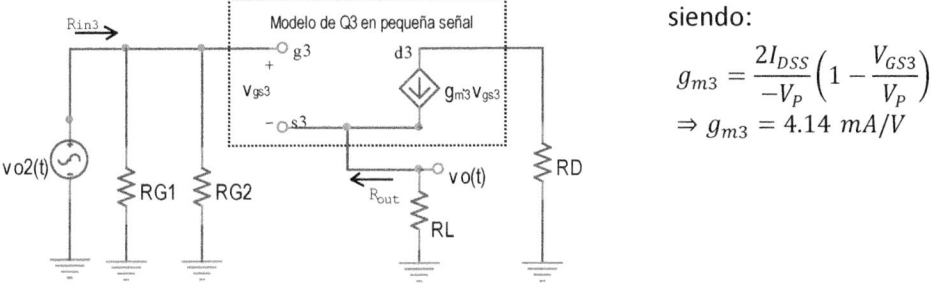

siendo:

$$g_{m3} = \frac{2I_{DSS}}{-V_P}\left(1 - \frac{V_{GS3}}{V_P}\right)$$

$$\Rightarrow g_{m3} = 4.14 \; mA/V$$

De aquí se llega a que: $R_{IN3} = R_{G1} \| R_{G2} = 42.73 \; k\Omega$

La resistencia de entrada del circuito es la de la primera etapa:

$$R_{IN1} = R_{B1} \| R_{B2} \| (r_{\pi 1} + (\beta + 1)R_{E1}) = 800.8 \; \Omega$$

La resistencia de salida, a su vez, es la de la tercera etapa:

$$R_{OUT} = \left.\frac{v_o}{i_o}\right|_{vi=0} = \frac{v_o}{-g_{m3}v_{gs}} = \frac{v_o}{-g_{m3}(0 - v_o)} = \frac{1}{g_{m3}} = 241.54 \; \Omega$$

La ganancia de la primera etapa es la correspondiente a una etapa en emisor común con resistencia de emisor:

$$\varDelta_1 = \frac{v_{o1}}{v_i} = \frac{-\beta(R_{C1} \| R_{IN2})}{r_{\pi 1} + (\beta + 1)R_{E1}} = -16.51\frac{V}{V}$$

La ganancia de la segunda etapa se corresponde a la de una etapa en emisor común:

$$\Delta_2 = \frac{v_{o2}}{v_{o1}} = -g_{m2}(R_{C2}\|R_{IN3}) \approx -g_{m2}R_{C2} = -100\frac{V}{V}$$

La ganancia de la tercera etapa es la de una etapa en drenador común:

$$\Delta_3 = \frac{v_o}{v_{o2}} = +\frac{g_{m3}R_L}{1 + g_{m3}R_L} = +0.805\frac{V}{V}$$

Este valor es menor que uno, como corresponde a un seguidor de surtidor.

Así, la ganancia total resulta del producto de las tres ganancias de las tres etapas:

$$\Delta = \frac{v_o}{v_i} = \left(\frac{-\beta(R_{C1}\|R_{IN2})}{r_{\pi 1} + (\beta + 1)R_{E1}}\right)(-g_{m2}(R_{C2}\|R_{IN3}))\left(-\frac{g_{m3}R_L}{1 + g_{m3}R_L}\right) = +1472.6\frac{V}{V}$$

Problema 3.22. Amplificador cascodo

En la siguiente figura se muestra un amplificador cascodo. Con los datos del circuito que se indican a continuación se pide:

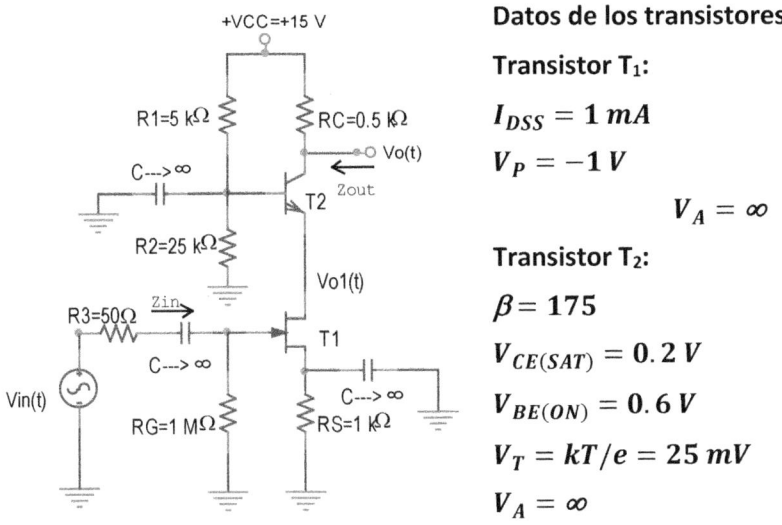

Datos de los transistores:

Transistor T_1:

$$I_{DSS} = 1\ mA$$
$$V_P = -1\ V$$
$$V_A = \infty$$

Transistor T_2:

$$\beta = 175$$
$$V_{CE(SAT)} = 0.2\ V$$
$$V_{BE(ON)} = 0.6\ V$$
$$V_T = kT/e = 25\ mV$$
$$V_A = \infty$$

a) Indicar las configuraciones de los transistores T_1 y T_2.

b) Calcular el punto de trabajo de T_1 (I_D, V_{DS}) y T_2 (I_C, V_{CE}), así como su zona de funcionamiento.

c) Calcular la ganancia en tensión del circuito, $A_v = \dfrac{v_o}{v_i}$ y las impedancias de entrada Z_{in} y salida Z_{out} del mismo.

Solución:

a) El transistor T_1 forma parte de un amplificador en surtidor común al que sigue, en acoplo directo, una etapa en base común formada por T_2 (la entrada, que es la salida de la primera etapa, viene por emisor y la salida por colector).

b) Para analizar la polarización resulta clave considerar que las corrientes de polarización de ambos transistores coinciden al encontrarse en serie: $I_{D1} = I_{E2}$.

Para calcular la corriente de drenador de T_1 resolvemos el típico sistema de ecuaciones cuadrático que resulta de imponer la relación de la corriente en saturación: $I_{D1} = I_{DSS}\left(1 - \frac{V_{GS1}}{V_P}\right)^2$ y la recta de carga a la entrada que impone el circuito externo: $V_{GS} = V_G - V_S = 0 - I_D R_S$, donde se ha tenido en cuenta que no circula corriente continua por la resistencia R_G dado el desacoplo de C_2 y el hecho de que la puerta de un FET absorbe una corriente despreciable.

Resolviendo el sistema anterior se llega a las posibles soluciones:

$$V_{GS1} = \begin{cases} -0.38V > V_P = -1\ V \Rightarrow Solución\ válida \\ -2.62\ V < V_P = -1\ V \Rightarrow Solución\ no\ válida \end{cases}$$

donde el signo de la tensión umbral del JFET es negativo debido a que se trata de un dispositivo de canal N de deplexión (como la mayor parte de los JFET).

Con el valor válido de V_{GS1} se llega a que: $I_{D1} = I_{DSS}\left(1 - \frac{V_{GS1}}{V_P}\right)^2 = 0.38\ mA$

   Por otro lado, despreciando la corriente de base, se calcula la tensión en la base y el emisor del transistor T$_2$ como:

$$V_{B2} = \frac{R_2}{R_2 + R_1}V_{CC} = 12.5\ V \Rightarrow V_{D1} = V_{E2} = V_{B2} - V_{BE(ON)2} = 11.9\ V$$

A partir de aquí se demuestra fácilmente la saturación de T$_1$:

$$V_{D1} = 11.9\ V > V_{G1} - V_P = 0 - (-1) = +1V$$

Igualmente se prueba que T$_2$ se encuentra en activa:

$$V_{C2} = V_{CC} - I_{C2}R_C \approx V_{CC} - I_{E2}R_C = 14.81\ V > V_{B1} = 12.5V$$

El punto de polarización de ambos transistores es, por tanto:

Transistor JFET T$_1$: $(V_{GS}, I_D, V_{DS})Q = (-0.38\ V, 0.38\ mA, 11.52\ V)$

Transistor bipolar T$_2$: $(I_B, I_C, V_{CE})Q = (2.17\mu A, 0.38\ mA, 2.91\ V)$

Nótese que la corriente por base es muy inferior a la que circula por R_1 y R_2 (de un valor de 0.5 mA), lo que justifica el que se despreciara.

c) El circuito equivalente en pequeña señal se representa cortocircuitando los condensadores de desacoplo y anulando la fuente de tensión continua (llevando a tierra el generador V_{CC}). Tras sustituir los transistores por su modelo en pequeña señal el circuito queda como sigue:

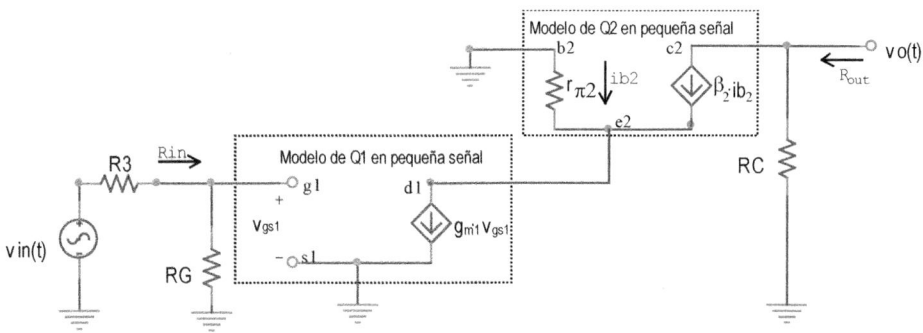

donde: $g_{m1} = \dfrac{2I_{DSS}}{-V_P}\left(1 - \dfrac{V_{GS1}}{V_P}\right) = 1.24\ \dfrac{mA}{V}$; $r_{\pi2} = \dfrac{V_T}{I_{B2}} = \dfrac{25mV}{2.17\mu A} = 11.52\ k\Omega$

Del circuito, por simple inspección visual, se concluye que:

$R_{in} = R_G = 1\ M\Omega$

La ganancia de la etapa cascodo se puede calcular como:

$$A_V = \frac{v_o}{v_i} = \frac{v_{g1}}{v_i}\frac{v_o}{v_{g1}} = \frac{R_{IN}}{R_{IN} + R_3}\frac{v_o}{v_{g1}}$$

En este caso como $R_{IN} \gg R_3$, este primer factor atenuador no tiene demasiado efecto.

Por otro lado: $v_o = -\beta i b_2 R_C$

Como se cumple: $g_{m1}v_{gs1} = (\beta + 1)ib_2 \Rightarrow ib_2 = \dfrac{g_{m1}v_{gs1}}{\beta+1} = \dfrac{g_{m1}v_{g1}}{\beta+1}$

se llega a que:

$$v_o = -\beta\frac{g_{m1}v_{g1}}{\beta + 1}R_C \Rightarrow A_V = \frac{v_o}{v_i} = \frac{R_{in}}{R_{in} + R_3}\left(-\frac{\beta}{\beta + 1}g_{m1}R_C\right) = -0.609\frac{V}{V}$$

La resistencia de salida se calcularía anulando la tensión de entrada. En ese caso los generadores controlados impondrían corriente nula y, al considerarse ideales los transistores ($r_o = \infty$) la resistencia de salida será simplemente R_C.

Problema 3.23. Amplificador de dos etapas con MOSFET

En el circuito de la figura:

a) Calcular los parámetros K y V_T de los transistores Q_1 y Q_2 a partir de las curvas adjuntas que relacionan la corriente I_D con la tensión V_{GS} en saturación.

b) Calcular el punto de trabajo (I_D, V_{DS}) de Q_1 y Q_2, comprobando e indicando la zona de funcionamiento de los transistores.

c) Calcular la ganancia del circuito y las impedancias de entrada y salida.

Dato: $|V_A| = 100\ V$.

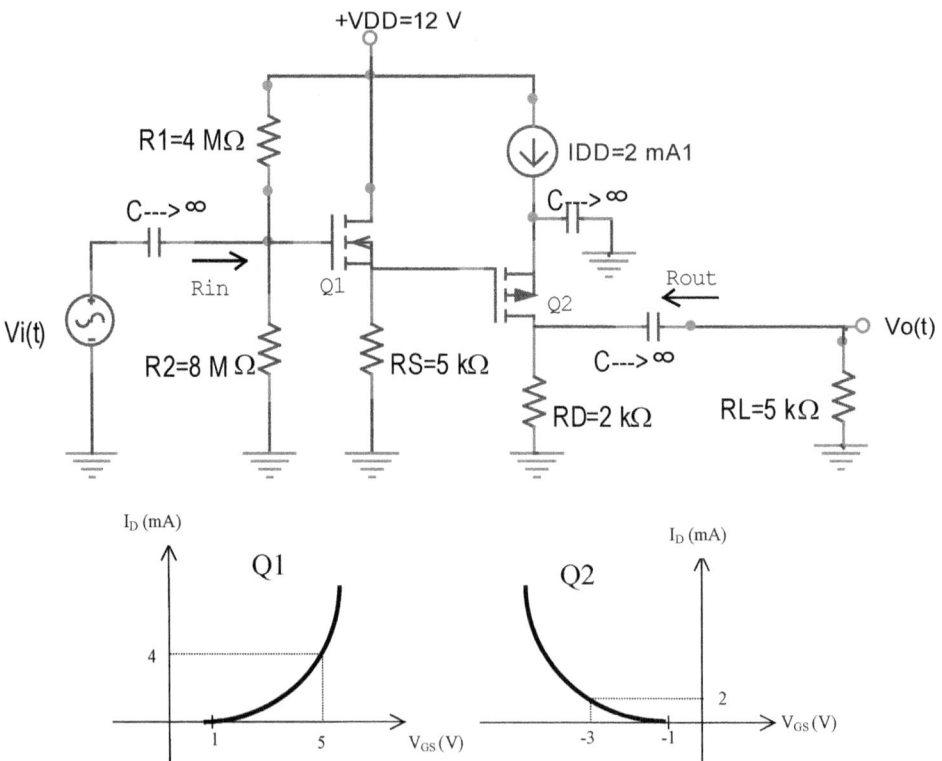

Solución:

a) El transistor Q_1 es un dispositivo MOSFET de acumulación de canal N. Por tanto, comienza a conducir cuando: $V_{GS1} > V_{T1}$. En la primera curva se aprecia claramente que el transistor comienza a conducir a partir de 1 V, por lo que la tensión umbral vale $V_{T1} = 1V$. Aprovechando que se conoce el punto de la curva $(V_{GS}, I_D) = (5\ V, 4\ mA)$ se puede obtener el parámetro K_1 ya que:

$$I_{D1} = K_1(V_{GS1} - V_{T1})^2 \Rightarrow K_1 = \frac{I_{D1}}{(V_{GS1} - V_{T1})^2} = \frac{4\ mA}{(5-1)^2} = 0.25\ \frac{mA}{V^2}$$

Por su parte, Q_2 es un dispositivo de canal P. Ahora el comienzo de conducción viene determinado por la condición contraria a la de un canal N: $V_{GS2} < V_{T2}$. Por tanto, $V_{T2} = -1$, ya que el dispositivo, en la segunda gráfica, conduce para valores de V_{GS} inferiores a –1 V.

Como en el caso anterior, K_2 se puede deducir del otro punto que ofrece la segunda gráfica:

$$I_{D2} = K_2(V_{GS2} - V_{T2})^2 = K_2(V_{SG2} + V_{T2})^2 \Rightarrow K_2 = \frac{I_{D2}}{(V_{SG2} + V_{T2})^2} = \frac{2\ mA}{(3-1)^2} = 0.50\ \frac{mA}{V^2}$$

b) Se trata de un amplificador multietapa con dos etapas acopladas directamente. Para calcular la polarización del primer transistor, consideramos la condición que impone el circuito externo para V_{GS1}:

$$V_{GS1} = V_{G1} - V_{S1} = V_{DD}\frac{R_2}{R_2 + R_1} - I_{D1}R_S = 8 - 5I_{D1}$$

En esta expresión se ha tenido en cuenta que el condensador C_1 impide pasar corriente continua hacia el generador de entrada y que no pasa corriente por la puerta del transistor Q_2.

Si Q_1 se encuentra en saturación, se ha de cumplir también que:

$$I_{D1} = K_1(V_{GS1} - V_{T1})^2$$

Del sistema formado por estas dos ecuaciones se llega a dos soluciones matemáticamente posibles: $V_{GS1} = \begin{cases} -1.8V < V_{T1} = 1\ V \Rightarrow solución\ no\ válida \\ 3\ V > V_{T1} = 1\ V \Rightarrow solución\ válida \end{cases}$

A partir de esta tensión se llega a que: $I_{D1} = 0.25(3-1)^2 = 1mA$

El transistor Q_2, en cambio, se encuentra polarizado con una fuente de corriente (I_{DD}) que impone el valor de I_{D2}. A partir de esta corriente y suponiendo saturación en Q_2 se llega a que:

$$V_{SG2} = \pm\sqrt{\frac{I_{D2}}{K_2}} - V_{T2} = \begin{cases} 3V > -V_{T1} = 1\ V \Rightarrow solución\ válida \\ -1 < -V_{T1} = 1\ V \Rightarrow solución\ no\ válida \end{cases}$$

Ahora sólo quedaría demostrar que ambos transistores se encuentran en saturación o pinch-off:

Q_1: $V_{D1} = V_{DD} = 12V > V_{G1} - V_{T1} = 8 - 1 = 7\ V$ (condición de un canal N)

Q_2: $V_{D2} = I_{D2}R_D = 4V < V_{G2} - V_{T2} = I_{D1}R_S - V_{T2} = 5 + 1 = 6\ V$ (condición de un transistor de canal P).

En consecuencia el punto de reposo de ambos transistores es:

Transistor Q_1: $(V_{GS}, I_D, V_{DS})_Q = (3\ V, 1\ mA, 7\ V)$

Transistor Q_2: $(V_{SG}, I_D, V_{SD})_Q = (3\ V, 2\ mA, 4\ V)$

c) El circuito en pequeña señal queda como sigue. Nótese que, gracias al condensador de desacoplo ideal C_2, el surtidor de Q_2 queda conectado en alterna a tierra, mientras que el condensador C_3 deja en paralelo a R_L y R_D.

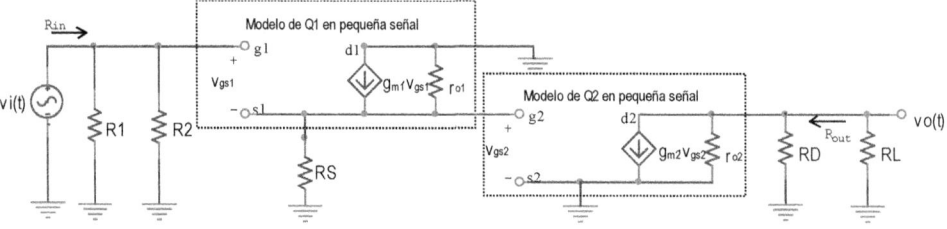

Los parámetros en pequeña señal del circuito anterior se calculan del modo:

$$g_{m1} = 2\sqrt{K_1 I_{D1}} = 1\ mA/V\ ;\ g_{m2} = 2\sqrt{K_2 I_{D2}} = 2\ mA/V$$

$$r_{o1} = \frac{V_A}{I_{D1}} = \frac{100V}{1mA} = 100\ k\Omega\ ;\ r_{o2} = \frac{V_A}{I_{D2}} = \frac{100V}{2mA} = 50\ k\Omega$$

Del circuito resulta inmediato que:

$$R_{IN} = R_1 \| R_2 = 2.66\ M\Omega;\ R_{OUT} = r_{o2} \| R_D = 1.92\ k\Omega$$

En cuanto a la ganancia, ésta resulta del producto de la ganancia de la primera etapa (que consiste en un seguidor de surtidor) y de la segunda (un surtidor común):

$$\Delta_v = \underbrace{\frac{v_{g2}}{v_i}}_{\Delta_1} \underbrace{\frac{v_o}{v_{g2}}}_{\Delta_2} = \frac{g_{m1}(R_S \| r_{o1})}{1 + g_{m1}(R_S \| r_{o1})}(-g_{m2}(R_D \| r_{o2} \| R_L)) = (0.826) \cdot (-2.779)$$

$$= -2.295 \frac{V}{V}$$

AMPLIFICADORES DIFERENCIALES

Problema 3.24. Amplificador diferencial MOSFET

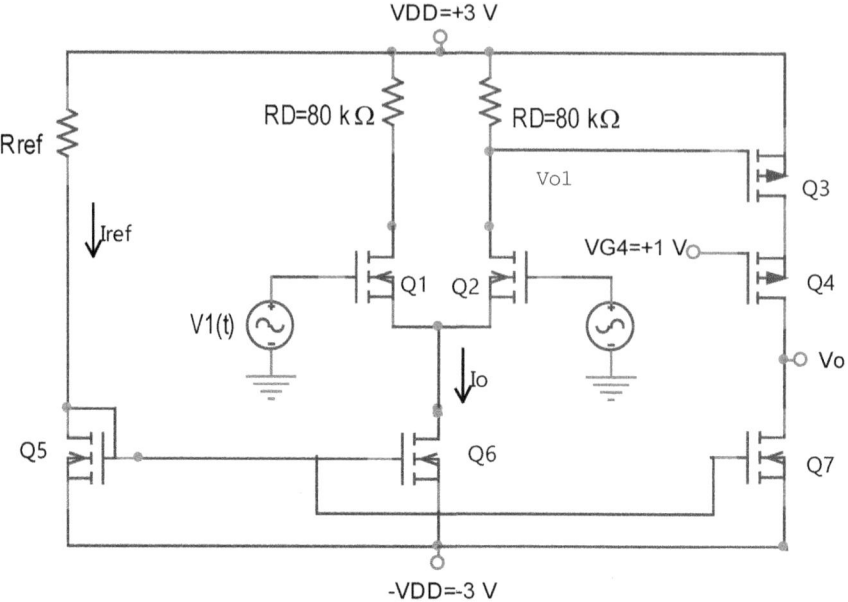

Datos:

Transistores Q_1, Q_2, Q_5, Q_6 y Q_7; $V\_T = 0.5\ V$; $K = 0.1\ \frac{mA}{v^2}$

Transistores Q_3 y Q_4; $V_T = -0.5\ V$; $K = 0.1\frac{mA}{v^2}$; $|V_{A1-4}| = \infty$; $|V_{A6-7}| = 25\ V$

En el amplificador diferencial de la figura:

a) Describa muy brevemente la función de cada transistor. ¿Qué tipo de amplificador forman Q_3 y Q_4?

b) Diseñe R_{REF} para que la corriente de alimentación I_o sea de 25 μA. Calcule en este caso cuánto vale I_{REF}.

c) Sabiendo que, en continua, la tensión a la salida (V_o) es nula, calcule el punto de polarización de los transistores, demostrando a posteriori que se encuentran en la región de saturación o *pinch-off*.

d) Calcule el rango en modo común del amplificador (V_{CM} mínima y máxima).

e) Calcule la ganancia en modo común del circuito total.

f) Explique cómo podría disminuir la ganancia en modo común sin alterar la ganancia en modo diferencial.

Solución:

a) Los transistores Q_1 y Q_2 conforman un amplificador diferencial con salida asimétrica (v_{o1}) en el drenador de Q_2. Los transistores Q_3 y Q_4 forman un amplificador cascodo ya que Q_3 forma un etapa en surtidor común a la que sigue una etapa en puerta común, formada por Q_4, en cuyo drenador se toma la salida del circuito. Ambos amplificadores (diferencial y cascodo) son alimentados por un espejo de corriente formado por los transistores Q_5, Q_6 y Q_7. En dicho espejo la corriente de referencia circula por Q_5, mientras que Q_6 y Q_7 alimentan el diferencial y el cascodo, respectivamente.

b) Como se ha dicho, Q_5, Q_6 y Q_7 forman un espejo de corriente. Suponiento que Q_6 y Q_7 se encuentran en saturación (o pinch-off), si se desprecia el efecto de la tensión de Early se tiene que: $I_{D5} = I_{D7} = I_{D6} = I_o = I_{REF} = 25\mu A$

Por otra parte, Q_5 se encuentra necesariamente saturado ya que $V_{DS5} = V_{GS5}$ y, por tanto, se cumple: $V_{DS5} = V_{GS5} > V_{GS5} - V_{T5} = V_{GS5} - 0.5 \Rightarrow 0 > -0.5$

Por consiguiente se puede aplicar:

$$I_o = I_{D5} = K_5(V_{GS5} - V_{T5})^2 \Rightarrow V_{GS5} = \pm\sqrt{\frac{I_{D5}}{K_5}} + V_{T5} = \begin{cases} 0\ V \rightarrow solución\ no\ válida \\ 1\ V \rightarrow solución\ válida \end{cases}$$

De estas dos soluciones, sólo resulta válido que $V_{GS5} = 1\ V$, ya que la otra solución no cumple la condición de conducción ($V_{GS5} > V_{T5} = 0.5\ V$).

Conocido este dato se puede diseñar el valor de R$_{REF}$ ya que:

$$I_o = I_{D5} = \frac{V_{DD} - V_{D5}}{R_{REF}} = \frac{V_{DD} - [V_{GS5} + (-V_{DD})]}{R_{REF}}$$

De donde se tiene que:$R_{REF} = \frac{V_{DD} - (V_{GS5} + (-V_{DD}))}{I_{D5}} = \frac{3 - (1 + (-3))}{25\ \mu A} = 200\ k\Omega$

c) Una vez que se conoce la corriente de polarización I_O, resulta inmediato determinar las corrientes de polarización de Q_1 y Q_2: $I_{D1} = I_{D2} = \frac{I_o}{2} = 12.5\ \mu A$

Suponiendo que Q_1 y Q_2 se encuentran saturados y sabiendo que en continua $V_{G1} = V_{G2} = 0\ V$ (en las puertas en este caso sólo hay señales alternas), se tiene:

$$I_{D1} = K_1(V_{GS1} - V_{T1})^2 \Rightarrow V_{GS1} = V_{GS2} = \pm\sqrt{\frac{I_{D1}}{K_1}} + V_{T1} = \begin{cases} 0.146\ V \rightarrow sol.\ no\ válida \\ 0.853\ V \rightarrow solución\ válida \end{cases}$$

De donde la única solución posible es $V_{GS1} = V_{GS2} = 0.853 > V_{T1}$

De otro lado, para realizar el estudio en continua se anulan las fuentes de alterna V_1 y V_2 de manera que, en DC, se tiene que $V_{G1} = V_{G2} = 0$. Por tanto:

$$V_{S1} = V_{G1} - V_{GS1} = -0.853\ V$$

Esta tensión coincide con la del drenador de Q_6 (V_D6), con lo que ya se puede demostrar que este transistor se encuentra saturado:

$$V_{DS6} = V_{D6} - V_{S6} = -0.853 - (-3)\ = 2.146\ V > V_{GS6} - V_{T6} = 1 - 0.5 = 0.5\ V$$

Por su parte, la tensión en los drenadores de Q_1 y Q_2 se puede calcular como:

$$V_{D1} = V_{D2} = V_{DD} - I_{D1} \cdot R_D = 3 - 1 = 2\ V$$

Con este valor se demuestra la saturación de Q_1 y Q_2:

$$V_{DS1} = V_{D1} - V_{S1} = 2 - (-0.853)\ = 2.853\ V > V_{GS1} - V_{T1} = 0.853 - 0.5 = 0.353\ V$$

En cuanto a los transistores Q_3 y Q_4, la corriente es la misma que circula por Q_7:

$$I_{D3} = I_{D4} = I_{D7} = 25\ \mu A$$

Con este dato, al igual que con Q_1 y Q_2, se calcula la tensión puerta-fuente en ambos transistores:

$$I_{D4} = I_{D5} = K_4(V_{SG4} + V_{T4})^2 \Rightarrow V_{GS4} = V_{GS3} = \pm\sqrt{\frac{I_{D4}}{K_4}} - V_{T4} = \begin{cases} 1\ V \rightarrow solución\ válida \\ 0\ V \rightarrow sol.\ no\ válida \end{cases}$$

De donde las polarizaciones resultan ser: $V_{SG3} = V_{SG4} = 1 > V_{T1} = 0.5\ V$.

La tensión V_{SD4} se puede calcular a partir de este valor:

$$V_{SD4} = V_{S4} - V_{D4} = (V_{G4} + V_{SG4}) - V_o = (1 + 1) - 0\ = 2 > V_{SG4} + V_{T4} = 1 - 0.5$$
$$= 0.5\ V$$

Como se observa, cumple la condición de saturación. Igualmente con Q_3:

$$V_{SD3} = V_{S3} - V_{D3} = V_{DD} - (V_{G4} + V_{SG4}) = 3 - 2\ = 1 > V_{SG3} + V_{T3} = 1 - 0.5 = 0.5\ V$$

Para finalizar este apartado, los datos de polarización se resumen en las siguientes tablas:

	Q_1	Q_2	Q_5	Q_6	Q_7		Q_3	Q_4
V_{GS}	0.853 V	0.853 V	1 V	1 V	1 V	V_{SG}	1 V	1 V
V_{DS}	2.853 V	2.853 V	1 V	2.146 V	3 V	V_{SD}	1 V	2 V
I_D	12.5 µA	12.5 µA	25 µA	25 µA	25 µA	I_D	25 µA	25 µA

d) Si en ambas entradas se aplica una señal común V_{CM}, para que Q_1 y Q_2 no salgan de saturación se debe cumplir que:

$$V_{DS1} > V_{GS1} - V_{T1} \Rightarrow V_{D1} > V_{G1} - V_{T1} \Rightarrow V_{G1} = V_{CM} < V_{D1} + V_{T1} = 2 + 0.5 = 2.5\ V$$

Por otra parte, para no sacar de saturación al transistor (Q_6) de la fuente hay que cumplir: $\quad V_{DS6} > V_{GS6} - V_{T6} \Rightarrow V_{D6} > V_{G6} - V_{T6} \Rightarrow V_{D6} = V_{CM} - V_{GS1} > V_{G6} - V_{T6} \Rightarrow$
$V_{CM} > V_{G6} - V_{T6} + V_{GS1} = -2 - 0.5 + 0.853 = -1.647\ V$

Por tanto el rango del modo común es: $-1.647\ V < V_{CM} < 2.5\ V$

e) Para calcular la ganancia en modo común aplicamos el teorema de Bartlett a la primera etapa, suponiendo que en las entradas v_1 y v_2 se aplica una señal común v_{cm}. Al aplicar Bartlett en modo común, los surtidores de Q_1 y Q_2 quedan conectados a tierra mediante el valor doble de la resistencia de salida de la fuente, que en este caso vale r_{o6}. Así, el equivalente en pequeña señal de la primera etapa es el que sigue:

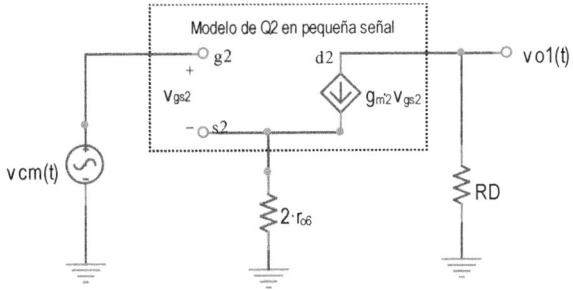

donde: $r_{o6} = \dfrac{V_{A6}}{I_{D6}} = \dfrac{25\ V}{25\ \mu A} = 1\ M\Omega$

Analizando el circuito se llega a que:

$$A_{cm} = \frac{v_{o1}}{v_{cm}} = \frac{-g_{m2}v_{gs2}(R_D)}{v_{gs2} + g_{m2}v_{gs2}(2r_{o6})} = \frac{-g_{m2}(R_D)}{1 + g_{m2}(2r_{o6})} = -0.0396\ V/V$$

donde la transconductancia vale:

$$g_{m2} = \frac{\partial i_{D2}}{\partial v_{GS2}} = 2K_2(V_{GS2} - V_{T2}) = 2 \cdot 0.1 \cdot 10^{-3}(0.853 - 0.5) = 0.0706\ mA/V$$

La segunda etapa consta de una configuración cascodo cuyo circuito en pequeña señal es el siguiente:

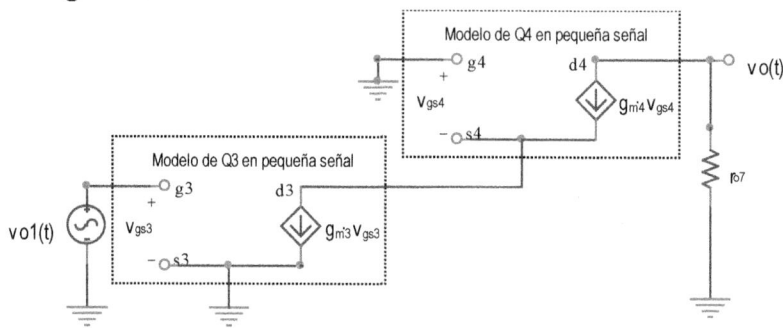

donde: $g_{m3} = g_{m4} = \dfrac{\partial i_{D3}}{\partial v_{GS3}} = 2K_3(V_{SG3} + V_{T3}) = 2 \cdot 0.1 \cdot 10^{-3}(1 - 0.5) = 0.1\ mA/V$

$r_{o7} = \dfrac{V_{A7}}{I_{D7}} = \dfrac{25\ V}{25\ \mu A} = 1\ M\Omega$

En este circuito, r_{o7} es la resistencia de salida de la fuente de corriente formada por Q_7 y Q_5.

La ganancia de la etapa cascodo se puede calcular como:

$$A_{V2} = \frac{v_o}{v_{o1}} = \frac{-g_{m3}v_{gs3}(r_{o7})}{v_{o1}} = \frac{-g_{m3}v_{o1}(r_{o7})}{v_{o1}} = -g_{m3}r_{o7} = -100\ V/V$$

Por tanto la ganancia en modo común total vale:

$$A_{cm} = \frac{v_o}{v_{cm}} = \frac{v_{o1}}{v_{cm}}\frac{v_o}{v_{o1}} = A_{cm1}A_{V2} = -3.96\ V/V$$

f) Para disminuir la ganancia en modo común sin alterar la ganancia en modo diferencial, se podría emplear una fuente de corriente mejorada, con una mayor resistencia de salida.

Problema 3.25. Amplificador diferencial de tres etapas

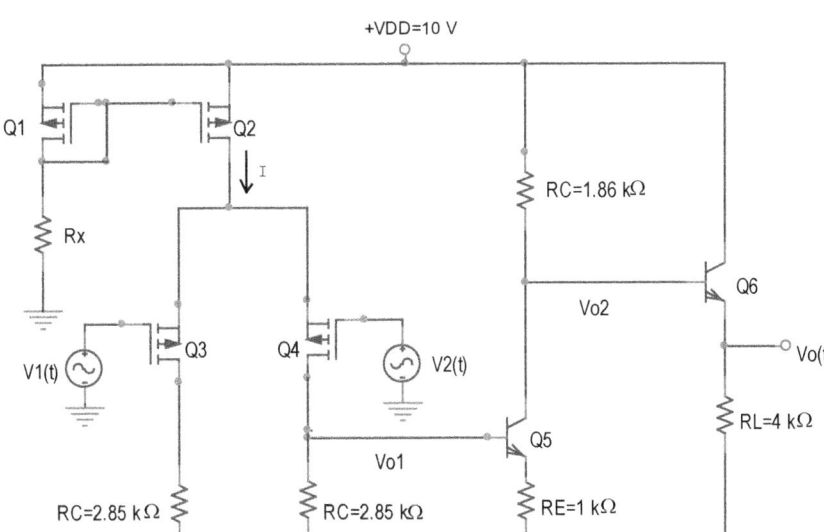

Datos de los transistores:

Transistores MOSFET de canal P Q_1, Q_2, Q_3 y Q_4: $V_T = -1\,V$; $K = 1\frac{mA}{V^2}$

Transistores bipolares Q_5, Q_6: $\beta = 200$; $V_{BE(ON)} = 0.7\,V$; $V_{CE(SAT)} = 0.2\,V$;

$|V_{A1-6}| = \infty$; $|V_{A2}| = 100\,V$; $V_t = kT/e = 25\,mV$

Nota: adviértase claramente la diferencia entre el parámetro V_T cuando se refiere a los MOSFET (para los que indica la tensión umbral, propia de cada transistor), del parámetro V_T (o V_t) referido a bipolares y diodos, ya que en este caso define una variable que sólo depende de la temperatura y que, a temperatura ambiente de 17ºC, toma el valor aproximado de 25 mV.

En el amplificador diferencial de la figura:

a) Identifique muy brevemente la función de cada transistor, indicando, en su caso, el tipo de etapas amplificadoras básicas que conforma.

b) ¿Qué ventajas tiene usar transistores MOSFET en lugar de bipolares en la etapa que forman Q_3 y Q_4? ¿qué posibles desventajas?

c) Diseñe R_X para que la corriente de alimentación I sea de 4 mA.

d) Calcule el punto de polarización de los transistores.

e) Calcule el valor de la ganancia diferencial total $\left(A_d = \frac{v_o}{v_1 - v_2}\right)$. Para ello, determine previamente la ganancia de cada etapa $A_{d1}\left(= \frac{v_{o1}}{v_1 - v_2}\right)$, $A_2\left(= \frac{v_{o2}}{v_{o1}}\right)$, y $A_3\left(= \frac{v_o}{v_{o2}}\right)$.

f) ¿Cuál cree que es la misión de la última etapa?

g) Calcule el factor de rechazo al modo común (CMRR) del amplificador.

h) Calcule el rango en modo común del amplificador (V_{CM} mínima y máxima).

Solución:

a) Los transistores Q_1 y Q_2 forman un espejo simple de corriente.

Los transistores Q_3 y Q_4 forman un amplificador diferencial con salida asimétrica en v_{o1}. Q_5 forma parte de una etapa de emisor común con resistencia de emisor. Q_6 consituye una amplificador en colector común

b) Mediante el uso de transistores FET se incrementa notablemente la impedancia de entrada en modo diferencial del circuito, que pasa a ser prácticamente infinita, en comparación con el valor de $2 \cdot r_\pi$ que tendría si se emplearan bipolares. En contraposición, el uso de MOSFET permite por lo general menos ganancia (ya que la transconductancia g_m es menor). Añadidamente la tensión de offset suele ser peor con transistores FET ya que resulta más difícil evitar las asimetrías de los transistores que forman el par.

c) Como se ha dicho, Q_1, y Q_2 forman un espejo de corriente simple, en el que, si Q_2 se encuentra saturado se tiene que $I_{D1} = I_{D2} = I_X = 4\ mA$. Por su lado, Q_1, caso de conducir, se encuentra forzosamente saturado ya que $V_{G1} = V_{D1}$, con lo que necesariamente se cumple que: $V_{SD1} = V_{SG1} > V_{SG1} + V_{T1} = V_{SG1} - 1$.

En saturación, por otro lado se cumple la ley cuadrática típica de los MOSFET, de donde se obtiene:

$$I_X = I_{D1} = K_1(V_{GS1} - V_{T1})^2 = K_1(V_{SG1} + V_{T1})^2 \Rightarrow V_{SG1} = \pm\sqrt{\frac{I_{D1}}{K_1}} - V_{T1}$$

$$= \begin{cases} 3\ V > -V_{T1} \to \textit{solución válida} \\ -1\ V < -V_{T1} \to \textit{solución no válida} \end{cases}$$

A partir de esta tensión se puede deducir el valor de R_X del modo:

$$R_X = \frac{(V_{DD} - V_{SG1}) - (-V_{DD})}{I_{D1}} = \frac{(10-3) - (-10)}{4\ mA} = 4.25\ k\Omega$$

d) Del apartado anterior se tiene: $I_{D1} = I_{D2} = I_X = 4\ mA; V_{SG1} = V_{SD1} = V_{SG2} = 3\ V$.

En continua, Q_3 y Q_4 se encuentran polarizados igual, de modo que la corriente I_{D2} del espejo se divide entre los transistores del modo: $I_{D3} = I_{D4} = I_X/2 = 2\ mA$. Suponiendo ambos transistores saturados se tiene:

$$I_{D3} = \frac{I_X}{2} = K_3(V_{GS3} - V_{T3})^2 = K_3(V_{SG3} + V_{T3})^2 \Rightarrow$$

$$V_{SG4} = V_{SG3} = \pm\sqrt{\frac{I_{D3}}{K_3}} - V_{T3} = \begin{cases} 2.41\ V > -V_{T3} \to \textit{solución válida} \\ -0.41\ V < -V_{T3} \to \textit{solución no válida} \end{cases}$$

Dado que $V_{D2} = V_{S3} = V_{S4}$ y que en continua las tensiones $V_{G3} = V_{G4}$ son nulas, se puede obtener la tensión V_{SD2}:

$$V_{SD2} = V_{S2} - V_{D2} = V_{DD} - (V_{G3} + V_{SG3}) = 10 - (0 + 2.41) = 7.59\ V$$

Tensión que cumple la condición de saturación en Q_2:

$$V_{SD2} = 7.59\ V > V_{SG2} - V_{T2} = 3 - 1 = 2\ V$$

Despreciando la corriente que se deriva hacia la base de Q_5, en los drenadores de Q_3 y Q_4 cae la misma tensión:

$$V_{D3} = V_{D4} = -V_{DD} + I_{D3}R_D = -10 + (5.7) = -4.3\ V$$

De donde se obtienen las tensiones V_{SD3} y V_{SD4} que, a su vez, también cumplen la condición de saturación en Q_3 y Q_4:

$$V_{SD3} = V_{S3} - V_{D3} = (V_{G3} + V_{SG3}) - V_{D3} = (0 + 2.41) - (-4.3) = 6.71\ V$$
$$> V_{SG3} + V_{T3} = 1.41\ V$$

A partir de la tensión en el drenador de Q_4, cortocircuitado con la base de Q_5, se obtiene la corriente de emisor de Q_5:

$$I_{E5} = \frac{V_{E5} - (-V_{DD})}{R_E} = \frac{(V_{B5} - V_{BE5}) - (-V_{DD})}{R_E} = \frac{(-4.3 - 0.7) - (-10)}{1\ k\Omega} = 5\ mA$$

De aquí, suponiendo que el transistor se encuentra en activa se obtiene:

$$I_{B5} = \frac{I_{E5}}{\beta + 1} = 24.8\ \mu A; \quad I_{C5} \approx I_{E5} = 5\ mA$$

Despreciando la corriente de base de Q_6, se puede calcular la tensión V_{CE5}, la cual se atiene a las condiciones de la región activa:

$$V_{CE5} = V_{C5} - V_{E5} = (V_{DD} - I_{C5}R_C) - (-V_{DD} + I_{E5}R_E) = 0.7\ V - (-5) = 5.7 > V_{CE(SAT)}$$
$$= 0.2\ V$$

De una manera parecida, se calcula la polarización de Q_6:

$$I_{E6} = \frac{V_{E6} - (-V_{DD})}{R_L} = \frac{(V_{DD} - I_{C5}R_C - V_{BE6}) - (-V_{DD})}{R_E} = \frac{(0) - (-10)}{4\ k\Omega} = 2.5\ mA$$

$$I_{B6} = \frac{I_{E6}}{\beta + 1} = 12.5\ \mu A; \quad I_{C5} \approx I_{E5} = 2.5\ mA$$

$$V_{CE6} = V_{C6} - V_{E6} = (V_{DD}) - (-V_{DD} + I_{E6}R_L) = 10\ V - (0) = 10 > V_{CE(SAT)} = 0.2\ V$$

La tabla que a continuación sigue resume el estudio de polarización anterior:

Transistores MOSFET					Transistores bipolares			
	I_D	V_{SG}	V_{SD}	Región		I_B	I_C	V_{CE}	Región
Q_1	4 mA	3 V	3 V	Saturado	Q_5	24.8 µA	5 mA	5.7 V	Activa
Q_2	4 mA	3 V	7.59 V	Saturado	Q_6	12.5 µA	2.5 mA	10 V	Activa
Q_3	2 mA	2.41 V	6.71 V	Saturado					
Q_4	2 mA	2.41 V	6.71 V	Saturado					

e) La primera etapa es un amplificador diferencial con salida asimétrica. Tras aplicar Bartlett los surtidores de Q_3 y Q_4 quedan cortocircuitados a tierra, por lo que Q_4 forma una etapa en emisor común, tal y como se ilustra en la figura, donde R_{IN2} representa la resistencia de entrada de la etapa siguiente:

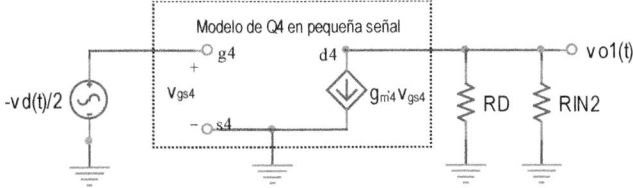

En este circuito equivalente se ha asumido que V_2 (aplicada sobre la puerta de Q4) consituye la entrada negativa del diferencial, de ahí que aparezca $v_d/2$ con signo negativo). Del circuito anterior, por otro lado, se deduce fácilmente que:

$$A_{d1} = \frac{v_{o1}}{v_d} = \frac{-g_{m4}v_{gs4}(R_D\|R_{IN2})}{v_d} = \frac{-g_{m2}(-v_d/2)(R_D\|R_{IN2})}{v_d} = \frac{g_{m2}(R_D\|R_{IN2})}{2}$$

siendo $g_{m4} = 2\sqrt{K_4 I_{D4}} = 2.82 \ mA/V$

La segunda etapa, cuyo modelo en pequeña señal ha sido representado en el circuito siguiente (donde la resistencia de entrada de la última etapa se representa como R_{IN3}), la constituye un amplificador en emisor común con resistencia de emisor R_E:

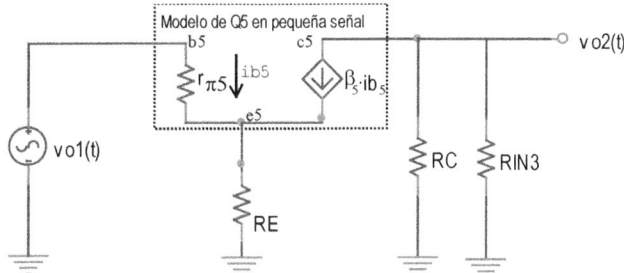

Del circuito anterior se tiene, por un lado, que:

$$R_{IN2} = r_{\pi 5} + (\beta + 1)R_E = 202 \ k\Omega; \text{ siendo } r_{\pi 5} = \frac{V_T}{I_{B5}} = \frac{\frac{kT}{e}}{I_{B5}} = 1 \ k\Omega$$

Con lo que la ganancia de la primera etapa se puede calcular como:

$$A_{d1} = \frac{v_{o1}}{v_d} = \frac{g_{m2}(R_D\|R_{IN2})}{2} \approx \frac{g_{m2}(R_D)}{2} = 4.019\ V/V$$

Mientras que la expresión de la ganancia de la segunda etapa es:

$$A_2 = \frac{v_{o2}}{v_{o1}} = \frac{-\beta(R_C\|R_{IN3})}{r_{\pi5} + (\beta + 1)(R_E)}$$

En cuanto a la tercera etapa, su circuito equivalente en pequeña señal es el de una etapa en colector común:

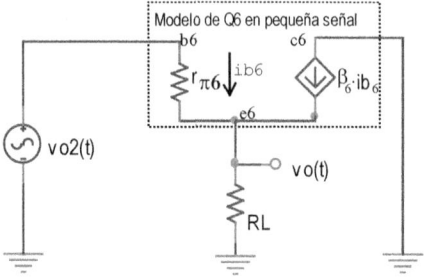

De donde $R_{IN3} = r_{\pi6} + (\beta + 1)R_L = 806\ k\Omega$, siendo $r_{\pi6} = \dfrac{V_T}{I_{B6}} = 2\ k\Omega$

Con lo que la ganancia de la segunda etapa vale:

$$A_2 = \frac{v_{o2}}{v_{o1}} = \frac{-\beta(R_C\|R_{IN3})}{r_{\pi5} + (\beta + 1)(R_E)} \approx \frac{-\beta R_C}{r_{\pi5} + (\beta + 1)(R_E)} = -1.84\ V/V$$

Y la ganancia de la tercera: $A_3 = \dfrac{v_o}{v_{o2}} = \dfrac{(\beta+1)(R_L)}{r_{\pi6}+(\beta+1)(R_L)} = +0.997\ V/V$

El valor de la ganancia diferencial total es:

$$A_d = \frac{v_o}{v_1 - v_2} = \frac{v_o}{v_d} = A_{d1} \cdot A_2 \cdot A_3 = -7.376\ V/V$$

f) La última etapa, como ya se ha dicho, es un amplificador en colector común que ofrece una buena (baja) impedancia de salida.

g) Para cacular el CMRR, es preciso determinar la ganancia en modo común. Para ello aplicamos el teorema de Bartlett, suponiendo que en las entradas v_1 y v_2 se aplica una señal común v_{cm}. Al aplicar Bartlett en modo común, los surtidores de Q_3 y Q_4 quedan conectados a tierra mediante el valor doble de la resistencia de salida de la fuente, que en este caso vale r_{o2}. Así, el equivalente en pequeña señal es el que sigue:

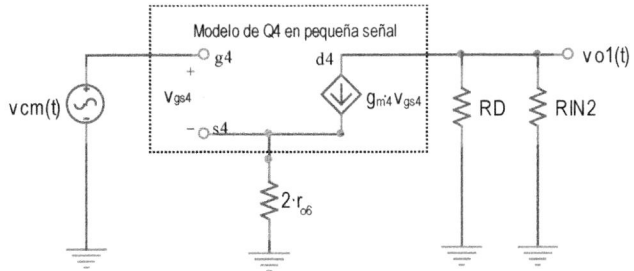

donde $r_{o2} = \dfrac{V_{A2}}{I_{D2}} = \dfrac{100\ V}{4\ mA} = 25\ k\Omega$

Analizando el circuito se llega a que:

$$A_{CM1} = \frac{v_{o1}}{v_{cm}} = \frac{-g_{m4}v_{gs4}(R_D\|R_{IN2})}{v_{gs4} + g_{m4}v_{gs4}(2r_{o2})} = \frac{-g_{m4}(R_D\|R_{IN2})}{1 + g_{m4}(2r_{o2})} \approx -\frac{R_D}{2r_{o2}} = -0.057\ V/V$$

Así, el CMRR vale:

$$CMRR = \left|\frac{A_{d1}}{A_{CM1}}\right| = 70.5 \Rightarrow CMRR(dB) = 20\,log\left|\frac{A_{d1}}{A_{CM1}}\right| = 36.9\ dB$$

h) El rango en modo común viene determinado hacia arriba por la salida de saturación del transistor Q_2 de la fuente de corriente:

$$V_{SD2} > V_{SG2} + V_{T2} \Rightarrow V_{D2} < V_{G2} - V_{T2} = 7 - (-1) = 8V$$

Así se tiene: $V_{D2} = V_{G4} + V_{SG4} = V_{CM} + V_{SG4} < 8 \Rightarrow V_{CM} < 8 - V_{SG4} = 5.59\ V$

Hacia abajo, el límite lo impone la salida de saturación de Q_4:

$$V_{SD4} > V_{SG4} + V_{T4} \Rightarrow V_{D4} < V_{G4} - V_{T4} = V_{CM} - V_{T4} \Rightarrow V_{CM} > V_{D4} + V_{T4} = -4.3 - 1$$
$$= -5.3\ V$$

Por lo tanto el rango en modo común es: $V_{CM} \in [-5.3\ V, +5.59\ V]$

Problema 3.26. Amplificador diferencial de dos etapas

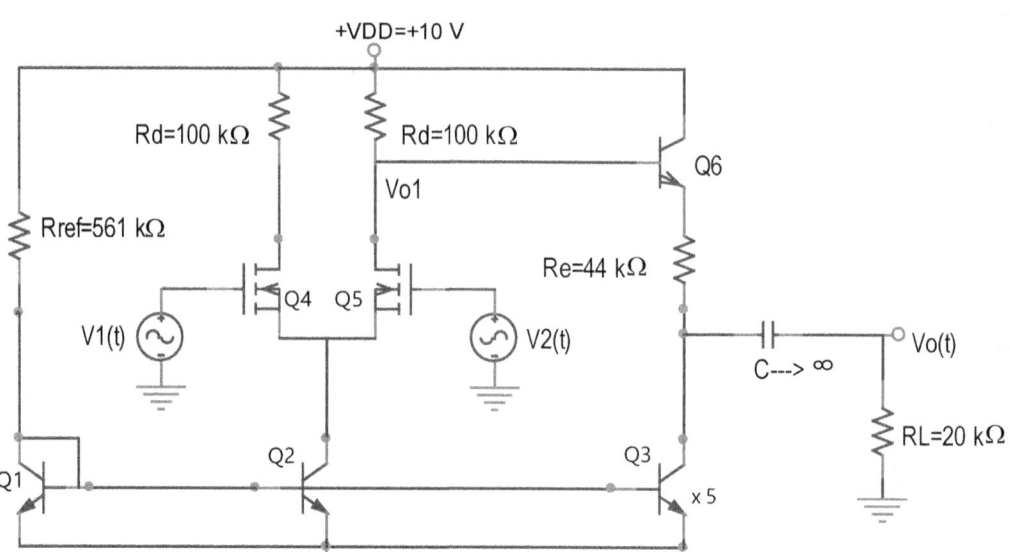

Considere que el condensador de desacoplo es ideal.

Datos de los transistores:

Transistores MOSFET de canal N Q_4, Q_5: $V_T = 2\ V$; $K = 0.5\ \frac{mA}{V^2}$

Transistores bipolares Q_1, Q_2, Q_3, Q_6:

$$V_{BE(ON)} = 0.7\ V; \beta = 200; V_{CE(SAT)} = 0.2\ V; V_T = kT/e = 25mV$$

a) Explique brevemente la misión de cada transistor.

b) Calcule el punto y la región de polarización de todos los transistores. Suponga despreciables las corrientes por base, demostrando a posteriori que dicha aproximación es razonable.

c) Estime la corriente de polarización de los transistores del par sin despreciar en el cálculo las corrientes de base.

d) Hallar el rango de tensiones de entrada en modo común.

e) Calcular la ganancia en pequeña señal $A_d = \dfrac{v_o}{v_d} = \dfrac{v_o}{v_1 - v_2}$.

Solución:

a) Q_4 y Q_5 forman un amplificador diferencial con salida asimétrica en el drenador de Q_5. El transistor Q_6 forma una etapa en colector común (o seguidora de emisor) cuyo objetivo es conseguir una baja resistencia de salida. Q_1, Q_2 y Q_3 forman un espejo de corriente: por Q_1, que se encuentra en la configuración diodo, circula una corriente de referencia que es replicada en Q_2 para alimentar el par diferencial. Q_3 realiza la misma replicación que Q_2 para alimentar el seguidor de emisor, con la salvedad de que multiplica por cinco (x 5), la corriente de referencia (esto se consigue, en un circuito integrado, haciendo que el transistor Q_3 posea un área que sea cinco veces la de Q_1). Nótese que dicho factor multiplicativo está indicado en la representación circuital de Q_3.

b) En primer lugar se ha de calcular la corriente que suministra el espejo, para ello, teniendo en cuenta que, en Q_1, colector y base se hallan cortocircuitados y que se desprecia la corriente que circula por las bases, se tiene:

$$I_{ref} = I_{C1} + I_{B1} + I_{B2} + I_{B3} \approx I_{C1} = \frac{(V_{DD}) - V_{BE(ON)} - (-V_{CC})}{R_{ref}} = \frac{(10) - (0.7) - (-10)}{561 \ k\Omega}$$

$$= 34.4 \ \mu A$$

A partir de aquí, si Q_2 y Q_3 se encuentran en activa, el espejo impone:

$$I_{C2} = I_{C1} = 34.4 \ \mu A; \quad I_{C3} = 5 \cdot I_{C1} = 172 \ \mu A$$

En continua (DC), la corriente de alimentación que proporciona Q_2 se distribuye por igual entre los transistores Q_4 y Q_5, mientras que por el transistor Q_6 prácticamente pasa la misma corriente de colector que por Q_3 (ya que el condensador de desacoplo impide que se derive corriente continua hacia la carga): $I_{D4} = I_{D5} = \frac{I_{C2}}{2} = 17.2 \ \mu A; \quad I_{C6} \approx I_{E6} = I_{C3} = 172 \ \mu A$

A partir del valor de la corriente de los transistores del par diferencial y suponiendo que ambos transistores se encuentran en la región de saturación o pinch-off, resulta inmediato obtener la tensión puerta-fuente de ambos transistores:

$$I_{D4} = I_{D5} = K_4 (V_{GS4} - V_{T4})^2 \Rightarrow V_{GS4} = \pm \sqrt{\frac{I_{D4}}{K_4}} + V_{T4}$$

$$= \begin{cases} 2.19 \ V > V_{T2} = 2 \ V \rightarrow solución \ válida \\ 1.81 \ V < V_{T2} = 2 \ V \rightarrow solución \ válida \end{cases}$$

Por otro lado, en el drenador de ambos transistores, despreciando la corriente de base por Q_6, la tensión vale:

$$V_{D4} = V_{D5} = V_{DD} - (I_{D5} + I_{B6})R_D \approx V_{DD} - I_{D5}R_D = 10 - (1.7) = 8.3 \ V$$

Considerando que las entradas v_1 y v_2 son señales en alterna y que, por tanto, la tensión continua en ambas puertas es nula se obtiene

$$V_{GS4} = V_{G4} - V_{S4} \Rightarrow V_{S4} = V_{G4} - V_{GS4} = 0 - (2.19) = -2.19 \ V$$

De donde se demuestran las condiciones de activa de los transistores del par así como de Q_2:

$$V_{DS4} = V_{DS5} = V_{D4} - V_{S4} = 8.3 - (-2.19) = 10.49 \ V > V_{GS4} - V_{T4} = 0.19 \ V$$

$$V_{CE2} = V_{C2} - V_{E2} = -2.19 - (-10) = 7.81 > V_{CE(SAT)}$$

Esta última condición se podría también haber demostrado probando que la unión base-colector de Q_2 se encuentra en inversa:

$$V_{BC2} = V_{B2} - V_{C2} = (-V_{CC} + V_{BE(ON)}) - V_{S4} = -9.3 - (-2.19) = -7.11 \leq 0$$

Esta condición de activa también se prueba en Q_6:

$$V_{BC6} = V_{B6} - V_{C6} = V_{D5} - (V_{DD}) = 8.3 - (10) = -1.7 \ V \leq 0$$

En dicho transistor la tensión colector emisor vale:

$$V_{CE6} = V_{DD} - (V_{D5} - V_{BE(ON)}) = 10 - (8.3 - 0.7) = 2.4 > V_{CE(SAT)}$$

Finalmente, en el transistor Q_3 del espejo se tiene:

$$V_{CE3} = (V_{D5} - V_{BE(ON)} - I_{C3}R_e) - (-V_{CC}) \approx 0 - (-10) = 10 \ V > V_{CE(SAT)}$$

Como resumen, la siguiente tabla compendia el punto de polarización de todos los transistores:

Transistores bipolares				Transistores MOSFET			
I_B	I_C	V_{CE}	Región	I_D	V_{GS}	V_{DS}	Región
Q_1 172 nA	34.4 µA	0.7 V	Activa	Q_4 17.2 µA	2.19 V	10.49 V	Saturado
Q_2 172 nA	34.4 µA	7.81 V	Activa	Q_5 17.2 µA	2.19 V	10.49 V	Saturado
Q_3 0.86 µA	172 µA	10 V	Activa				
Q_6 0.86 µA	172 µA	2.4 V	Activa				

El cuadro prueba que el error cometido al despreciar las corrientes de base es pequeño ya que: $I_{D5} \gg I_{B6}$; $I_{C1} \gg I_{B1} + I_{B2} + I_{B3}$

c) Si no se desprecian las corrientes de base en el cálculo de la corriente del espejo se tendría:

$$I_{ref} = I_{C1} + I_{B1} + I_{B2} + I_{B3} = I_{C1} + \frac{I_{C1}}{\beta} + \frac{I_{C2}}{\beta} + \frac{I_{C3}}{\beta} = I_{C1} + \frac{I_{C1}}{\beta} + \frac{I_{C1}}{\beta} + \frac{5I_{C1}}{\beta} = I_{C1}\left(1 + \frac{7}{\beta}\right)$$

de donde: $I_{C1} = \frac{I_{ref}}{\left(1 + \frac{7}{\beta}\right)} = 32.15 \ \mu A$

Las corrientes por el transistor del par serían, lógicamente la mitad de este valor (16.07 µA)

Nótese que el error de cálculo cometido al despreciar las corrientes de base no es demasiado grande debido al alto valor de β. Transistores con una beta menor hubieran provocado un error considerable.

d) El límite superior del rango en modo común viene impuesto por los transistores del par diferencial:

$$V_{DS4} > V_{GS4} - V_{T4} \Rightarrow V_{D4} > V_{G4} - V_{T4} \Rightarrow V_{G4} = V_{CM} < V_{D4} + V_{T4} = 8.3 + 2 = 10.3 \ V$$

Por el contrario, el límite inferior lo marca la salida de activa del transistor Q_2 de la fuente de corriente: $V_{BC2} = \left(-V_{CC} + V_{BE2(ON)}\right) - \left(V_{CM} - V_{GS4}\right) < 0$

De donde: $V_{CM} > -V_{CC} + V_{BE2(ON)} + V_{GS4} = -10 + 0.7 + 2.19 = -7.11 \ V$

Por lo tanto el rango en modo común es: $V_{CM} \in [-7.11 \ V, +10.3 \ V]$

e) Para calcular la ganancia total en modo diferencial, aplicamos Bartlett sobre el par diferencial. Este teorema permite, en dicho modo, llevar a tierra los surtidores de los transistores Q_4 y Q_5. Así, en pequeña señal el modelo de la primera etapa quedaría como se denota en la figura que sigue. En dicha figura, R_{IN2} representa la resistencia de entrada de la etapa siguiente mientras que v_{o1} es la tensión de salida de esta primera etapa (drenador del transistor Q_5). Por otro lado, la transconductancia g_{m5} vale:

$$g_{m5} = 2K_5(V_{GS5} - V_{T5}) = 2 \cdot 0.5 \cdot (2.19 - 2) = 0.19 \ mA/V$$

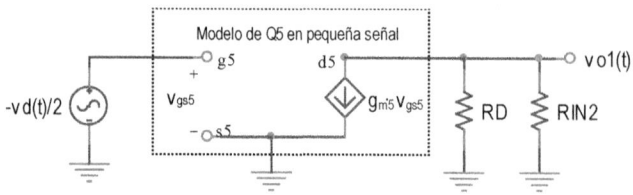

Del análisis de esta etapa resulta una ganancia diferencial que sigue la expresión:

$$\Delta_{d1} = \frac{v_{o1}}{v_d} = \frac{-g_{m5}v_{gs5}(R_D \| R_{IN2})}{v_d} = \frac{-g_{m5}\left(\frac{-v_d}{2}\right)(R_D \| R_{IN2})}{v_d} = \frac{1}{2}g_{m5}(R_D \| R_{IN2})$$

Por su parte, el modelo en pequeña señal de la segunda etapa es el siguiente, donde la resistencia en pequeña señal vale:

$$r_{\pi6} = \frac{V_T}{I_{B6}} = \frac{25\ mV}{0.86\mu A} = 29\ k\Omega$$

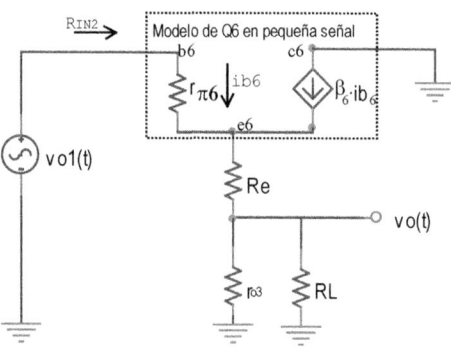

En este modelo, en principio, se ha tenido en cuenta la resistencia de salida de la fuente de corriente (r_{o3}) aunque, por los datos ofrecidos, cabe suponer que Q_3 es ideal y que, por tanto, no tiene efecto ya que $r_{o3} \gg R_L$ y, por tanto, $(R_L \| r_{o3}) \approx R_L$.

La ganancia de esta etapa es la típica de un seguidor de emisor, con la única particularidad del divisor de tensión que, a la salida, forman R_e y R_L:

$$\Delta_2 = \frac{v_o}{v_{o1}} = \frac{(\beta+1)i_{b6}(R_e + R_L)}{r_{\pi6}i_{b6} + (\beta+1)i_{b6}(R_e+R_L)} \frac{R_L}{(R_e+R_L)} = \frac{(\beta+1)R_L}{r_{\pi6} + (\beta+1)(R_e+R_L)} = 0.312\ \frac{V}{V}$$

En esta misma etapa la resistencia de entrada (R_{IN2}) resulta ser:

$$R_{IN2} = r_{\pi6} + (\beta+1)(R_e + R_L) = 12.893\ M\Omega$$

Esta impedancia es muy superior a la resistencia R_D, por lo que la segunda etapa apenas carga a la primera:

$$\Delta_{d1} = \frac{v_{o1}}{v_d} = \frac{1}{2}g_{m5}(R_D \| R_{IN2}) \approx \frac{1}{2}g_{m5}R_D = \frac{1}{2}0.19 \cdot 100 = 9.5\frac{V}{V}$$

De este modo la ganancia diferencial total vale:

$$\Delta_d = \frac{v_o}{v_d} = \frac{v_{o1}}{v_d}\frac{v_o}{v_{o1}} = \Delta_{d1}\Delta_2 = 9.5 \cdot 0.312 = +2.96\ \frac{V}{V}$$

Problema 3.27. Amplificador diferencial de dos etapas con BJT

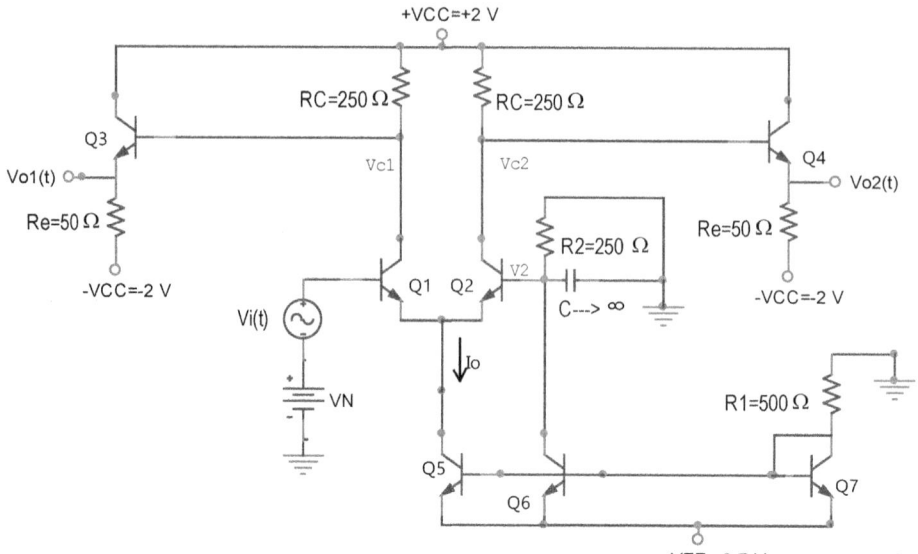

Datos:

Para todos los transistores: $V_{BE(ON)} = 0.7\ V; \beta = 200; V_A = \infty\ ; V_T = 25\ mV$.

La figura muestra un amplificador diferencial con entrada asimétrica y salida diferencial, se pide:

a) Calcular las tensiones de continua V_2, V_{o1} y V_{o2} para una tensión $V_N = 0\ V$. Desprecie las corrientes de base frente a las de colector.

b) Repetir el apartado anterior para $V_N = -1\ V$.

c) Suponiendo que $V_{B1} = V_{B2} = V_{CM}$, calcule el rango de tensiones en modo común que permite que los transistores sigan trabajando en activa.

d) Calcule la ganancia diferencial: $\Delta_d = \dfrac{v_{o1} - v_{o2}}{v_i}$

Para el cálculo de los parámetros de alterna considere $V_N = -1\ V$.

Solución:

a) Al hacer el análisis en continua se ha de tener en cuenta que el condensador de desacoplo (C) queda en circuito abierto. Igualmente se ha de anular la fuente de alterna de entrada v_i. Hechas estas consideraciones, lo primero es calcular la corriente de alimentación del par diferencial formado por Q_1 y Q_2. Esta corriente es proporcionada por el espejo formado por Q_5, Q_6 y Q_7. La corriente replicada por este espejo, despreciando las corrientes de base, es la que circula por la resistencia R_1, la cual se estima del modo:

$$I_{C5} = I_{C6} = I_{C7} \approx \frac{(0) - (-V_{EE} + V_{BE(ON)})}{R_1} = \frac{2}{500 \ \Omega} = 4 \ mA$$

Cabría pensar que esta corriente se distribuye por igual entre ambos transistores del par, sin embargo, en este caso, ambos no se encuentran polarizados del mismo modo. En concreto existe una entrada diferencial continua debido a que la tensión DC en la base de Q_1 es $V_N = 0V$, mientras que la tensión en la base de Q_2 depende de la caída en la resistencia R_2: $V_2 = V_{B2} = -I_{C6}R_2 = -4 \ mA \cdot 250\Omega = -1 \ V$

Esta fuerte tensión diferencial obliga a pensar que toda la corriente de polarización que suministra Q_5 circula a través de Q_1, de modo que Q_2 se encuentra cortado: $I_{C1} = I_{C5} = 4 \ mA; \quad I_{C2} \approx 0$.

Por consiguiente la caída de tensión en el colector del primer transistor vale (despreciando la corriente por la base de Q_3):

$$V_{C1} = V_{CC} - (I_{C1} + I_{B3})R_C \approx V_{CC} - I_{C1}R_C = 1 \ V$$

Este resultado es coherente con la suposición de que el transistor Q_1 se encuentra en activa y de que Q_2 está cortado:

$$V_{BC1} = 0 - 1 < 0; \quad V_{BE2} = V_{B2} - V_{E2} = -1 - (0 - V_{BE(ON)1}) = -0.3 < V_{BE(ON)2}$$

A partir del valor de V_{C1} resulta inmediato conocer la tensión continua en v_{o1}:

$$V_{o1} = V_{c1} - V_{BE(ON)1} = 1 - 0.7 = 0.3 \ V$$

donde se ha tenido en cuenta que Q_3 está en activa: $V_{BC3} = 1 - 2 < 0$;

Por otra parte, dado que Q_2 está cortado, por la resistencia R_C conectada a su colector sólo fluye la corriente de base de Q_4. Suponiendo que Q_4 se encuentra en activa se tiene: $V_{CC} = I_{B4}R_C + V_{BE(ON)4} + (\beta + 1)I_{B4}R_e - V_{CC}$

De donde se tiene: $I_{B4} = \dfrac{V_{CC}-V_{BE(ON)4}-(-V_{CC})}{R_C+(\beta+1)R_e} = 320\mu A$

A partir de ahí los valores de V_{C2} y V_{o2} se calculan:

$V_{C2} = V_{CC} - I_{B4}R_C = 1.92\ V\ ;\quad v_{o2} = V_{C2} - V_{BE(ON)4} = 1.22\ V$

Valores que prueban, aunque por poco, la condición de activa de Q_4:

$V_{BC4} = 1.92 - 2\ V = -0.08 < 0$

Como resumen de este apartado, en el siguiente cuadro se resume la polarización de los transistores cuando $V_N = 0\ V$:

	I_C	V_{CE}	Región		I_C	V_{CE}	Región
Q_1	4 mA	1.7 V	Activa	Q_5	4 mA	2 V	Activa
Q_2	≈ 0 A	2.6 V	Corte	Q_6	4 mA	1.7	Activa
Q_3	46 mA	1.7 V	Activa	Q_7	4 mA	0.7 V	Activa
Q_4	64.4 mA	0.78 V	Activa				

b) Al aplicar una tensión de -1 V en la base de Q_1 los transistores del par recuperan la simetría de polarización típica de un par diferencial ya que en la base de Q_2 se demostró que también caía esa tensión. Por tanto, Q_2 pasa a estar en activa y la corriente de polarización (I_{C5}) se distribuye por igual entre los transistores del par ($I_{C1} = I_{C2} = 2mA$). En estas circunstancias la caída de tensión en los colectores también es la misma: $V_{C2} = V_{C1} = V_{CC} - (I_{B3} + I_{C1})R_C \approx V_{CC} - (I_{C1})R_C = 1.5\ V$.

A partir de ahí, las tensiones en la salida resultan ser:

$V_{o2} = V_{o1} = V_{C1} - V_{BE(ON)3} = 0.8\ V$.

De este modo, el punto de polarización de los transistores es:

	I_C	V_{CE}	Región		I_C	V_{CE}	Región
Q_1	2 mA	2.2 V	Activa	Q_5	4 mA	2 V	Activa
Q_2	2 mA	2.2 V	Activa	Q_6	4 mA	1.7	Activa
Q_3	56 mA	1.2 V	Activa	Q_7	4 mA	0.7 V	Activa
Q_4	56 mA	1.2 V	Activa				

c) El rango de entrada se encuentra limitado, por arriba, por la entrada en saturación de los transistores del par: $V_{BC1} = V_{CM} - V_{C1} = V_{CM} - 1.5 < 0 \Rightarrow V_{CM} < 1.5\ V$

Por abajo, en cambio, la limitación la impone Q_5:

$$V_{BC5} = \left(-V_{EE} + V_{BE(ON)5}\right) - \left(V_{CM} - V_{BE(ON)1}\right) < 0$$

De donde: $V_{CM} > \left(-V_{EE} + V_{BE(ON)5}\right) + V_{BE(ON)1} = -1.3$

Por tanto, el rango resulta ser: $V_{CM} \in [-1.3\ V, +1.5\ V]$

d) Para calcular la ganancia diferencial hemos de considerar que el circuito, tras aplicar Bartlett en modo diferencial (lo que lleva a tierra los emisores del par), consta de dos etapas: una en emisor común (la formada por Q_1 o Q_2) y otra seguidora de emisor o de colector común (la formada por Q_3 o Q_4). El circuito en pequeña señal equivalente resulta ser:

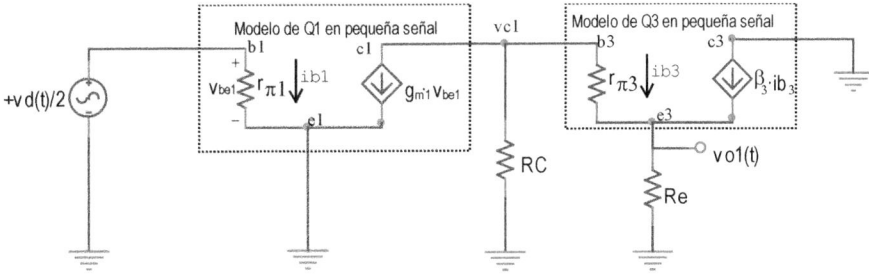

Los parámetros en pequeña señal empleados se calculan como:

$$r_{\pi 1} = \frac{V_T}{I_{B1}} = \frac{25\ mV}{10\ \mu A} = 2.5\ k\Omega;\ g_{m1} = \frac{\beta}{r_{\pi 1}} = 0.08\ \frac{A}{V};\ r_{\pi 3} = \frac{V_T}{I_{B3}} = \frac{25\ mV}{280 \mu A} = 89.2\ \Omega$$

En este circuito, la ganancia diferencial asimétrica (de la primera etapa) vale:

$$\Delta_{da1} = \frac{v_{c1}}{v_d} = \frac{-g_{m1}v_{be1}(R_C\|(r_{\pi3} + (\beta + 1)R_e))}{v_d}$$

$$= -\frac{1}{2}g_{m1}(R_C\|(r_{\pi3} + (\beta + 1)R_e)) \approx -\frac{1}{2}g_{m1}R_C = -20\ \frac{V}{V}$$

donde se demuestra que la segunda etapa carga poco a la primera ya que el valor exacto de esta ganancia es:

$$\Delta_{da1} = \frac{v_{c1}}{v_d} = -\frac{1}{2}g_{m1}(R_C\|(r_{\pi3} + (\beta + 1)R_e)) \approx -19.51\ \frac{V}{V}$$

Mientras que la ganancia de la segunda es la típica de un seguidor de emisor:

$$A_2 = \frac{v_o}{v_{c1}} = \frac{(\beta + 1)R_e}{r_{\pi3} + (\beta + 1)R_e} = 0.991\ \frac{V}{V}$$

Con lo que la ganancia diferencial asimétrica total es:

$$A_{da} = \frac{v_{o1}}{v_d} = \frac{v_{o1}}{v_{c1}}\frac{v_{c1}}{v_d} = -19.33\ \frac{V}{V}$$

Si se analiza el sistema con salida diferencial, lo único que hay que tener en cuenta es que, ante una excitación diferencial, en v_{o2} se tiene la misma señal alterna que en v_{o1} con un desfase de 180º, es decir, $v_{o2} = -v_{o1}$, de ahí que la ganancia diferencial con salida diferencial sea el doble de la que se acaba de calcular:

$$A_{dd} = \frac{v_{o1} - v_{o2}}{v_d} = \frac{2v_{o1}}{v_d} = 2A_{da} = -38.76\ \frac{V}{V}$$

Problema 3.28. Amplificador diferencial BJT con fuente JFET

En la figura se ha representado un amplificador diferencial, construido con transistores bipolares, en donde la fuente se ha realizado a partir de un transistor JFET.

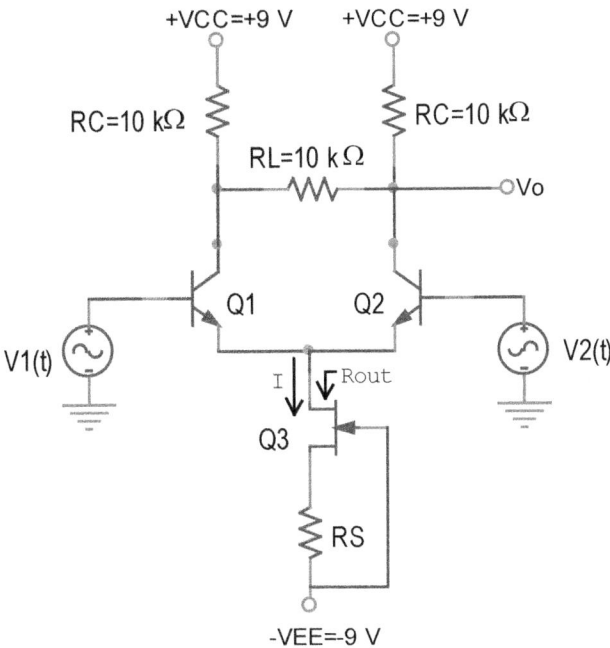

Datos de los transistores: Q_1, Q_2: $\beta = 100$; $V_{BE(ON)} = 0.7$ V; $|V_{A1}| = |V_{A2}| = \infty$

$$V_T = kT/e = 25 \text{ mV}; Q_3: I_{DSS} = 1 \text{ mA}; V_P = -5 \text{ V}; V_{A3} = 50 \text{ V}$$

a) Calcule el valor de R_S para que el valor de la corriente de polarización de la fuente I valga 0.25 mA.

b) Represente en pequeña señal la fuente de corriente y calcule su resistencia de salida R_{out}.

c) Calcule la polarización de los transistores bipolares, comprobando que los tres transistores se encuentran en la zona activa.

d) Calcule el rango de entrada en modo común.

e) Calcule el factor de rechazo CMRR.

Solución:

a) Empezamos suponiendo que el transistor JFET Q_3 se encuentra saturado (lo que a posteriori hemos de demostrar). En ese caso podemos asumir que la corriente de drenador, que ha de valer 0.25 mA, cumple la relación cuadrática: $I_{D3} = I_{DSS}\left(1 - \dfrac{V_{GS3}}{V_{P3}}\right)^2 = 0.25\ mA$

De aquí resulta fácil despejar el valor de V_{GS3}:

$$V_{GS3} = V_{P3}\left(1 \pm \sqrt{\dfrac{I_{D3}}{I_{DSS}}}\right) = \begin{cases} V_{GS3} = -7.5 < V_{P3} = -5\ V \Rightarrow solución\ no\ válida \\ V_{GS3} = -2.5 > V_{P3} = -5\ V \Rightarrow solución\ válida \end{cases}$$

donde se ha tomado la segunda solución a la ecuación dado que la primera no cumple la condición de conducción.

Por otro lado: $V_{GS3} = V_{G3} - V_{S3} = -V_{EE} - (-V_{EE} + I_{D3} \cdot R_S) = -I_{D3} \cdot R_S$

De aquí es inmediato: $R_S = \dfrac{V_{GS3}}{-I_D} = 10\ k\Omega$

Para dar por válida esta solución sería preciso demostrar el estado de saturación del transistor, lo que se hace en el apartado c).

b) El circuito en pequeña señal de la fuente resulta ser:

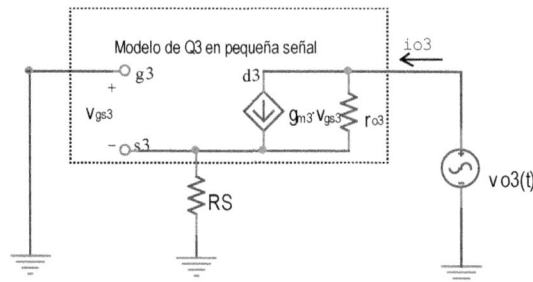

donde $g_{m3} \approx \dfrac{2I_{DSS}}{-V_{P3}}\left(1 - \dfrac{V_{GS3}}{V_{P3}}\right) = 0.2\ mA/V$; $r_{o3} = \dfrac{|V_{A3}|}{I_{D3}} = 200\ k\Omega$

La resistencia de salida se puede calcular como la relación entre la tensión v_{o3} y la corriente i_{o3}. Esta tensión v_{o3} se puede estimar como la suma de las caídas de tensión en R_S y r_{o3}: $v_{o3} = (i_{o3} - g_{m3}v_{gs3})r_{o3} + i_{o3}R_S$

donde se ha tenido en cuenta que la corriente que circula por R_S (la que sale por surtidor) es la misma i_{o3} que entra por drenador.

Por otra parte, se tiene que: $v_{gs3} = 0 - i_{o3}R_S = -i_{o3}R_S$, con lo que sustituyendo:

$$v_{o3} = (i_{o3} - g_{m3}(-i_{o3}R_S))r_{o3} + i_{o3}R_S$$

Así, la resistencia de salida vale:

$$R_{out} = \frac{(i_{o3} - g_{m3}(-i_{o3}R_S))r_{o3} + i_{o3}R_S}{i_{o3}} = (1 + g_{m3}R_S)r_{o3} + R_S = 610 \ k\Omega$$

Nótese que la existencia de R_S incrementa considerablemente la resistencia de salida que, caso de no existir R_S, valdría $r_{o3} = 200 \ k\Omega$.

c) Dada la simetría del circuito, la corriente de los transistores del par es prácticamente la mitad de la proporcionada por la fuente:

$$I_{C1} = I_{C2} = \alpha I_{E1} = \frac{\beta}{\beta + 1} I_{E1} = \frac{\beta}{\beta + 1} \frac{I_{D3}}{2} = 0.1237 \ mA$$

Por el teorema de Bartlett o, simplemente, razonando que en los colectores de ambos transistores debe existir la misma tensión continua, se deduce que por la carga (R_L) no circula corriente continua. Por tanto, esta resistencia no tiene efecto en el cálculo del punto de polarización. Así, la tensión en los colectores vale:

$$V_{C1} = V_{C2} = V_o = V_{CC} - I_{C2}R_C = 7.76 \ V$$

Este valor, teniendo en cuenta que la tensión continua en las bases es nula, demuestra la condición de activa de los transistores del par diferencial:

$$V_{BC1} = V_{BC2} = 0 - V_{C2} = -7.76 \ V < 0$$

Igualmente, la tensión V_{DS3} se puede calcular del modo:

$$V_{DS3} = V_{D3} - V_{S3} = (0 - V_{BE(ON)1}) - (-V_{EE} + I_D R_S) = -0.7 \ V - (-6.5) = 5.8 \ V$$

Tensión que cumple la condición de saturación:

$$V_{DS3} = 5.8 \ V > V_{GS3} - V_P = 2.5 \ V$$

La tabla siguiente resume el punto de polarización de los transistores:

	I_C	V_{CE}	Región		I_D	V_{DS}	Región
Q_1, Q_2	0.123 mA	8.46 V	Activa	Q_3	0.25 mA	5.8 V	Saturación

d) El margen superior lo imponen los transistores del par:

$V_{B1,2} = V_{CM} < V_{C1,2} = 7.76\ V \Rightarrow V_{CM} < 7.76\ V$

El margen inferior lo determina la salida de saturación de pinch-off o saturación Q_3:

$V_{D3} = V_{CM} - V_{BE(ON)1} > V_{G3} - V_{P3} = -9 - (-5) = -4 \Rightarrow V_{CM} > -4 + 0.7 = -3.3$

Así el rango es: $V_{CM} \in [-3.3\ V, +7.76\ V]$

e) Para calcular el factor de rechazo en modo común es preciso calcular las ganancias en modo diferencial y común. La única particularidad de este circuito frente a los de ejercicios anteriores la constituye la posición de la resistencia de carga R_L. Para poder aplicar Bartlett es necesario dividir R_L en dos resistencias en serie de valor $R_L/2$. Tras eso, los circuitos equivalentes (antes de sustituir el transistor por su modelo de pequeña señal) quedan para cada modo tal y como sigue:

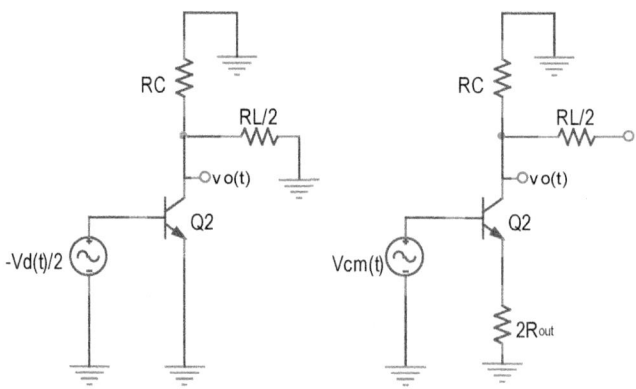

Circuito en modo diferencial   **Circuito en modo común**

Como se observa, la resistencia de salida de la fuente (R_{out}), de nuevo, sólo aparece en el circuito en modo común. En cambio, R_L en este circuito no tiene efecto (al igual que en continua, que no deja de ser otra forma de modo común, con las dos entradas conectadas a tierra).

La ganancia diferencial no es más que la de una etapa en emisor común:

$\Delta_{da} = \dfrac{v_o}{v_d} = +\dfrac{1}{2}g_{m2}\left(R_C\| \dfrac{R_L}{2}\right) = +8.25\ \dfrac{V}{V}$; siendo $g_{m2} = \dfrac{I_{C2}}{V_T} = 4.95\ \dfrac{mA}{V}$

donde el factor de +1/2 se justifica por tomar la salida asimétrica en el colector del transistor donde se aplica la entrada negativa.

Por su parte, la ganancia en modo común es la de una etapa en emisor común con resistencia de emisor de valor $2 \cdot R_{out}$:

$$\Delta_{cma} = \frac{v_o}{v_{cm}} = -\frac{\beta R_C}{r_{\pi 2} + (\beta + 1)2R_{out}} = -0.0081 \ \frac{V}{V}, \text{ con } r_{\pi 2} = \frac{\beta}{g_{m2}} = 20.2 \ k\Omega$$

De la relación de las ganancias se obtiene el factor CMRR:

$$CMRR = \left| \frac{\Delta_{da}}{\Delta_{cma}} \right| = 1016.7 \Rightarrow CMRR(dB) = 20 \log_{10} \left(\frac{\Delta_{da}}{\Delta_{cma}} \right) = 60.14 \ dB$$

Problema 3.29. Amplificador diferencial BJT de dos etapas

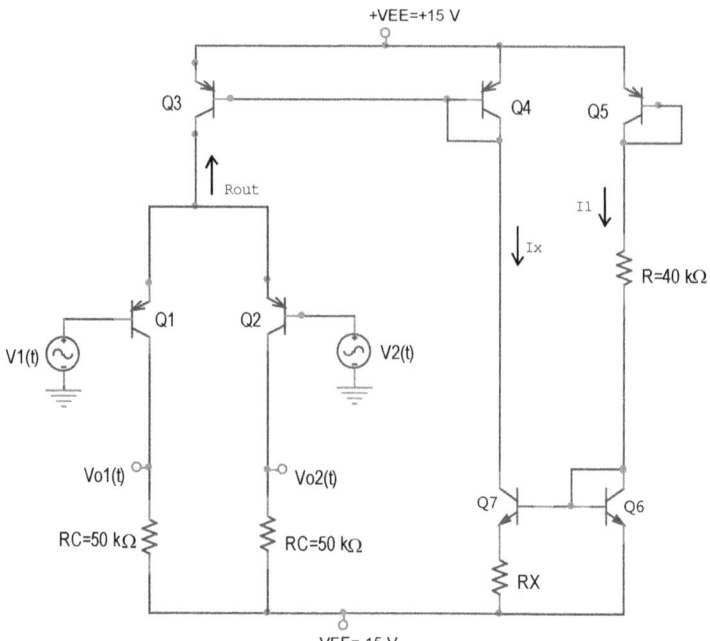

En la figura se ha representado, muy simplificada, la primera etapa de un amplificador operacional integrado. Datos: $V_T = kT/e = 25mV$

Q_1, Q_2, Q_3, Q_4, Q_5: $\beta = 50; V_{EB(ON)} = 0.7V$

Q_6, Q_7: $\beta = 200; V_{BE(ON)} = 0.7\ V$. Para Q_7 y Q_3: $|V_{A3}| = |V_{A7}| = 100\ V$

Para los demás transistores suponga que $|V_A| = \infty$

a) Determine el tipo de fuente de corriente que forman los transistores Q_6 y Q_7. Asimismo, calcule el valor de la corriente I_1.

Se sabe que R_X está diseñada para que el valor de la corriente I_X valga 50 μA. Suponiendo despreciables las corrientes de base:

b) Calcule el valor de la resistencia de salida R_{out} de la fuente de corriente formada por el transistor Q_3.

c) Calcule el punto de trabajo de los transistores. (Desprecie las corrientes de base).

d) Calcule la ganancia con entrada en modo común tanto si se toma la salida en v_{o1} ($v_o = v_{o1}$) como si se hace entre los puntos v_{o1} y v_{o2} ($v_o = v_{o1} - v_{o2}$).

e) Repita el apartado anterior si la resistencia en el colector de Q_1 vale un 5% más.

Solución:

a) Q_6 y Q_7 forman un espejo de corriente Widlar que impone la corriente por el transistor Q_4, el cual, a su vez, conforma un espejo básico con el transistor Q_3. Q_5, por su parte, no es más que un transistor polarizado en la configuración diodo de modo que entre emisor y base (colector) caiga la tensión $V_{EB(ON)}$. Teniendo en cuenta esto y despreciando las corrientes de base se tiene que:

$$I_1 = I_{C5} = I_{C6} = \frac{(V_{EE} - V_{EB5(ON)}) - (-V_{EE} + V_{BE6(ON)})}{R} = \frac{28.6 \ V}{40 \ k\Omega} = 0.715 \ mA$$

b) Al tratarse de un espejo simple (el que forman Q_3 y Q_4) la resistencia de salida no es sino la del transistor Q_3. Esta vale: $R_{out} = r_{o3} = \frac{|V_A|}{I_{C3}} = \frac{100 \ V}{50 \mu A} := 2 \ M\Omega$

c) En el apartado anterior se ha deducido la corriente que circula por todos los transistores salvo por Q_1 y Q_2, por los que pasa la mitad (25 µA) de la corriente generada por el Widlar y repetida por el espejo de Q_3 y Q_4.

La tabla que sigue más adelante resume el punto de polarización de todos los transistores, teniendo en cuenta que las tensiones en los terminales de los transistores del espejo valen: $V_{E7} = -V_{EE} + I_X R_X = -14.93 \ V$

$V_{B1} = V_{B1} = 0; \quad V_{E1} = V_{E2} = 0.7 \ V; \quad V_{C1} = V_{C2} = -V_{EE} + I_{C1}R_C = -13.75 \ V$

Transistores PNP				Transistores NPN		
	I_C	V_{EC}	Región		I_C	V_{CE}	Región
Q_1, Q_2	25 µA	14.45 V	Activa	Q_6	0.715 mA	0.7 V	Activa
Q_3	50 µA	14.3	Activa	Q_7	50 µA	29.23 V	Activa
Q_4	50 µA	0.7 V	Activa				
Q_5	0.715 mA	0.7 V	Activa				

d) En modo común, tras aplicar Bartlett, el circuito que queda es el de una etapa en emisor común con resistencia de emisor (el doble de la resistencia de salida de la fuente, ya calculada).

Así, la ganancia en modo común con salida asimétrica no es sino la típica de este tipo de etapa:

$$\Delta_{cma} = \frac{v_{o1}}{v_{cm}} = -\frac{\beta R_C}{r_{\pi 1} + (\beta + 1)2R_{out}} \approx -\frac{R_C}{2R_{out}} = -0.0125\frac{V}{V}$$

siendo $r_{\pi 1} = \frac{V_T}{I_{B1}} = \frac{25\ mV}{25\ \mu A/100} = 100k\Omega \ll (\beta + 1)2R_{out}$

Dado que la estructura es, en principio, perfectamente simétrica, la ganancia en modo común con salida diferencial es nula ya que en las salidas v_{o1} y v_{o2} habrá la misma tensión: $\Delta_{cmd} = \frac{v_{o1}-v_{o2}}{v_{cm}} = 0$

e) Un incremento en la resistencia de colector no modifica sustancialmente la ganancia con salida asimétrica:

$$\Delta_{cma} = \frac{v_{o1}}{v_{cm}} = -\frac{R_C + \Delta R_C}{2R_{out}} = -\frac{R_C + \frac{5}{100}R_C}{2R_{out}} = -0.0131\frac{V}{V}$$

Sin embargo, al introducir un elemento de asimetría, provoca que la ganancia en modo común con salida diferencial ya no sea nula:

$$\Delta_{cmd} = \frac{v_{o1} - v_{o2}}{v_{cm}} = \frac{v_{o1}}{v_{cm}} - \frac{v_{o2}}{v_{cm}} = \left(-\frac{R_C + \Delta R_C}{2R_{out}}\right) - \left(-\frac{R_C}{2R_{out}}\right) = -\frac{\Delta R_C}{2R_{out}} =$$

$$\Delta_{cmd} = \Delta_{cma}\frac{\Delta R_C}{R_C} = \Delta_{cma}\frac{5}{100} = -0.000625\ \frac{V}{V}$$

Problema 3.30. Amplificador diferencial de dos etapas con BJT

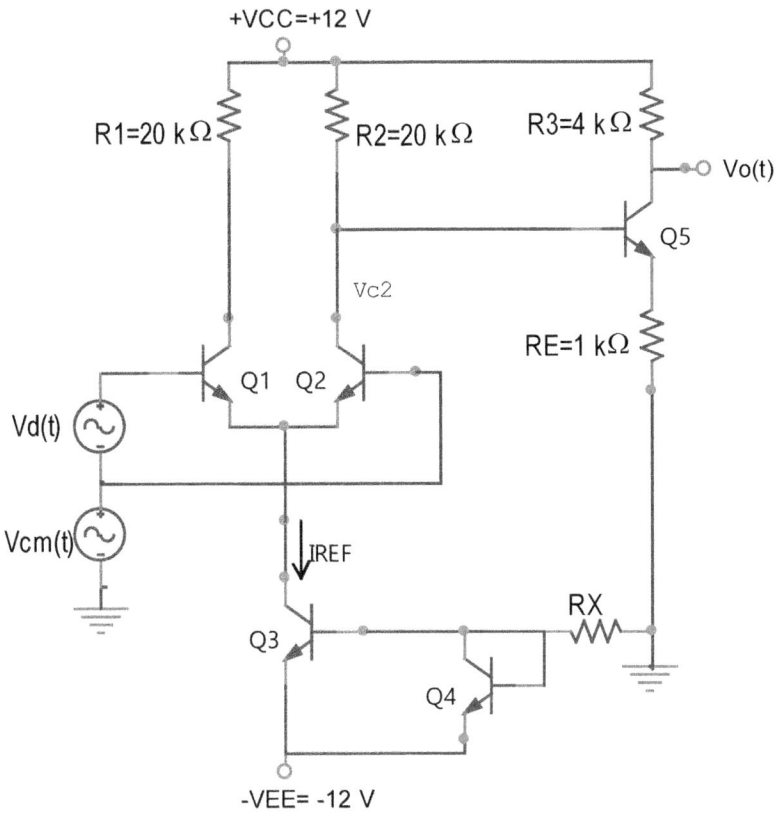

Datos: Para todos los transistores: $V_T = kT/e = 25mV$

$V_{BE(ON)} = 0.7\,V; \beta = 200; Q_1, Q_2, Q_4, Q_5: |V_A| = \infty; Q3: |V_A| = 50V$

En el circuito diferencial de la figura:

a) Calcule R_X para que I_{REF} valga 1 mA. .

b) Razone la utilidad del transistor Q_4.

c) Calcule el punto de polarización (I_{CQ}, V_{CEQ}) de todos los transistores, comprobando las condiciones de su región de funcionamiento. .

d) Calcule la ganancia en modo común.

e) Calcule la ganancia en modo diferencial.

f) Para $v_{cm}(t) = 40 \cdot sen(\omega \cdot t)(\mu V)$ **y** $v_d(t) = 3 \cdot sen(\omega \cdot t)(\mu V)$, **determine el valor en pequeña señal de la salida** v_o. **¿Cuánto valdría la salida si la señal de entrada diferencial tuviera aparejada una resistencia de 100 kΩ?**

Solución:

a) Los transistores Q_3 y Q_4 forman un espejo de corriente ya que la tensión V_{BE} de ambos transistores es la misma y, por tanto, si Q_3 está en activa las corrientes de colector cumplen que $I_{C3} = I_{C4}$.

La corriente I_{RX} ha de alimentar el colector de Q_4 (por el que circula la misma corriente I_{REF} que se pretende diseñar) y las bases de ambos transistores. Así se tiene: $I_{RX} = I_{C4} + I_{B4} + I_{B3} = I_{REF} + \frac{I_{REF}}{\beta} + \frac{I_{REF}}{\beta} = I_{REF}\left(1 + \frac{2}{\beta}\right) = 1.01 \ mA$

Por otro lado:

$$I_{RX} = \frac{0 - (V_{BE(ON)4} - V_{EE})}{R_X} = 1.01 \ mA \Rightarrow R_X = \frac{0 - (V_{BE(ON)4} - V_{EE})}{I_{RX}} = 11.188 \ k\Omega$$

b) Si no se emplease el transistor Q_4 la resistencia R_X determinaría la corriente I_{REF} del modo: $I_{REF} = \beta I_{RX} = \beta \left(\frac{0 - (V_{BE(ON)} - V_{EE})}{R_X}\right)$

Como se observa en la expresión anterior, I_{REF} tiene una fuerte dependencia con beta (es directamente proporcional). Esta dependencia es muy inferior al emplearse el susodicho transistor en la configuración diodo.

c) La corriente de polarización de los transistores del par diferencial vale:

$$I_{E1} = I_{E2} = \frac{I_{REF}}{2} = 0.5 \ mA \Rightarrow I_{C1} = I_{C2} = \frac{\beta}{\beta+1}I_{E1} = 0.49 \ mA$$

De donde: $I_{B1} = I_{B2} = \frac{I_{E1}}{\beta+1} = 2.487 \ \mu A$

La tensión en los colectores (despreciando la corriente que se deriva por la base de Q_5) es: $V_{C1} \approx V_{C2} = V_{CC} - (I_{C2} + I_{B5})R_2 \approx V_{CC} - I_{C2}R_2 = 2.05 \ V$

Si suponemos que la componente continua en las entradas es nula, se prueba fácilmente que el transistor está en activa: $V_{B1} = V_{B2} = 0 < V_{C1} \approx 2.05 \ V$

La tensión en emisor de ambos transistores también prueba que el transistor de la fuente (Q_3) está en activa (el transistor Q_4 está en activa al encontrarse polarizado con la configuración diodo dado que $V_{BC4} = 0$):

$$V_{B3} = -V_{EE} + V_{BE(ON)4} = -11.3 < V_{C3} = 0 - V_{BE(ON)1} = -0.7 \ V$$

Las corrientes de polarización de Q_5 se estiman a partir de la tensión V_{C2}:

$$I_{E5} = \frac{V_{E5}}{R_E} = \frac{V_{B5} - V_{BE(ON)5}}{R_E} = \frac{V_{C2} - V_{BE(ON)5}}{R_E} = 1.35 \ mA$$

$$I_{B5} = \frac{I_{E5}}{\beta + 1} = 6.716 \ \mu A \ ; \ I_{C5} = \frac{\beta I_{E5}}{\beta + 1} = 1.343 \ mA$$

Este valor obtenido de la corriente de base justifica el que se la despreciara anteriormente, ya que $I_{B5} \ll I_{C2}$.

Finalmente la tensión en el colector de Q_5 demuestra también que está en activa:

$$V_{B5} = 2.05 \ V < V_{C5} = V_{CC} - I_{C5}R_3 = V_{CC} - I_{C2}R_2 = 6.6 \ V$$

El cuadro siguiente resume el punto de polarización de todos los transistores:

	I_B	I_C	V_{CE}	Región
Q_1	2.487 μA	0.497 mA	2.75 V	Activa
Q_2	2.487 μA	0.497 mA	2.75 V	Activa
Q_3	5 μA	1 mA	11.3 V	Activa
Q_4	5 μA	1 mA	0.7 V	Activa
Q_5	6.716 μA	1.35 mA	5.25 V	Activa

d) Para determinar la ganancia en modo común es preciso conocer la resistencia de salida de la fuente, que coincide con la resistencia de salida de Q_3:

$$R_{out} = r_{o3} = \frac{|V_A|}{I_{C3}} = \frac{50 \ V}{1 \ mA} = 50 k\Omega$$

Tras aplicar Bartlett, el circuito queda como se puede observar en la figura siguiente. En ella, claramente se observa que el circuito equivalente consta de dos etapas de emisor común con resistencia de emisor. La ganancia de la primera etapa (que es la que realmente rechaza el modo común) sigue la expresión:

$$\Delta_{cma1} = \frac{v_{c2}}{v_{cm}} = -\frac{\beta(R_2 \| R_{IN2})}{r_{\pi2} + (\beta+1)(2R_{out})} \approx -\frac{(R_2 \| R_{IN2})}{2R_{out}}$$

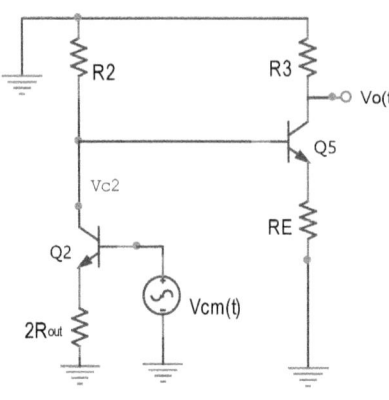

donde $r_{\pi2} = \frac{V_T}{I_{B2}} = \frac{25\ mV}{2.487\ \mu A} = 10k\Omega$ y R_{IN2} indica la resistencia de entrada de la segunda etapa. Esta resulta ser:

$$R_{IN2} = r_{\pi5} + (\beta+1)(R_E) = 204.72\ k\Omega$$

siendo

$$r_{\pi5} = \frac{V_T}{I_{B5}} = \frac{25\ mV}{6.71\ \mu A} = 3.72k\Omega$$

Así, la ganancia en modo común de la primera etapa vale:

$$\Delta_{cma1} \approx -\frac{(R_2 \| R_{IN2})}{2R_{out}} = -0.1822\frac{V}{V}$$

La ganancia de la segunda etapa sigue una expresión similar:

$$\Delta_2 = \frac{v_{o1}}{v_{c2}} = -\frac{\beta R_3}{r_{\pi5} + (\beta+1)R_E} = -3.9\frac{V}{V}$$

Multiplicando estas dos ganancias parciales, la ganancia total en modo común resulta ser: $\Delta_{cm} = \frac{v_o}{v_{cm}} = 0.708\frac{V}{V}$

e) En modo diferencial, el circuito equivalente sería el mismo que el anterior salvo que el emisor de Q_2 quedaría conectado a tierra (y la entrada sería $-v_d/2$). Así la primera etapa es un amplificador en emisor común cuya ganancia vale:

$$\Delta_{da1} = \frac{v_{c2}}{v_d} = +\frac{1}{2}g_{m2}(R_2 \| R_{IN2}) = 182.2\ \frac{V}{V};\ con\ g_{m2} = \frac{\beta}{r_{\pi2}} = 20\ mA/V$$

En la expresión anterior el factor $+1/2$ se justifica por ser la salida asimétrica en el colector del transistor al que se aplica la entrada negativa.

La ganancia diferencial total resulta de multiplicar este valor obtenido por la ganancia de la segunda etapa que ya se calculó en el apartado anterior:

$$\Delta_d = \frac{v_o}{v_d} = (182.2) \cdot (-3.9) = -710.58 \frac{V}{V}$$

f) Conocidas las dos ganancias (en modo común y diferencial) la señal alterna a la salida no es sino el resultado de amplificar ambas entradas. Así se tiene que:

$$v_o(t) = \Delta_d v_d(t) + \Delta_{cm} v_{cm}(t) = -710.58 \cdot v_d(t) + 0.708 \cdot v_{cm}(t)$$

Así para las entradas propuestas en el enunciado, la salida vale:

$$v_o(t) = -710.58 \cdot \left(0.003 \cdot sen(\omega t)\right) + 0.708 \cdot \left(0.04 \cdot sen(\omega t)\right) = -2.10 sen(\omega t)(mV)$$

Nótese que, aunque la magnitud de la señal en modo común es más de 10 veces superior a la entrada diferencial, la salida apenas se ve afectada por el segundo sumando, esto es, por la propia señal común.

En los problemas anteriores se ha supuesto que los generadores de entrada son ideales, es decir, que no poseen límites a la hora de suministrar corrientes. Sin embargo, en la realidad esto nunca es así. Este fenómeno se puede modelar si en la ganancia de la etapa de entrada se considera este efecto atenuador. Así, para la ganancia diferencial se tiene: $\Delta_{d(real)} = \frac{R_{ind}}{R_g + R_{ind}} \Delta_d$, siendo R_{ind} la impedancia de entrada diferencial y R_g la resistencia asociada a la fuente (100 kΩ en este caso).

En el amplificador empleado la resistencia diferencial vale: $R_{ind} = 2r_{\pi 2} = 20k\Omega$.

De este modo, la nueva ganancia se reduce a un valor de:

$$\Delta_{d(real)} = \frac{20}{100 + 20}(-710.58) = -118.43 \frac{V}{V}$$

Así, con la entrada diferencial de la que habla el enunciado, la salida sería:

$$v_o(t) \approx -118.43 \cdot \left(0.003 \cdot sen(\omega t)\right) = -0.355 sen(\omega t)\ (mV)$$

Problema 3.31. Diferencial de dos etapas con BJT y FET

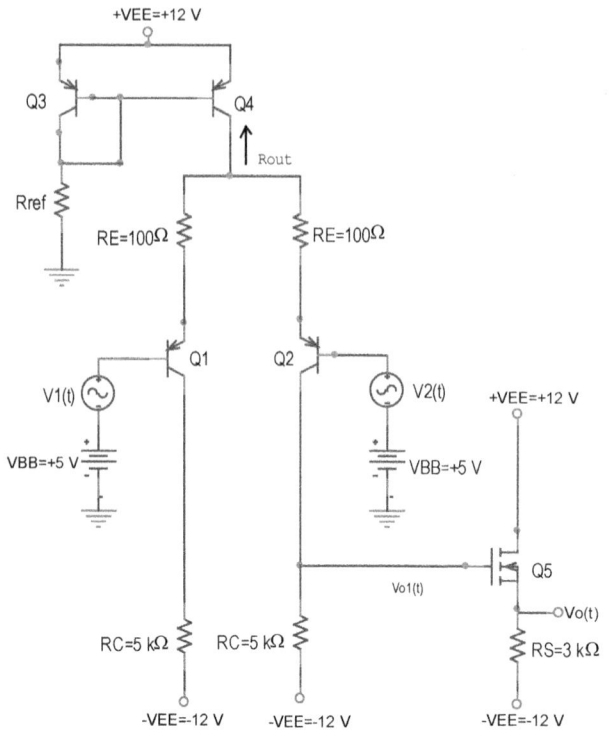

Resuelva las siguientes cuestiones relativas al amplificador de la figura

Datos:

Q_1, Q_3, Q_3, Q_4:

$V_{EB(ON)} = 0.7V$;

$\beta = 100$;

$V_{A1,2,3} = \infty$;

$V_{A4} = 60V$,

$V_t = kT/e = 0.025V$

Q_5:

$K_5 = 1\frac{mA}{V^2}$; $V_T = 1V$;

a) Determinar la función de los cinco transistores del circuito y el tipo de etapa en el que se incluyen.

b) Determinar el punto de trabajo que ha de presentar el transistor Q_5 para que el nivel de continua de la salida sea 0 V. Diseñe asimismo el valor de R_{REF} para que Q_5 se encuentre en ese punto de trabajo. Nota: desprecie las corrientes de base.

c) Determine la resistencia de salida (R_{out}) del subcircuito formado por Q_3 y Q_4. ¿Por qué interesa que este valor sea elevado? ¿Cómo se podría aumentar?

d) Aplicando el teorema de Bartlett, represente el modelo en pequeña señal para el modo diferencial, calculando los valores de los parámetros en pequeña señal.

e) Determine la ganancia diferencial del circuito $\left(\Delta_d = \frac{v_o}{v_1 - v_2}\right)$.

f) Aplicando de nuevo el teorema de Bartlett, represente el modelo en pequeña señal para el modo común, determine la ganancia en modo común $\left(\Delta_{cm} = \dfrac{v_o}{v_{cm}} = \dfrac{v_o}{v_1}\Big|_{v_1=v_2} \right)$ **así como el CMRR.**

Solución:

a) Q_1 y Q_2 forman un par diferencial con salida asimétrica, Q_3 y Q_4 constituyen un espejo básico de corriente que alimenta el diferencial mientras que Q_5 forma una etapa seguidora de surtidor (o en drenador común).

b) Si la salida es 0 V en continua se tiene que:

$$I_{D5} = \frac{0 - (-V_{EE})}{R_S} = 4 \ mA$$

Suponiendo que Q_5 está en saturación o pinch-off se tiene que:

$$I_{D5} = K_5 (V_{GS5} - V_{T5})^2 \rightarrow V_{GS5} = V_{T5} + \sqrt{\frac{I_{D5}}{K_5}} = 3 \ V$$

Por tanto, el punto de trabajo del transistor es:

$V_{GS5} = 3 \ V; I_{D5} = 4 \ mA; V_{DS5} = 12 - 0 = 12 \ V.$ Este punto cumple las condiciones para estar en saturación:

$$V_{GS5} = 3 \ V > V_{T5} = 1 \ V; V_{DS5} = 12 \ V > V_{GS5} - V_T = 2 \ V$$

Puesto que la tensión en la puerta de Q_5 es 3 V, se tiene que por Q_2 la corriente ha de ser: $I_{C2} = \frac{3-(-V_{EE})}{R_C} = 3 \ mA$

Teniendo en cuenta que las corrientes de base son despreciables y la simetría del diferencial y de la fuente de corriente, la corriente que ha de proporcionar la fuente ha de ser: $I_{C3} = I_{C4} = I_{C1} + I_{C2} = 6 \ mA$

De donde se tiene que: $R_{REF} = \frac{(+V_{EE} - V_{EB(ON)3}) - 0}{I_{C3}} = 1.88 \ k\Omega$

Nótese que Q_1 y Q_2 están en activa ya que $V_B > V_C (V_{CB} < 0)$

$$V_{B1} = V_{B2} = V_{BB} = 5 \ V > V_{C1} = V_{C2} = 3 \ V$$

c) La resistencia de salida es la del transistor Q_4:

$$R_{out} = r_{o4} = \frac{V_{A4}}{I_{C4}} = 10 \ k\Omega$$

Es deseable un elevado valor de este parámetro para aumentar el factor de rechazo al modo común (CMRR). Se podría mejorar utilizando un tipo de espejo más complejo (como el Wilson o la fuente Widlar)

d) Tras aplicar Bartlett el modelo en modo diferencial queda como sigue:

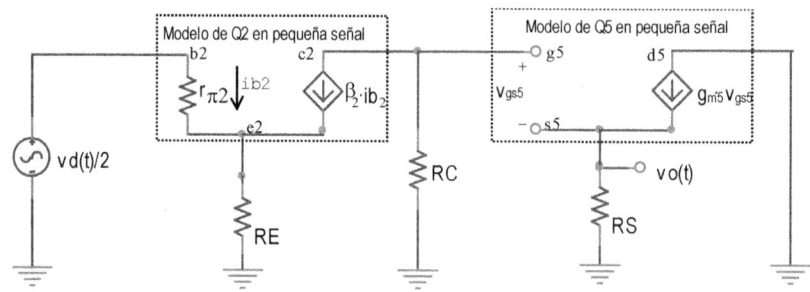

$$r_{\pi 2} = \frac{V_t}{I_{B2}} = \frac{V_t}{I_{C2}/\beta} = \frac{0.025}{3mA/100} = 833 \ \Omega \ ; g_{m5} = 2K_5(V_{GS5} - V_{T5}) = 4 \ mA/V$$

e) La ganancia resulta del producto de las ganancias de las dos etapas (una bipolar en emisor común con resistencia de emisor y otra FET en drenador común):

$$\Delta_d = \frac{v_o}{v_1 - v_2} = \frac{v_o}{v_d} = \left(\frac{1}{2}\frac{\beta R_C}{r_{\pi 2} + (\beta + 1)R_E}\right)\left(\frac{g_{m5}R_S}{1 + g_{m5}R_S}\right) = 22.86 \cdot 0.92 \approx 21 \ \frac{V}{V}$$

f) Teniendo en cuenta que la resistencia de salida de la fuente de corriente es r_{o4}, el modelo en pequeña señal en modo común, tras aplicar Bartlett, queda como sigue:

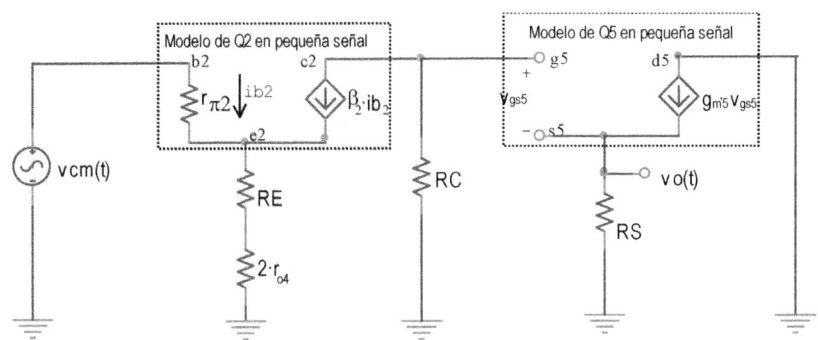

De donde se obtiene que:

$$\Delta_{cm} = \frac{v_o}{v_{cm}} = \left(\frac{\beta R_C}{r_{\pi 2} + (\beta + 1)(R_E + 2r_{o4})}\right)\left(\frac{g_{m5}R_s}{1 + g_{m5}R_s}\right) = 0.24 \cdot 0.92 \approx 0.22 \; \frac{V}{V}$$

$$CMRR = \frac{\Delta_d}{\Delta_{cm}} = \frac{21}{0.22} = 92.7 \rightarrow CMRR(dB) = 20 \, log_{10}(92.7) = 39.3 \; dB$$

Problema 3.32. Amplificador diferencial MOSFET seguido de etapa bipolar

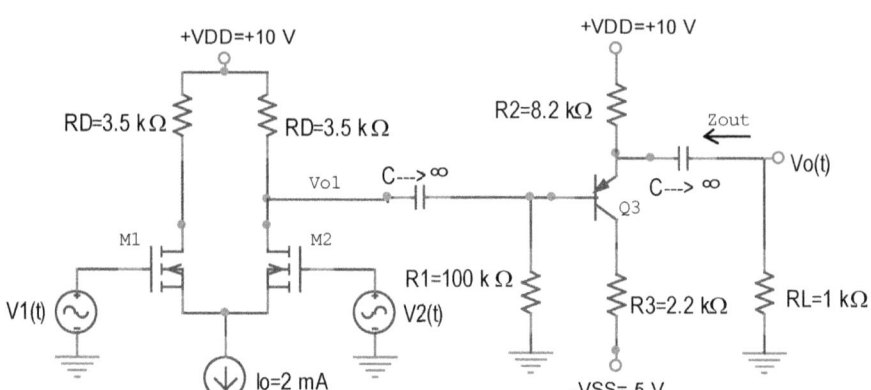

Datos:

Transistores M_1 y M_2: $K = 1\frac{mA}{V^2}; V_T = 1\ V; V_A = \infty$

Transistor Q_3: $V_{EB(ON)} = 0.7\ V; V_{EC(SAT)} = 0.2\ V; \beta = 100; V_A = \infty,$

$V_t = kT/e = 0.025\ V$

Nota: V_1 y V_2 son generadores de señal senoidal sin nivel de continua.

En relación con el circuito representado más arriba, responda a las siguientes cuestiones:

a) Comente el tipo y la función de cada transistor, así como el tipo de conexión entre las etapas.

b) Determine el punto de trabajo de todos los transistores, indicando su región de trabajo.

c) Calcule el máximo valor que puede tener R_D para que los transistores M_1 y M_2 funcionen correctamente.

d) Calcule el máximo valor en continua que se puede aplicar en ambas entradas sin provocar problemas en el par diferencial.

e) Represente el circuito en pequeña señal y determine la ganancia en modo diferencial $\left(\frac{v_o}{v_1-v_2}\right)$.

f) ¿Dónde colocaría un condensador de desacoplo para aumentar notablemente la ganancia calculada en el apartado anterior?

g) Teóricamente, ¿cuánto vale la ganancia en modo común y el CMRR de este amplificador?

Solución:

a) M_1 y M_2 son dos transistores MOSFET de canal N que conforman un amplificador diferencial con salida asimétrica en el drenador de M_2.

Q$_3$ es un transistor bipolar PNP que trabaja en una etapa en emisor común con resistencia de emisor (aquí, R_2).

Ambas etapas están conectadas mediante un condensador de desacoplo (en principio ideal) que impide el paso de tensión y corriente continua de una etapa a la otra, razón por la que la polarización de una etapa no afecta a la de la siguiente y viceversa.

b) A la hora de estudiar la polarización se entiende (tal y como, además, explicita el enunciado) que las señales de entrada (v_1 y v_2) no poseen ningún componente de continua. Esto supone que, a efectos de estudiar la polarización, la tensión continua en las puertas de ambos transistores es nula ($V_{G1} = V_{G2} = 0V$). Además, tal y como se ha comentado, el condensador de desacoplo aísla en continua las dos etapas, de forma que la polarización de cada una se puede estudiar por separado. Igualmente, el segundo condensador de desacoplo, colocado a la salida, anula el efecto de la carga R_L sobre el punto de trabajo.

El par diferencial está alimentado mediante una fuente de corriente ideal que proporciona 2 mA. Por simetría, resulta claro que dicha corriente se reparte por igual entre las dos ramas, de forma que:

$$I_{D1} = I_{D2} = \frac{I_o}{2} = 1 \ mA$$

Asumiendo que ambos transistores se encuentran en saturación o pinch-off (algo que se demostrará con posterioridad), se tendría que la tensión puerta-fuente (V_{GS}) de M_1 y M_2 se puede calcular a partir de esta corriente, despejando de la relación tensión-corriente de la región de saturación:

$$I_{D1} = I_{D2} = K_1(V_{GS1} - V_{T1})^2 \Rightarrow V_{GS2} = V_{GS1} = \pm\sqrt{\frac{I_{D1}}{K_1}} + V_{T1} = \begin{cases} 2\ V \to solución\ válida \\ 0\ V \to sol.\ no\ válida \end{cases}$$

De estas dos soluciones matemáticas a la ecuación, sólo la primera es válida (2 V), ya que es la única que cumple la condición de conducción ($V_{GS} > V_T$) que está implícita en el hecho de suponer que los transistores están saturados.

Conociendo la corriente I_D es también inmediato calcular la tensión en los drenadores:

$$V_{D1} = V_{D2} = V_{DD} - I_{D1}R_D = 10 - 1\ mA \cdot 3.5\ k\Omega = +6.5\ V$$

Por su parte, la tensión en surtidor se calcula en función de la tensión de puerta-fuente calculada y de la tensión de puerta (que en continua ya hemos dicho que es nula) ya que:

$$V_{GS1} = V_{G1} - V_{S1} \to V_{S2} = V_{S1} = V_{G1} - V_{GS1} = 0 - 2 = -2\ V$$

De aquí es inmediato conocer la tensión drenador-fuente (V_{DS}) y demostrar que también se cumple la segunda condición para trabajar en saturación:

$$V_{DS2} = V_{DS1} = V_{D1} - V_{S1} = 6.5 - (-2) = 8.5\ V > V_{GS1} - V_{T1} = 2 - 1 = +1\ V$$

Con ello ya habríamos calculado el punto de trabajo de los transistores del par diferencial.

En cuanto al bipolar, su polarización se puede calcular si se tiene en cuenta que V_{DD} es la suma de las tensiones que caen en R_2, en R_1 y entre emisor y base:

$$V_{DD} = I_{E3}R_2 + V_{EB3} + I_{B3}R_1$$

Asumiendo que el transistor se encuentra en activa, se tiene que: $V_{EB} = V_{EB(ON)}$ y que $I_E = (\beta + 1) \cdot I_B$, de modo que:

$$V_{DD} = (\beta + 1)I_{B3}R_2 + V_{EB3(ON)} + I_{B3}R_1 \to I_{B3} = \frac{V_{DD} - V_{EB3(ON)}}{R_1 + (\beta + 1)R_2} = 10.02\ \mu A$$

De donde resulta inmediato que:

$$I_{C3} = \beta I_{B3} = 1.002\ mA;\ I_{E3} = (\beta + 1)I_{B3} = 1.012\ mA$$

Conociendo estas corrientes es inmediato determinar la tensión entre colector y emisor V_{EC}:

$$V_{EC3} = V_{E3} - V_{C3} = (V_{DD} - I_{E3}R_2) - (-V_{SS} + I_{C3}R_3) = 1.70 - (-2.79) = 4.49\ V$$

Este valor, que cumple que $V_{EC} > V_{EC(SAT)}$, junto con el hecho de que la corriente es entrante por emisor y saliente por colector y base, confirma que el transistor se encuentra en activa

La tabla siguiente recapitula el punto de polarización de los tres dispositivos.

Transistores M$_1$ y M$_2$		Transistor Q$_3$	
I_D	1 mA	I_B	10.02 μA
V_{GS}	2 V	I_C	1.002 mA
V_{DS}	8.5 V	V_{EB}	≈ 0.7 V
		V_{EC}	4.49 V

c) El valor de R_D determina la tensión continua en drenador. Un valor demasiado alto de esta resistencia puede provocar que la tensión entre drenador-fuente no garantice la condición de saturación o pinch-off. Para que se mantenga esa condición se debe cumplir: $V_{DS1} > V_{GS1} - V_{T1} \rightarrow V_{D1} - V_{S1} > V_{G1} - V_{S1} - V_{T1} \rightarrow V_{D1} > V_{G1} - V_{T1} = -V_{T1}$

donde se ha considerado, de nuevo, que la tensión continua en las puertas de M$_1$ y M$_2$ es nula.

Teniendo en cuenta la relación entre V_D y R_D se obtiene la siguiente condición:

$$V_{D1} = V_{DD} - I_{D1}R_D > -V_{T1} \rightarrow R_D < \frac{V_{DD} + V_{T1}}{I_{D1}} = \frac{10V + 1V}{1 \; mA} = 11 \; k\Omega$$

Un valor de R_D igual o superior a 11 kΩ provocaría que los transistores del par diferencial salieran de saturación y entraran en la región gradual (triodo u óhmica) donde el funcionamiento de los dispositivos como amplificador lineal se ve notablemente degradado.

d) El par diferencial rechaza el modo común (esto es, su salida permanece prácticamente inalterable ante variaciones de una tensión común en las entradas). Sin embargo, esto solo es cierto si los transistores se mantienen en la región de saturación. Así, si en lugar de asumir que la tensión continua en las entradas es cero, se aplicara en ambas puertas una tensión común V_{CM} ($V_{G1} = V_{G2} = V_{CM}$) la condición de saturación obligaría a que:

$$V_{D1} = 6.5V > V_{G1} - V_{T1} = V_{CM} - V_{T1} \rightarrow V_{CM} < V_{D1} + V_{T1} = 7.5\ V$$

Este valor establece el rango de entrada superior de la tensión en modo común.

e) Para construir el circuito equivalente en pequeña señal en modo diferencial debemos en primer lugar aplicar el teorema de Bartlett, que permite simplificar circuitos simétricos.

En este caso, el eje de simetría (representado en la figura que sigue con una línea discontinua en trazo grueso) es, evidentemente, el que separa en dos semicircuitos idénticos el diferencial.

Como se está analizando el modo diferencial, el teorema de Bartlett impone un cortocircuito a tierra en aquellos puntos que atraviese el eje de simetrías (aquí, los surtidores –o fuentes- de M_1 y M_2, que quedarían de este modo separados).

En relación con la aplicación del teorema de Bartlett, se podrá argüir que el circuito diferencial no es estrictamente simétrico ya que en el drenador de M_2 hay una rama de corriente (la que conecta con la siguiente etapa) que no existe en el drenador de M_1. No obstante, ante esta circunstancia, cabe señalar dos hechos. En primer lugar, es de esperar que la segunda etapa derive muy poca corriente alterna en comparación con la que atraviesa R_D. Por tanto, como apenas "carga" al circuito previo, la asimetría que introduce es muy limitada. En segundo lugar, si consideramos que, a la frecuencia de trabajo (se entiende que frecuencias medias y bajas), M_1 y M_2 son transistores "ideales" con impedancia de salida infinita (pues la tensión de Early cumple que $V_A = \infty$), la carga que se coloque en el drenador de cualquiera de los transistores no afectará a la corriente que circule por los surtidores. Es decir, desde ambos surtidores se "verá" (hacia dentro) la misma impedancia de Thévenin, y por ende se producirá la simetría que avala la aplicación de Bartlett.

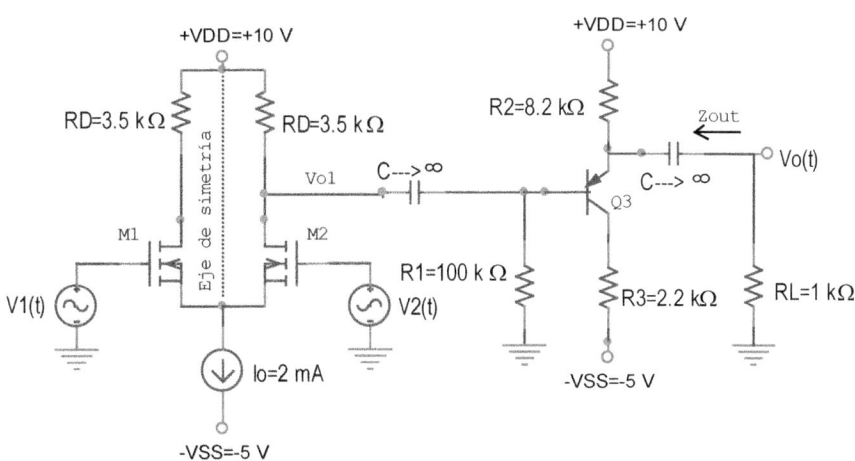

Una vez que se separa en dos mitades el diferencial (llevando a tierra los surtidores de M₁ y M₂), para obtener el circuito equivalente en pequeña señal se han de aplicar los mismos pasos típicos que en el caso de un amplificador monoetapa:

Anular los generadores de continua (en este caso V_{DD}, V_{SS} e I_o), ya que realmente se está aplicando el teorema de la superposición y en este análisis tratamos de observar el impacto de las señales alternas que se aplican a la entrada ($+v_d/2$ en la entrada no inversora v_1 y $-v_d/2$ en la entrada inversora v_2).

Los condensadores de desacoplo (que se asumen ideales) se sustituyen por cortocircuitos.

Los transistores son intercambiados por sus modelos equivalentes (en este caso, los modelos básicos a frecuencias medias, asumiendo transistores ideales).

Tras aplicar los pasos anteriores el circuito equivalente es el que sigue:

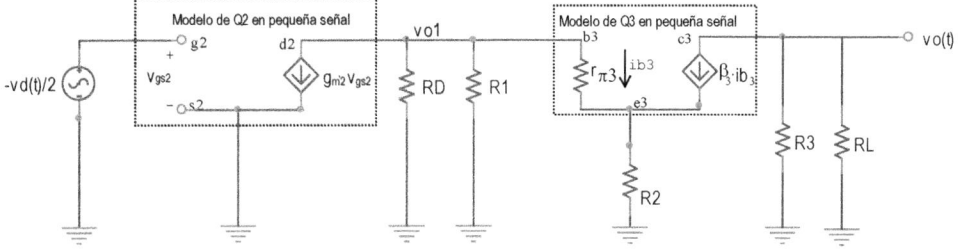

En este circuito los parámetros en pequeña señal son, como siempre, calculados a partir del punto de trabajo de los transistores:

$$g_{m2} = 2K_2(V_{GS2} - V_{T2}) = 2 \ mA/V \ ; \quad r_{\pi3} = \frac{V_t}{I_{B3}} = \frac{0.025 \ V}{10.02 \ \mu A} = 2.495 \ k\Omega$$

Nótese que, como muestra el circuito, gracias a la aplicación de Bartlett el surtidor de M_2 (s_2) va a tierra. La base de transistor T_3 y el drenador de M_2 (salida de la primera etapa, que hemos señalado en la figura con la tensión v_{o1}) se encuentran cortocircuitados gracias al condensador de desacoplo, que aquí es un cortocircuito que deja pasar la pequeña señal.

Para calcular la ganancia, descomponemos el análisis de las dos etapas. Así, la ganancia de la primera etapa es la correspondiente a una etapa en surtidor común (sin resistencia de surtidor) que entrega una tensión a la carga correspondiente a la resistencia de entrada de la siguiente etapa (R_{IN2}), que queda en paralelo con R_D:

$$\Delta_{d1} = \frac{v_{o1}}{v_d} = \left(\frac{-g_{m2}(R_D \| R_{IN2}) \left(-\frac{v_d}{2} \right)}{v_d} \right) = \left(\frac{g_{m2}(R_D \| R_{IN2})}{2} \right)$$

donde R_{IN2} se puede calcular como la resistencia de entrada de una etapa en emisor común con resistencia de emisor (R_2): $R_{IN2} = R_1 \| (r_{\pi3} + (\beta + 1)R_2) = 89.25 \ k\Omega$

Obsérvese que R_{IN2} es muy superior a R_D, lo que indica que la segunda etapa apenas "carga" a la etapa diferencial inicial.

Con este valor se puede calcular ya el valor numérico de la ganancia diferencial de la primera etapa: $\Delta_{d1} = \frac{v_{o1}}{v_d} = \left(\frac{g_{m2}(R_D \| R_{IN2})}{2} \right) = 3.36 \ \frac{V}{V}$

Por su parte, la segunda etapa (que no es diferencial), posee la ganancia correspondiente a una etapa en emisor común con resistencia de emisor:

$$\Delta_2 = \frac{v_o}{v_{o1}} = \left(\frac{-\beta i_{b3}(R_3 \| R_L)}{i_{b3}r_{\pi3} + (\beta + 1)i_{b3}(R_2)} \right) = \left(\frac{-\beta(R_3 \| R_L)}{r_{\pi3} + (\beta + 1)(R_2)} \right) \approx -0.08186 \ \frac{V}{V}$$

donde se ha despejado, calculando previamente los valores de las tensiones v_o y v_{o1} en función de la corriente de base i_b.

A partir de las dos ganancias calculadas se puede calcular la ganancia diferencial total: $\Delta_d = \frac{v_o}{v_d} = \frac{v_{o1}}{v_d} \frac{v_o}{v_{o1}} = \Delta_{d1}\Delta_2 = 3.36 \cdot (-0.08186) = -0.275 \ \frac{V}{V}$

f) La baja ganancia de la etapa anterior (que implicaría que la señal diferencial es realmente atenuada, pues presenta un valor en módulo inferior a 1) se puede mejorar si se anula, en pequeña señal, el efecto atenuante de la resistencia de emisor de la segunda etapa. Para ello el condensador de desacoplo se debería colocar en paralelo con R_2, lo cual llevaría a tierra, en pequeña señal, al emisor de T_3. Así, la segunda etapa pasa a ser una etapa en emisor común (sin resistencia de emisor). De este modo el circuito en pequeña señal quedaría:

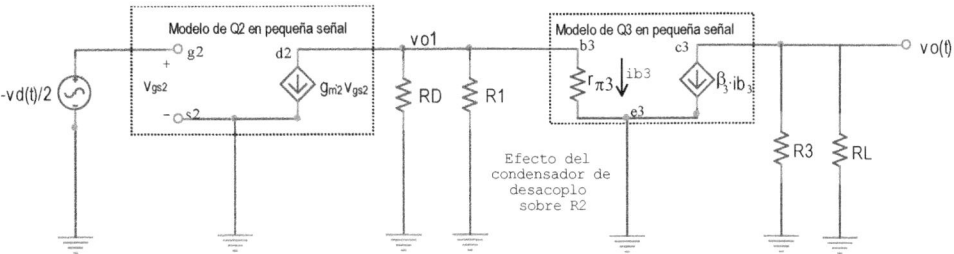

Con ello, la nueva resistencia de entrada de la etapa 2 sería:

$$R_{IN2} = R_1\|r_{\pi3} = 2.42 \ k\Omega$$

Lo cual implica una cierta caída de la ganancia diferencial de la primera etapa:

$$\Delta_{d1} = \frac{v_{o1}}{v_d} = \left(\frac{g_{m2}(R_D\|R_{IN2})}{2}\right) = 1.43 \ \frac{V}{V}$$

Sin embargo, la ganancia de la segunda etapa aumenta notablemente ya que ahora (si tenemos en cuenta que la fórmula calculada en el apartado (e) es válida si se asume que R_2 es nula por hallarse en paralelo con el cortocircuito del condensador) esa ganancia vale: $\Delta_2 = \frac{v_o}{v_{o1}} = \left(\frac{-\beta(R_3\|R_L)}{r_{\pi3}}\right) \approx -27.61 \ \frac{V}{V}$

Así, la nueva ganancia diferencial global será:

$$\Delta_d = \frac{v_o}{v_d} = \frac{v_{o1}}{v_d}\frac{v_o}{v_{o1}} = \Delta_{d1}\Delta_2 = 1.43 \cdot (-27.61) = -39.48 \ \frac{V}{V}$$

En cualquier caso, se debe recordar que en los circuitos integradas (que son los normalmente empleados para construir amplificadores diferenciales) los condensadores de desacoplo no se emplean debido a la dificultad de integrar condensadores de gran capacidad (que exigirían dedicar una enorme área específica solo para su diseño dentro del integrado). Caso de ser necesarios, los condensadores de desacoplo se suelen incorporar como componentes discretos externos a los integrados.

g) En teoría, la ganancia en modo común sería nula, puesto que la estructura del par diferencial es hipotéticamente simétrica y, además, la fuente de corriente de alimentación es ideal (su impedancia en paralelo es infinita). Por consiguiente, el factor de rechazo o CMRR sería infinito. Obviamente, esta simetría ideal y esa fuente de corriente con impedancia infinita nunca se podrían obtener en una implementación real del circuito.

Problema 3.33. Amplificador diferencial bipolar con fuente MOSFET

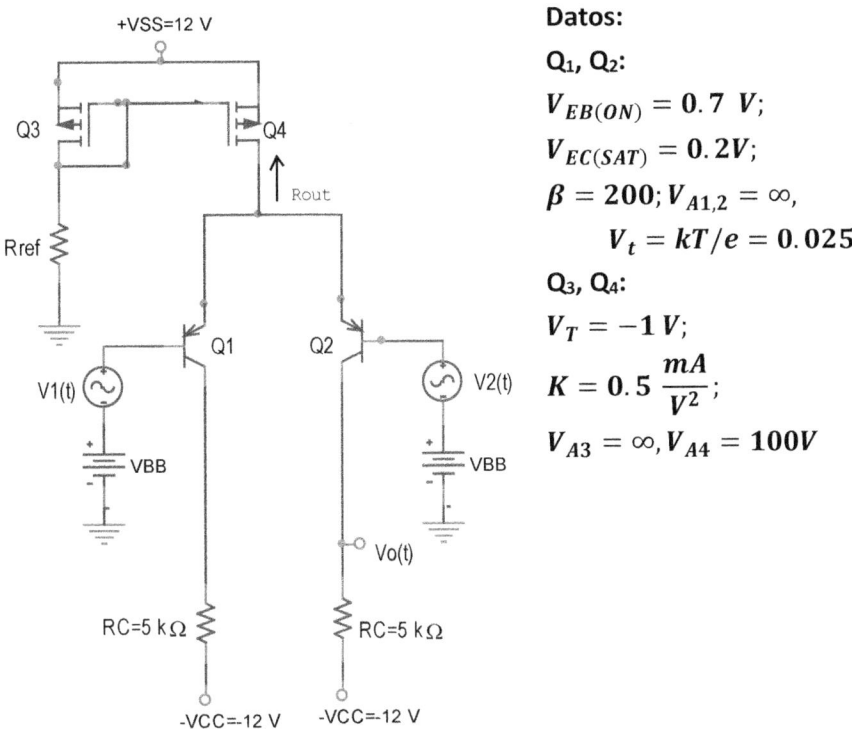

Datos:

Q_1, Q_2:

$V_{EB(ON)} = 0.7 \ V;$

$V_{EC(SAT)} = 0.2V;$

$\beta = 200; V_{A1,2} = \infty,$

$\qquad V_t = kT/e = 0.025V$

Q_3, Q_4:

$V_T = -1 \ V;$

$K = 0.5 \ \dfrac{mA}{V^2};$

$V_{A3} = \infty, V_{A4} = 100V$

En el circuito adjunto:

a) Explique brevemente la misión de cada transistor.

b) Diseñe el valor de la resistencia R_{REF} para que la corriente de polarización de emisor de los transistores Q_1 y Q_2 sea de 1 mA.

c) Calcule el valor de la resistencia de salida de la fuente (señalado en la figura como R_{out}).

d) Calcule el punto de polarización de los transistores.

e) Determine el rango de entrada en modo común del amplificador.

f) Calcule la ganancia diferencial del amplificador $A_d = \dfrac{v_o}{V_1 - V_2}$, representando previamente el circuito equivalente de pequeña señal en modo diferencial

g) Calcule la ganancia en modo común y el CMRR.

Solución:

a) Los transistores bipolares PNP Q_1 y Q_2 conforman un par diferencial con salida asimétrica en el colector de Q_2, mientras que los transistores MOSFET de canal P Q_3 y Q_4 componen un espejo básico de corriente que alimenta el par diferencial.

b) Para que por los emisores de Q_1 y Q_2 circule una corriente de 1 mA es necesario que el colector del transistor de salida de la fuente (Q_4) inyecte 2 mA (lo cual significa que $I_{D4} = 2\,mA$) Dado que en el espejo ambos transistores son iguales, siempre que Q_4 se encuentre en saturación o pinch-off, se debe cumplir que: $I_{D4} = I_{D3} = 2mA$.

   Como Q_3 está conectado en la configuración diodo (con puerta y drenador cortocircuitados), si conduce se encuentra necesariamente en saturación. De esta manera, se tiene que cumplir en él la relación tensión-corriente de saturación de un transistor MOSFET de canal P:

$$I_{D3} = K_3(V_{SG3} + V_{T3})^2 \Rightarrow V_{SG4} = V_{SG3} = \pm\sqrt{\frac{I_{D3}}{K_3}} - V_{T3} = \begin{cases} 3\ V \rightarrow solución\ válida \\ -1\ V \rightarrow solución\ no\ válida \end{cases}$$

   De estas dos soluciones solo la positiva es correcta, ya que es la única que cumple la condición de conducción ($V_{SG3} > V_{T3} = +1V$).

   Una vez conocida V_{SG3} es inmediato saber la tensión que cae en la resistencia, ya que está conectada al drenador y la puerta del transistor.

$$V_{SG3} = V_{S3} - V_{G3} \rightarrow V_{G3} = V_{S3} - V_{SG3} = V_{SS} - V_{SG3} = 12 - 3 = 9\ V$$

   Teniendo en cuenta que por la resistencia circula por entero I_{D3}, ya que las puertas de los transistores FET no requieren corriente para operar, aplicando la ley de Ohm se tiene que: $R_{REF} = \dfrac{V_{G3}-0}{I_{D3}} = \dfrac{9\ V}{2\ mA} = 4.5\ k\Omega$

c) Dado que se trata de un espejo simple, en el que, en el circuito equivalente en pequeña señal, el surtidor de Q_4 va a tierra, la resistencia de salida de la fuente coincide con la resistencia de salida del propio transistor Q_4:

$$R_{out} = r_{o4} = \frac{V_{A4}}{I_{D4}} = \frac{100\ V}{2\ mA} = 50\ k\Omega$$

d) A partir del valor de las corrientes de emisor de los transistores del par diferencial, si se asume que ambos se encuentran en activa, resulta directo calcular las corrientes de base y colector:

$$I_{B2} = I_{B1} = \frac{I_{E1}}{\beta+1} = 4.97 \; \mu A; \quad I_{C2} = I_{C1} = \frac{\beta I_{E1}}{\beta+1} = 0.995 \; \mu A$$

Obviamente, el sentido de estas corrientes de base y colector es saliente (como corresponde a un transistor PNP) en activa.

A la hora de estudiar las tensiones, se entiende que las entradas v_1 y v_2 no introducen ningún componente en continua (son señales variables en el tiempo de media nula). Por tanto, al estudiar la polarización su valor en continua es nulo, lo que implica que las bases de los transistores están (en DC) a tierra. La tensión en los emisores se puede calcular a partir de la tensión de base y de la tensión que cae entre base y emisor por la conducción del transistor:

$$V_{EB(ON)1} = V_{E1} - V_{B1} \rightarrow V_{E1} = V_{EB(ON)1} + V_{B1} = 0.7 + 0 = 0.7 \; V$$

Dado que los emisores de Q_1 y Q_2 se encuentran conectados al drenador de Q_4, la tensión V_{SD4} se puede obtener directamente, probando que se cumple la condición de saturación en dicho transistor:

$$V_{SD4} = V_{S4} - V_{D4} = V_{SS} - V_{E1} = 12 - 0.7 = 11.3 \; V > V_{SG4} + V_{T4} = 3 - 1 = 2 \; V$$

Por otro lado, la tensión colector-emisor de los bipolares se deduce a partir de la caída de tensión en R_C:

$$V_{EC2} = V_{EC1} = V_{E1} - V_{C1} = V_{E1} - (-V_{CC} + I_{C1} \cdot R_C) = 0.7 - (-12 + 0.995 \; mA \cdot 5k\Omega)$$
$$= 7.725 \; V$$

Este valor de tensión garantiza que el transistor se encuentra en activa ya que es claramente superior a $V_{EC(SAT)}$.

La tabla que sigue recapitula el punto de polarización de los cuatro transistores del circuito.

Transistores Q_3 y Q_4		Transistores Q_1 y Q_2	
I_D	2 mA	I_B	4.97 μA
V_{SG}	3 V	I_C	0.995 mA
V_{SD3}	3 V	V_{EB}	≈ 0.7 V
V_{SD4}	11.3 V	V_{EC}	7.725 V

e) Para determinar el rango de entrada en modo común, hemos de analizar a partir de qué valores (uno positivo y otro negativo) de una tensión común que se aplique en las entradas (las bases de los bipolares del diferencial) se provocaría que alguno de los transistores saliera de la región de trabajo correcta (saturación u pinch-off en el caso de los FET y activa en el caso de los bipolares).

Así, para que Q_1 y Q_2 (transistores PNP) se encuentren en activa se exige que $V_{EC} > V_{EC(SAT)}$ o bien, con una condición algo más estricta, que la polarización de la unión colector-base sea negativa ($V_{CB1} < 0$). En función de esta última condición se establece que: $V_{CB1} < 0 \rightarrow V_{BC1} > 0 \rightarrow V_{B1} > V_{C1} = -V_{CC} + I_{C1} \cdot R_C = -7.025\,V$

En caso de ausencia de una señal común de entrada esta condición se cumple ya que $V_{B1} = V_{B2} = 0$. Si en lugar de una tensión nula, aplicamos cierta tensión común (V_{CM}) en ambas entradas, se llegará al valor más negativo que esa entrada común puede tener sin sacar de activa a los transistores del par:

$$V_{B1} = V_{CM} > V_{C1} = -7.025\,V$$

En cambio, si aplicamos una tensión común en las entradas excesivamente positiva, podemos provocar que el transistor Q_4 salga de saturación y que, por tanto, deje de actuar convenientemente como fuente de corriente. Para que eso no ocurra se ha de cumplir que:

$$V_{SD4} = V_{S4} - V_{D4} = 12 - V_{D4} > V_{SG4} + V_{T4} = 2\,V \rightarrow V_{D4} < 12 - 2 = 10\,V$$

V_{D4} viene determinada por la tensión de base (en este caso la tensión de entrada V_{CM}) ya que: $V_{D4} = V_{E1} = V_{EB(ON)1} + V_{B1} = V_{EB(ON)1} + V_{CM} = 0.7V + V_{CM}$

De este modo se llega a que: $V_{D4} = 0.7V + V_{CM} < 10V \rightarrow V_{CM} < 10 - 0.7 = 9.3\,V$

Por consiguiente, el margen o rango de entrada del modo común resulta ser:

$$V_{CM} \in [-7.025\,V,\ 9.3\,V]$$

f) Antes de aplicar el teorema de Bartlett para simplificar el amplificador diferencial es conveniente modelar la fuente de corriente como un generador de corriente continua (de 2 mA) que, tal y como hemos calculado, lleva asociada una impedancia de salida equivalente de 50 kΩ.

De este modo el circuito a analizar sería el de la figura (a) que sigue.

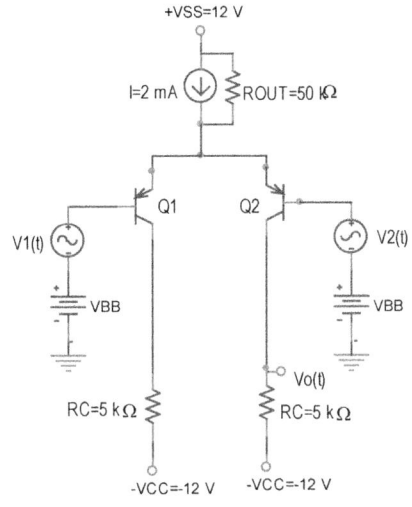

A partir de ese circuito podemos descomponer las tensiones en las entradas v_1 y v_2 en un componente común, $v_{cm}(t)$, y otro diferencial $v_d(t)$:

$$v_1(t) = v_{cm}(t) + \frac{v_d(t)}{2};$$

$$v_2(t) = v_{cm}(t) - \frac{v_d(t)}{2}$$

donde:

$$v_{cm}(t) = \frac{v_1(t) + v_2(t)}{2}$$

$$v_d(t) = v_1(t) - v_2(t)$$

Figura (a). Sustitución del espejo por su modelo como fuente

Sustituyendo la tensión en las entradas por la combinación de las tensiones diferencial y común, y anulando los generadores de continua (como un primer paso para analizar los circuitos equivalentes de pequeña señal), el circuito equivalente sería el representado en la figura (b). En esta figura se ha indicado –con trazo grueso intermitente- el eje de simetría que permitirá aplicar Bartlett. Nótese que, para anular fuentes de continua, las fuentes de tensión ($+V_{SS}$ y V_{CC}) son llevadas a tierra mientras que la fuente de corriente se convierte en un circuito abierto (pues impone una corriente DC con componente alterna nula). Por otra parte, para facilitar la simetría del circuito, R_{out} (que sería atravesada por el eje de simetría) ha sido representada como el paralelo de dos resistencias de valor doble ($2 \cdot R_{out}$).

Tras esto se procede al análisis del modo diferencial. En este modo, el teorema de Bartlett informa que aquellos puntos que corte el eje de simetría tendrán necesariamente una tensión nula y, por tanto, podrán cortocircuitarse con tierra. De esta manera, el circuito queda dividido en dos mitades y el análisis se simplifica a la mitad.

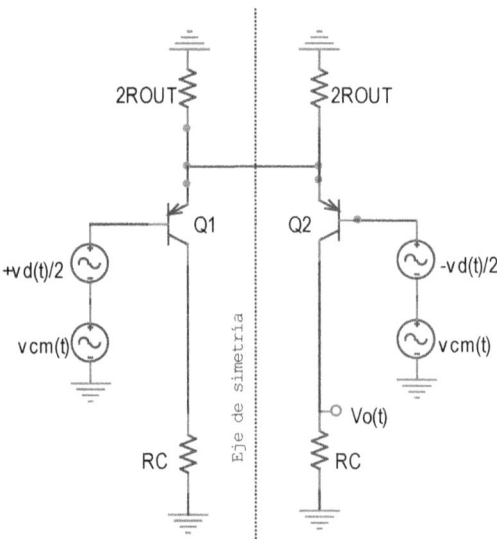

Figura (b). Circuito equivalente tras anular los generadores de continua y sustituir las entradas por sus correspondientes componentes común y diferencial.

La figura (c) muestra cómo quedaría el circuito a analizar tras aplicar Bartlett en modo diferencial y tras extraer el semicircuito del lado derecho (donde se encuentra Q_2), ya que es en ese lado donde se toma la salida. Al analizar el modo diferencial, obsérvese que se anula la fuente en modo común y que la resistencia de salida de la fuente no tiene ningún efecto (pues resulta un elemento superfluo, entre tierra y tierra).

La misma figura (c) indica cómo quedaría el modelo en pequeña señal tras sustituir el transistor PNP por su modelo equivalente básico en pequeña señal a frecuencias medias. En este circuito, los parámetros en pequeña señal del transistor valen:

$$g_{m2} = \frac{I_{C2}}{V_t} = 39.8 \; mA/V \; ; \quad r_{\pi2} = \frac{V_t}{I_{B2}} = \frac{0.025 \; V}{4.97 \; \mu A} = 5.025 \; k\Omega$$

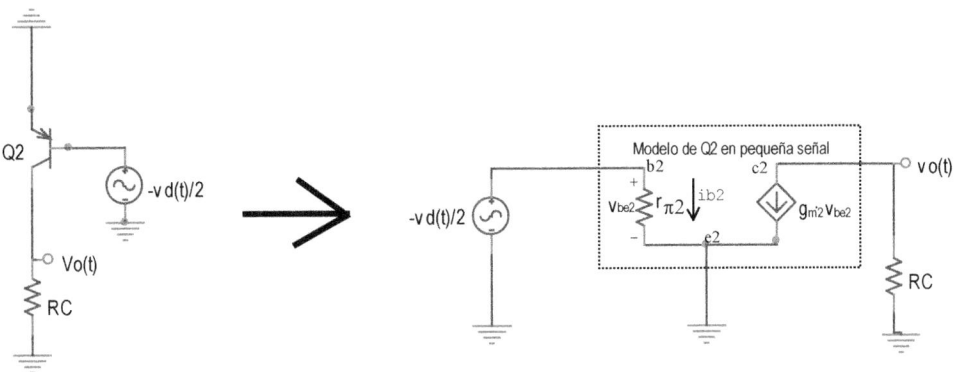

Figura (c). Circuito equivalente en pequeña señal en modo diferencial.

A partir del análisis de este circuito equivalente (que se corresponde con una etapa en emisor común, sin resistencia de emisor) se llega fácilmente al valor de la ganancia diferencial:

$$\Delta_d = \frac{v_o}{v_1 - v_2} = \frac{v_o}{v_d} = \frac{-g_{m2} v_{be} R_C}{v_d} = \frac{-g_{m2}\left(-\frac{v_d}{2}\right) R_C}{v_d} = \left(\frac{g_{m2} R_C}{2}\right) = 99.5 \ \frac{V}{V}$$

f) Aplicando Bartlett en modo común, los puntos de corte con el eje de simetría quedan en circuito abierto, de manera que el circuito equivalente de pequeña señal sería el de la figura (d).

Nótese que la principal diferencia con respecto al modo común (aparte del hecho de que ahora la fuente de excitación de entrada es v_{cm} en lugar de $-v_d/2$) es la presencia de la resistencia de salida de la fuente. Con ella, el circuito realmente se comporta como una etapa en emisor común con resistencia de emisor, en el que la ganancia en modo común se puede despejar fácilmente expresando tanto la tensión de entrada como la de salida en función de la corriente i_{b2}:

$$\Delta_{cm} = \frac{v_o}{v_{cm}} = \left(\frac{-\beta i_{b2} R_C}{i_{b2} r_{\pi 2} + (\beta + 1) i_{b2}(2 R_{OUT})}\right) = \left(\frac{-\beta R_C}{r_{\pi 2} + (\beta + 1)(2 R_{OUT})}\right)$$

$$\approx -0.0497 \ \frac{V}{V}$$

En esta expresión se ve claramente que cuanto mayor sea la resistencia de la fuente, menor resultará la ganancia en modo común, de ahí que, en diferenciales reales, se empleen fuentes mejoradas que presentan una resistencia de salida muy superior a la del espejo básico.

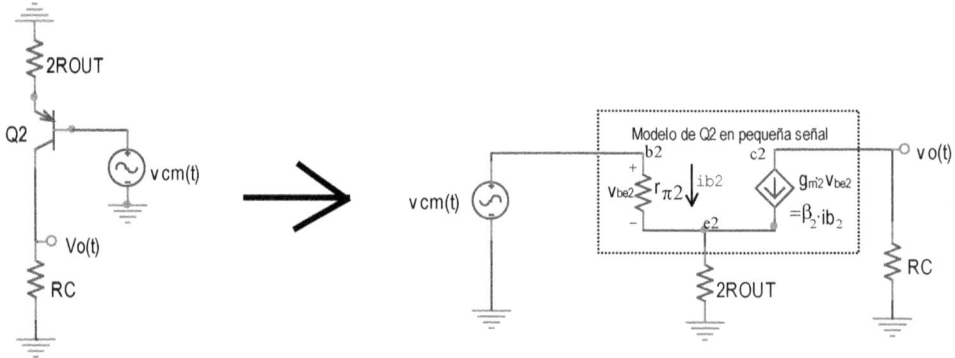

Figura (d). Circuito equivalente en pequeña señal en modo común.

A partir de las dos ganancias (diferencial y común) es inmediato el cálculo del factor de rechazo al modo común o CMRR:

$$CMRR = \left|\frac{\Delta_d}{\Delta_{cm}}\right| = \left|\frac{99.5}{-0.0497}\right| = 2002 \Rightarrow CMRR(dB) = 20\,log_{10}\left(\frac{\Delta_d}{\Delta_{cm}}\right)$$
$$= 66\ dB$$

Esta figura de mérito (de 66 dB) indica que el circuito amplifica unas 2000 veces más el modo diferencial que el común.

Problema 3.34. Amplificador diferencial con tecnología bipolar

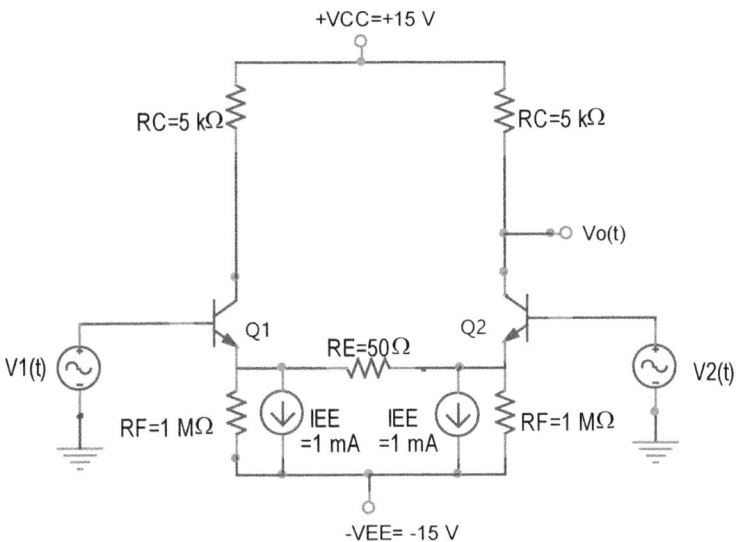

Datos:

Q_1, Q_2:

$$V_{BE(ON)} = 0.6\ V; V_{CE(SAT)} = 0.2\ V; \beta = 150; V_A = \infty, V_t = kT/e = 0.025\ V$$

En el amplificador diferencial de la figura situada más arriba:

a) Calcule el punto de polarización de los transistores.

b) Represente los circuitos en pequeña señal en modo diferencial y modo común.

c) Calcule la ganancia diferencial del amplificador: $A_d = \dfrac{v_o}{(v_1 - v_2)}$, la ganancia en modo común y el factor CMRR.

d) Determine la expresión y el valor de las impedancias de entrada en modo diferencial y común.

Solución:

a) Para determinar el punto de polarización asumimos que las señales de entrada no tienen componente continua (es decir, se tratan sólo de señales con componentes de alterna o pequeña señal). Por tanto, por el teorema de la superposición, como sólo deseamos de momento conocer el efecto de la continua, sustituimos ambos generadores por un cortocircuito con tierra (asumimos que en las bases de los bipolares hay una tensión continua nula).

En este circuito, en continua, por pura simetría se intuye que la tensión en los extremos de la resistencia R_E es la misma. En consecuencia, de acuerdo con la ley de Ohm, no puede pasar corriente continua por este elemento, que se comportaría (en DC) como un circuito abierto que no afecta a la polarización de los transistores. A la misma conclusión se llega si se aplica, al circuito equivalente en continua, el teorema de Bartlett.

Por otra parte, entendemos que el efecto de las resistencias de salida de las fuentes (R_F) sobre la polarización de los transistores es despreciable. Esto significa que asumimos que prácticamente toda la corriente de 1 mA aportada por la fuente pasa por los emisores. Así, se tiene que: $I_{E1} = I_{E2} \approx 1 \; mA$

Corriente que resulta ser muy superior a la que pasa por las resistencias R_F:

$$I_{RF} = \frac{V_E - (-V_{EE})}{R_F} = \frac{\left(V_B - V_{BE(ON)}\right) - (-V_{EE})}{R_F} = \frac{(0 - 0.6) - (-15)}{R_F} = 14.4\mu A \ll 1 \; mA$$

A partir de la corriente de emisor, suponiendo que el transistor se encuentra en activa, es inmediato conocer las corrientes de base y colector de los transistores:

$$I_{B2} = I_{B1} = \frac{I_{E1}}{\beta + 1} = 6.62 \; \mu A ; \quad I_{C2} = I_{C1} = \frac{\beta I_{E1}}{\beta + 1} = 0.993 \; \mu A$$

Con la corriente de colector y, conociendo que la tensión de emisor es -0.6 V (por estar la base, en continua, a tierra) se deduce la tensión colector-emisor:

$$V_{CE2} = V_{CE1} = V_{C1} - V_{E1} = (V_{CC} - I_{C1} \cdot R_C) - V_{E1}$$
$$= (15 - 0.993mA \cdot 5k\Omega) - (-0.6) = 10.63 \; V$$

Este valor cumple la condición de activa, pues se demuestra superior a $V_{CE(SAT)}$.

La tabla que sigue resume el punto de polarización obtenido:

Transistores Q_1 y Q_2	
I_B	6.62 μA
I_C	0.993 mA
V_{BE}	≈ 0.6 V
V_{CE}	10.63 V

b) Para facilitar el análisis en pequeña señal (tanto en modo común como diferencial) aplicaremos el teorema de Bartlett. Con el objeto de definir una estructura simétrica separable en dos partes idénticas, la resistencia R_E se desglosa en dos resistencias en serie de un valor igual a la mitad de R$_E$, tal y como se muestra en la siguiente figura:

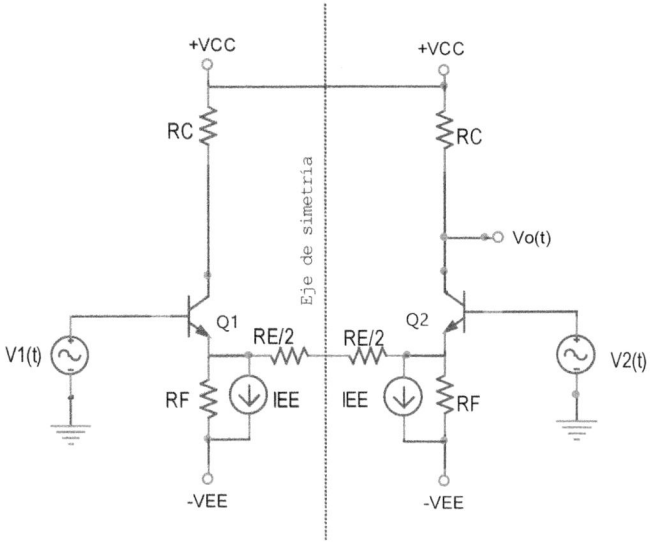

Tras aplicar Bartlett y anular las fuentes de continua (V_{EE}, I_{EE} y V_{CC}), los circuitos equivalentes en pequeña señal (antes de sustituir los transistores por su modelo equivalente) quedarían como se representan en la figura (a), para el modo diferencial, y en la figura (b), para el modo común.

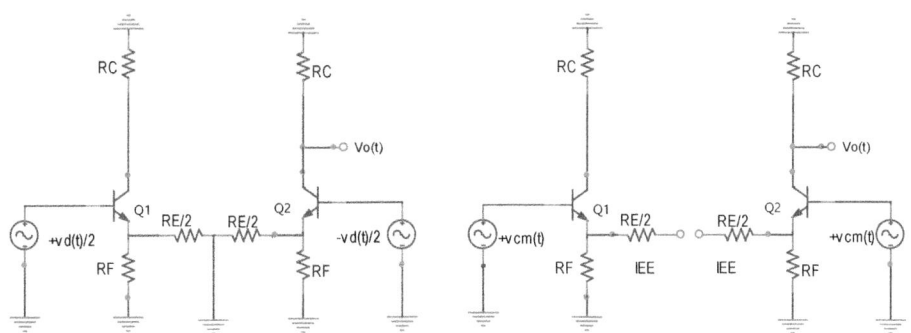

(a) Cto. equivalente en modo diferencial   **(b) Cto. equivalente en modo común**

Adviértase en los circuitos anteriores que las fuentes de tensión continua (V_{CC} y V_{EE}) han sido anuladas llevando a tierra los puntos a los que estaban conectadas. Por su lado, la fuente de corriente I_{EE} se ha anulado dejándola en circuito abierto. Por lo que respecta a la aplicación del teorema de Bartlett, nótese que en modo diferencial el punto cortado por el eje de simetría se ha cortocircuitado con tierra en tanto que en el modo común ha quedado en circuito abierto. De esta manera, la resistencia $R_E/2$ realmente no existe ("no se ve") en el modo común, mientras que en el modo diferencial queda en paralelo con la resistencia R_F.

Tras aplicar Bartlett, para analizar los dos modos basta con quedarse, en cada caso, con el semicircuito donde se toma la tensión de salida (v_o). Así, los circuitos equivalentes quedan tal y como se representa en las siguientes figuras:

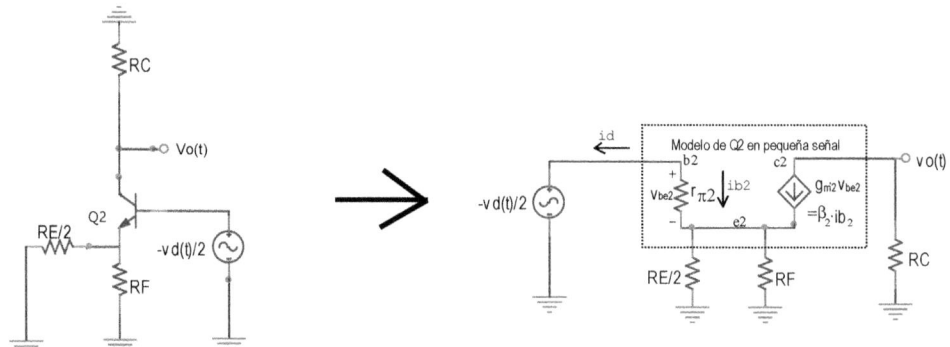

Figura (c). Circuito equivalente en pequeña señal en modo diferencial.

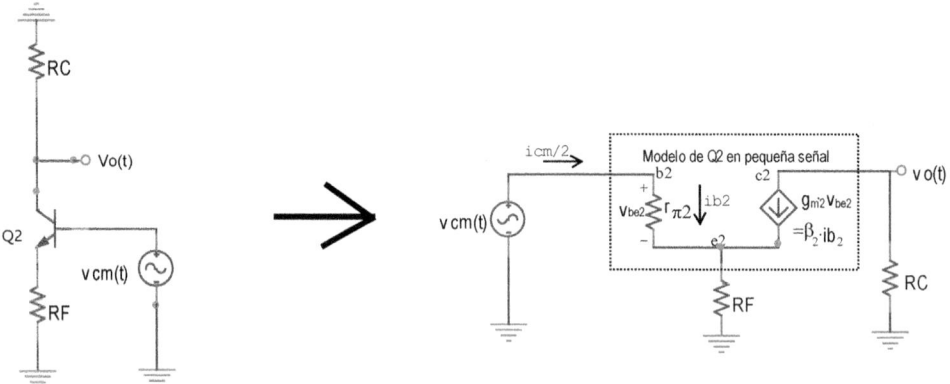

Figura (d). Circuito equivalente en pequeña señal en modo común.

donde el parámetro en pequeña señal del transistor se puede calcular numéricamente como: $r_{\pi 2} = \dfrac{V_t}{I_{B2}} = \dfrac{0.025\ V}{6.62\ \mu A} = 3.77\ k\Omega$

c) En ambos modos la etapa equivalente es la de una etapa en emisor común con resistencia en emisor. En el modo diferencial esa resistencia en el emisor es el paralelo de $R_E/2$ y R_F, mientras que en el modo común es sólo R_F.

Así, la ganancia en cada caso será:

$$\Delta_d = \frac{v_o}{v_d} = \frac{-\beta i_{b2} R_C}{-2\left(i_{b2} r_{\pi 2} + (\beta + 1)i_{b2}\left(\frac{R_E}{2}\|R_F\right)\right)} = \frac{-\beta R_C}{-2\left(r_{\pi 2} + (\beta + 1)\left(\frac{R_E}{2}\|R_F\right)\right)}$$

$$\approx +49.70\ \frac{V}{V}$$

$$\Delta_{cm} = \frac{v_o}{v_{cm}} = \left(\frac{-\beta i_{b2} R_C}{i_{b2} r_{\pi 2} + (\beta + 1)i_{b2} R_F}\right) = \left(\frac{-\beta R_C}{r_{\pi 2} + (\beta + 1)R_F}\right) \approx -0.00496\ \frac{V}{V}$$

En las expresiones anteriores se han despejado las ganancias (o mejor dicho, los factores de amplificación) teniendo en cuenta que:

Modo diferencial: $-\dfrac{v_d}{2} = i_{b2} r_{\pi 2} + (\beta + 1)i_{b2}\left(\dfrac{R_E}{2}\|R_F\right)$

Modo común: $v_{cm} = i_{b2} r_{\pi 2} + (\beta + 1)i_{b2} R_F$

La enorme diferencia entre las dos ganancias se justifica por el hecho de que, en modo común, la ganancia queda dividida directamente por R_F, un valor elevado que reduce significativamente (como se espera de un diferencial) la sensibilidad ante cambios de la señal común. Por el contrario, en modo diferencial, la ganancia resulta de una expresión que queda dividida por el paralelo de $R_E/2$ y R_F. Este paralelo es prácticamente $R_E/2$ (ya que su valor, de 25 Ω, es muy inferior a 1 MΩ, el valor de R_F). Por tanto, el término que divide la ganancia es muy inferior al que lo hace en modo común.

Tomando estos dos factores de amplificación el cálculo del factor de rechazo al modo común o CMRR es simple:

$$CMRR = \left|\frac{\Delta_d}{\Delta_{cm}}\right| = \left|\frac{99.4}{-0.0099}\right| = 10020 \Rightarrow CMRR(dB) = 20\,log_{10}\left(\frac{\Delta_d}{\Delta_{cm}}\right) \approx 80\ dB$$

Como vemos, un CMRR de 80 dB es indicativo de que el circuito multiplica unas 10000 veces más el modo diferencial que el común.

d) Por lo que se refiere a las impedancias de entrada en modo común y diferencial, basta emplear los circuitos equivalentes anteriormente representados para calcular la expresión entre tensión de entrada y corriente de entrada. Simplemente, se ha de tener en cuenta que en modo común se aplica la misma señal en las dos entradas (las dos bases), de forma que se entiende que por cada una de ellas entra la mitad de la corriente ($i_{cm}/2$) que aporta la fuente común. En cambio, en modo diferencial, la corriente que entra (o sale) en cada semi-circuito es directamente la corriente diferencial total (i_d). Este hecho se ha ilustrado en la siguiente figura, que muestra cómo se distribuyen las corrientes entre los semi-circuitos tras aplicar Bartlett en cada caso.

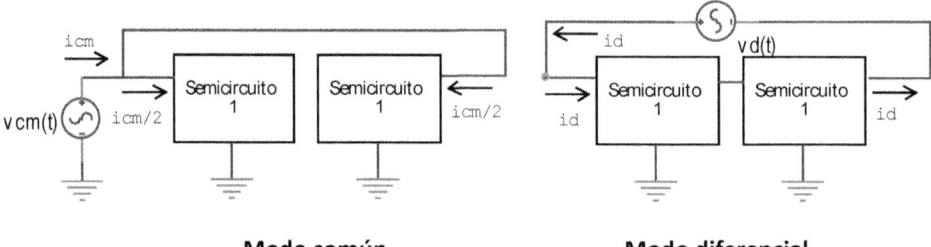

Modo común   **Modo diferencial**

En el apartado anterior, en las figuras con los circuitos equivalentes para ambos modos se han señalado el sentido y la posición de estas corrientes de entrada ($i_{cm}/2$, para el modo común, e i_d, para el diferencial) que coinciden respectivamente con i_{b2} y $-i_{b2}$.

Analizando estos circuitos se llega a que la impedancia de entrada en modo diferencia sigue la siguiente expresión:

$$R_{in(dif)} = \frac{v_d}{i_d} = \frac{-2\left(i_{b2}r_{\pi2} + (\beta+1)i_{b2}\left(\frac{R_E}{2}\|R_F\right)\right)}{-i_{b2}} = 2\left(r_{\pi2} + (\beta+1)\left(\frac{R_E}{2}\|R_F\right)\right) \approx 15.09 \ k\Omega$$

Mientras que en modo común esta impedancia es muy superior, por efecto del reflejo de la impedancia de R_F, que ya no queda en paralelo con R_E.

$$R_{in(CM)} = \frac{v_{cm}}{i_{cm}} = \frac{(i_{b2}r_{\pi2} + (\beta+1)i_{b2}R_F)}{2i_{b2}} = \frac{r_{\pi2} + (\beta+1)R_F}{2} \approx 75.5 \ M\Omega$$

CUESTIONES BREVES

CUESTIONES BREVES SOBRE POLARIZACIÓN DE DIODOS Y BJT

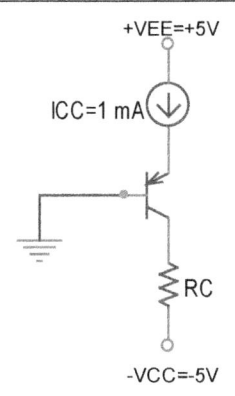

C.1. Determine el valor mínimo de R_C que garantiza que el transistor del circuito se encuentra en saturación.

Datos:

$$V_{EB(ON)} = 0.7\,V, V_{EC(SAT)} = 0.2\,V; \beta = 100$$

Solución: $R_{C(min)} = 5.5\,k\Omega$

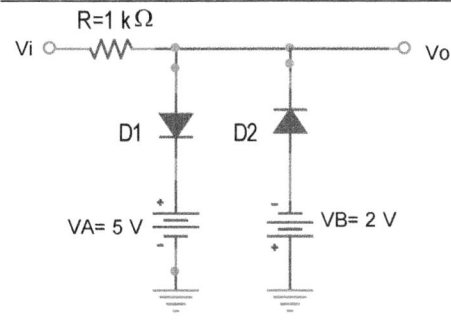

C.2. ¿Cuánto valen las tensiones máxima y mínima a la salida del circuito construido con diodos de la figura?

Dato: $V_{D(ON)} = 0.7\,V$

Solución:

$$V_{o(max)} = 5.7\,V; V_{o(min)} = -2.7\,V$$

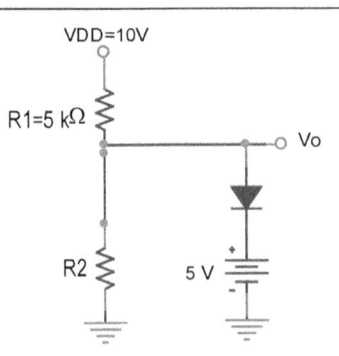

C.3. ¿Cuál es el mínimo valor de R_2 que garantiza, en el circuito de la figura, que el diodo conduce?

Dato: $V_{D(ON)} = 0.7\ V$

Solución:

$$R_2 = 6.62\ k\Omega$$

C.4. En la figura se ha representado la recta de carga en alterna de cierto amplificador, las curvas del bipolar que lo conforma. y tres posibles puntos de trabajo. ¿En cuál de ellos el margen dinámico es mayor?

Solución: En el punto B (ya que prácticamente equidista de corte y saturación).

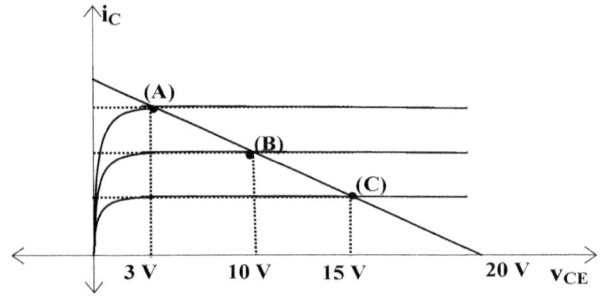

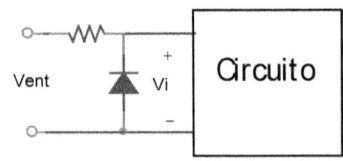

C.5. ¿Cuál es la tensión mínima que puede tomar V_i si se supone que el diodo de protección empleado es ideal? ¿Y si $V_{D(ON)} = 0.7\ V$?

Solución:

$$V_{i(min)} = 0\ V\,(Diodo\ ideal)$$
$$V_{i(max)} = -0.7\ V\ (2^{\underline{o}}\ caso)$$

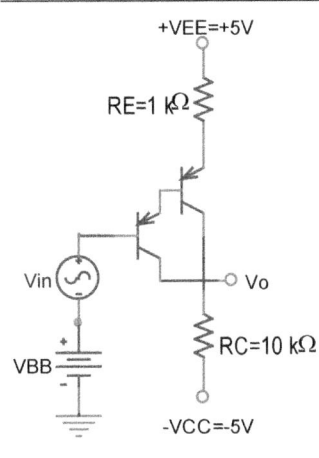

C.6. ¿Cuál es el valor máximo de la tensión continua V_{BB} a partir del cual el circuito de la figura deja de trabajar como amplificador?

Datos de los transistores:

$$V_{EB(ON)} = 0.7\ V, \beta = 100$$

Solución: $V_{BB(max)} = +3.6\ V$

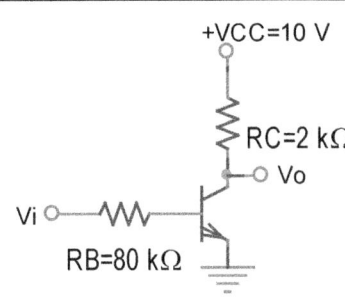

C.7. El circuito de la figura representa un inversor (una puerta digital NOT) rudimentario. ¿Qué tensión mínima debe haber a la entrada para garantizar a la salida el valor mínimo?

Datos:

$$V_{BE(ON)} = 0.7\ V; V_{CE(SAT)} = 0.2\ V; \beta = 50$$

Solución: $V_{i(min)} = 8.54\ V$

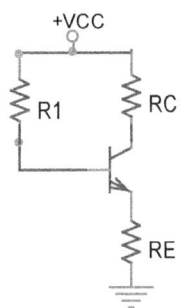

C.8. Suponiendo que el transistor se encuentra en activa ¿qué se debe cumplir para favorecer que la corriente de polarización I_C sea estable frente a cambios del parámetro beta?

a) $R_1 \ll (\beta + 1)R_E$

b) $R_1 \gg (\beta + 1)R_E$

c) $R_E \ll (\beta + 1)R_C$

d) $R_E \gg (\beta + 1)R_C$

Solución: la respuesta válida es la (a): $R_1 \ll (\beta + 1)R_E$

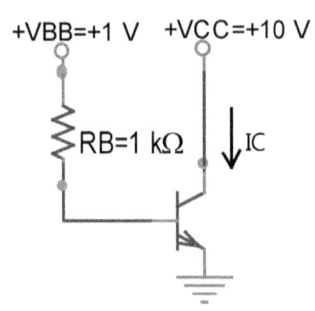

C.9. Calcule I_C en el circuito adjunto.

Datos: $V_{BE(ON)} = 0.7\ V; \beta = 50$

Solución: $I_C \approx 15\ mA$ (transistor en activa)

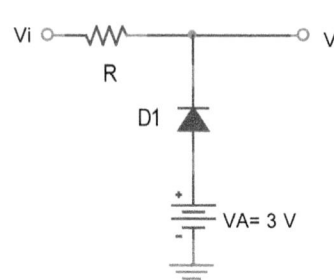

C.10. ¿Cuál será la forma de la tensión de salida del circuito si la entrada es una senoide de 5 V de amplitud y el diodo es ideal?

Solución: forma de la gráfica (a), el diodo conduce siempre salvo para valores de tensión de entrada mayores de 3 V.

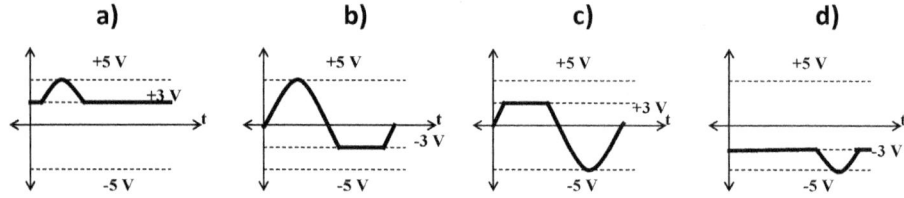

a)   b)   c)   d)

C.11. En el circuito de la figura, determine el punto de trabajo (I_B, I_C, I_E, V_{EC}) y la región de funcionamiento. Datos del transistor:

$$V_{EB(ON)} = 0.7\ V; V_{EC(SAT)} = 0.2\ V; \beta = 99$$

Solución:

El transistor se encuentra polarizado en la región activa en el punto: $I_B = 46.5\ \mu A$,

$I_C = 4.60\ mA, I_E = 4.65\ mA; V_{EC} = 6.1\ V.$

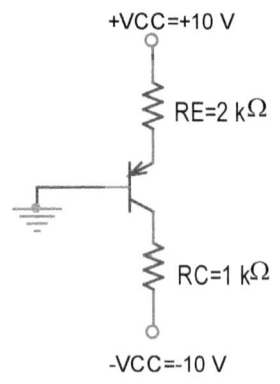

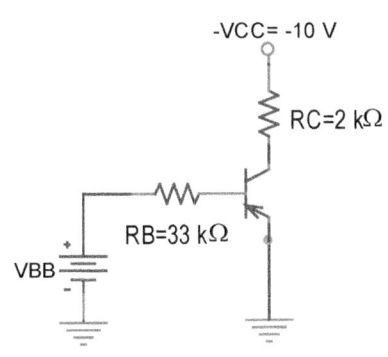

-VCC= -10 V

RC=2 kΩ

RB=33 kΩ

VBB

C.12. En el circuito de la figura calcule el punto de trabajo (I_B, I_C, I_E, V_{EC}) y la zona de funcionamiento, si $V_{BB} = -1\,V$.

Datos del transistor: $\beta = 100$,

$V_{EB(ON)} = 0.7\,V$, $V_{EC(SAT)} = 0.2\,V$.

Solución: El transistor trabaja en la región activa en el punto:

$I_B = 9\,\mu A$, $I_C = 0.909\,mA$,

$I_E = 0.918\,mA$; $V_{EC} = 8.16\,V$

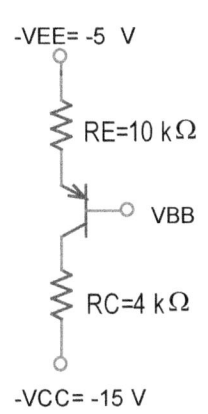

-VEE= -5 V

RE=10 kΩ

VBB

RC=4 kΩ

-VCC= -15 V

C.13. En el circuito de la figura, donde $V_{BB} = -10.7V$, calcule el punto de trabajo (I_B, I_C, I_E, V_{EC}) y la región de funcionamiento.

Datos del transistor: $\beta = 100$,

$$V_{EB(ON)} = 0.7\,V, V_{EC(SAT)} = 0.2\,V$$

Solución:

El transistor trabaja en la región activa en el punto:

$I_B = 4.9\,\mu A$, $I_C = 0.495\,mA$, $I_E = 0.5\,mA$; $V_{EC} = 3.02\,V$

CUESTIONES BREVES SOBRE POLARIZACIÓN DE FET

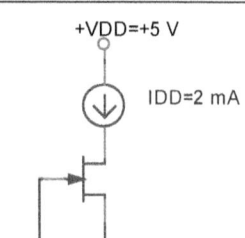

+VDD=+5 V

IDD=2 mA

C.14. ¿En qué región se encuentra trabajando el JFET de la figura?

Datos: $I_{DSS} = 10\ mA; V_P = -4\ V$

Solución: En la región gradual u óhmica.

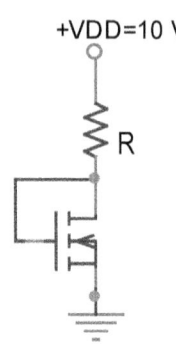

+VDD=10 V

R

C.15. Calcule R para que la corriente que circula por el dispositivo de la figura sea 1 mA.

Datos: $K = 0.25\ \dfrac{mA}{V^2}; V_T = 1\ V$

Solución: $R = 7\ k\Omega$

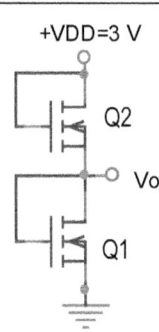

+VDD=3 V

Q2

Vo

Q1

C.16. Determine la tensión de salida (V_o) del circuito.

Datos: $K_1 = 9 \cdot K_2; V_{T1} = V_{T2} = 0.5\ V$

Solución: $V_o = 1\ V$

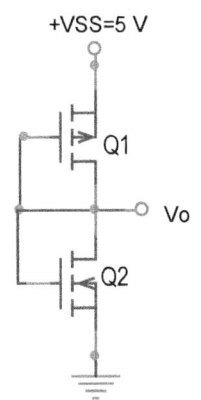

+VSS=5 V

C.17. Calcule la tensión de salida (V_o).

Datos: $V_{T2} = -V_{T1} = 1\,V$; $K_2 = 4 \cdot K_1$.

Solución: $V_o = 2\,V$

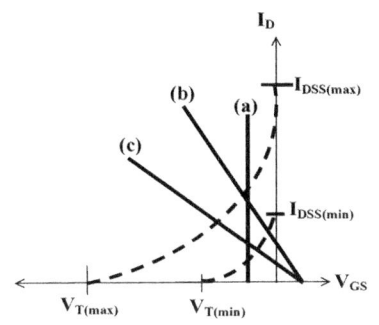

C.18. La figura representa el posible margen de variación de la región de saturación de cierto JFET. ¿Con qué recta de carga se garantiza una corriente de polarización más estable?

a) Con la recta (a)

b) Con la recta (b)

c) Con la recta (c)

d) Con todas las rectas se garantiza la misma corriente de polarización.

Solución: la corriente más estable se garantiza con la de la recta de carga (c) ya que es la que permite un menor margen de variación de la corriente de polarización.

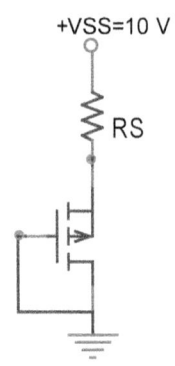

+VSS=10 V

RS

C.19. Determine el valor de R_S para que I_D valga 2 mA.

Datos: $K = 0.5 \frac{mA}{V^2}; V_T = -1\,V$

Solución: $R_S = 3.5\,k\Omega$

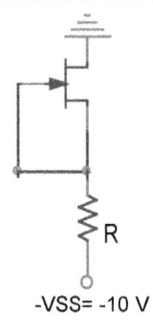

-VSS= -10 V

R

C.20. En el circuito de la figura ¿cuál es el valor máximo que puede tomar el resistor R para que el transistor se encuentre saturado?

Datos: $I_{DSS} = 4\,mA$, $V_P = -4\,V$

Solución: $R_{max} = 1.5\,k\Omega$

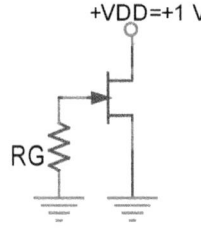

+VDD=+1 V

RG

C.21. Sabiendo que $V_P = -3\,V$, determine en que región se encuentra trabajando el dispositivo JFET de la figura.

Solución: trabaja en la zona gradual (también llamada triodo u óhmica).

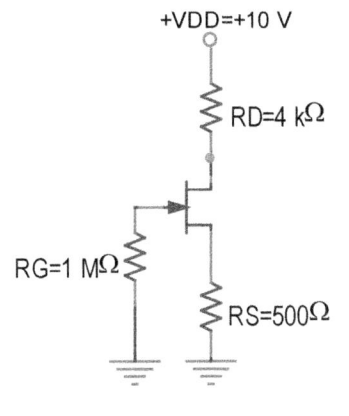

+VDD=+10 V

RD=4 kΩ

RG=1 MΩ

RS=500Ω

C.22. En el circuito de la figura, calcular el punto de trabajo (I_D, V_{GS}, V_{DS}), comprobando la región donde trabaja el transistor.

Considere $I_{DSS} = 4\ mA$ y $V_P = -2\ V$.

Solución:

$I_D = 1.52\ mA,$

$V_{GS} = -0.76\ V$

$V_{DS} = 3.12\ V$

El transistor trabaja en la región de saturación o pinch-off, puesto que:

$V_{DS} > V_{GS} - V_P$

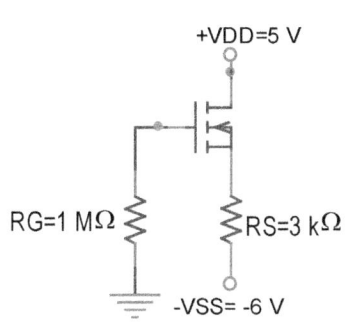

+VDD=5 V

RG=1 MΩ

RS=3 kΩ

-VSS= -6 V

C.23. En el circuito de la figura, calcular el punto de trabajo $(I_D,\ V_{GS},\ V_{DS})$, determinando la región de trabajando del transistor.

Datos del transistor:

$K = 1\ \frac{mA}{V^2}; V_T = +2\ V$

Solución:

$I_D = 1\ mA, V_{GS} = 3\ V, V_{DS} = 8\ V$

El transistor trabaja en la región de saturación o pinch-off, puesto que: $V_{DS} > V_{GS} - V_P$

VSS=+5 V

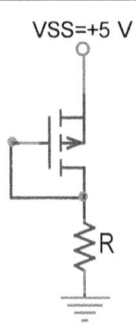

C.24. Calcule R para que la corriente que circula por el dispositivo de la figura adjunta sea 1 mA.

Datos del transistor: $K = 1\ \frac{mA}{V^2}; V_T = -1\ V$

Solución: $R = 3\ k\Omega$

VSS=+20 V

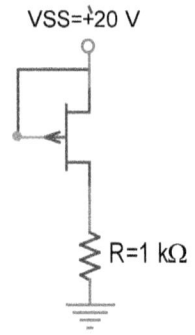

C.25. Determine el punto de trabajo del transistor JFET de canal P en el circuito adjunto

Datos: $I_{DSS} = 8\ mA, V_P = +2\ V$.

Solución: $V_{SG} = 0\ V; V_{SD} = 12\ V; I_D = 8\ mA$

C.26. En el circuito anterior, determine el valor máximo que puede tomar la resistencia R para que el transistor permanezca en la región de saturación o *pinch-off*.

Solución: $R_{max} = 2.25\ k\Omega$

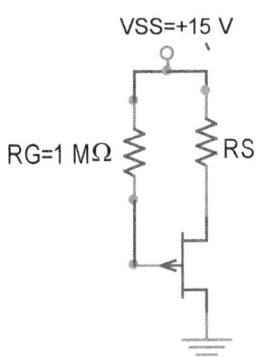

VSS=+15 V

RG=1 MΩ   RS

C.27. Determine el valor que debe tomar la resistencia R_S del circuito adjunto para que la corriente que atraviesa el transistor sea de 1 mA.

Datos: $I_{DSS} = 4\ mA, V_P = +4\ V$

Solución: $R_S = 2\ k\Omega$

C.28. En el circuito anterior, para la resistencia R_S calculada, calcule el valor mínimo de tensión que debe aportar la fuente V_{SS} para que el transistor permanezca en saturación o *pinch-off*.

Solución: $V_{SS(min)} = 4\ V$

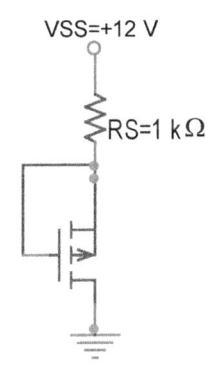

VSS=+12 V

RS=1 kΩ

C.29. Determine la región y el punto de trabajo del dispositivo MOSFET de canal P (de acumulación) polarizado en el circuito adjunto

Datos: $K = 1\ \dfrac{mA}{V^2}; V_T = -2\ V$

Solución: El dispositivo se encuentra cortado (región de corte). $V_{SG} = 0\ V(< -V_T); I_D \approx 0\ A; V_{SD} = 12\ V$.

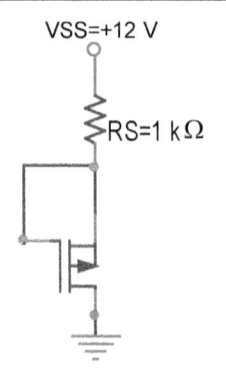

VSS=+12 V

RS=1 kΩ

C.30. Determine la región y el punto de trabajo del dispositivo MOSFET de canal P (de deplexión) polarizado en el circuito adjunto

Datos: $K = 1 \frac{mA}{V^2}; V_T = +2\,V$

Solución: El dispositivo se encuentra saturado (región de saturación o pinch-off).

$V_{SG} = 0V (> V_T); I_D = 4\,mA;$

$V_{SD} = 8\,V (> V_{SG} + V_T).$

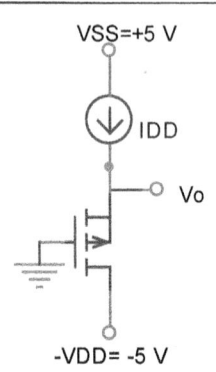

VSS=+5 V

IDD

Vo

-VDD= -5 V

C.31. Determine el valor de la corriente que debe proporcionar el generador I_{DD} para que la tensión continua V_O presente un valor de +3 V.

Datos: $K = 0.5 \frac{mA}{V^2}; V_T = -1\,V$

Solución: $I_{DD} = 2\,mA$

C.32. En el circuito anterior calcule el valor máximo que puede tener la fuente de tensión V_{DD} para que el transistor se mantenga en saturación o *pinch-off*.

Solución: $V_{DD(max)} = 1\,V$

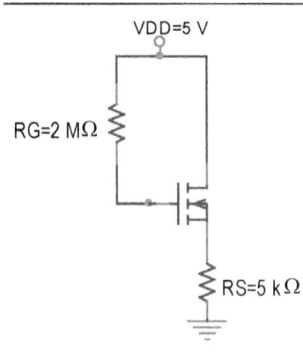

VDD=5 V

RG=2 MΩ

RS=5 kΩ

C.33. Determine la región y el punto de trabajo del dispositivo MOSFET en el circuito adjunto.

Datos: $K = 0.125 \frac{mA}{V^2}; V_T = +0.5\,V$

Solución: El dispositivo se encuentra en saturación o pinch-off.

$V_{GS} = 2.5\,V (> V_T); I_D = 0.5\,mA;$

$$V_{DS} = 2.5\,V (> V_{GS} - V_T)$$

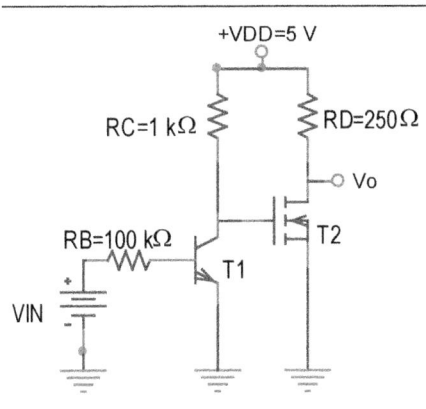

+VDD=5 V

RC=1 kΩ

RD=250Ω

Vo

RB=100 kΩ

T2

T1

VIN

C.34. Determine el valor que debe presentar la tensión V_{IN} para que la tensión de salida V_o valga 4 V. Determine el punto de trabajo de ambos transistores.

Datos: $T_1 : \beta = 100; V_{BE(ON)} = 0.7\ V$

T_2: $K = 1\ \frac{mA}{V^2}; V_T = +1\ V$

Solución: $V_{IN} = 2.7V$

T1: $I_B = 20\ \mu A; I_C = 2\ mA; V_{CE} = 3\ V$

T2: $V_{GS} = 3\ V; I_D = 4\ mA; V_{DS} = 4\ V$

C.35. En el circuito anterior calcule el valor mínimo de V_{IN} que garantiza que el transistor MOSFET (T2) se mantenga en corte. ¿En qué región se encontraría T_2 si T_1 se encontrase en corte?

Solución: 1) $V_{IN(max)} = 4.7\ V$. 2) T2 se encontraría en la región gradual (óhmica o triodo) con una tensión V_{GS} de 5 V (ya que no caería tensión en R_C).

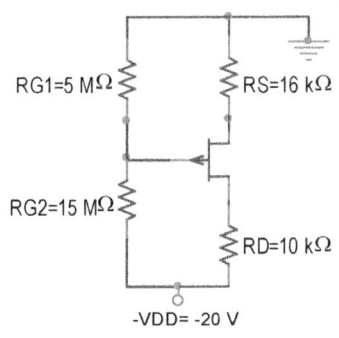

RG1=5 MΩ

RS=16 kΩ

RG2=15 MΩ

RD=10 kΩ

-VDD= -20 V

C.36. Determine el punto de polarización del transistor JFET de canal P en el circuito de la figura.

Datos: $I_{DSS} = 8\ mA, V_P = +4\ V$

Solución:

$V_{SG} = -3\ V; I_D = 0.5mA; V_{SD} = 7\ V$

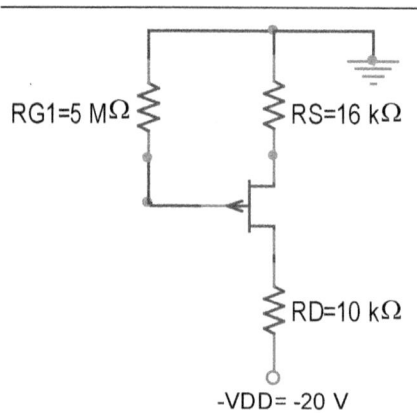

C.37. Calcule el punto de polarización del transistor en el circuito de la figura.

Datos: $I_{DSS} = 8\ mA, V_P = +4\ V$

Solución:

$V_{SG} = -3.352\ V; I_D = 0.209\ mA;$

$$V_{SD} = 14.552\ V$$

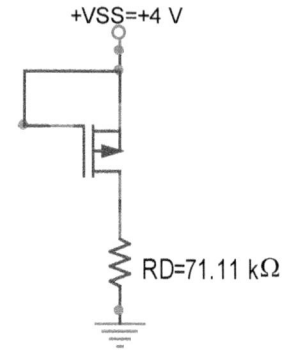

C.38. Determine el punto de trabajo del transistor de la figura.

Datos: $K = 0.5\ \frac{mA}{V^2}; V_T = +0.3\ V$

Solución:

$V_{SG} = 0\ V; I_D = 45\ \mu A; V_{SD} = 0.8\ V$

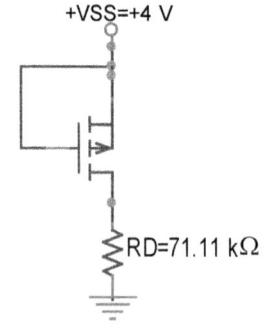

C.39. Calcule la región y el punto de trabajo del transistor de la figura.

Datos: $K = 0.5\ \frac{mA}{V^2}; V_T = -0.3\ V$

Solución:

Transistor está cortado pues $V_{SG} < -V_T$

$V_{SG} = 0\ V; I_D \approx 0\ A; V_{SD} = 4\ V$

CUESTIONES BREVES SOBRE ANÁLISIS EN PEQUEÑA SEÑAL

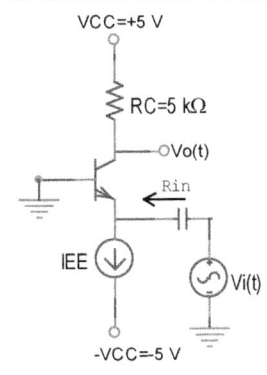

C.40. ¿Qué valor máximo ha de tener la corriente I_{EE} (en el circuito de la figura) para que la impedancia de entrada sea al menos de 100 Ω?

Datos: $\beta = 99$; $V_T = 25\ mV$

Solución: 250 µA

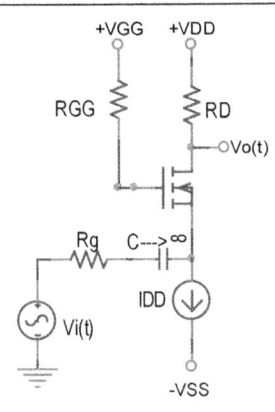

C.41. ¿Qué problema puede tener la etapa adjunta para amplificar la tensión v_i?

Solución:

La resistencia de entrada es demasiado baja.

C.42. De entre las soluciones que siguen, ¿cuál no puede ser, bajo ningún concepto, la componente alterna de la tensión $v_D(t)$ del circuito de la figura adjunta?

a) $v_d(t) = 0.05 \cdot sen(\omega t)V$

b) $v_d(t) = 0.5 \cdot sen(\omega t)V$

c) $v_d(t) = 0.005 \cdot sen(\omega t)V$

d) $v_d(t) \approx 0\ V$

Solución: la (b) porque implicaría que el diodo amplifica la señal de entrada, lo cual no es posible.

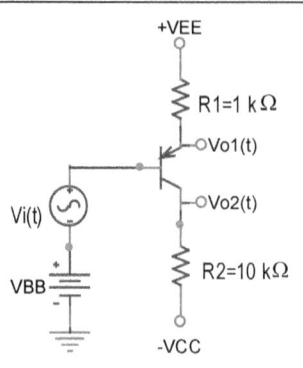

C.43. En el circuito de la figura, de forma genérica, ¿dónde tomaría la salida si desea una impedancia de salida baja? ¿y si desea una ganancia lo mayor posible?

Solución: Para obtener mayor ganancia habría de tomar la salida en v_{o2} (ya que en v_{o1} tendríamos una etapa en colector común cuya ganancia máxima es uno). y para una impedancia de salida menor en v_{o1}.

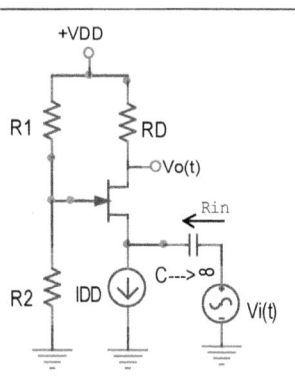

C.44. Suponiendo que el modelo en pequeña señal del transistor JFET del amplificador de la figura es ideal ¿cuál sería, si el transistor está saturado, la resistencia de entrada de la etapa?

Solución: $R_{IN} = \dfrac{1}{g_m}$

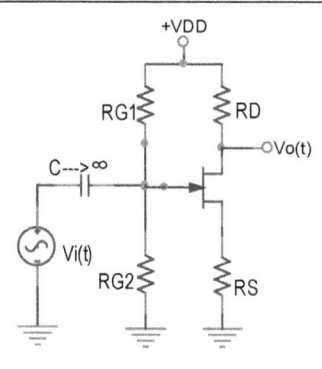

C.45. Determine cuál es la expresión de la ganancia de la etapa adjunta:

Dato: Considere ideal el transistor

Solución: $A_v = \dfrac{-g_m R_D}{1 + g_m R_S}$

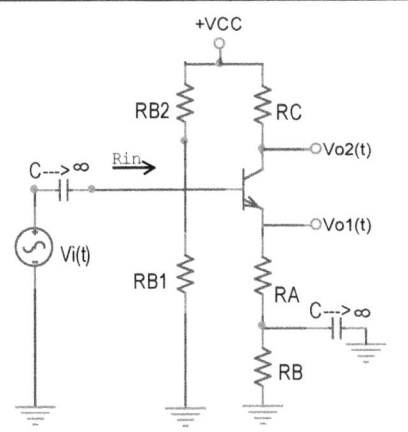

C.46. Considerando un transistor ideal ¿cuál es la expresión de la ganancia en tensión del amplificador adjunto según se tomen las salidas en v_{o1} o v_{o2}? ¿cuál sería la resistencia de entrada?

Solución:

$$\Delta_{v1} = \frac{v_{o1}}{v_i} = +\frac{(\beta + 1) \cdot R_A}{\left(r_\pi + (\beta + 1)(R_A)\right)}$$

$$\Delta_{v2} = \frac{v_{o2}}{v_i} = -\frac{\beta \cdot R_C}{\left(r_\pi + (\beta + 1)(R_A)\right)}$$

$$R_{IN} = R_{B1} \| R_{B2} \| (r_\pi + (\beta + 1)R_A)$$

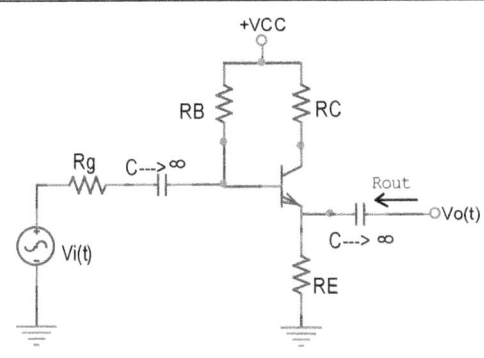

C.47. Considerando un transistor ideal, ¿cuál es la resistencia de salida del amplificador de la figura?

Solución:

$$R_{OUT} = R_E \| \frac{r_\pi + (R_B \| R_g)}{\beta + 1}$$

C.48. ¿Qué etapa usaría para obtener la mayor resistencia de entrada posible?

a) Un amplificador con un transistor JFET en configuración de puerta común.

b) Un amplificador con un transistor JFET en configuración de surtidor (o fuente) común.

c) Un amplificador con un transistor bipolar en configuración de emisor común (sin R_E).

d) Un amplificador con un transistor bipolar en configuración de base común.

Solución: la (b), ya que desde la puerta de un transistor JFET se ve una impedancia de entrada muy elevada

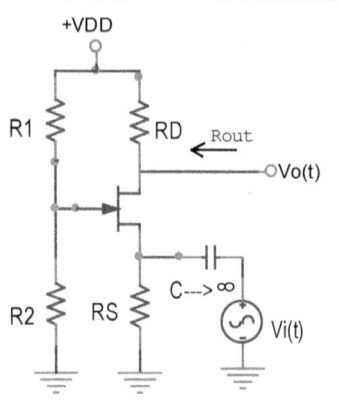

C.49. Suponiendo que el modelo en pequeña señal del transistor JFET del amplificador de la figura es ideal ¿cuál sería, si el transistor está saturado, la resistencia de salida de la etapa?

Solución: $R_{OUT} = R_D$

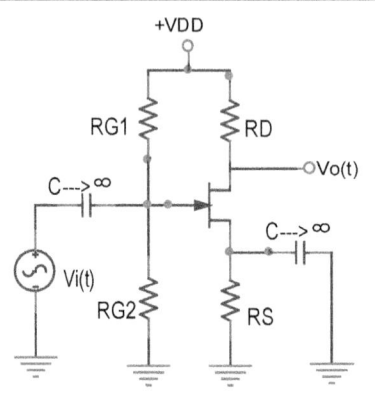

C.50. Determine cuál es la expresión de la ganancia de la etapa adjunta:

Solución: $\Delta_v = -g_m R_D$

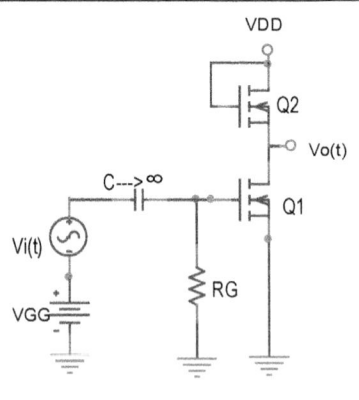

C.51. ¿Cuál sería la expresión de la ganancia de este circuito si Q₁ y Q₂ están saturados y son ideales $(r_o \to \infty)$?

Solución: $\Delta_v = -\dfrac{g_{m1}}{g_{m2}}$

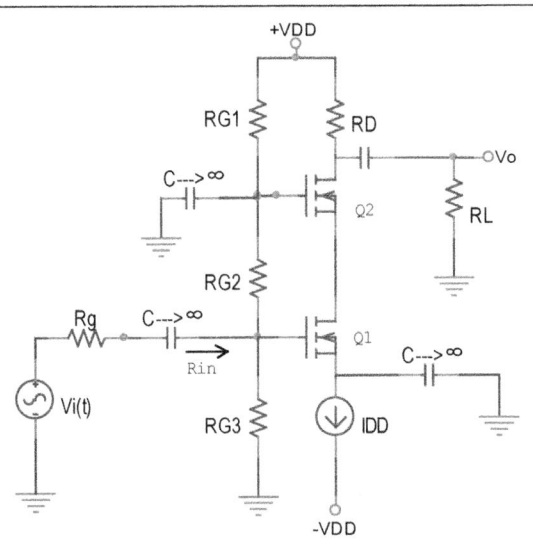

C.52. Sabiendo que los dos transistores del amplificador de la figura se encuentran trabajando en saturación o *pinch-off* ¿cuál sería la expresión de la resistencia de entrada de dicho amplificador?:

Solución: $R_{IN} = R_{G2} \| R_{G3}$

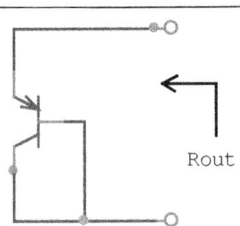

C.53. ¿Qué resistencia de salida en pequeña señal se observa en el circuito de la figura (entre los dos terminales de emisor y base), si se considera que el transistor es ideal $(r_o = \infty)$?

Solución: $R_{out} = \dfrac{r_\pi}{(\beta+1)}$

C.54. ¿Qué resistencia de salida se observaría en el circuito anterior si el transistor no fuese ideal?

Solución: $R_{out} = \dfrac{r_\pi}{(\beta+1)} \middle\| r_o$

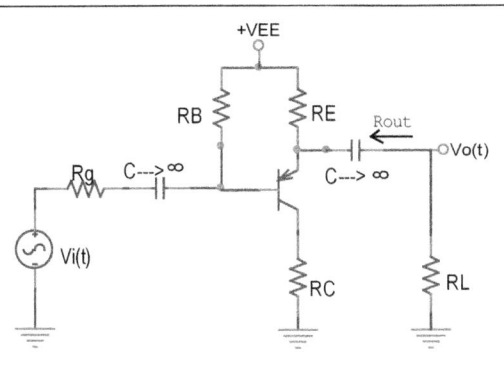

C.55. ¿Cuál es la impedancia de salida del circuito de la figura?

Solución: $R_{OUT} = R_E \| \dfrac{r_\pi + (R_B \| R_g)}{\beta+1}$

C.56. Suponiendo que ambos transistores del circuito adjunto trabajan en activa, determine la expresión de la ganancia de la primera etapa.

Dato: $r_{o1} = r_{o2} = \infty$

Solución:

$$\Delta_{V1} = \frac{v_{o1}(t)}{v_i(t)} = -g_{m1}(R_{C1}\|r_{\pi2})$$

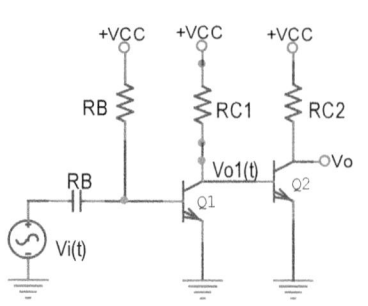

C.57. ¿Qué expresión describe la resistencia de entrada (R_{IN}) en el circuito adjunto?

Solución:

$$R_{IN} = \frac{r_\pi + R_B}{\beta + 1}$$

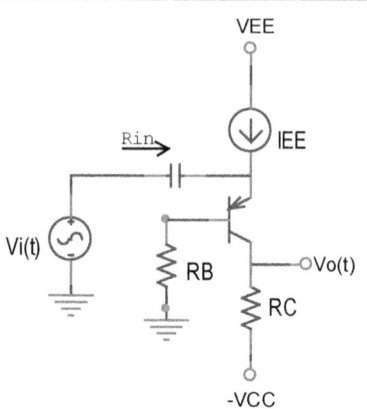

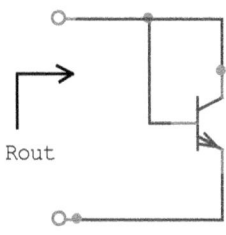

C.58. a) ¿Qué resistencia de salida se observa en el circuito de la figura, donde se considera que el transistor es ideal $(r_o = \infty)$?

b) ¿Qué resistencia de salida se observaría en el circuito anterior si el transistor no fuese ideal?

Solución:

a) $Z_{out} = \frac{r_\pi}{(\beta+1)}$

b) $Z_{out} = \frac{r_\pi}{(\beta+1)} \| r_o$

CUESTIONES BREVES SOBRE EL AMPLIFICADOR DIFERENCIAL

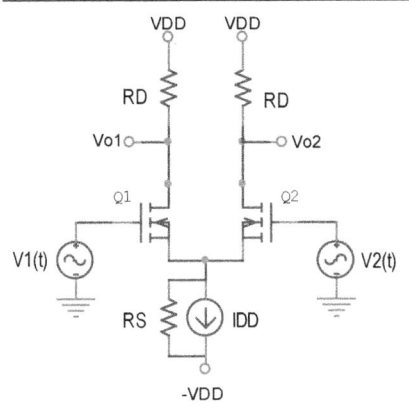

C.59. Considerando transistores ideales:

a) ¿cuánto valen las resistencias de entrada en modo común y diferencial en el amplificador de la figura?

b) Idealmente, ¿por cuánto se podría aproximar el factor CMRR si se toma salida diferencial ($v_o = v_{o1} - v_{o2}$)?

Solución:

a) $R_{IN(cm)} = R_{IN(dif)} = \infty$

b) $CMRR_d \approx \infty$

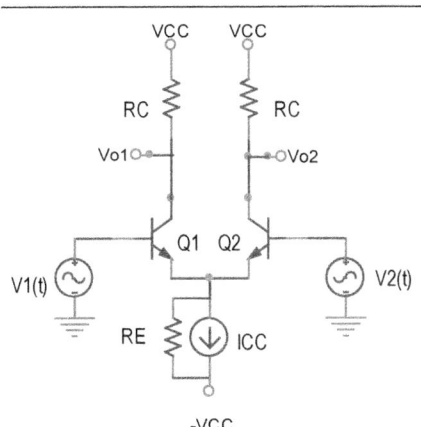

C.60. En el amplificador diferencial de la figura se tiene que:

$$\Delta_{da} = \frac{v_{o2}}{v_d} = 1000 \; \frac{V}{V}, \; \Delta_{cm} = \frac{v_{o2}}{v_{cm}} = 0.01 \; \frac{V}{V}$$

Rango en modo común: [-0.7 V, 5 V]

a) ¿Cuál sería la componente alterna en la salida v_{o2} si $v_1 = v_2 = 2 \cdot sen(\omega t)(mV)$?

b) Considerando transistores ideales ¿cuánto vale la resistencia de salida en pequeña señal cuando la salida se toma en modo asimétrico ($v_o = v_{o1}$ o $v_o = v_{o2}$)? ¿Y en modo diferencial ($v_o = v_{o1} - v_{o2}$)?

Solución:

a) $v_{o2} = 0.02 \cdot sen(\omega t)(mV)$ b) $R_{OUT(asim)} = R_C; \; R_{OUT(dif)} = 2R_C$

C.61. ¿Qué ventaja poseen las fuentes de corriente mejoradas como Wilson y la cascodo frente al espejo básico construido con tecnología FET?

Solución: Presentan una resistencia de salida mayor.

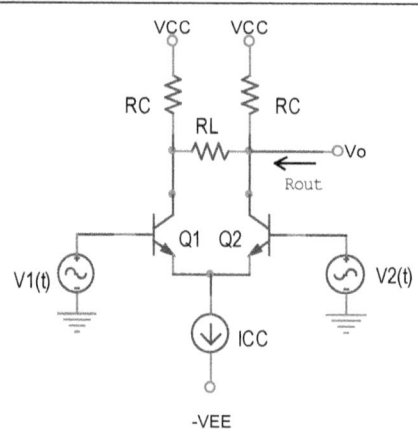

C.62. Teniendo en cuenta que la salida es asimétrica y que los transistores son ideales

a) ¿qué resistencia de salida en modo común se observaría en el amplificador diferencial de la figura? ¿y en modo diferencial?

B) ¿Cuál sería la expresión de la ganancia diferencial?

Solución:

a) En modo común: $R_{out} = R_C$. En modo diferencial: $R_{out} = \dfrac{R_L}{2} \| R_C$

b) $\Delta_d = \dfrac{v_o}{v_d} = \dfrac{v_o}{v_1 - v_2} = \dfrac{1}{2} g_m \left(R_C \| \dfrac{R_L}{2} \right)$

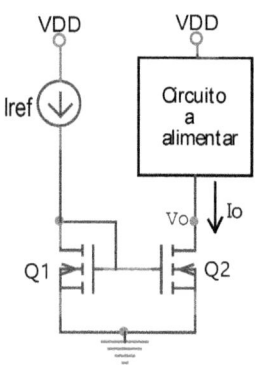

C.63. ¿Qué tensión mínima debe haber en V_o para que el espejo adjunto funcione correctamente? Datos:

$I_{ref} = 1\ mA;\ K_1 = K_2 = 1\dfrac{mA}{v^2};\ V_{T1} = V_{T2} = 1V$

Solución:

$V_o = 2\ V$ para evitar que Q_1 salga de saturación ya que $V_{GS1} = V_{G1} = 2V$ y se ha de cumplir que: $V_O = V_{DS1} > V_{GS1} - V_{T1} = 1V \rightarrow V_D > V_G - V_T = 2 - 1 = 1\ V$

V_{GS1} debe ser 2 V para que circule una corriente de 1 mA.

C.64. Sabiendo que entre los circuitos 1 y 2 del esquema de la figura hay una simetría perfecta y que se cumple que $V_1 = -V_2$, de acuerdo con el teorema de Bartlett ¿cuánto ha de valer necesariamente V_o?

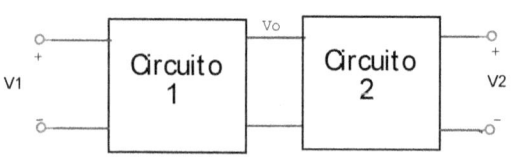

Solución: $V_o = 0\ V$

TEST DE REPASO

1. Un amplificador que presenta una ganancia en tensión de -6 dB necesariamente:

   A) desfasa la señal de entrada 180º.

   B) amplifica la señal de salida con respecto a la de entrada.

   C) atenúa la señal de salida con respecto a la de entrada.

   D) presenta un margen dinámico de ±6 V.

2. La frecuencia de corte superior:

   A) es aquella a la que la ganancia en tensión se hace 0 dB.

   B) es aquella a la que la ganancia en tensión cae 3 dB.

   C) es aquella a partir de la cual se pueden despreciar los efectos de los condensadores de desacoplo.

   D) Ninguna de las respuestas anteriores es cierta.

3. ¿Cómo se suelen modelar el ruido en los amplificadores?

   A) Mediante fuentes parásitas de tensión y/o corriente.

   B) Mediante un conjunto de parámetros H.

   C) Mediante el valor de una señal de *offset* a la salida del amplificador.

   D) Mediante el valor de una ganancia, una impedancia de entrada y una impedancia de salida parásitas.

4. El factor CMRR de un diferencial:

   A) define la relación entre las impedancias de entrada y salida.

   B) define la relación entre las ganancias diferencial y común del amplificador.

   C) idealmente ha de tender a ser nulo.

   D) Ninguna de las anteriores respuestas es válida.

5. Un *buffer* de tensión:

A) posee una ganancia en tensión muy elevada.

B) no amplifica la señal, pero presenta una impedancia de entrada muy elevada.

C) no amplifica la señal, pero presenta una impedancia de salida muy elevada.

D) permite ampliar el margen dinámico en las etapas de salida.

6. ¿Por qué se emplea la conexión de etapas mediante acoplo directo en circuitos integrados?

A) Para aumentar la ganancia de tensión.

B) Para incrementar la impedancia de entrada.

C) Para introducir una frecuencia de corte inferior.

D) Por la dificultad de integrar capacitores grandes.

7. ¿Qué define el concepto de ancho de banda a plena potencia en un operacional?

A) La máxima frecuencia que puede presentar una señal de máxima amplitud a la salida sin que aparezcan problemas de *slew rate*.

B) La máxima frecuencia que puede tener la señal de entrada sin que el operacional presente problemas de consumo.

C) El producto ganancia-ancho de banda.

D) La frecuencia de corte superior cuando la señal de entrada posee la máxima amplitud permitida.

8. Un amplificador diferencial presenta una ganancia diferencial de 80 dB y un CMRR de 80 dB. Si se cortocircuitan ambas entradas y se aplica sobre ellas una señal de 5 V de pico ¿qué amplitud tendría la señal de salida?

A) $v_o = 5\,V_p$

B) $v_o = 0.0005\,V_p$

C) $v_o = 0.5\,V_p$

D) $v_o = 0.0635\,V_p$

9. En el circuito derivador de la figura, ¿cuál es la misión de la resistencia R_1?

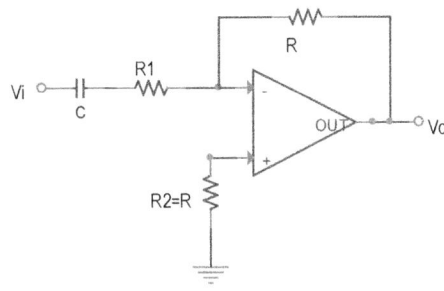

A) **Aumentar la impedancia a la entrada para las frecuencias altas evitando que el circuito se vuelva muy sensible al ruido.**

B) Disminuir la impedancia a frecuencias bajas para permitir que ambas entradas vean en continua la misma impedancia.

C) Aumentar la ganancia del derivador a bajas frecuencias.

D) Aumentar la ganancia del derivador a altas frecuencias.

10. ¿Cuál es el principal problema del circuito adjunto si se emplea como integrador?

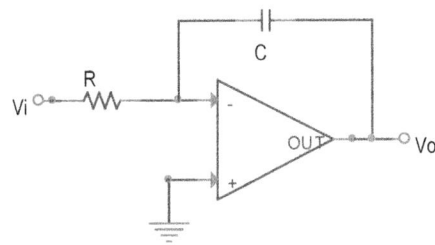

A) Cualquier tensión continua a la entrada o la tensión de *offset* de entrada acaba provocando la saturación del operacional.

B) Cualquier pequeño ruido a altas frecuencias a la entrada puede provocar la oscilación parásita de la señal de salida.

C) La impedancia de entrada del circuito varía con la frecuencia.

D) Todas las respuestas anteriores son ciertas.

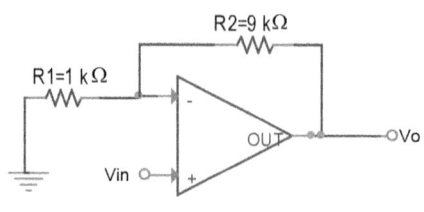

11. El AO de la figura, al que se puede considerar ideal, está alimentado con una tensión de ±15 V. Si la tensión de entrada V_i vale 2 V ¿cuánto vale la señal de salida?

A) +15 V

B) +20 V

C) -15 V

D) -20 V

12. ¿Cuál puede ser la misión del potenciómetro de la figura, conectado entre dos terminales del AO integrado que no ejercen la labor de entrada, salida o alimentación del circuito?

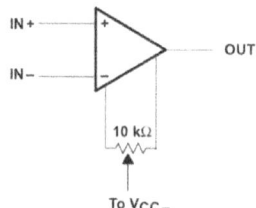

A) Permite regular la ganancia de la configuración que emplee el operacional.

B) Permite reducir el *slew rate* del operacional.

C) Permite reducir las corrientes de entrada del operacional.

D) Permite reducir la tensión de *offset* a la salida.

13. Suponiendo que el AO es ideal, determine cuánto valdría la tensión de salida en el circuito de la figura para una tensión de entrada continua (V_i) de -3 V. Datos: $R_1 = R_2 = R_p$

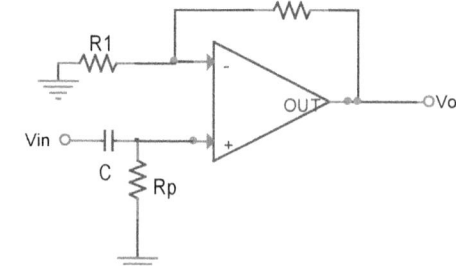

A) $V_o = -6\ V$

B) $V_o = -3\ V$

C) $V_o = 0\ V$

D) $V_o = +6\ V$

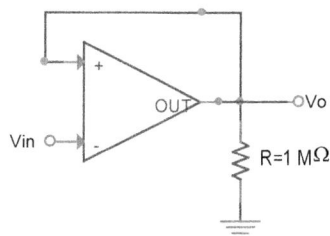

14. Suponiendo que el AO es ideal y que está alimentado con una tensión ($\pm V_{CC}$) de ±12 V, determine cuánto valdría la tensión de salida en el circuito de la figura para una tensión de entrada continua V_i de -5 V.

A) **Dependería de la corriente máxima que pudiera dar el operacional.**

B) $V_o = -12\ V$ o $V_o = +12\ V$

C) $V_o = -5\ V$

D) $V_o \approx 0\ V$

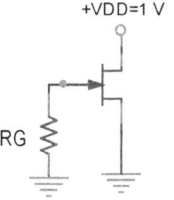

15. Sabiendo que $V_P = -3\ V$, determine en que región se encuentra trabajando el dispositivo JFET de la figura.

A) **Corte.**

B) **Zéner.**

C) **Gradual (o triodo u óhmica).**

D) **Saturación (*pinch-off*).**

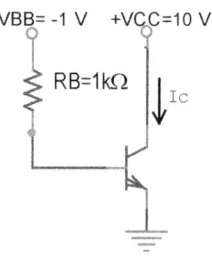

16. Calcule I_C en el circuito adjunto.

Datos: $\beta = 50;\ V_{BE(ON)} = 0.7\ V$,

A) $I_C \approx 1\ mA$

B) $I_C \approx 50\ mA$

C) $I_C \approx 0\ mA$

D) $I_C \approx -50\ mA$

17. Si $R_{G1} = 100 \cdot R_{G2}$, ¿en qué región se encuentra polarizado el transistor MOSFET en el circuito de la figura?

Datos: $V_{DD} = 10\ V; V_T = 1\ V$

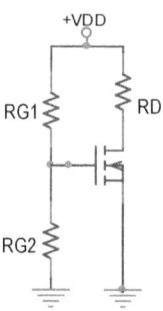

A) Corte.

B) Saturación (o *pinch-off*).

C) Zona gradual (o triodo).

D) Depende del valor de R_D.

18. ¿Cuál de los circuitos adjuntos presenta, en principio, una menor estabilidad de la corriente de polarización I_C frente a cambios del parámetro β del transistor?

A) El circuito (1)

B) El circuito (2)

C) El circuito (3)

D) Todos presentan la misma estabilidad.

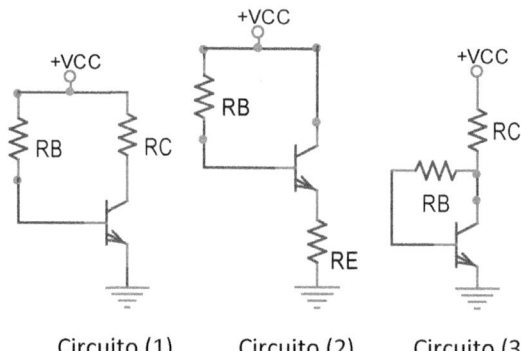

Circuito (1)   Circuito (2)   Circuito (3)

19. Los diodos zéner:

A) Están especialmente diseñados para trabajar con corrientes elevadas.

B) Están especialmente diseñados para trabajar en disrupción.

C) Están especialmente diseñados para trabajar en inversa.

D) Poseen una tensión de disrupción muy elevada.

20. Un transistor MOSFET de acumulación:

A) conduce para tensión de puerta-fuente nula.

B) conduce o no para una tensión de puerta-fuente nula dependiendo de si es canal N o canal P.

C) no conduce para tensión de puerta-fuente nula.

D) ninguna de las respuestas anteriores es válida.

21. ¿Qué tipo de etapa, construida con BJT, posee las propiedades de un *buffer* de tensión?

A) Una etapa en emisor común.

B) Una etapa en emisor común con resistencia de emisor.

C) Una etapa en base común.

D) Una etapa en colector común.

22. En un amplificador diferencial, interesa que la fuente de corriente presente una resistencia de salida elevada para:

A) Tener una buena resistencia de entrada diferencial.

B) Incrementar la ganancia en modo diferencial.

C) Aumentar el factor CMRR.

D) Todas las respuestas anteriores son válida.

23. ¿Qué etapa de las siguientes usaría para obtener la mayor resistencia de entrada posible?

A) Un amplificador con un transistor JFET en configuración de puerta común.

B) Un amplificador con un transistor JFET en configuración de surtidor (o fuente) común.

C) Un amplificador con un transistor bipolar en configuración de emisor común (sin resistencia en emisor).

D) Un amplificador con un transistor bipolar en configuración de base común.

24. ¿Qué define el rango de entrada en modo común en un amplificador diferencial?

A) La máxima ganancia con la entrada en modo común.

B) El factor de rechazo al modo común del amplificador.

C) El margen en el que una tensión aplicada en ambas entradas simultáneamente permite al diferencial funcionar correctamente.

D) La frecuencia máxima de la señal de entrada en modo común.

25. ¿Qué tipo de etapa amplificadora es la adjunta?

A) Una etapa en emisor común.

B) Una etapa en emisor común con resistencia de emisor.

C) Una etapa en base común.

D) Una etapa en colector común.

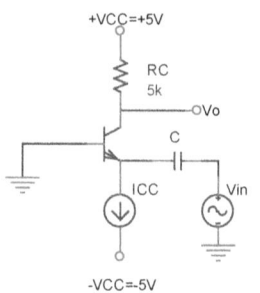

26. ¿Qué ventajas poseen las fuentes de corriente mejoradas como Wilson y la cascodo frente al espejo básico?

A) Ocupan una menor área de integración.

B) Requieren un menor número de transistores.

C) Poseen una mayor resistencia de salida.

D) Ninguna de las ventajas anteriores es cierta.

27. ¿Qué tensión (V_o) ofrecería el circuito adjunto a la salida si $V_1 = V_2 = +10\ V$?

Dato de los diodos: $V_{D(ON)} = 0.7\ V$

A) $V_o = +10\ V$

B) $V_o = 0\ V$

C) $V_o = +0.7\ V$

D) $V_o = +9.3\ V$

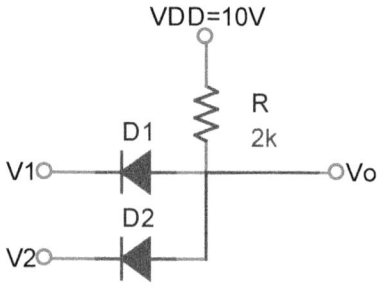

28. En el circuito anterior, ¿qué tensión (V_o) habría a la salida las tensiones de entrada valen $V_1 = 0\ V$ y $V_2 = +10\ V$?

A) $V_o = 10\ V$

B) $V_o = -0.7\ V$

C) $V_o = +0.7\ V$

D) $V_o = 9.3\ V$

----

29. Si el transistor es ideal y se encuentra en activa ¿qué resistencia de entrada (R_{IN}) se observa en el siguiente circuito?

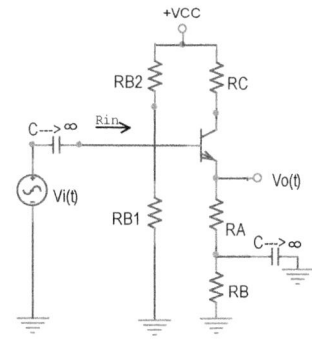

A) $R_{IN} = R_{B1}\|R_{B2}\|(r_\pi + (\beta + 1)(R_A\|R_B))$

B) $R_{IN} = R_{B1}\|R_{B2}\|(r_\pi + (\beta + 1)R_A)$

C) $R_{IN} = R_{B1}\|R_{B2}\|(r_\pi + (\beta + 1)(R_A + R_B))$

D) $R_{IN} = R_{B1}\|R_{B2}\|(r_\pi + (\beta + 1)R_B)$

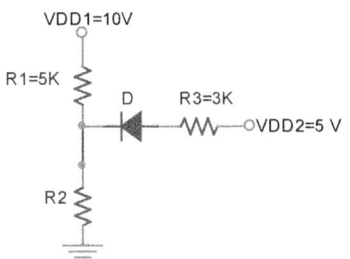

30. ¿Qué valor máximo puede tener R_2 en el circuito que sigue para garantizar que el diodo conduce? Dato: $V_{D(ON)} = 0.7\ V$

A) $R_{2(max)} \approx 4.573\ k\Omega$

B) $R_{2(max)} \approx 5.323 k\Omega$

C) $R_{2(max)} \approx 3.772\ k\Omega$

D) $R_{2(max)} \approx 5k\Omega$

31. Suponiendo que el modelo en pequeña señal del transistor JFET del amplificador de la figura es ideal ¿cuál sería la resistencia de entrada de la etapa adjunta?

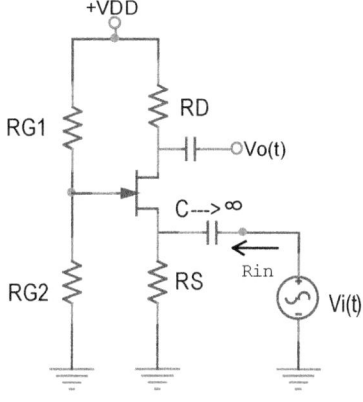

A) $R_{IN} = R_S$

B) $R_{IN} = R_S \left\| \dfrac{1}{g_m} \right.$

C) $R_{IN} = R_S \left\| \dfrac{1}{g_m} + R_D \right.$

D) $R_{IN} = R_S + \dfrac{1}{g_m}$

32. Tras aplicar, en pequeña señal, el teorema de Bartlett en modo diferencial en el amplificador de la figura, en el circuito equivalente que resultaría:

A) El colector queda en cortocircuito con tierra.

B) Los colectores de los dos transistores quedan cortocircuitados entre ellos.

C) Los emisores de ambos transistores quedan cortocircuitados con tierra.

D) La conexión que existe entre ambos emisores se puede dejar en circuito abierto, pues se demuestra que por ella no pasa corriente.

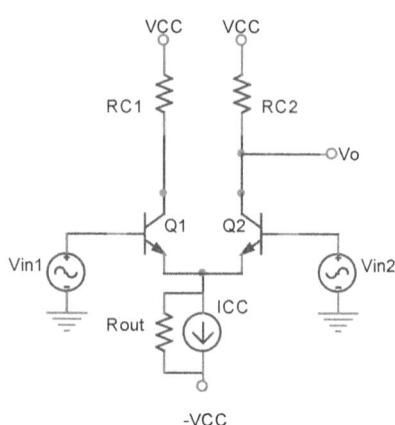

33. Suponiendo que los condensadores de desacoplo y los dos transistores del amplificador de la figura son ideales, ¿cuál sería la expresión de la resistencia de salida de dicho amplificador?

A) $R_{OUT} = (R_{G1} + R_{G2}) \| R_D$

B) $R_{OUT} = \dfrac{1}{g_{m2}} \| R_D$

C) $R_{OUT} = \dfrac{1}{g_{m1}} \| \dfrac{1}{g_{m2}} \| R_D$

D) $R_{OUT} = R_D$

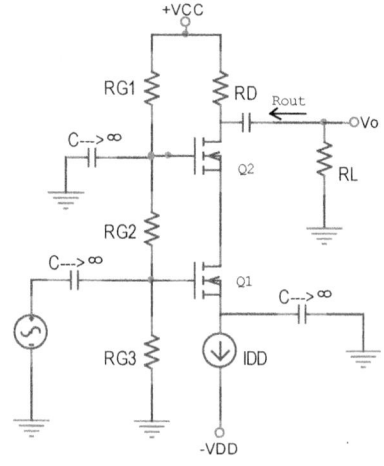

34. Suponiendo que, en el amplificador diferencial de la figura, los transistores Q_1 y Q_2 son ideales y se encuentran polarizados en activa ¿cuál es la expresión que define la ganancia en modo diferencial $\left(\Delta_d = \dfrac{v_o}{v_{in1} - v_{in2}} = \dfrac{v_o}{v_d}\right)$?

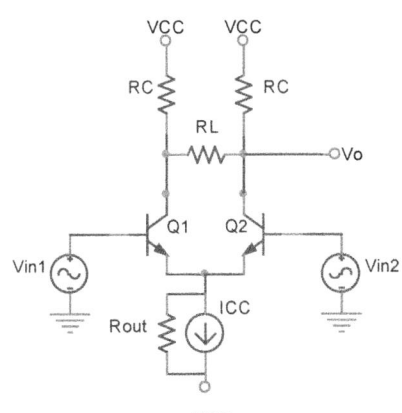

A) $\Delta_d = +\dfrac{1}{2}g_{m2} \cdot (R_L \| R_C)$

B) $\Delta_d = +\dfrac{1}{2}g_{m2} \cdot \left(R_C \| \dfrac{R_L}{2}\right)$

C) $\Delta_d = +\dfrac{1}{2}g_{m2} \cdot \left(\dfrac{R_C \| R_L}{2}\right)$

D) $\Delta_d = +\dfrac{1}{2}g_{m2} \cdot \left(\dfrac{R_C}{2} \| R_L\right)$

35. En el circuito anterior, ¿cómo se ve afectada la tensión de polarización (la componente continua) a la salida (V_o) si aumenta el valor de la resistencia R_L?

A) La tensión V_o no cambia.

B) La tensión V_o disminuye, pero Q_1 y Q_2 podrían entrar en saturación.

C) La tensión V_o disminuye, pero Q_1 y Q_2 podrían entrar en corte.

D) La tensión V_o aumenta.

36. En el mismo circuito de las dos preguntas anteriores, ¿cuál sería la expresión que mejor aproxima la ganancia en modo común $\left(\Delta_{cm} = \dfrac{v_o}{v_{CM}}\bigg|_{v_{in1}=v_{in2}=v_{CM}}\right)$

A) $\Delta_{cm} \approx -\dfrac{(R_L \| R_C)}{2R_{out}}$

B) $\Delta_{cm} \approx -\dfrac{\left(\frac{R_L}{2} \| R_C\right)}{2R_{out}}$

C) $\Delta_{cm} \approx -\dfrac{(R_L \| R_C)}{R_{out}}$

D) $\Delta_{cm} \approx -\dfrac{R_C}{2R_{out}}$

37. ¿Qué tensión a la salida presentaría el circuito con diodos adjunto si las tensiones de entrada valen $V_1 = V_2 = 10\ V$? Dato: $V_{D(ON)} = 0.6\ V$

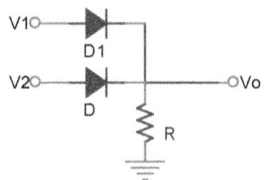

A) $V_o = 10\ V$

B) $V_o = 0\ V$

C) $V_o = 9.4\ V$

D) $V_o = 10.6\ V$

38. ¿Qué tensión habría a la salida del circuito anterior si $V_1 = 10\ V$ y $V_2 = 0\ V$?

A) $V_o = 9.4\ V$ B) $V_o = 10\ V$

C) $V_o = 0\ V$ D) $V_o = 10.4\ V$

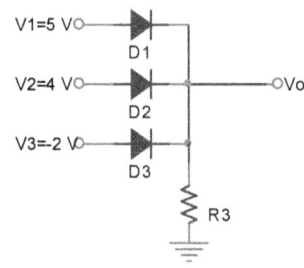

39. En el circuito de la figura, ¿qué diodos se encuentran conduciendo?

Dato: $V_{D(ON)} = 0.6\ V$

A) Los tres diodos conducirían.

B) Sólo conduciría el diodo D_1.

C) Conducirían D_1 y D_2.

D) Ninguno de los diodos conduciría.

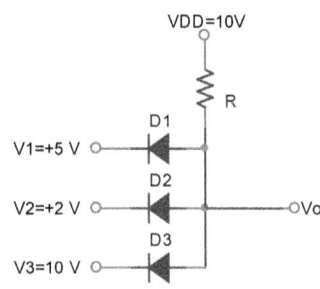

40. En el circuito de la figura, ¿qué diodos se encuentran conduciendo?

Dato: $V_{D(ON)} = 0.7\ V$

A) Los tres diodos conducirían.

B) Conducirían D_1 y D_2.

C) Sólo conduciría el diodo D_2.

D) Ninguno de los diodos conduciría.

----

41. Considerando que los transistores son idénticos e ideales y que se encuentran correctamente polarizados, ¿cuál sería la expresión de la resistencia de entrada diferencial $\left(R_{in(dif)} = \frac{v_{in1} - v_{in2}}{i_d} = \frac{v_d}{i_d} \right)$?

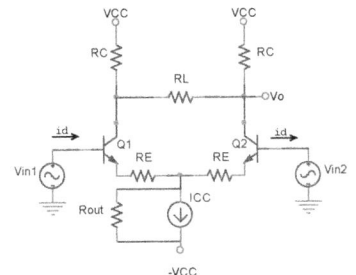

A) $R_{in(dif)} = 2(r_\pi + (\beta + 1)(2R_E + 2R_{out}))$

B) $R_{in(dif)} = 2(r_\pi + (\beta + 1)(R_E + 2R_{out}))$

C) $R_{in(dif)} = (r_\pi + (\beta + 1)R_E)$

D) $R_{in(dif)} = 2(r_\pi + (\beta + 1)R_E)$

42. En el amplificador diferencial adjunto, ¿qué sucede si aumenta el valor de I_{CC}?

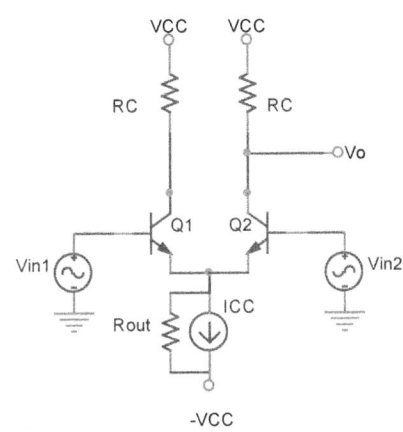

A) Aumenta el módulo de la ganancia diferencial y disminuye la impedancia de entrada diferencial.

B) Aumentan el módulo de la ganancia diferencial y la impedancia de entrada diferencial.

C) Disminuye el módulo de la ganancia diferencial y aumenta la impedancia de entrada diferencial.

D) Disminuyen el módulo de la ganancia diferencial y la impedancia de entrada diferencial.

43. En un amplificador de transimpedancia es deseable que:

A) La impedancia de entrada sea elevada y la impedancia de salida sea pequeña.

B) La impedancia de entrada sea pequeña y la impedancia de salida sea elevada.

C) Las impedancias de entrada y de salida sean pequeñas.

D) Las impedancias de entrada y de salida sean elevadas.

44. En un amplificador operacional real como el µA741:

A) La respuesta en frecuencia indica una ganancia muy alta a baja frecuencia (>100 dB) hasta la frecuencia de corte, cayendo a razón de 20 dB/década a partir de dicha frecuencia de corte.

B) El producto ganancia x ancho de banda permanece constante.

C) Las corrientes de entrada son del orden de unidades o decenas de nA.

D) Todas las respuestas indicadas son válidas.

45. El circuito de la figura:

A) es un integrador al que se le ha añadido R_F, para evitar que se sature cuando en la entrada aparezca una componente continua de tensión.

B) es un integrador al que se le ha añadido R_1 para reducir la tensión de *offset* a la salida. Para ello se debe cumplir: $R_1 = R \| R_F$

C) es un integrador mejorado, cuya función de transferencia es:

$$\frac{v_o}{v_i} = -\frac{R_F}{R(1 + jwCR_F)}$$

Con lo cual, sólo funciona como integrador para frecuencias superiores a: $f \gg \dfrac{1}{2 \cdot \pi \cdot R_F \cdot C}$

D) Todas las respuestas anteriores son correctas.

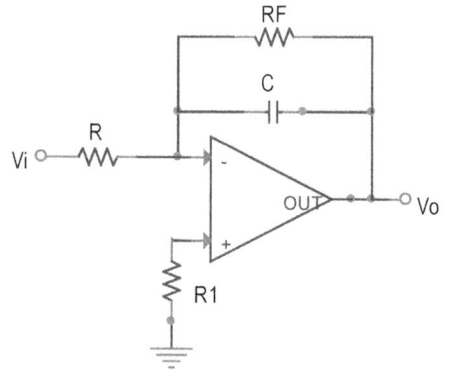

46. Considerando ideales e idénticos los transistores del diferencial de la figura, determine la expresión de la resistencia de entrada en modo común, definida del modo: $R_{in(cm)} = \frac{v_{cm}}{i_{cm}}\Big|_{v_{in1}=v_{in2}=v_{cm}}$.

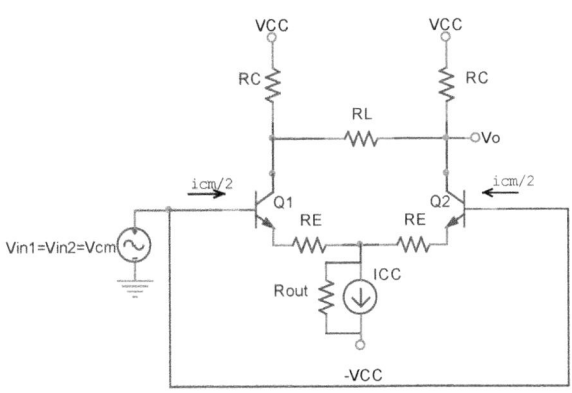

A) $R_{in(dif)} = 2(r_\pi + (\beta + 1)(R_E + 2R_{out}))$

B) $R_{in(cm)} = \frac{r_\pi + (\beta+1)R_E}{2}$

C) $R_{in(cm)} = \frac{r_\pi + (\beta+1)(R_E + 2R_{out})}{2}$

D) $R_{in(dif)} = r_\pi + (\beta + 1)(R_E + 2R_{out})$

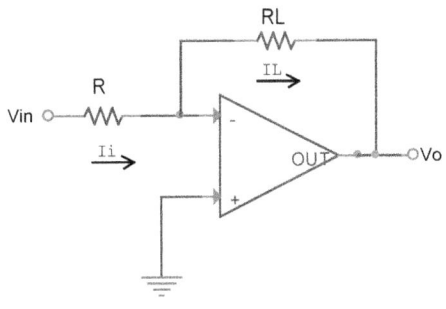

47. El circuito de la figura:

A) Proporciona una corriente en la carga, I_L, dada por: $I_L = \frac{v_i}{R_L}$

B) Proporciona una corriente en la carga, I_L, proporcional a la tensión de entrada, pero que no depende del valor de R_L.

C) Es un amplificador en configuración no inversora.

D) Ninguna de las anteriores.

48. El circuito seguidor de la figura:

A) Sigue funcionando como seguidor de tensión al intercambiar los terminales de entrada positivo y negativo.

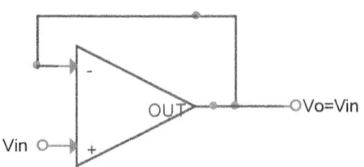

B) Funciona como seguidor de tensión sólo si, para cualquier tensión de salida, la frecuencia del generador, v_i, no supera el ancho de banda de potencia.

C) El circuito funciona como seguidor de tensión siempre que la amplitud de la tensión de salida se mantenga por debajo del límite de saturación del operacional, que suele situarse uno o dos voltios por debajo del valor de la tensión de alimentación.

D) Todas las respuestas anteriores son correctas.

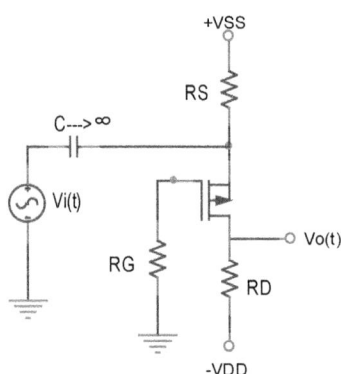

49. En el amplificador de la figura, ¿cuál es la expresión para la ganancia de tensión $\frac{v_o}{v_i}$?

A) $\frac{v_o}{v_i} = g_m \cdot R_D$

B) $\frac{v_o}{v_i} = g_m \cdot R_S$

C) $\frac{v_o}{v_i} = g_m \cdot (R_G + R_S)$

D) $\frac{v_o}{v_i} = \frac{R_D}{R_S}$

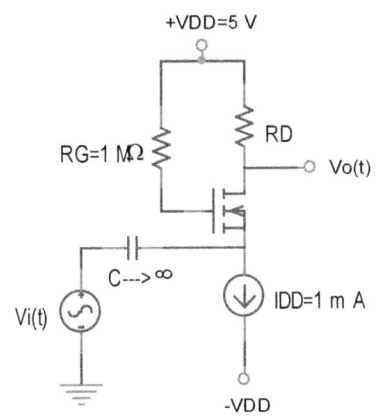

50. En el amplificador de la figura, ¿cuál es el valor máximo de R_D que permite que el transistor trabaje en saturación (o *pinch-off*)?

Datos de los transistores:

$$V_T = +2\ V; K = 1\frac{mA}{V^2}; |V_A| = \infty.$$

A) $R_{Dmax} = 1\ k\Omega$
B) $R_{Dmax} = 2\ k\Omega$
C) $R_{Dmax} = 3\ k\Omega$
D) $R_{Dmax} = 4\ k\Omega$

51. ¿Qué ventajas presentan las cargas activas en circuitos integrados?

A) Evitan el empleo de resistencias pasivas grandes, que son difíciles de integrar.

B) Permiten impedancias de carga muy elevadas y, por tanto, ganancias mayores en circuitos como los amplificadores diferenciales.

C) Su valor depende de la corriente y, por tanto, permiten un diseño más flexible y pueden variar en función de las condiciones de operación del circuito.

D) Todas las ventajas anteriores son ciertas.

52. En el amplificador diferencial de la figura, determine la tensión de polarización (V_{bias}) que debe aplicarse en puerta del transistor Q₃ para que la tensión continua a la salida (V_o) valga 6 V.

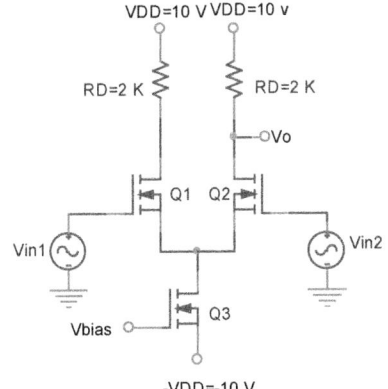

Datos de los transistores:

$$V_T = +2V; K = 1\frac{mA}{V^2}; |V_A| = \infty.$$

A) $V_{bias} = -3\ V$
B) $V_{bias} = -4\ V$
C) $V_{bias} = -6\ V$
D) $V_{bias} = -2\ V$

53. En el circuito anterior, para la mencionada tensión de salida continua de salida 6 V, ¿cuál sería la tensión de polarización ($V_{S1} = V_{S2}$) que existiría en los surtidores (o terminales de fuente) de los transistores Q_1 y Q_2? Nota: tenga en cuenta que V_{in1} y V_{in2} son dos señales de alterna que presentan en continua una tensión nula.

A) $V_{S1} = V_{S2} \approx -4V$

B) $V_{S1} = V_{S2} \approx -3.414V$

C) $V_{S1} = V_{S2} \approx -0.586V$

D) $V_{S1} = V_{S2} \approx -1.414V$

54. En el amplificador diferencial de las dos cuestiones anteriores, para la tensión de salida continua citada, ¿cuál sería el máximo valor que pueden presentar las resistencias R_D para que Q_1 y Q_2 se mantengan en la región de saturación o *pinch-off*?

A) $R_{Dmax} = 4 \ k\Omega$

B) $R_{Dmax} = 6 \ k\Omega$

C) $R_{Dmax} = 3 \ k\Omega$

D) $R_{Dmax} = 2 \ k\Omega$

55. Sabiendo que el transistor está polarizado en activa y no es ideal y que, por lo tanto, presenta cierta resistencia de salida r_o, calcule la expresión que describe la resistencia de salida $\left(R_{out} = \frac{v_{out}}{i_{out}}\right)$ en pequeña señal de la carga activa del circuito adjunto, construido con un transistor MOSFET de canal P de acumulación.

A) $R_{out} = \dfrac{1}{g_m}$

B) $R_{out} = r_o$

C) $R_{out} = \dfrac{1}{g_m} + r_o$

D) $R_{out} = \dfrac{1}{g_m} \parallel r_o$

56. En la carga activa del circuito anterior, al aumentar la corriente de polarización del transistor, I_{DD}, la resistencia de salida R_{out}, en pequeña señal:

A) aumentaría o disminuiría dependiendo del valor concreto de la tensión umbral del transistor (V_T).

B) permanecería aproximadamente constante.

C) aumentaría.

D) disminuiría.

57. En el espejo básico de la figura, construido con transistores MOSFET de canal P, diseñe el valor de la resistencia R_{ref} para que la tensión continua (V_o) a la salida sea nula. Datos de los transistores:

$$V_{T1} = V_{T2} = -1\ V; K_1 = 1\ \frac{mA}{V^2}; K_2 = 2\ \frac{mA}{V^2}; |V_{A1,2}| = \infty$$

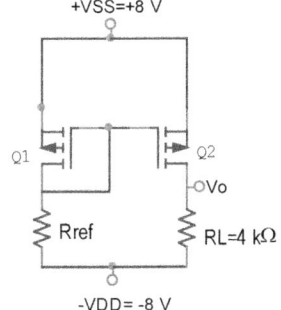

A) $R_{ref} = 4\ k\Omega$

B) $R_{ref} = 6\ k\Omega$

C) $R_{ref} = 14\ k\Omega$

D) $R_{ref} = 8\ k\Omega$

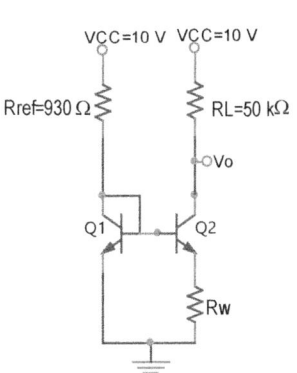

58. ¿Cuál debe ser el valor del resistor R_W del espejo Widlar adjunto para que la tensión de salida en DC del circuito (V_o) sea 5 V?

Son datos: $V_t = kT/e = 0.025\ V; V_{BE(ON)} = 0.7\ V$. Suponga despreciables I_{B1} e I_{B2}.

A) $R_W \approx 1.727\ k\Omega$

B) $R_W \approx 575\ \Omega$

C) $R_W \approx 1.151\ k\Omega$

D) $R_W \approx 2.649\ k\Omega$

59. En el espejo de corriente de la figura, suponiendo que ambos transistores funcionan en activa, si el valor del resistor R_{ref} aumenta:

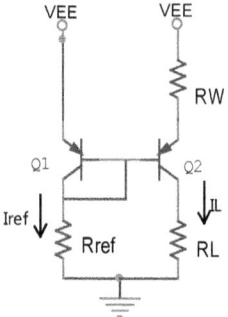

A) La corriente I_{ref} disminuye, pero I_L permanece aproximadamente igual.

B) Tanto la corriente I_{ref} como I_L disminuyen.

C) Tanto la corriente I_{ref} como I_L permanecen aproximadamente invariables.

D) La corriente I_L disminuye, pero I_{ref} permanece aproximadamente igual.

60. En el espejo de corriente de la pregunta anterior, si el valor de R_W aumenta:

A) La corriente I_{ref} disminuye, pero I_L permanece aproximadamente igual.

B) Tanto la corriente I_{ref} como I_L disminuyen.

C) Tanto la corriente I_{ref} como I_L permanecen aproximadamente invariables.

D) La corriente I_L disminuye, pero I_{ref} permanece aproximadamente igual.

61. En el espejo de corriente de las dos preguntas anteriores, si el valor de R_L aumenta (y ambos transistores continúan trabajando en activa):

A) La corriente I_{ref} disminuye, pero I_L permanece aproximadamente igual.

B) Tanto la corriente I_{ref} como I_L permanecen aproximadamente invariables.

C) Tanto la corriente I_{ref} como I_L disminuyen.

D) La corriente I_L disminuye, pero I_{ref} permanece aproximadamente igual.

62. En la figura se puede apreciar la conexión en cascada de dos amplificadores de tensión. ¿Qué relación deben guardar las impedancias Z_{sal1} y Z_{ent2} para que la ganancia total en tensión del conjunto se pueda escribir como el producto de las ganancias individuales de cada amplificador, es decir, $G_v = \dfrac{Vsal}{Vent} \approx G_{v1} \cdot G_{v2}$?

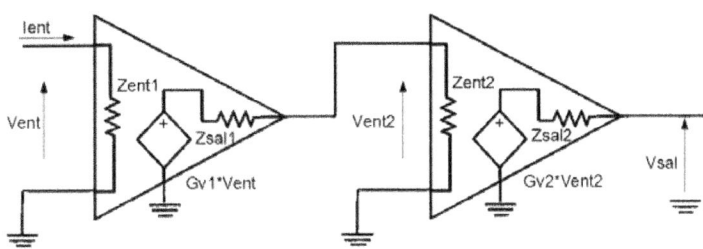

A) $Z_{ent2} = (1/2) \cdot Z_{sal1}$ **B)** $Z_{ent2} \gg Z_{sal1}$

C) $Z_{ent2} \ll Z_{sal1}$ **D)** $Z_{ent2} = 2 \cdot Z_{sal1}$

63. Indique cuál de las siguientes afirmaciones no es correcta respecto al margen dinámico de un amplificador.

A) El margen dinámico viene determinado por el máximo voltaje de pico que podemos tener a la salida del amplificador sin que éste se sature.

B) El valor del margen dinámico de un amplificador suele expresarse para una resistencia de carga específica.

C) El margen dinámico es independiente del valor de tensión que proporciona la fuente de alimentación.

D) Si la tensión de salida trata de exceder el margen dinámico especificado para un amplificador, se producirá distorsión de señal.

64. ¿Cuál es la ecuación lineal que implementa el circuito aritmético de la figura diseñado con un amplificador operacional?

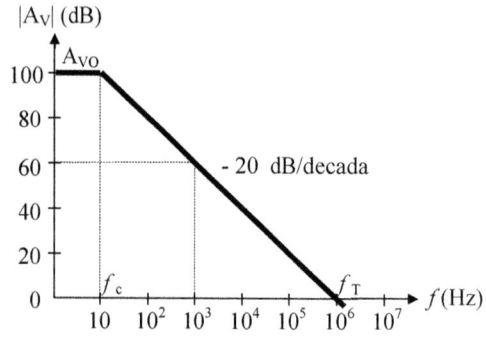

A) $v_o = 5v_1 + 3v_2 + 2v_3 - 5v_a - 4v_b$

B) $v_o = 4v_1 + 2v_2 + v_3 - 4v_a - 2v_b$

C) $v_o = 3v_1 + 2v_2 + v_3 - 4v_a - v_b$

D) $v_o = 3v_1 + 2v_2 + v_3 - 5v_a - 2v_b$

65. Se utiliza un amplificador operacional para diseñar un amplificador no inversor con una ganancia de 40 dB, ¿cuál será el ancho de banda del amplificador diseñado, si la respuesta en frecuencia del operacional empleado, en lazo abierto, viene representada por el gráfico de la figura?

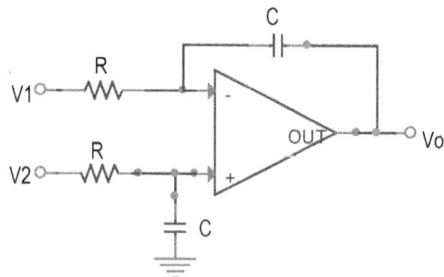

A) 1 kHz

B) 100 kHz

C) 10 Hz

D) 10 kHz

66. ¿Cuál es la expresión para la tensión de salida, v_o, en el circuito de la figura?

A) $v_0 = \dfrac{1}{j\omega RC} \cdot (v_2 - v_1)$

B) $v_0 = \dfrac{1}{j\omega RC} \cdot (v_1 - v_2)$

C) $v_o = j\omega RC \cdot (v_2 - v_1)$

D) $v_o = j\omega RC \cdot (v_1 - v_2)$

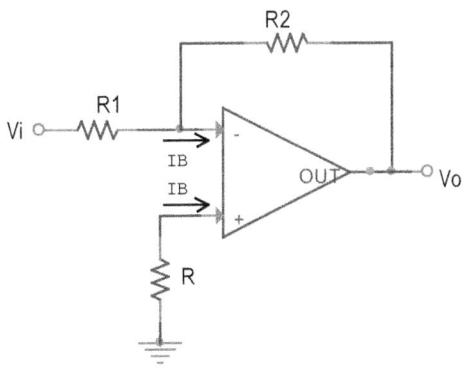

67. En el circuito de la figura, ¿cuál sería el valor que tendría que tener la resistencia R para minimizar el efecto de las corrientes de polarización de entrada en el operacional?

A) $R = R_1 + R_2$

B) $R = R_1$

C) $R = R_1 \| R_2$

D) Ninguno de las anteriores.

68. ¿Cuál debe ser el valor de R_2 para que el amplificador de la figura presente un ancho de banda de 10 kHz? Considere que la respuesta en frecuencia, en lazo abierto, de los amplificadores operacionales empleados es la que se muestra en la figura, es decir, $f_T = 1\,MHz$, y que el resto de resistencias del circuito toman los siguientes valores: $R_3 = 1\,k\Omega, R_4 = 9\,k\Omega$ y $R_1 = 1k\Omega$.

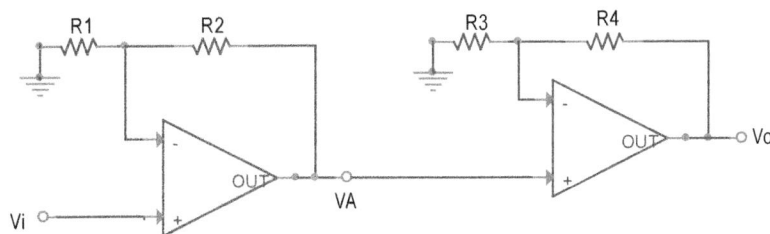

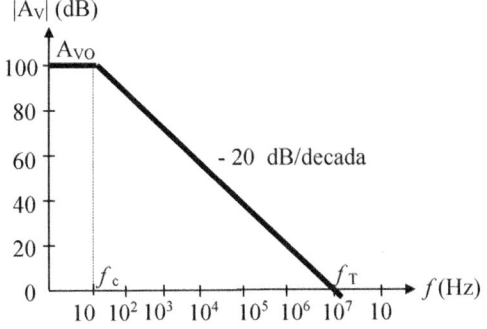

A) $R_2 = 99\,k\Omega$

B) $R_2 = 2.\,15\,k\Omega$

C) $R_2 = 30.\,62\,k\Omega$

D) $R_2 = 1\,k\Omega$

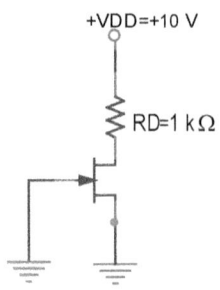

69. ¿En qué zona se encuentra trabajando el transistor JFET de la figura?

Son datos del transistor: $I_{DSS} = 8\ mA; V_P = -4\ V$

A) Corte.

B) Saturación o *pinch-off*.

C) Triodo (region óhmica o gradual).

D) Región activa.

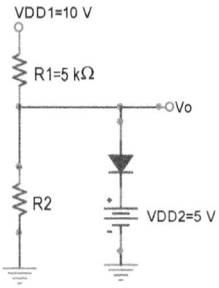

70. ¿Cuál es el mínimo valor de R_2 que garantiza, en el circuito de la figura, que el diodo conduce?

Dato: $V_{D(ON)} = 0.7\ V$

A) Cualquier valor de R_2 superior a R_1

B) $R_{2(min)} \approx 5\ k\Omega$

C) $R_{2(min)} \approx 6.62\ k\Omega$

D) $R2_{(min)} \approx 7.62\ k\Omega$

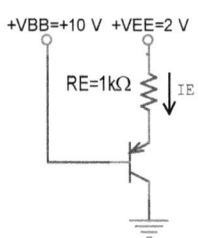

71. Calcule I_E en el circuito de la figura. Datos: $V_{EB(ON)} = 0.7\ V, \beta = 100, V_{EC(SAT)} = 0.2\ V$.

A) $I_E = 8.7\ mA$

B) $I_E = 2\ mA$

C) $I_E \approx 0\ mA$

D) $I_E = 7.3\ mA$

72. La figura representa el posible margen de variación de la curva característica para la región de saturación de cierto JFET (curvas discontinuas). ¿Con qué recta de carga se garantiza una corriente de polarización más estable?

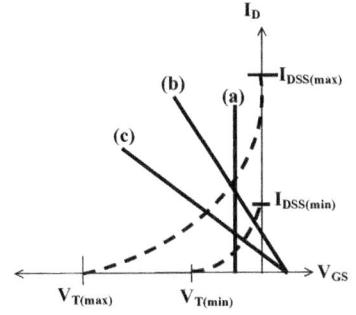

A) Con la recta (a), de pendiente infinita.

B) Con la recta (b), de pendiente intermedia.

C) Con la recta (c), de menor pendiente.

D) Con todas las rectas se garantiza la misma estabilidad para la corriente de polarización.

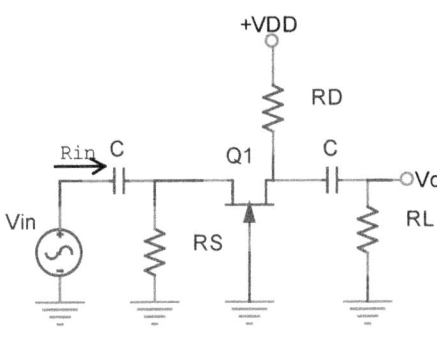

73. ¿Qué expresión describe la resistencia en pequeña señal a frecuencias medias vista desde la entrada, R_{in}, en la etapa siguiente? Suponga que el transistor JFET es ideal $(V_A \to \infty)$.

A) $R_{in} = \left(\dfrac{1}{g_m}\middle\| R_S\right)$

B) $R_{in} = \dfrac{1}{g_m} + R_S$

C) $R_{in} = R_S$

D) $R_{in} = \left(\dfrac{1}{g_m}\middle\| R_L\|R_D\middle\| R_S\right)$.

74. ¿Qué expresión describe la impedancia de entrada de la siguiente etapa?

A) $R_{IN} = r_\pi$

B) $R_{IN} = (\beta + 1) \cdot r_\pi$

C) $R_{IN} = \dfrac{r_\pi}{\beta+1}$

D) $R_{IN} = r_\pi \| R_C$

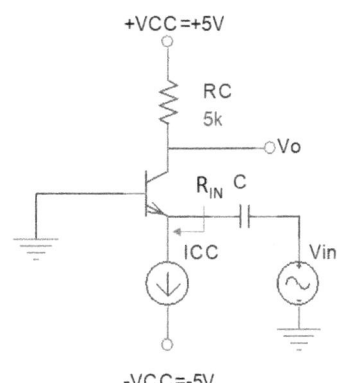

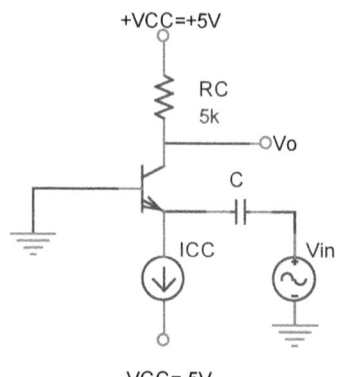

75. ¿Cuál es la expresión para la ganancia de tensión, $\frac{v_o}{v_{in}}$, de la etapa adjunta?

A) $\frac{v_o}{v_{in}} = \beta \cdot R_C$

B) $\frac{v_o}{v_{in}} = g_m \cdot R_C$

C) $\frac{v_o}{v_{in}} = \alpha \cdot R_C$

D) $\frac{v_o}{v_{in}} = 1$ por ser una etapa en colector común.

76. Suponiendo que tanto el transistor JFET ($V_A \to \infty$) como los capacitores ($C \to \infty$) de desacoplo son ideales ¿qué expresión de las siguientes aproxima la ganancia de tensión, $\frac{v_o}{v_{in}}$, en pequeña señal de la etapa adjunta?

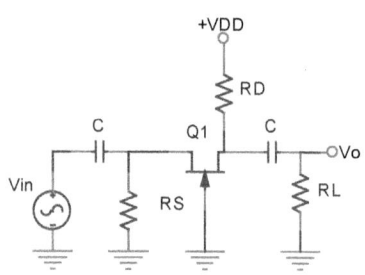

A) $\frac{v_o}{v_{in}} = g_m \cdot (R_D \| R_L)$

B) $\frac{v_o}{v_{in}} = g_m \cdot R_L$

C) $\frac{v_o}{v_{in}} = \frac{g_m \cdot (R_D \| R_L)}{1 + g_m \cdot (R_D \| R_L)}$

D) $\frac{v_o}{v_{in}} = -g_m \cdot (R_D \| R_L)$.

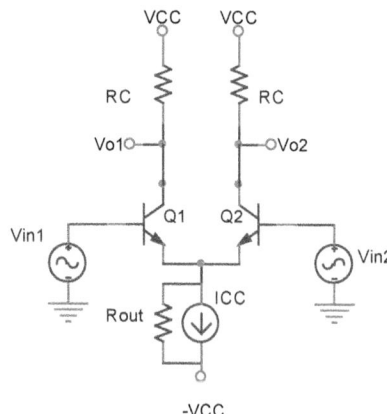

77. En el amplificador de la figura, ¿cuánto valdrían, las resistencias de entrada en modo común y en modo diferencial?

A) $R_{IN(cm)} = R_{IN(dif)} = \infty$

B) $R_{IN(cm)} = r_\pi + (\beta + 1)R_{out}$; $R_{IN(dif)} = r_\pi$

C) $R_{IN(cm)} = \frac{1}{2}(r_\pi + (\beta + 1) \cdot 2 \cdot R_{out})$; $R_{IN(dif)} = 2r_\pi$

D) $R_{IN(cm)} = r_\pi + (\beta + 1) \cdot 2 \cdot R_{out}$; $R_{IN(dif)} = r_\pi$

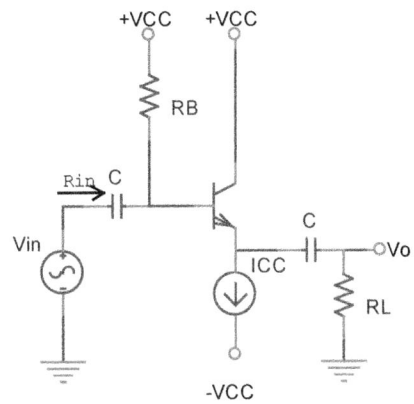

78. Determine la expresión que define la resistencia de entrada (R_{in}) en pequeña señal a frecuencias medias del circuito adjunto. Suponga que el transistor bipolar es ideal $(V_A \to \infty)$ y que se encuentra polarizado en activa.

A) $R_{in} = R_B \| r_\pi$

B) $R_{in} = R_B \| R_L \| r_\pi$

C) $R_{in} = R_B \| (r_\pi + (\beta + 1)R_L)$

D) $R_{in} = R_B + r_\pi + (\beta + 1)R_L$

79. El factor de ruido de un amplificador es una medida de:

A) El ruido a la entrada del amplificador.

B) El ruido a la salida del amplificador.

C) El ruido que el amplificador añade a la señal.

D) El ruido térmico.

80. En un amplificador, el ruido de entrada equivalente:

A) Es el ruido térmico a la entrada del amplificador.

B) Incluye todas las fuentes de ruido internas del amplificador.

C) Se debe a que la corriente es un proceso aleatorio discreto.

D) Se debe a las imperfecciones de los semiconductores.

81. En el circuito de la figura, indique cuándo se puede aplicar el principio de cortocircuito virtual.

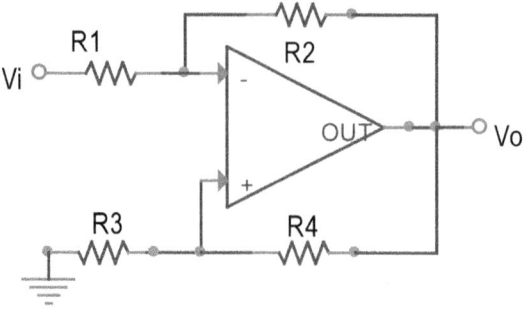

A) El cortocircuito virtual se verifica siempre en todo amplificador operacional.

B) En este circuito no se da cortocircuito virtual en ningún caso, debido a que hay un lazo de realimentación positiva.

C) Cuando $R_2 R_3 < R_1 R_4$

D) Cuando $R_2 R_3 > R_1 R_4$

82. En un amplificador operacional la frecuencia de corte

A) Coincide con el ancho de banda de plena potencia.

B) Es proporcional al *slew rate*.

C) Es la frecuencia a partir de la cual la salida está distorsionada.

D) Ninguna de las afirmaciones anteriores es correcta.

83. ¿En qué rango de frecuencias se comporta el circuito de la figura como un integrador?

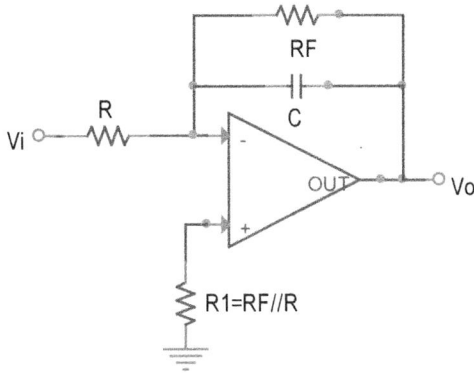

A) Para $f \ll \dfrac{1}{2\pi R_F C}$

B) Para $f \gg \dfrac{1}{2\pi R_F C}$

C) Para $f \gg \dfrac{1}{2\pi R_1 C}$

D) Ninguna de las afirmaciones anteriores es correcta, ya que el circuito es un derivador.

84. Determina la relación que deben tener las resistencias R_1, R_2, R_3, y R_4 para que el circuito de la figura se comporte como un amplificador diferencial:

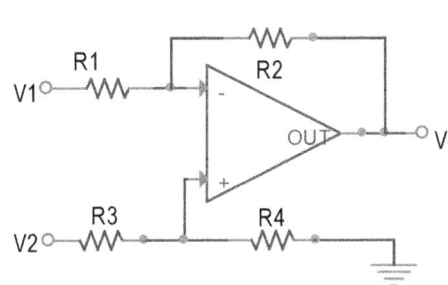

A) $R_1 R_3 = R_2 R_4$

B) $R_1 R_3 > R_2 R_4$

C) $R_1 R_4 < R_2 R_3$

D) $R_1 R_4 = R_2 R_3$

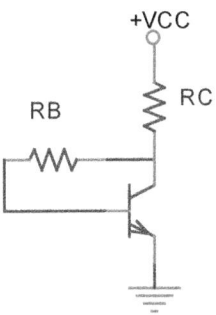

85. ¿Cuál es la condición para que el punto de trabajo del transistor, en el circuito adjunto, no tenga una fuerte dependencia de β?

A) $R_B \gg R_C/(\beta + 1)$

B) $R_B \gg R_C$

C) $R_C \gg R_B$

D) $R_C \gg R_B/(\beta + 1)$

86. En el circuito de la figura, ¿cuál de las siguientes expresiones representa la resistencia de entrada (R_{in}) que se observa hacia el interior de la base, en pequeña señal, tal y como se indica con la flecha?

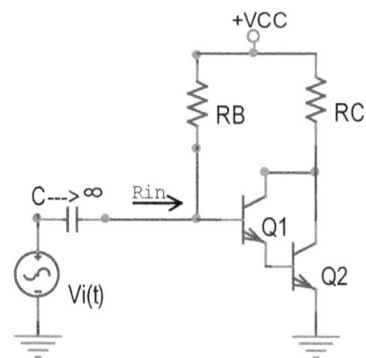

A) $R_{in} = R_B\|(r_{\pi 1} + r_{\pi 2})$

B) $R_{in} = R_B\|(r_{\pi 1} + (\beta_1 + 1)r_{\pi 2})$

C) $R_{in} = R_B\|r_{\pi 1}\|r_{\pi 2}$

D) $R_{in} = R_B\|(\beta_1 + 1)r_{\pi 1} + (\beta_2 + 1)r_{\pi 2}$

87. Para un transistor bipolar en saturación una de las siguientes afirmaciones es falsa:

A) La tensión colector-emisor es aproximadamente constante.

B) Las corrientes de colector y base son proporcionales.

C) La corriente de colector es constante e independiente de la corriente de base si el emisor está conectado a masa.

D) Las uniones emisor-base y colector-base están polarizadas en directa.

88. En el amplificador de la figura, al aumentar el valor de la resistencia R_G:

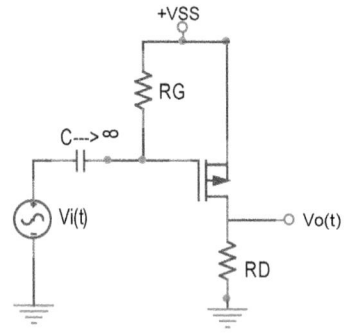

A) Aumenta la ganancia en pequeña señal.

B) Aumenta la resistencia de salida en pequeña señal.

C) Disminuye la ganancia en pequeña señal.

D) Ninguna de las respuestas anteriores es válida.

89. Suponiendo una simetría total en el amplificador diferencial de la figura, ¿cuánto vale la tensión de salida v_{o2} si se tiene que $V_{in1} = V_{CC}$ y $V_{in2} = 0\ V$?

A) $v_{o2} = V_{CC}$

B) $v_{o2} = V_{CC}/2$

C) $v_{o2} = V_{CC} - I_{CC} \cdot R_C$

D) $v_{o2} = 0\ V$

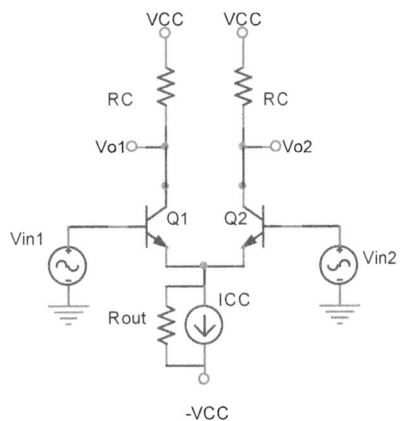

90. En el diferencial de la figura diseñe el valor de la fuente I_{DD} para que la tensión continua V_{GS} de Q$_1$ y Q$_2$ valga 2 V. Suponga despreciable el efecto de R_{out}.

Datos: $V_{T1,2} = +1V; K_{1,2} = 1\dfrac{mA}{V^2}$

A) $I_{DD} = 1\ mA$

B) $I_{DD} = 0.5\ mA$

C) $I_{DD} = 2\ mA$

D) $I_{DD} = 4\ mA$

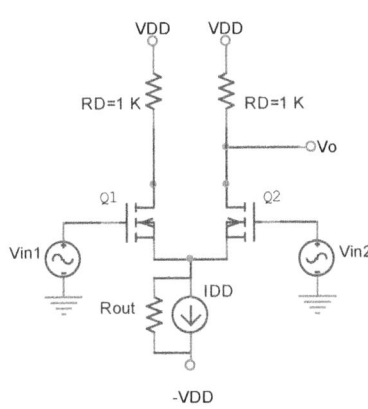

91. En el circuito de la figura, determine el valor de la tensión de salida (V_o) si la tensión de entrada vale $V_{in} = 5\ V$. Dato: $V_{D(ON)} = 0.7\ V$

A) $V_o = -5\ V$

B) $V_o = +0.7\ V$

C) $V_o = -0.7\ V$

D) $V_o = +5\ V$

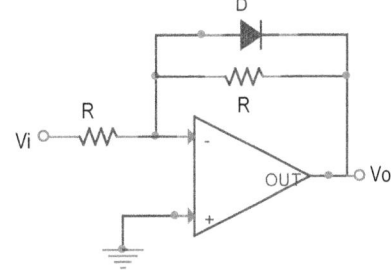

92. ¿Cuánto valdría la tensión de salida en el circuito anterior si la tensión de entrada valiese $V_{in} = -5V$.

A) $V_o = -5\ V$

B) $V_o = +0.7\ V$

C) $V_o = -0.7\ V$

D) $V_o = +5\ V$

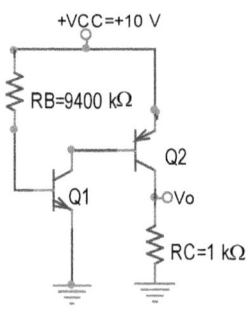

93. Calcule el valor de la tensión continua a la salida del circuito adjunto (V_o). Datos de los transistores:

Q_1: $\beta = 100; V_{BE(ON)} = 0.6\ V; V_{CE(SAT)} = 0.2\ V;$

Q_2: $\beta = 50; V_{EB(ON)} = 0.7\ V; V_{EC(SAT)} = 0.2\ V;$

A) $V_o = +2.5\ V$

B) $V_o = +1\ V$

C) $V_o = +5\ V$

D) $V_o \approx +9.8\ V$

94. En el circuito de la pregunta anterior ¿por debajo de qué valor de la resistencia R_B el transistor Q_2 quedaría en saturación?

A) $R_B \approx 2395.9\ k\Omega$

B) $R_B \approx 3455.9\ k\Omega$

C) $R_B \approx 4795.9 k\Omega$

D) $R_B \approx 6195.9\ k\Omega$

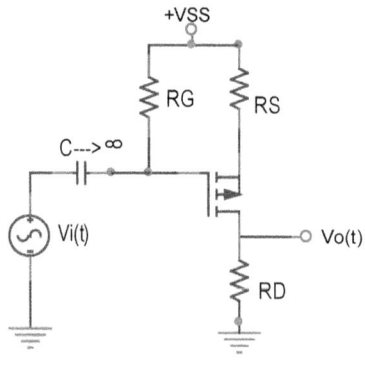

95. Asumiendo que el transistor es ideal y que se encuentra polarizado en la región de saturación o *pinch-off* ¿cuál es la expresión de la ganancia en tensión del circuito adjunto?

A) $\Delta_v = \dfrac{v_o}{v_i} = -g_m R_D$

B) $\Delta_v = \dfrac{v_o}{v_i} = -\dfrac{g_m R_S}{1 + g_m R_S}$

C) $\Delta_v = \dfrac{v_o}{v_i} = -\dfrac{g_m R_D}{1 + g_m R_S}$

D) $\Delta_v = \dfrac{v_o}{v_i} = -\dfrac{g_m R_S}{1 + g_m R_D}$

96. Las corrientes típicas de polarización en las entradas de un operacional construido con tecnología bipolar como el AO741 suelen ser del orden de:

A) 1 µA   B) 10 nA

C) 10 pA   D) 10 fA

97. Las corrientes típicas de fuga por los terminales entrada en un operacional que emplea tecnología FET como el AD795 pueden ser del orden de:

A) 1 µA   B) 10 nA

C) 10 pA   D) 10 fA

98. La figura adjunta muestra las señales de entrada y salida en cierto circuito construido con un amplificador operacional (ideal y alimentado con una tensión de ±15 V). ¿Cuál de los siguientes circuitos puede presentar ese comportamiento?

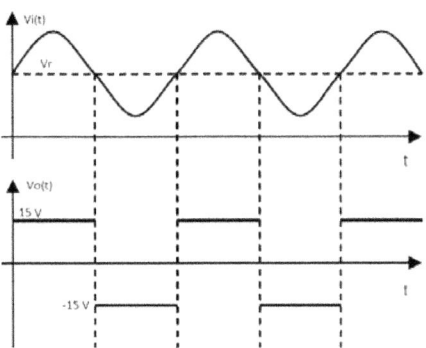

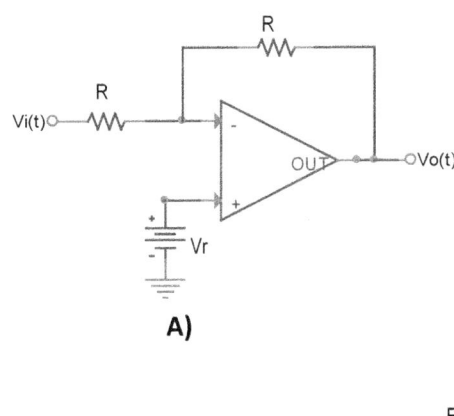

A)

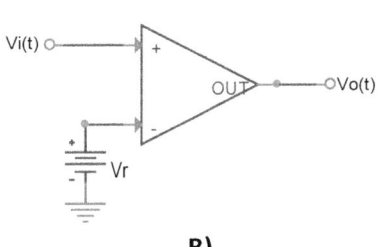

B)

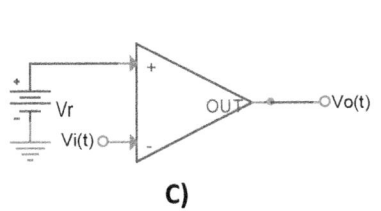

C)

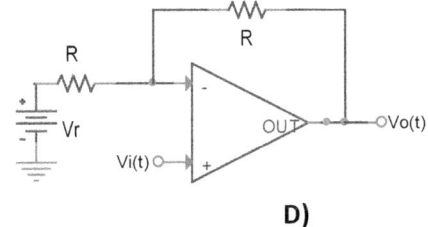

D)

99. La eficiencia de un amplificador:

A) Describe la relación entre la potencia entregada a la carga y la entregada por la fuente que alimenta el amplificador.

B) Es proporcional a la máxima potencia que el amplificador puede disipar.

C) Se define como la máxima potencia que el amplificador puede entregar a la carga.

D) Ninguna de las respuestas anteriores es cierta.

100. En un transistor JFET, el parámetro I_{DSS}:

A) Describe la corriente de fugas de drenador que circula por el transistor cuando se encuentra en corte.

B) Describe la corriente de fugas que circula por la puerta del transistor.

C) Describe la corriente de drenador máxima que puede soportar el transistor sin que este salga de la región de funcionamiento seguro.

D) Ninguna de las respuestas anteriores es cierta.

101. En un transistor MOSFET de acumulación (o enriquecimiento) de canal N, ¿cuál de las siguientes curvas describe mejor la relación entre la corriente de drenador y la tensión puerta-fuente cuando el transistor se encuentra saturado?

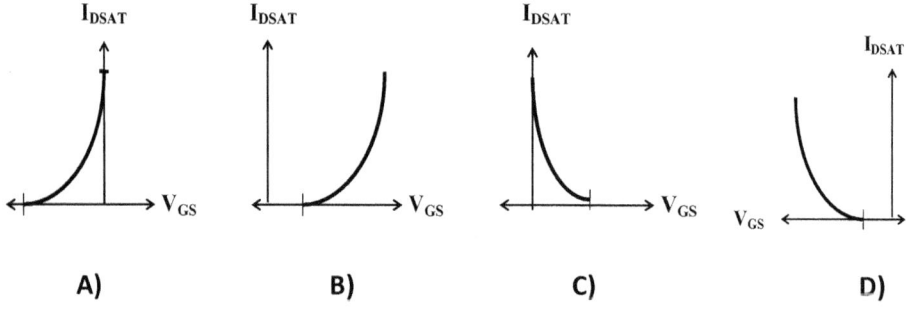

A)   B)   C)   D)

----

102. Asumiendo que el transistor es ideal y que se encuentra polarizado en la región de saturación o *pinch-off* ¿cuál es la expresión de la ganancia en tensión del circuito adjunto?

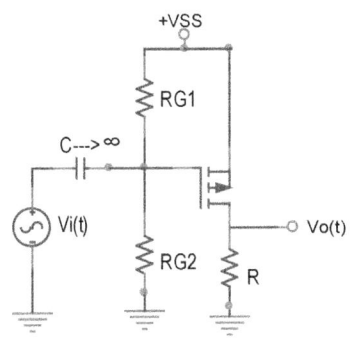

A) $\Delta_v = \dfrac{v_o}{v_i} = -g_m R$

B) $\Delta_v = \dfrac{v_o}{v_i} = \dfrac{g_m R}{1 + g_m R}$

C) $\Delta_v = \dfrac{v_o}{v_i} = -g_m R \left(\dfrac{R_{G2}}{R_{G1} + R_{G2}} \right)$

D) $\Delta_v = \dfrac{v_o}{v_i} = \dfrac{g_m R_{G1}}{1 + g_m R_{G1}}$

103. En pequeña señal, la transconductancia de un transistor FET describe:

A) La sensibilidad de la corriente de la corriente de drenador frente a cambios de la tensión de drenador.

B) La sensibilidad de la tensión de drenador frente a cambios de la tensión de puerta.

C) La sensibilidad de la corriente de drenador frente a cambios de la tensión de puerta.

D) Ninguna de las respuestas anteriores es cierta.

104. ¿Cuál de los siguientes amplificadores presenta, en pequeña señal, un circuito equivalente como el que se adjunta?

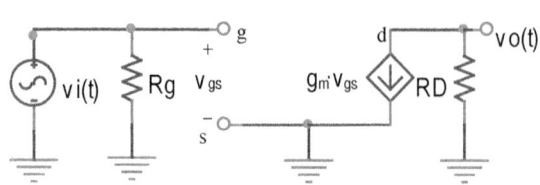

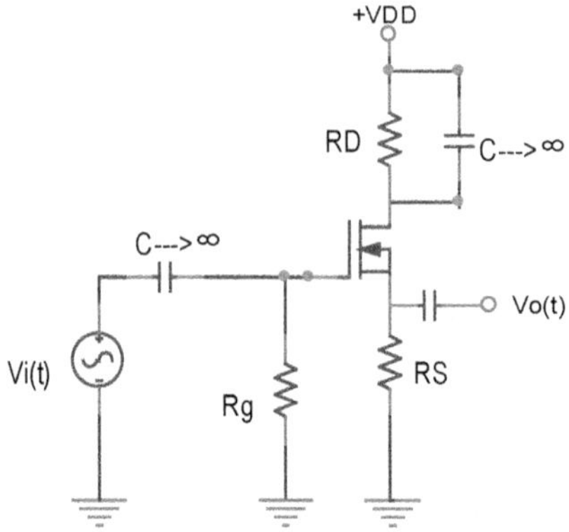

A)

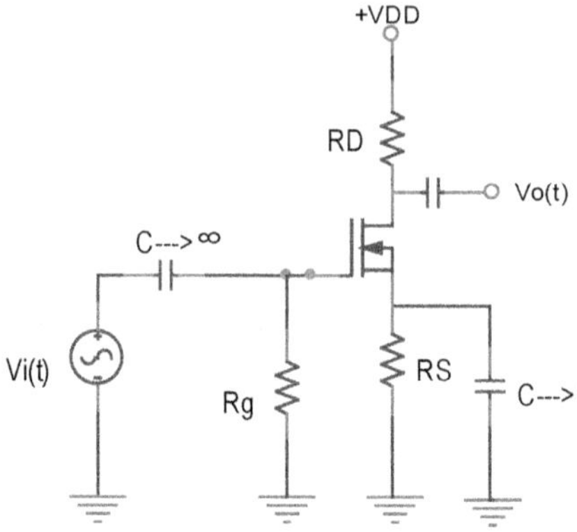

B)

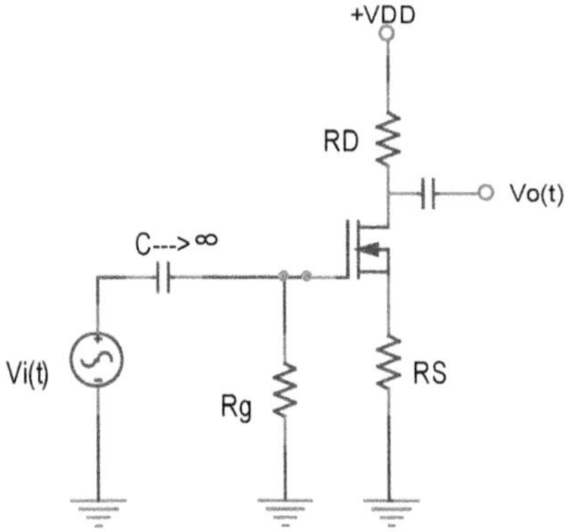

C)

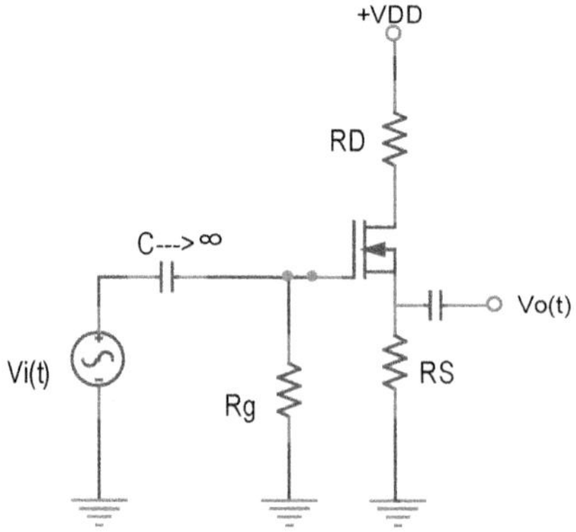

D)

105. ¿Cuál de los siguientes circuitos, construidos con amplificadores operacionales (que se asumen ideales), presenta una relación entre las tensiones de entrada y salida que sigue la expresión $V_o = 2 \cdot V_2 - V_1$?

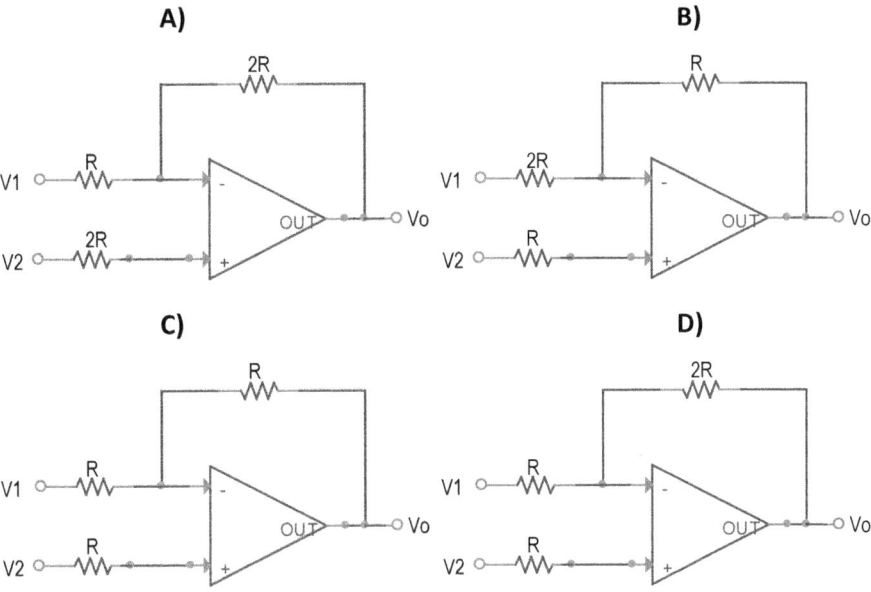

106. La tensión umbral (V_T) de un transistor MOSFET de canal N de acumulación (o enriquecimiento):

A) Es necesariamente positiva.

B) Es necesariamente negativa.

C) Es positiva o negativa dependiendo del punto donde comienza la región de saturación o *pinch-off*.

D) Es positiva o negativa dependiendo del valor del parámetro K.

107. Un dispositivo que, a partir de una señal de información expresada mediante una señal eléctrica, genera un proceso mecánico (por ejemplo, la puesta en funcionamiento de un motor) es:

A) Un activador.

B) Un sensor.

C) Un actuador.

D) Un conversor.

108. ¿Cuál de las siguientes expresiones no puede corresponderse con la función que determina la salida de un circuito lineal de dos entradas (v_1, v_2)?

A) $f(v_1(t), v_2(t)) = \dfrac{dv_1(t)}{dt} + \dfrac{dv_2(t)}{dt}$ **B)** $f(v_1(t), v_2(t)) = \int (v_1(t) + v_2(t))dt$

C) $f(v_1(t), v_2(t)) = (v_1(t) + v_2(t))^2$ **D)** $f(v_1(t), v_2(t)) = 3v_1(t) - v_2(t)$

109. En un amplificador, trabajando a la frecuencia de corte, ¿cuánto queda desfasada la señal de salida con respecto a su fase de referencia?

A) 180º   **B) 0º**

C) 45º   **D) Depende de la ganancia**

110. Un amplificador de transimpedancia:

A) Convierte una tensión de entrada en una corriente de salida.

B) Convierte una corriente de entrada en una corriente de salida.

C) Convierte una tensión de entrada en una tensión de salida.

D) Convierte una corriente de entrada en una tensión de salida.

111. Un amplificador de transconductancia:

A) Es un conversor tensión-tensión.

B) Es un conversor corriente-corriente.

C) Es un conversor tensión-corriente.

D) Es un conversor corriente-tensión.

112. En un amplificador de transconductancia interesa:

A) Una impedancia de entrada elevada y una impedancia de salida pequeña.

B) Una impedancia de entrada pequeña y una impedancia de salida elevada.

C) Impedancias de entrada y de salida pequeñas.

D) Impedancias de entrada y de salida elevadas.

113. Al describir un amplificador mediante los parámetros H (o híbridos), ¿qué caracteriza el parámetro h_{21}?

A) La impedancia de entrada.

B) La admitancia de salida.

C) La ganancia inversa de tensión.

D) La ganancia directa de corriente.

114. ¿Qué unidades se suelen emplear para caracterizar las fuentes de ruido en los amplificadores?

A) Hz /W

B) V/V

C) Amperios

D) V/√Hz

115. Un amplificador de instrumentación, alimentado con ±15 V, presenta, para una ganancia diferencial de 1000 V/V, un factor CMRR de 100 dB ¿Cuál sería la salida si ambas entradas (inversora y no inversora) se cortocircuitaran y se aplicara en ellas una tensión de +3 V?

A) 0.3 V

B) 0.03 V

C) 300 µV

D) El amplificador se saturaría y presentaría una salida de +15 o -15 V.

116. Un amplificador posee una ganancia de tensión de 0 dB, un margen dinámico de ±10 V y una frecuencia de corte de 10 kHz. Para una carga infinita (salida en circuito abierto) ¿qué amplitud tendría la señal de tensión de salida si en la entrada se aplica una señal sinusoidal de 5 V de amplitud y 5 kHz de frecuencia?

A) 10 V

B) 0 V

C) 5 V

D) 2.5 V

117. Un amplificador presenta una ganancia de tensión de 23 dB, un margen dinámico de ±10 V y una frecuencia de corte de 100 kHz. Asumiendo que la salida está en circuito abierto ¿qué amplitud tendría la señal de tensión de salida si la entrada se corresponde con una señal sinusoidal de 0.8 V de amplitud y 100 kHz de frecuencia?

A) 8 V   B) 10 V

C) 11.3 V   D) 0 V

118. La respuesta en frecuencia de un amplificador está determinada principalmente por:

A) La alimentación en continua con la que se polarice.

B) La eficiencia que presente el amplificador; un amplificador más eficiente tendrá un ancho de banda mayor que un amplificador menos eficiente.

C) Las componentes capacitivas del amplificador: los condensadores de acoplo y de paso, de alto valor, usados afectarán a baja frecuencia, determinando la frecuencia de corte inferior y las pequeñas capacidades parásitas del dispositivo determinarán la frecuencia de corte superior del mismo.

D) El tipo de amplificador (de tensión, de corriente, de transconductancia y de transimpedancia), ya que cada uno de ellos tiene un ancho de banda característico.

119. La eficiencia o rendimiento de un amplificador es:

A) La relación entre la potencia de la señal de salida del amplificador y la potencia proporcionada por la fuente o fuentes de tensión DC empleadas.

B) Un término similar al de la ganancia, ya que da idea de la relación entre la respuesta del amplificador (salida de tensión o corriente) y la excitación del mismo (entrada en tensión o corriente).

C) Un término referido al uso que se le dé en cada momento al amplificador. Un uso eficiente indica que el amplificador se está empleando apropiadamente en la aplicación para la que se diseñó.

D) La relación entre la potencia de la señal de entrada del amplificador y la potencia de la señal de salida del amplificador.

120. Cuanto más eficiente es un amplificador:

A) Menos potencia disipa para la misma potencia entregada a la carga.

B) Más distorsión suele introducir, por lo que hay que incorporar mecanismos (filtros generalmente) para reducir la distorsión generada.

C) Menos tamaño ocupará el amplificador para entregar la misma potencia a la salida.

D) Todas las respuestas indicadas son correctas.

121. En general, la densidad espectral del ruido que se produce en un amplificador:

A) Permanece constante a cualquier frecuencia (ruido blanco).

B) Varía con la frecuencia de tal manera que, a baja frecuencia predomina el ruido de parpadeo que depende inversamente de la frecuencia, siendo el ruido más importante en continua, mientras que a frecuencias por encima del kHz el ruido es blanco, permaneciendo constante con la frecuencia.

C) Crece con la frecuencia de forma proporcional, aumentando indefinidamente según aumenta la frecuencia.

D) Varía con la frecuencia de forma inversamente proporcional, disminuyendo indefinidamente según aumenta la frecuencia.

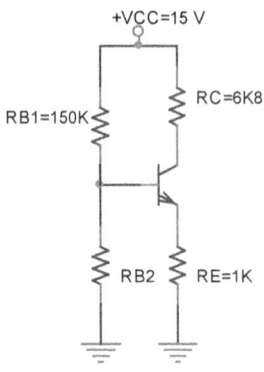

122. En el circuito de la figura, si el transistor (con $\beta = 150$ y $V_{BE(ON)} = 0.7\ V$) está en zona activa con una corriente de colector de $I_C = 1\ mA$, ¿qué valor deberá tener la resistencia R_{B2}?

A) $R_{B2} = 47\ k\Omega$

B) $R_{B2} = 20\ k\Omega$

C) $R_{B2} = 33\ k\Omega$

D) $R_{B2} = 2.2\ k\Omega$

---

123. En el circuito adjunto, indique el punto de trabajo del transistor M1.

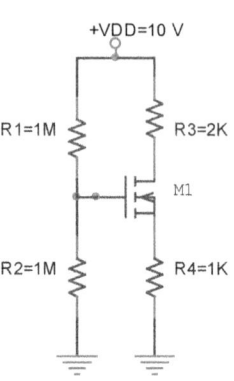

Datos: $V_T = +2\ V; K = 0.5\dfrac{mA}{V^2}$

A) $I_D \approx 0.97\ mA; V_{GS} \approx 6,54\ V; V_{DS} \approx 4.31\ V$

B) $I_D \approx 1.35\ mA; V_{GS} \approx 3.66\ V; V_{DS} \approx 5.95\ V$

C) $I_D \approx 0.5\ mA; V_{GS} \approx 2.78\ V; V_{DS} \approx 3.25\ V$

D) $I_D \approx 2.16\ mA; V_{GS} \approx 2.84\ V; V_{DS} \approx 3.52\ V$

---

124. La transconductancia, g_m, del modelo en pequeña señal del BJT se calcula a partir del punto de polarización mediante la fórmula:

A) $g_m = I_B/V_t$ *(donde $V_t = kT/e = 25mV$ a 17ºC)*

B) $g_m = I_C/V_t$

C) $g_m = I_E/V_C E$

D) $g_m = I_C/V_C E$

---

125. En el modelo en pequeña señal del transistor bipolar ¿qué relación hay entre la transconductancia, g_m, los parámetros β y α, y las resistencias r_π y r_e?

A) $g_m = (\beta + 1) \cdot r_e$ B) $g_m = \alpha/r_\pi$

C) $g_m = \alpha \cdot r_e$ D) $g_m = \beta/r_\pi$

126. El efecto Early:

A) es el efecto por el cual la corriente que circula por el colector del transistor aumenta linealmente según aumenta la tensión colector-emisor aplicada entre los terminales de colector y emisor. Este efecto da lugar a un parámetro de pequeña señal denominado $r_o = \dfrac{dv_{CE}(t)}{di_C(t)}$, que es una resistencia de alto valor óhmico.

B) es el efecto por el cual la corriente que circula por la base del transistor aumenta linealmente según aumenta la tensión base-emisor aplicada entre los terminales de base y emisor. Este efecto da lugar a un parámetro de pequeña señal denominado $r_\pi = \dfrac{dv_{BE}(t)}{di_B(t)}$, que es una resistencia de pequeño valor óhmico.

C) es el efecto por el cual la corriente que circula por el emisor del transistor aumenta linealmente según aumenta la tensión base-emisor aplicada entre los terminales de base y emisor. Este efecto da lugar a un parámetro de pequeña señal denominado $r_e = \dfrac{dv_{BE}(t)}{di_E(t)}$, que es una resistencia de bajo valor óhmico.

D) es el efecto por el cual la corriente que circula por el colector del transistor aumenta linealmente según aumenta la tensión base-emisor aplicada entre los terminales de base y emisor. Ete efecto da lugar a un parámetro de pequeña señal denominado $g_m = \dfrac{di_C(t)}{dv_{BE}(t)}$, que es la transconductancia del BJT.

127. Teniendo en cuenta que en la zona de saturación (o *pinch-off*) la corriente de drenador de un transistor MOSFET de acumulación viene dada por la expresión: $i_D(t) = K \cdot (v_{GS}(t) - V_T)^2$, la transconductancia de un transistor MOSFET de acumulación se corresponde con:

A) $g_m = I_D/V_{GS}$

B) $g_m = K/V_T$

C) $g_m = K/(V_{GS} - V_T)$

D) $g_m = 2K(V_{GS} - V_T)$

128. En un amplificador en fuente común como el que se muestra en la figura, asumiendo que el transistor es ideal, se tiene que:

A) $\Delta_v = \dfrac{v_{sal}}{v_{ent}} = -\dfrac{g_m R_D}{1 + g_m R_S}$

B) $\Delta_v = \dfrac{v_{sal}}{v_{ent}} = -g_m R_D$

C) $\Delta_v = \dfrac{v_{sal}}{v_{ent}} = -g_m R_S$

D) $\Delta_v = \dfrac{v_{sal}}{v_{ent}} = -\dfrac{g_m R_S}{1 + g_m R_D}$

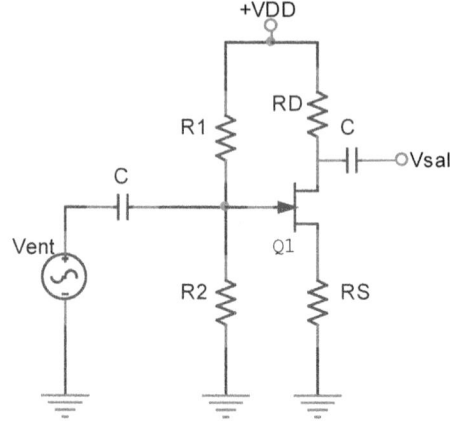

129. En el amplificador en fuente común anterior la resistencia de entrada se podría calcular por la expresión:

A) $R_{in} = (R_1 \| R_2) + R_S$ B) $R_{in} = r_\pi$

C) $R_{in} = R_S \| R_1 \| R_2$ D) $R_{in} = R_1 \| R_2$

130. En el mismo amplificador de la pregunta anterior, determine la expresión de la resistencia de salida:

A) $R_{out} = R_D + R_S$ B) $R_{out} = R_D$

C) $R_{out} = R_D \| R_S$ D) Ninguna de las anteriores.

131. En una etapa amplificadora en base común o puerta común:

A) la impedancia de entrada es mucho mayor que en la etapa en emisor común, las ganancias de tensión y de corriente próximas a la unidad y la impedancia de salida similar a la de una etapa en emisor común.

B) la impedancia de entrada es pequeña (menor que la de la etapa en emisor común), la ganancia de tensión próxima a la unidad, la de corriente mayor que la de una etapa en emisor común y la impedancia de salida similar a la de una etapa en colector común.

C) la impedancia de entrada es pequeña (menor que la de la etapa en emisor común), la ganancia de tensión relativamente grande, la de corriente próxima a la unidad y la impedancia de salida similar a la de una etapa en emisor común.

D) la impedancia de entrada es menor que la de la etapa en emisor común, la ganancia de tensión y la de corriente relativamente grande (mayores que las que se obtienen en una etapa de colector común) y la impedancia de salida pequeña, similar a la de una etapa en colector común.

132. La figura muestra un amplificador multietapa en configuración:

A) Cascodo ya que la etapa de entrada es una etapa en fuente común y la de salida es una etapa en base común.

B) Darlington, ya que las dos etapas se encuentran conectadas en cascada.

C) Cascodo, ya que la etapa de entrada es una etapa en drenador común y la de salida es una etapa en emisor común.

D) Ninguna de las respuestas indicadas en las otras opciones es correcta.

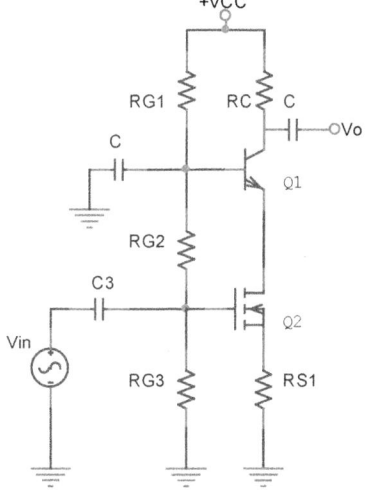

133. La impedancia de entrada diferencial de un amplificador diferencial con su entrada formada por un par de transistores bipolares acoplados por emisor, es $2 \cdot r_\pi$, por tanto:

A) La impedancia de entrada será siempre muy pequeña si se utilizan transistores bipolares, ya que r_π siempre es pequeña.

B) Si se quiere que el amplificador tenga una impedancia de entrada suficientemente grande, se deberá polarizar el transistor con corrientes de colector y base suficientemente pequeñas.

C) No es cierto, la impedancia de entrada diferencial es proporcional a r_o, resistencia de salida de la fuente de corriente y, por tanto, siempre es muy grande.

D) En las etapas de entrada de los amplificadores diferenciales nunca se utilizan transistores bipolares, sino transistores FET, para que la impedancia de entrada sea muy grande.

134. ¿Qué limita el rango de tensiones en modo común a la entrada de un amplificador diferencial construido con bipolares?

A) El rango de tensiones en modo común viene limitado exclusivamente por la tensión de alimentación continua, V_{CC}, del amplificador diferencial; ya que, en todo momento las tensiones en modo común de entrada tendrán que ser menores a V_{CC}.

B) La entrada en saturación de los transistores del par diferencial por un lado y la entrada en saturación del transistor de salida de la fuente de corriente que se utiliza para la polarización del amplificador.

C) La resistencia de salida del generador de funciones que está suministrando la tensión en modo común a la entrada del amplificador diferencial.

D) La potencia que puede disipar el dispositivo. En el caso de que la tensión en modo común a la entrada sea demasiado elevada será necesario dotar al amplificador del apropiado disipador.

135. La figura siguiente muestra un espejo de corriente básico. Despreciando las corrientes de base, la corriente de salida del circuito vendrá dada por:

A) $I_{sal} = \dfrac{V_{BE(ON)}}{R}$

B) $I_{sal} = \dfrac{V_{CC} - V_{CE1(SAT)}}{R}$

C) $I_{sal} = \dfrac{V_{CC} + V_{EE}}{R}$

D) $I_{sal} = \dfrac{V_{CC} - V_{BE(ON)} + V_{EE}}{R}$

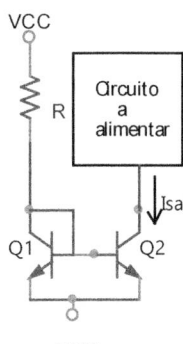

136. La impedancia de salida de un espejo o fuente de corriente es debida principalmente:

A) a la resistencia de colector del circuito de polarización del espejo.

B) a la resistencia r_o asociada al efecto Early de su transistor de salida.

C) a la resistencia r_π que determina el valor de la tensión BE del transistor de salida del espejo.

D) a la resistencia r_e, ya que es esta resistencia la que limita la corriente de emisor (aproximadamente igual a la de colector del transistor de salida) que corresponde con la corriente de salida del circuito.

137. En un amplificador diferencial, la impedancia de salida de la fuente de corriente que lo polariza debe ser:

A) lo más pequeña posible para que la fuente de corriente suministre la mayor corriente posible al par diferencial.

B) aproximadamente igual a la impedancia de salida del par diferencial con el fin de que exista un buen equilibrio en el amplificador.

C) Ya que la fuente de corriente da una corriente de salida constante independiente de la resistencia de carga que tenga, esta resistencia no tiene efecto en las prestaciones del amplificador diferencial y, por tanto, no suele tenerse en cuenta.

D) lo más grande posible para aumentar el CMRR en la configuración con salida asimétrica.

138. ¿Qué pretenden optimizar las estructuras mejoradas de fuentes de corriente como las Cascodo, Wilson y Wilson Mejorado?

A) En las fuentes diseñadas con bipolares se busca mejorar su impedancia de salida así como la dependencia de la corriente de salida con respecto a la β del transistor. En las diseñadas con FET, sólo la impedancia de salida de la fuente.

B) En todas las estructuras mejoradas de espejos de corriente lo que se persigue es conseguir aumentar la corriente de salida con respecto a la corriente de referencia del espejo, de tal manera que sea superior a ésta.

C) Son estructuras que permiten hacer un uso más eficiente de la tensión de alimentación del circuito posibilitando la eliminación de la tensión negativa característica de cualquier espejo o fuente de corriente.

D) Permiten minimizar el número de transistores necesarios para el diseño de la fuente.

139. El concepto de cortocircuito virtual en un Amplificador Operacional:

A) Es un concepto sólo aplicable al amplificador operacional ideal independientemente del tipo de realimentación resultante en el circuito en el que se use al amplificador.

B) Sólo se puede aplicar a configuraciones del amplificador operacional en las que la realimentación resultante del circuito sea positiva.

C) Es consecuencia de la impedancia de entrada nula (cortocircuito a la entrada) vista desde los terminales inversor y no inversor.

D) Ninguna de las respuestas anteriores es correcta.

140. ¿Qué efecto provoca en la ganancia en lazo cerrado de un amplificador real (en configuración inversora o no inversora) el hecho de que su ganancia en lazo abierto no sea infinita?

A) La ganancia de la configuración sólo depende de las resistencias externas del mismo. Por tanto, una ganancia en lazo abierto finita del amplificador no tiene ningún efecto sobre la ganancia en lazo cerrado.

B) La ganancia en lazo cerrado del amplificador se verá multiplicada por la ganancia en lazo abierto que presente el amplificador.

C) La ganancia en lazo cerrado ya no dependerá de las resistencias externas de la configuración, inversora o no inversora, sino que sólo dependerá de la ganancia en lazo abierto finita que tiene el amplificador real.

D) La ganancia en lazo cerrado propia de la configuración usada para el amplificador se verá reducida (con respecto al valor ideal) por cierto factor, que vendrá determinado por la ganancia en lazo abierto.

141. En general, si un amplificador operacional real con ganancia en lazo abierto finita presenta una resistencia de salida (R_{sal}) no nula, al conectarlo en configuración inversora o no inversora, la impedancia de salida de la configuración:

A) Disminuirá (con respecto a la del propio operacional), dependiendo esta disminución de la ganancia en lazo abierto finita que posea y de las resistencias usadas en la configuración.

B) Aumentará (con respecto a la del propio operacional), dependiendo este aumento de la ganancia en lazo abierto finita que posea.

C) La impedancia de salida quedará inalterada, ya que no depende de la configuración inversora o no inversora en la que se utilice el amplificador real.

D) Varía solo en función de la ganancia en lazo cerrado que presente la configuración inversora o no inversora del amplificador real, a mayor ganancia en lazo cerrado, menor impedancia de salida.

142. En un amplificador operacional, la corriente de *offset*:

A) Corresponde al módulo de la diferencia entre las corrientes de polarización que entran por los terminales no inversor e inversor.

B) Corresponde a las variaciones de la corriente que circula por la fuente de alimentación del amplificador cuando se producen pequeñas variaciones en el valor de la tensión de la misma.

C) Es el valor medio de la corriente de polarización de la carga en ausencia de excitación de entrada.

D) Es la corriente continua que circula por la salida del amplificador cuando la tensión continua de alimentación, $\pm V_{CC}$, es nula.

143. El ancho de banda de potencia o ancho de banda para salida máxima del Amplificador Operacional real:

A) Es el ancho de banda del amplificador operacional, desde 0 Hz hasta la frecuencia de corte.

B) Es el margen de frecuencias comprendido desde los 0 Hz hasta la frecuencia a la que la ganancia del amplificador operacional es de 0 dB.

C) Es la frecuencia máxima a partir de la cual una señal de salida de potencia máxima queda distorsionada como consecuencia de la velocidad de respuesta (*slew rate*) finita que presenta el amplificador operacional real.

D) Es inversamente proporcional al *slew rate* del amplificador operacional real.

144. Un Amplificador Operacional tiene un ancho de banda para ganancia unidad de 1 MHz. ¿Cuál será el ancho de banda de una etapa amplificadora construida con dicho AO si se desea una ganancia en tensión de 20 dB?

A) 1 kHz

B) 50 kHz

C) 10 kHz

D) 100 kHz

145. ¿Qué ventaja ofrece el amplificador diferencial de instrumentación implementado con tres amplificadores operacionales con respecto al amplificador diferencial básico implementado con un solo operacional?

A) El amplificador de instrumentación presenta una impedancia de entrada diferencial mucho mayor y permite un ajuste de ganancia usando una sola resistencia sin afectar a su factor CMRR.

B) El amplificador diferencial de instrumentación presenta una impedancia de salida mayor que el amplificador diferencial básico.

C) El amplificador diferencial de instrumentación de tres operacionales sólo usa una única tensión de alimentación de continua, $+V_{CC}$, mientras que el diferencial básico necesita alimentación simétrica $\pm V_{CC}$.

D) El amplificador diferencial de instrumentación de tres operacionales presenta un margen dinámico mayor.

146. En el circuito de la figura, el valor de la corriente que circula por R_L es:

A) $I_L = \dfrac{V_{ent}}{R+R_L}$

B) $I_L = \dfrac{V_{ent}}{R_L}$

C) $I_L = \dfrac{V_{ent}}{R}$

D) $I_L = \dfrac{V_{ent}}{R \| R_L}$

147. La figura muestra dos posibles circuitos integradores en configuración inversora con amplificadores operacionales. ¿Qué ventajas tiene el circuito b) sobre el a)?

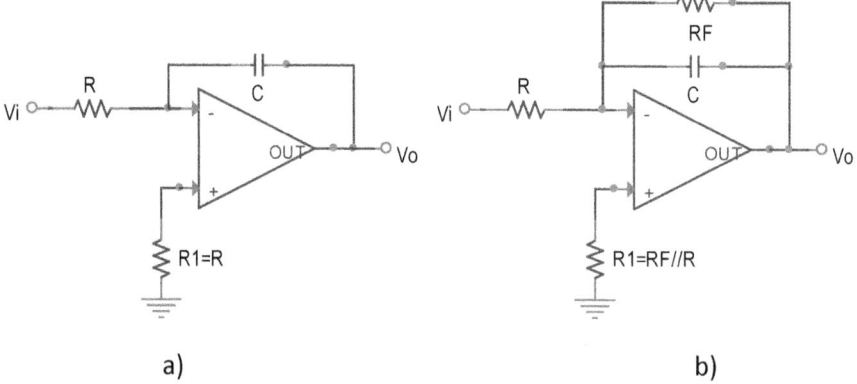

a)   b)

A) El circuito b) se comporta como integrador en todo el margen de frecuencias de funcionamiento del amplificador operacional.

B) El circuito b) incluye una resistencia para compensación/reducción de la corriente de *offset* mientras que el circuito a) no la incluye.

C) El circuito b) tiene una resistencia de realimentación que reduce la ganancia del amplificador en continua, evitando la saturación del mismo cuando la entrada tiene una pequeña componente continua o incluso como consecuencia de la propia tensión de *offset*.

D) El circuito de la figura b), debido a la resistencia de realimentación R_F no funciona como un integrador sino como un amplificador en configuración no inversora.

148. ¿Para qué frecuencias el circuito adjunto se comporta realmente como derivador?

A) **Para cualquier frecuencia de la señal de entrada.**

B) **Para frecuencias inferiores a** $1/(2\pi R_1 C)$

C) **Para frecuencias superiores a** $1/(2\pi R_1 C)$

C) **Para frecuencias superiores a** $1/(2\pi R_1 C)$ **e inferiores a** $1/(2\pi RC)$

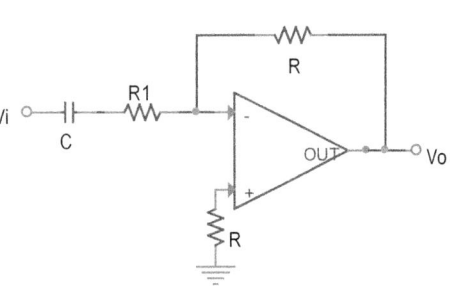

149. Suponiendo que los dos transistores del amplificador multietapa siguiente son ideales y se encuentran trabajando en activa, calcule la expresión de la ganancia en tensión a frecuencias medias.

A) $\Delta_v = \dfrac{v_o}{v_{in}} = +g_{m1}R_C\beta_2$

B) $\Delta_v = \dfrac{v_o}{v_{in}} = +g_{m1}R_B g_{m2}R_C$

C) $\Delta_v = \dfrac{v_{sal}}{v_{ent}} = +g_{m1}r_{\pi 1}g_{m2}R_C$

D) $\Delta_v = \dfrac{v_{sal}}{v_{ent}} = +\dfrac{g_{m1}r_{\pi 1}}{g_{m2}R_C}$

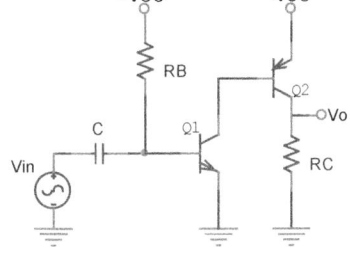

150. ¿Qué tensión de polarización (para $V_{in1} = V_{in2} = 0\,V$) existe a la salida de este amplificador diferencial construido con tres transistores JFET idénticos e ideales?

Datos de los transistores:

$$I_{DSS} = 8\,mA;\ V_P = -3\,V$$

A) $V_o = +7\,V$

B) $V_o = -1\,V$

C) $V_o = +12\,V$

D) $V_o = +6\,V$

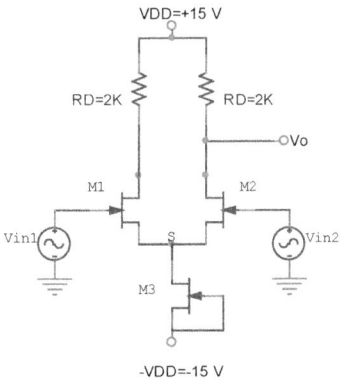

151. En el circuito de la pregunta anterior ¿qué tensión continua habría en los surtidores (cortocircuitados) de los transistores M_1 y M_2 (punto marcado con la letra S)?

A) $V_S = -3\ V$

B) $V_S = -0.4019\ V$

C) $V_S = -2\ V$

D) $V_S = -0.8787\ V$

152. Si en el diferencial de las dos preguntas anteriores el transistor M_3 no es ideal y presenta, en pequeña señal, cierto parámetro r_{o3}, ¿qué expresión aproximaría la ganancia en modo común $\left(\Delta_{cm} = \dfrac{v_o}{v_{CM}}\bigg|_{v_{in1}=v_{in2}=v_{CM}}\right)$?

A) $\Delta_{cm} \approx -\dfrac{R_D}{2r_{o3}}$

B) $\Delta_{cm} \approx -\dfrac{R_D}{r_{o3}}$

C) $\Delta_{cm} \approx -g_{m2}(R_D\|2r_{o3})$

D) $\Delta_{cm} \approx -g_{m2}(R_D + r_{o3})$

153. Encuentre la expresión de la ganancia en tensión en pequeña señal a frecuencias medias de la etapa adjunta, asumiendo que el transistor JFET (polarizado en saturación o *pinch-off*) es ideal.

A) $\Delta_v = \dfrac{v_o}{v_{in}} = -\dfrac{g_m(R_D\|R_L)}{1+g_m(R_D\|R_L)}$

B) $\Delta_v = \dfrac{v_o}{v_{in}} = -\dfrac{g_m(R_D\|R_L)}{1+g_m(R_G\|R_S)}$

C) $\Delta_v = \dfrac{v_{sal}}{v_{ent}} = -\dfrac{g_m(R_D\|R_L)}{1+g_mR_S}$

D) $\Delta_v = \dfrac{v_{sal}}{v_{ent}} = -g_m(R_D\|R_L)$

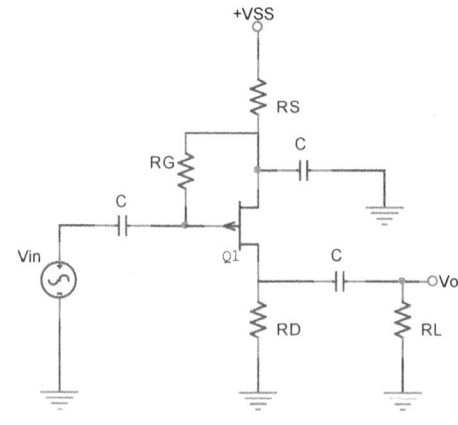

154. ¿Cuál sería (a frecuencias medias) la impedancia de entrada del amplificador de la pregunta precedente?

A) $R_{IN} = (R_S \| R_G) + R_S$

B) $R_{IN} = R_S \| \dfrac{1}{g_m}$

C) $R_{IN} = R_G + R_S$

D) $R_{IN} = R_G$

155. Calcule la expresión de la impedancia de salida en pequeña señal del circuito adjunto, que emplea un transistor MOSFET de canal P trabajando en la llamada configuración diodo. Tenga en cuenta que el transistor no es ideal y que, para su punto de polarización, presenta un parámetro r_o no infinito.

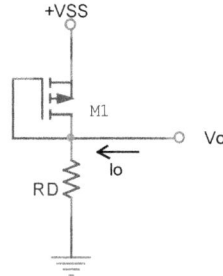

A) $R_{out} = \dfrac{v_o}{i_o} = \dfrac{1}{g_m} \Big\| r_o \Big\| R_D$

B) $R_{out} = \dfrac{v_o}{i_o} = R_D \| r_o$

C) $R_{out} = \dfrac{v_o}{i_o} = \dfrac{1}{g_m} \Big\| (R_D + r_o)$

D) $R_{out} = \dfrac{v_o}{i_o} = \Big(\dfrac{1}{g_m} + r_o\Big) \Big\| R_D$

156. En la figura adjunta, el punto Q indica el punto de polarización de cierto transistor bipolar empleado en una etapa amplificadora de clase A. ¿El transistor se encuentra bien polarizado?

A) No, se encuentra polarizado demasiado cerca de la región de corte, lo que limita mucho su margen dinámico.

B) No, se encuentra polarizado demasiado cerca de la región de saturación, lo que limita mucho su margen dinámico.

C) No, se encuentra polarizado demasiado cerca de la región de corte, lo que en principio limita mucho su ganancia en pequeña señal.

D) No, se encuentra polarizado demasiado cerca de la región de saturación, lo que en principio limita mucho ganancia en pequeña señal.

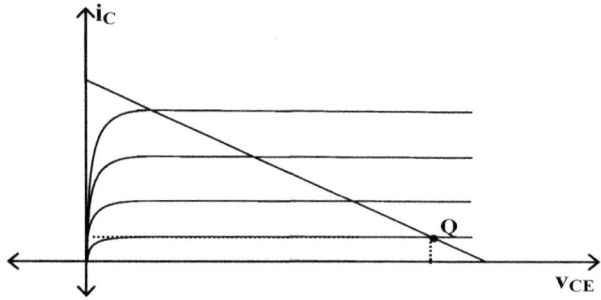

157. Cierto circuito que emplea una resistencia y un diodo zéner, ante una tensión de entrada $(V_{in}(t))$ senoidal con una amplitud de 10 V de pico, presenta a su salida la tensión que se representa en la figura adjunta: una senoide recortada en +8 V en los semiciclos positivos y en -0.7 V en los semiciclos negativos. ¿Cuál de los siguientes circuitos puede ser?

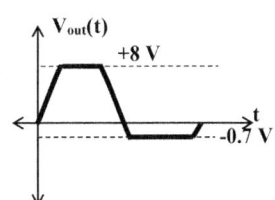

Datos del diodo zéner: $|V_Z| = 8\ V$; $V_{D(ON)} = 0.7\ V$

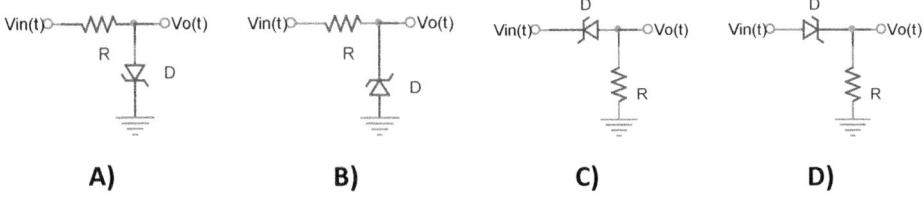

A)   B)   C)   D)

158. Cuando la tensión de entrada es una senoide de 10 V de amplitud, ¿cuál de los siguientes circuitos ofrece a la salida la tensión que se presenta en la figura?

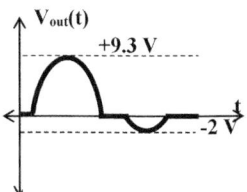

Datos del diodo zéner: $|V_Z| = 8\ V$; $V_{D(ON)} = 0.7\ V$

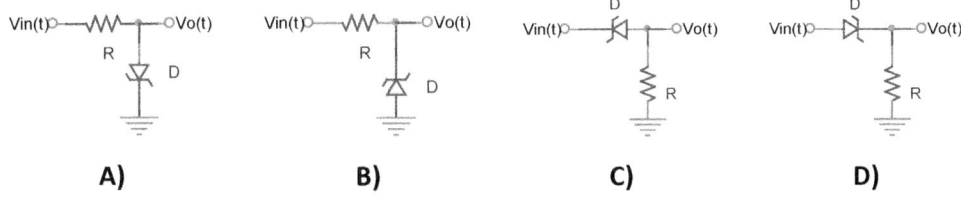

A)   B)   C)   D)

159. ¿Qué tensión ofrecería a la salida el circuito adjunto, que utiliza dos diodos zéner idénticos, si la tensión a la entrada es una tensión senoidal de 12 V de pico?

Datos del diodo zéner: $|V_Z| = 5\ V; V_{D(ON)} = 0.7\ V$

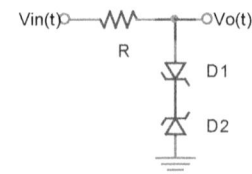

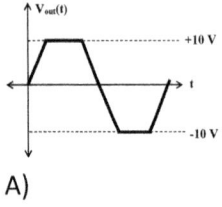

A)

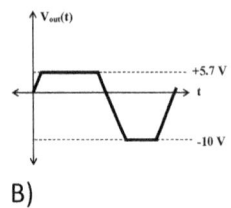

B)

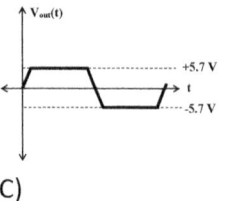

C)

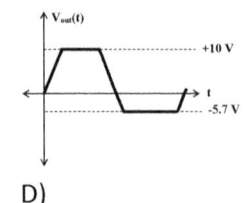

D)

160. Calcule el valor máximo que podría presentar R_L en el circuito de la figura para que el espejo de corriente funcionara correctamente.

Datos de los dos transistores: $V_T = +2\ V; K = 1\dfrac{mA}{V^2}$

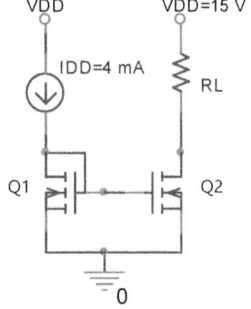

A) $R_{L(max)} = 3.75\ k\Omega$

B) $R_{L(max)} = 2.25\ k\Omega$

C) $R_{L(max)} = 3.25\ k\Omega$

D) $R_{L(max)} = 1.75\ k\Omega$

161. Sin conocer los valores de las resistencias R_D ni R_G, ¿se puede saber en qué región se encuentra polarizado el MOSFET de canal P de acumulación en el circuito de la figura? Dato: $V_T = -2\,V$.

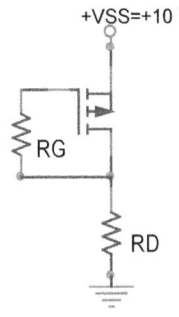

+VSS=+10 V

A) Se encuentra polarizado en corte.

B) Se encuentra polarizado en saturación o *pinch-off*.

C) Se encuentra polarizado en la región gradual.

D) Podrá trabajar en cualquiera de las tres regiones anteriores dependiendo del valor de R_D.

162. Sin conocer los valores de las resistencias R_D ni R_G ¿se puede saber en qué región se encuentra polarizado el MOSFET de canal P de deplexión en el circuito de la figura? Dato: $V_T = +2\,V$.

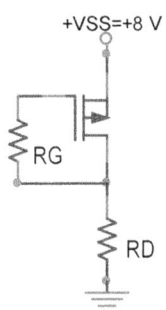

+VSS=+8 V

A) Se encuentra polarizado en corte.

B) Se encuentra polarizado en saturación o *pinch-off*.

C) Se encuentra polarizado en la región gradual.

D) Podrá trabajar en cualquiera de las tres regiones anteriores dependiendo del valor de R_D.

163. Diseñe R_D para que la corriente valga 4 mA. Datos: $V_T = -2\,V; K = 1\dfrac{mA}{V^2}$

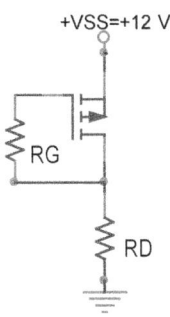

+VSS=+12 V

A) $R_D = 4\,k\Omega$

B) $R_D = 2\,k\Omega$

C) $R_D = 0.5\,k\Omega$

D) $R_D = 1\,k\Omega$

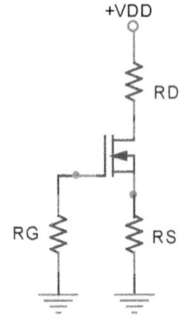

164. ¿Cuál de las siguientes ecuaciones se corresponde con una de las rectas de carga del circuito adjunto?

A) $I_D = \dfrac{V_{DD} - V_{DS}}{R_S + R_D}$

B) $I_D = \dfrac{V_{DD} - V_{DS}}{R_D + R_G}$

C) $I_D = \dfrac{V_{DD} - V_{DS}}{R_D}$

D) $I_D = \dfrac{V_{DD} - V_{DS}}{R_S + R_G}$

165. ¿Cuál de las siguientes ecuaciones se corresponde con la otra recta de carga del circuito anterior?

A) $I_D = \dfrac{V_{DD} - V_{GS}}{R_S + R_D}$ **B)** $I_D = \dfrac{-V_{DS}}{R_S}$

C) $I_D = \dfrac{-V_{GS}}{R_S}$ **D)** $I_D = \dfrac{-V_{GS}}{R_S + R_G}$

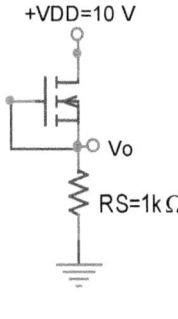

166. Determine la tensión V_o en el circuito adjunto, sabiendo que se emplea un transistor MOSFET de canal N de acumulación con siguientes datos:

Datos: $V_T = +2\,V; K = 1\dfrac{mA}{V^2}$

A) $V_o \approx 0\,V$

B) $V_o = +2\,V$

C) $V_o = +4\,V$

D) $V_o = +6\,V$

+VDD=10 V

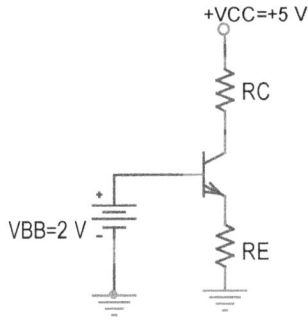

○ Vo

RS=1kΩ

167. Determine la tensión V_o en el circuito adjunto, sabiendo que se emplea un transistor MOSFET de canal N de deplexión con siguientes datos:

$$V_T = -2\,V; K = 1\frac{mA}{V^2}$$

A) $V_o \approx 0\,V$

B) $V_o = +2\,V$

C) $V_o = +4\,V$

D) $V_o = +6\,V$

168. En principio, ¿en qué región no podría encontrarse nunca el transistor en el circuito de la pregunta anterior con independencia del valor de la resistencia R_S?

A) **Zona gradual.**

B) **Saturación o *pinch-off*.**

C) **Zona lineal.**

D) **Corte.**

+VCC=+5 V

RC

VBB=2 V

RE

169. Sabiendo que $R_E = 12.8\,k\Omega$, calcule el valor máximo que puede tener R_C para que el transistor del circuito de la figura se mantenga trabajando en la zona activa. Datos del transistor:

$$\beta = 100, V_{BE(ON)} = 0.7\,V, V_{CE(SAT)} = 0\,V$$

A) $R_{C(max)} \approx 37\,k\Omega$

B) $R_{C(max)} \approx 12.8\,k\Omega$

C) $R_{C(max)} \approx 390\,\Omega$

D) $R_{C(max)} \approx 5.4\,k\Omega$

170. ¿En qué región se encuentra trabajando el transistor del circuito representado abajo?

Datos: $\beta = 100, V_{BE(ON)} = 0.7\ V, V_{CE(SAT)} = 0\ V$

A) Saturación.

B) Activa directa.

C) Activa inversa.

D) Corte

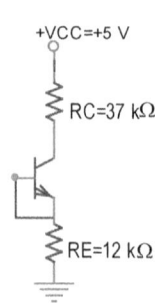

171. Calcule el valor máximo que puede tener R_B para que el transistor del circuito adjunto se encuentre polarizado en la región de saturación.

Datos del transistor: $\beta = 100$,

$$V_{BE(ON)} = 0.7\ V, V_{CE(SAT)} = 0\ V$$

A) $R_{B(max)} \approx 60\ k\Omega$

B) $R_{B(max)} \approx 100\ k\Omega$

C) $R_{B(max)} \approx 46.5\ k\Omega$

D) $R_{B(max)} \approx 79\ k\Omega$

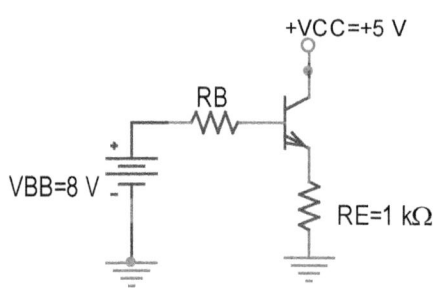

172. En el circuito de la figura, para que el transistor JFET se encuentre en saturación con una corriente de drenador $I_D = 2\ mA$, el valor de la tensión de alimentación (V_{DD}) forzosamente debe ser mayor que:

Datos del transistor: $I_{DSS} = 8\ mA; V_P = -3\ V$

A) $V_{DD(min)} = 13V$

B) $V_{DD(min)} = 11.5V$

C) $V_{DD(min)} = 7V$

D) $V_{DD(min)} = 43V$

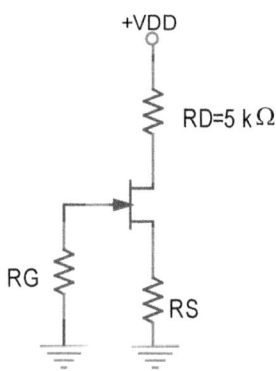

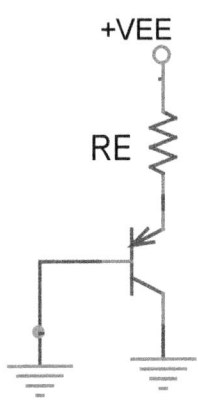

173. ¿Cuál es la condición para que el transistor del circuito de la figura esté en zona activa?

Datos del transistor:

$$\beta = 100, V_{EB(ON)} = 0.7\ V, V_{EC(SAT)} = 0.2\ V$$

A) El transistor no puede estar en activa en ningún caso.

B) El transistor estará en activa para todo valor de V_{EE}.

C) El transistor estará en activa para ciertos valores de R_C si $V_{EE} > 0.2V$.

D) El transistor estará en activa para todo valor de R_E siempre que $V_{EE} > 0.7V$.

174. Encuentre el valor de la corriente que el amplificador operacional entrega a la base del transistor bipolar en el circuito adjunto.

Datos: $R_1 = 1\ k\Omega; R_L = 4\ k\Omega; \beta = 99; V_{CE(SAT)} \approx 0.2\ V$

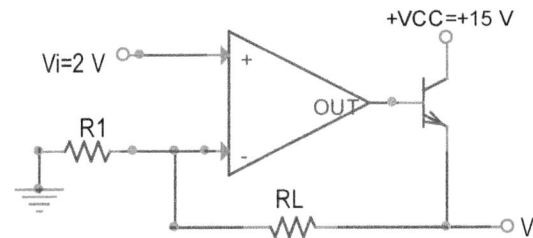

A) $I_B = 20\ \mu A$

B) $I_B = 2\ mA$

C) $I_B = 1\ mA$

D) $I_B = 10\ \mu A$

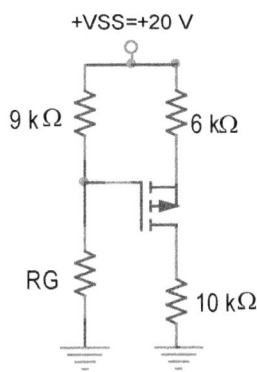

175. Indique el valor que debe tener la resistencia $\mathbf{R_G}$ para que la corriente de drenador sea de 1 mA.

Datos: $V_T = -2\ V; K = 1\dfrac{mA}{V^2}$

A) $R_G = 9\ k\Omega$

B) $R_G = 11\ k\Omega$

C) $R_G = 13\ k\Omega$

D) $R_G = 6.8\ k\Omega$

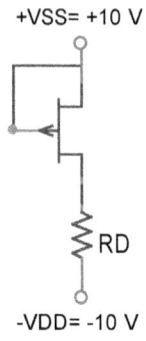

+VSS= +10 V

RD

-VDD= -10 V

176. Encuentre la condición que debe verificarse para que el transistor JFET del circuito de la figura trabaje en la zona de *pinch-off*.

Datos: $I_{DSS} = 4\ mA; V_P = +2\ V$

A) $R_D > 4.5\ k\Omega$

B) $R_D \le 4.5\ k\Omega$

C) $R_D > 5.5\ k\Omega$

D) $R_D \le 5.5\ k\Omega$

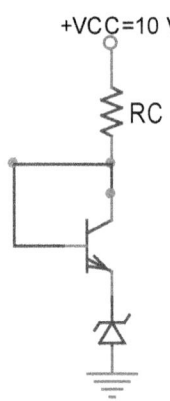

+VCC=10 V

RC

177. ¿Cuál es la condición para que el transistor del circuito de la figura conduzca?

Datos del transistor bipolar:

$\beta = 100, V_{BE(ON)} = 0.7\ V, V_{CE(SAT)} = 0.2\ V$

Datos del diodo zéner:

$V_Z = 4.3\ V; I_{ZK} = 5\ mA$ (corriente de codo)

A) $R_C < 2\ k\Omega$

B) $R_C > 1\ k\Omega$

C) $R_C < 1\ k\Omega$

D) El transistor estará siempre en activa, con independencia del valor de R_C.

178. Determine la expresión de la ganancia del circuito adjunto que emplea un JFET polarizado con un espejo de corriente, en el que el transistor Q₂ no es ideal y presenta un parámetro r_{o2} no infinito.

A) $\Delta_v = \dfrac{v_o}{v_i} = +g_{m3}(r_{o2})$

B) $\Delta_v = \dfrac{v_o}{v_i} = -\dfrac{g_{m3}r_{o2}}{1+g_{m3}r_{o2}}$

C) $\Delta_v = \dfrac{v_o}{v_i} = -\dfrac{g_{m3}R_{ref}}{1+g_{m3}r_{o2}}$

D) $\Delta_v = \dfrac{v_o}{v_i} = -g_{m3}(r_{o2})$

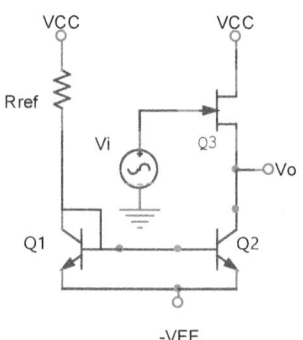

179. En el amplificador adjunto, construido con un transistor JFET, ¿qué ocurriría con la resistencia de salida y la ganancia en pequeña señal si aumenta el valor de la resistencia R_G?

A) La impedancia de salida aumenta, pero la ganancia disminuye.

B) La impedancia de salida y la ganancia se mantienen invariables.

C) La impedancia de salida y la ganancia aumentan.

D) La impedancia de salida disminuye, pero la ganancia aumenta.

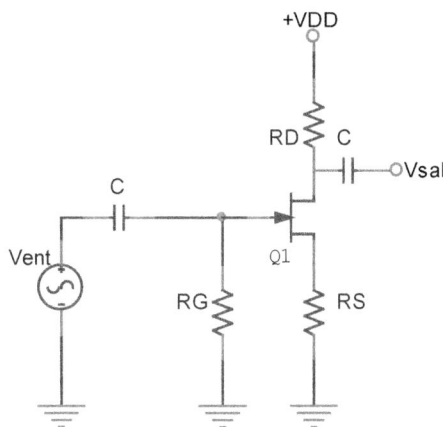

180. La figura muestra un amplificador de tensión conformado por dos amplificadores en serie construidos con dos operacionales del mismo modelo. ¿Cuál de los dos operacionales que se emplean en el circuito sería, en principio, más determinante a la hora de establecer el ancho de banda que posee la configuración?

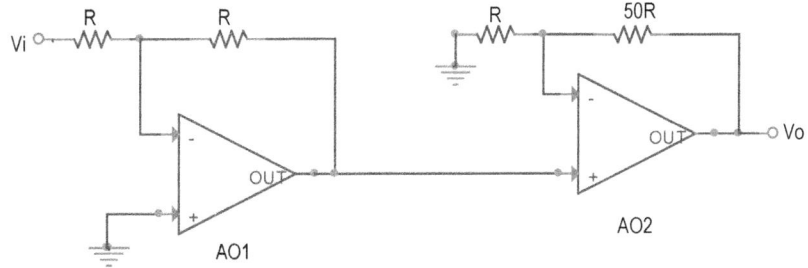

A) El AO1 pues utiliza una etapa en configuración inversora.

B) El AO2 pues utiliza una etapa en configuración no inversora.

C) El AO1 pues su etapa posee una ganancia notablemente inferior.

D) El AO2 pues su etapa posee una ganancia notablemente superior.

181. Un amplificador operacional, alimentado con ±15 V y con un ancho de banda a plena potencia de 10 kHz, se emplea en una configuración inversora con ganancia -3 V/V. Ante cierta entrada sinusoidal de 1 V de pico y 10 kHz, la salida presenta una señal sinusoidal, aunque recortada por arriba y por abajo en una tensión de 1.5 V. ¿A qué se puede deber el que la señal a la salida no alcance 3 V de pico?

A) Al margen dinámico del operacional.

B) A que la frecuencia de la señal de entrada excede la frecuencia de corte del circuito.

C) Al *slew rate* del operacional.

D) A la corriente de salida máxima que pueda poseer el operacional.

182. Un amplificador operacional, alimentado con ±12 V y con un ancho de banda a plena potencia de 8 kHz, se emplea en una configuración no inversora con factor de amplificación de 20 V/V. Ante cierta entrada sinusoidal de 0.75 V de amplitud (tensión de pico) y 4 kHz, la salida presenta una señal sinusoidal, aunque recortada por arriba y por abajo en una tensión cercana (aunque algo inferior en módulo) a los 12 V. ¿A qué se puede deber ese recorte?

A) Al margen dinámico del operacional.

B) A que la frecuencia de la señal de entrada excede la frecuencia de corte del circuito.

C) Al *slew rate* del operacional.

D) A la corriente de salida máxima que pueda poseer el operacional.

183. Un amplificador operacional, alimentado con ±15 V y con un ancho de banda a plena potencia de 15 kHz, se emplea en una configuración no inversora con factor de amplificación de 100 V/V. Ante cierta entrada sinusoidal de 0.05 V de amplitud (o pico) y 15 kHz, la salida presenta una señal sinusoidal (sin recortar) de una amplitud de 3 V de pico. ¿A qué se puede deber el que la señal a la salida no alcance 5 V de pico?

A) Al margen dinámico del operacional.

B) A que la frecuencia de la señal de entrada excede la frecuencia de corte del circuito.

C) Al *slew rate* **del operacional.**

D) A que se está trabajando a la misma frecuencia del ancho de banda a plena potencia.

184. Un amplificador operacional, alimentado con ±12 V y con un ancho de banda a plena potencia de 2 kHz, se emplea en una configuración inversora con factor de amplificación de -100 V/V. Ante cierta entrada sinusoidal de 0.05 V de pico (o amplitud) y 10 kHz, la salida presenta una señal con una forma irregular de "diente de sierra". ¿A qué se puede deber este fenómeno?

A) Al margen dinámico del operacional.

B) A que la frecuencia de la señal de entrada excede la frecuencia de corte del circuito.

C) Al *slew rate* **del operacional.**

D) A la corriente máxima de salida que permite el operacional.

185. Asumiendo que los diodos del circuito de la figura son ideales, ¿cuál será la tensión de salida si la tensión de entrada vale +16 V?

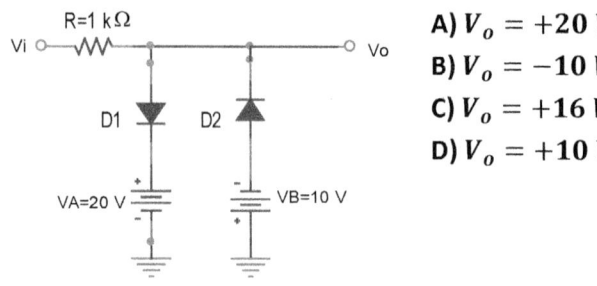

A) $V_o = +20\ V$

B) $V_o = -10\ V$

C) $V_o = +16\ V$

D) $V_o = +10\ V$

186. ¿Qué corriente de colector en continua debe circular por el transistor para que el factor de amplificación en pequeña señal del circuito sea -100 V/V?

Datos: $V_t = KT/e = 25\ mV; \beta = 150; |V_A| \simeq \infty, R_2 = 5.6\ k\Omega$

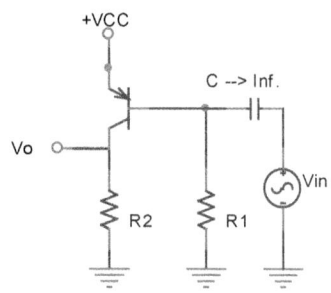

A) $I_C = 3.27\ mA$.

B) $I_C = 2.54\ mA$.

C) $I_C = 0.44\ mA$.

D) **Para calcularla es imprescindible conocer el valor de R_1.**

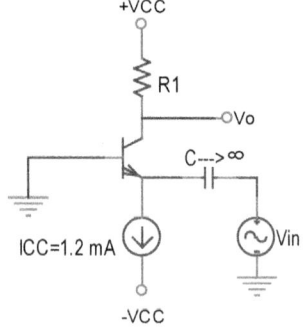

187. Calcule la tensión V_{CE} y la corriente de colector I_C, en continua, en el transistor de la figura, así como la zona de funcionamiento.

Datos: $\beta = 100; V_{BE(ON)} = 0.7\ V;$

$$V_{CE(SAT)} = 0.2\ V; |V_A| = \infty.$$

A) $V_{CE} = 0.4\ V; I_C = 1.18\ mA$; activa.

B) $V_{CE} = 0.2V; I_C = 1.18mA$; saturación.

C) $V_{CE} = 0.2\ V; I_C = 1.1\ mA$; saturación.

D) $V_{CE} = -1.6\ V; I_C = 1.18\ mA$; activa.

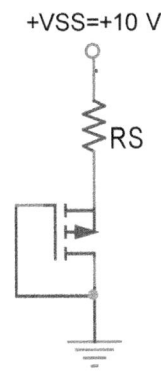

+VSS=+10 V

RS

188. En el circuito de la figura, calcule el valor de R_S para que $I_D = 1\ mA$.

Datos: $V_T = -1\ V; K = 1\frac{mA}{V^2}$

A) $R_S = 9\ k\Omega$

B) $R_S = 3\ k\Omega$

C) $R_S = 8\ k\Omega$

D) $R_S = 5\ k\Omega$

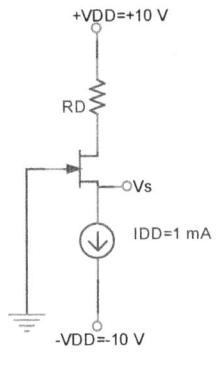

+VDD=+10 V

RD

Vs

IDD=1 mA

-VDD=-10 V

189. Calcule la tensión en la fuente del transistor, V_S y determine el valor máximo de R_D que garantiza que el transistor va a estar en zona de saturación (o *pinch-off*).

Datos del transistor: $I_{DSS} = 4\ mA; V_P = -1\ V$

A) $V_S = 1.5\ V; R_D = 11\ k\Omega$

B) $V_S = 0.5\ V; R_D = 9\ k\Omega$

C) $V_S = 1.5\ V; R_D = 9\ k\Omega$

D) $V_S = 0.5\ V; R_D = 11\ k\Omega$

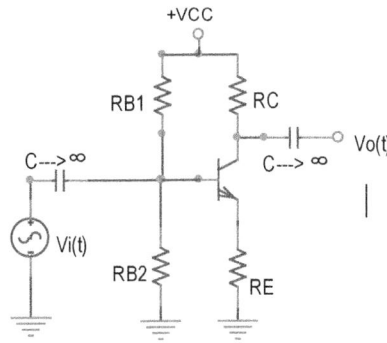

+VCC

RB1   RC

C--->∞   Vo(t)
C---> ∞

Vi(t)

RB2   RE

190. En el circuito de amplificación de la figura y teniendo en cuenta los valores de los componentes, se puede decir que, en una primera aproximación, el módulo de la ganancia en tensión viene determinado por la expresión:

A) R_C/R_E

B) R_{B1}/R_{B2}

C) R_C/R_{B1}

D) R_C/R_{B2}

191. Con el circuito de amplificación de la pregunta anterior, se obtiene una gráfica de las tensiones de entrada y salida como la mostrada en la figura que sigue. Cuando la señal de la tensión de salida se recorta, el transistor bipolar se encuentra:

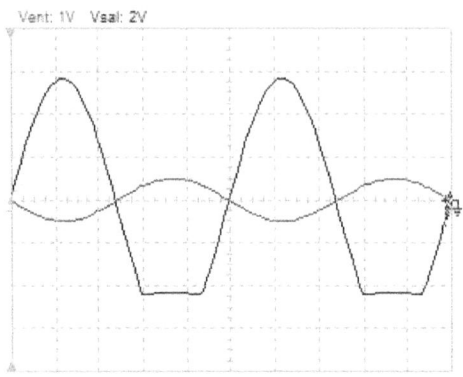

A) Cortado.

B) En activa.

C) En activa inversa.

D) Saturado.

192. Para conseguir mejorar la simetría del margen dinámico de salida del amplificador de las dos preguntas anteriores sin alterar la ganancia del mismo se **podría:**

A) Disminuir el valor de R_{B2}, ya que habrá que aumentar la tensión V_{CE} del punto de trabajo del transistor.

B) Disminuir el valor de R_{B1}, ya que habrá que disminuir la tensión V_{CE} del punto de trabajo del transistor.

C) Aumentar R_C, ya que habrá que disminuir la tensión V_{CE} del punto de trabajo del transistor.

D) Disminuir R_E, ya que habrá que aumentar la tensión V_{CE} del punto de trabajo del transistor.

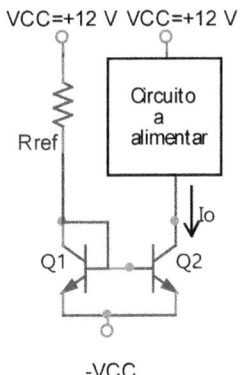

VCC=+12 V VCC=+12 V

Circuito a alimentar

Rref

Io

Q1   Q2

-VCC

193. ¿Qué corriente, Io, está entregando la fuente de corriente formada por Q_1 y Q_2 al circuito de la figura? Considere los dos transistores iguales y las corrientes de base despreciables.

Datos: $V_{BE(ON)} = 0.7V; R_{ref} = 6.8k\Omega; |V_A| = \infty$

A) 1.27 mA

B) 2.14 mA

C) 3.42 mA

D) 1.95 mA

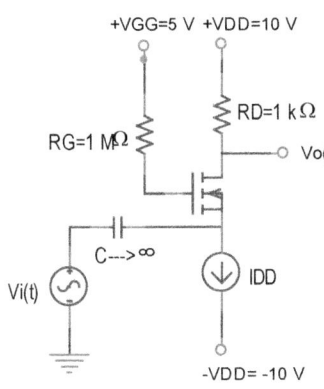

+VGG=5 V +VDD=10 V

RD=1 kΩ

RG=1 MΩ

Vo(t)

C--->∞

Vi(t)   IDD

-VDD= -10 V

194. Determine el valor máximo de I_{DD} para que el transistor esté en zona de saturación (o *pinch-off*).

Datos: $V_T = +1\,V; K = 0.5\dfrac{mA}{V^2}$

A) $I_{DD(max)} = 6\,mA$

B) $I_{DD(max)} = 5\,mA$

C) $I_{DD(max)} = 4\,mA$

D) $I_{DD(max)} = 7\,mA$

195. En el circuito de la cuestión anterior, para $I_{DD} = 2\,mA$, ¿cuáles son las tensiones en continua V_S y V_D?

A) $V_S = 2\,V$ y $V_D = 8\,V$

B) $V_S = 3\,V$ y $V_D = 8\,V$

C) $V_S = 1\,V$ y $V_D = 8\,V$

D) $V_S = 3\,V$ y $V_D = 6\,V$

196. Mediante el amplificador de la figura 1, las señales de entrada y salida evolucionan según lo mostrado en la figura 2. Para conseguir mejorar la simetría del margen dinámico de salida del amplificador sin modificar la ganancia del mismo se podría:

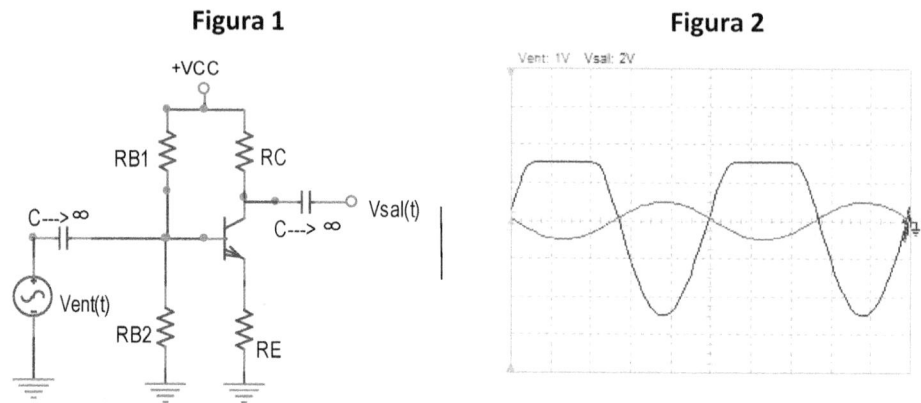

A) Aumentar el valor de R_{B1}, ya que habrá que aumentar la tensión V_{CE} del punto de trabajo del transistor.

B) Aumentar el valor de R_{B2}, ya que habrá que disminuir la tensión V_{CE} del punto de trabajo del transistor.

C) Aumentar R_C, ya que habrá que disminuir la tensión V_{CE} del punto de trabajo del transistor.

D) Disminuir R_E, ya que habrá que aumentar la tensión V_{CE} del punto de trabajo del transistor.

197. En el circuito amplificador de la figura 1, las tensiones de entrada y salida evolucionan tal y como se representa en la figura 2. Cuando la gráfica de salida se recorta, el transistor se encuentra:

Figura 1

Figura 2

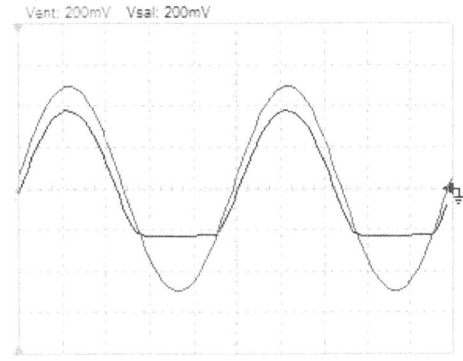

A) En activa.   B) Cortado.

C) En activa inversa.   D) Saturado.

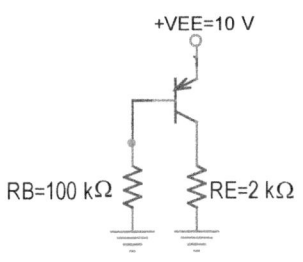

198. ¿Cuál es la corriente de colector que circula por el siguiente transistor? Datos:

$$\beta = 200, V_{EB(ON)} = 0.7\ V, V_{EC(SAT)} = 0.2\ V$$

A) $I_C = 9.3mA$

B) $I_C = 4.9mA$

C) $I_C = 2mA$

D) $I_C = 1mA$

199. Indique cuál es la zona de trabajo de ambos transistores para $V_i = -2V$.

Datos: $\beta = 99, V_{BE1(ON)} = V_{EB2(ON)} = 0.7\ V, V_{CE1(SAT)} = V_{EC2(SAT)} = 0.2\ V$

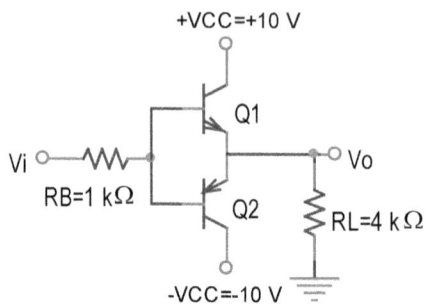

A) Q_1 saturado, Q_2 cortado.

B) Q_1 cortado, Q_2 saturado.

C) Q_1 activa, Q_2 cortado.

D) Q_1 cortado, Q_2 activa.

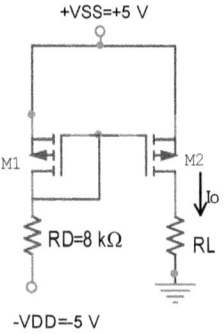

200. Suponiendo que el transistor M_2 trabaje en la zona de *pinch-off*, indique cuál será la corriente de salida I_o del espejo adjunto.

Datos: $V_{T1} = V_{T2} = -1\ V; K_1 = 1\ \frac{mA}{V^2}; K_2 = 2\ \frac{mA}{V^2}$

A) $I_o = 0.5\ mA$

B) $I_o = 1\ mA$

C) $I_o = 2\ mA$

D) $I_o = 4\ mA$

201. Determine los valores de la corriente (I_L) que circula por la carga (R_L) en el circuito adjunto, cuando R_L vale 1 kΩ y 9 kΩ. Suponga un AO ideal con alimentación $\pm V_{CC} = \pm 15V$. Dato: $V_{BE(ON)} \approx 0.7V$.

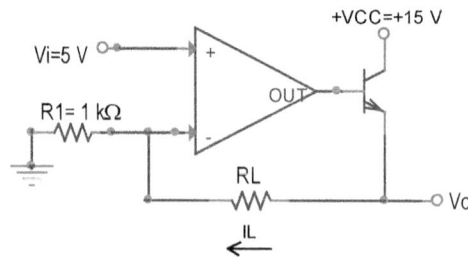

A) $I_L = 5\ mA$ (en ambos casos)

B) $I_L \approx 7.5\ mA$ (para $R_L = 1\ k\Omega$) e $I_L \approx 1.43\ mA$ (para $R_L = 9k\ \Omega$)

C) $I_L = 5\ mA$ (para $R_L = 1\ k\Omega$) e $I_L \approx 1.43\ mA$ (para $R_L = 9\ k\Omega$)

D) $I_L = 10\ mA$ (para $R_L = 1k\Omega$) e $I_L \approx 1.43\ mA$ (para $R_L = 9\ k\Omega$)

202. Se pretende diseñar un amplificador lineal de tensión de una etapa. Teniendo en cuenta que la resistencia asociada a la señal que se desea amplificar es de 1 kΩ y que la resistencia de carga (colocada a la salida del amplificador) es de 100 Ω. ¿Cuál de los siguientes diseños elegiría para la etapa amplificadora si se desea conseguir la máxima ganancia total posible (esto es, la máxima relación entre las amplitudes de las señales de salida -en la carga- y la señal que se desea amplificar)?

A) Resistencia de entrada: 100 kΩ. Resistencia de salida: 5 Ω. Amplificación: 10 V/V.

B) Resistencia de entrada: 1 kΩ. Resistencia de salida: 200 Ω. Amplificación: 30 V/V.

C) Resistencia de entrada: 5 kΩ. Resistencia de salida: 1 kΩ. Amplificación: 100 V/V.

D) Resistencia de entrada: 1000 kΩ. Resistencia de salida: 1 Ω. Amplificación: 5 V/V.

203. En una etapa de colector común, construida con transistores bipolares, que se encuentra trabajando a su frecuencia de corte, ¿qué ganancia no podrá ser posible?

A) −4.5 dB   **B) -4 dB**

C) -3.5 dB   **D) −2 dB**

204. Un amplificador operacional es utilizado para diseñar una configuración no inversora con una ganancia de 40 dB. ¿Qué ancho de banda tendrá este amplificador no inversor, si la respuesta en frecuencia en lazo abierto de la ganancia del operacional usado es la representada por la figura?

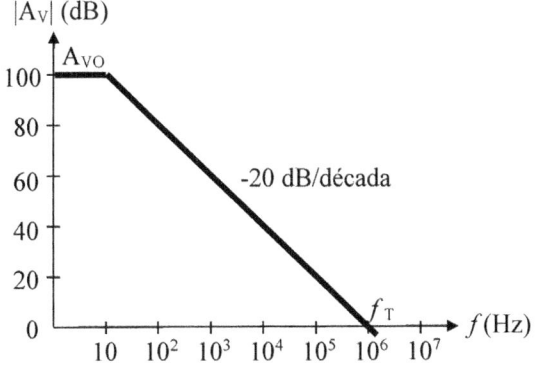

A) 1 MHz
B) 100 kHz
C) 10 kHz
D) 1 kHz

205. Si, empleando el mismo operacional, se deseara que la configuración no inversora de la pregunta anterior presentara una frecuencia de corte de al menos 50 kHz, ¿cuál sería la máxima ganancia con la que se podría diseñar?

A) 26.02 dB   B) 40 dB

C) 100 dB   D) 66.02 dB

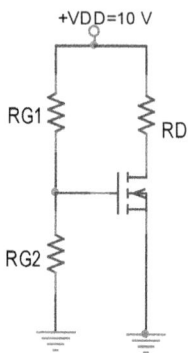

206. En el circuito de la figura, determine el valor máximo que puede tener R_D si queremos que el transistor esté en zona de saturación (o *pinch-off*).

Datos: $R_{G1} = 3 \cdot R_{G2}$; $V_T = +1.5\ V$; $K = 1\frac{mA}{V^2}$

A) 2 kΩ

B) 9 kΩ

C) 5 kΩ

D) 1 kΩ

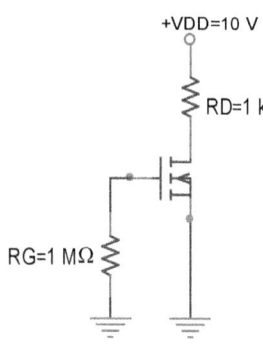

207. ¿En qué región se encuentra polarizado el transistor MOSFET de acumulación de la figura?

Datos: $V_T = +1\ V$; $K = 1\frac{mA}{V^2}$

A) Saturación o *pinch-off*.

B) Corte.

C) Zona gradual.

D) Zona lineal.

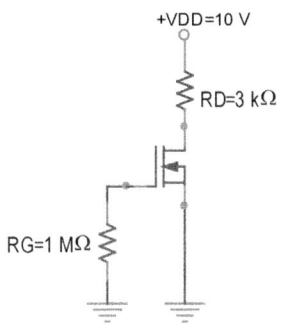

+VDD=10 V

RD=3 kΩ

RG=1 MΩ

208. ¿En qué región está polarizado el transistor MOSFET de deplexión de la figura adjunta?

Datos: $V_T = -1\ V; K = 2\frac{mA}{V^2}$

A) Saturación o *pinch-off*.

B) Corte.

C) Zona gradual.

D) Zona lineal.

209. En el circuito de la pregunta anterior, determine el mínimo valor del resistor R_D que garantiza la saturación del transistor.

A) 4.5 kΩ   B) 9 kΩ

C) 3.3 kΩ   D) 1 kΩ

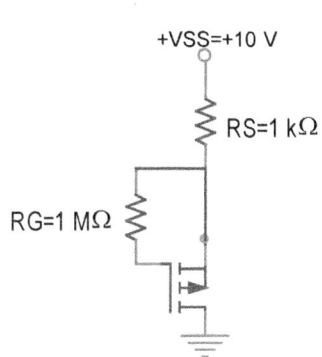

+VSS=+10 V

RS=1 kΩ

RG=1 MΩ

210. ¿En qué región se encuentra polarizado el transistor MOSFET de acumulación de canal P de la figura?

Datos: $V_T = -1\ V; K = 2\frac{mA}{V^2}$

A) Saturación o *pinch-off*.

B) Corte.

C) Zona gradual.

D) Zona lineal.

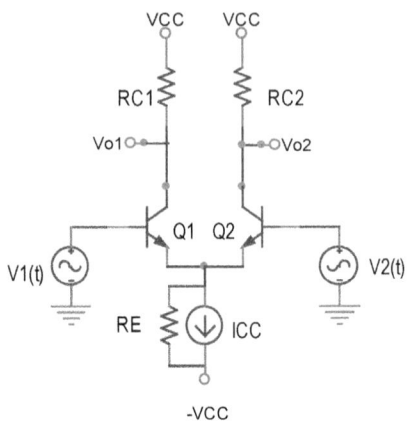

211. En el amplificador diferencial de la figura (que posee una salida asimétrica) y con respecto al caso con simetría perfecta, ¿qué ocurre si R_{C1} es un 1% superior a R_{C2}?

A) La ganancia diferencial decae notablemente.

B) A la salida se produciría una fuerte variación de la tensión continua.

C) El factor CMRR con salida asimétrica sufre un notable decaimiento.

D) Ninguna de las respuestas anteriores es cierta.

212. Si la fuente de corriente que alimenta un diferencial construido con bipolares es ideal $(R_{out} \approx \infty)$ y la simetría es perfecta, se cumple que:

A) la resistencia de entrada diferencial es infinita.

B) la ganancia diferencial es muy elevada.

C) la resistencia de salida asimétrica es infinita.

D) el parámetro CMRR es infinito.

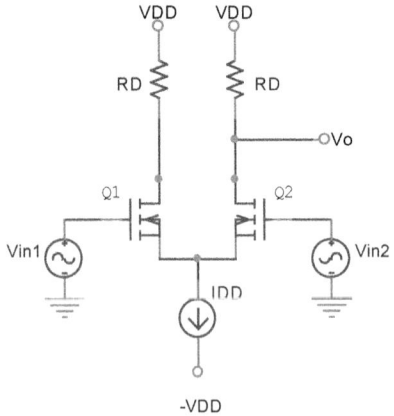

213. En el diferencial de la figura, al aumentar el valor de la corriente de polarización I_{DD}:

A) aumenta la impedancia de entrada diferencial y disminuye la del modo común.

B) disminuye la impedancia de entrada diferencial y crece la del modo común.

C) aumentan tanto la impedancia de entrada en modo diferencial como la del modo común.

D) Ninguna de las respuestas anteriores es cierta.

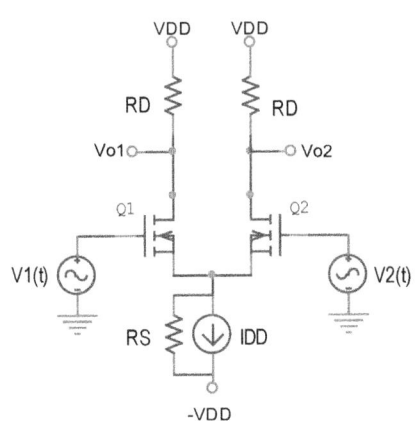

214. Considerando transistores ideales, en el amplificador diferencial de la figura, ¿qué ocurre si aumenta la resistencia R_S asociada a la fuente de corriente I_{DD}?

A) Disminuyen el CMRR y la ganancia diferencial.

B) Disminuye el CMRR, pero aumenta la ganancia diferencial.

C) Aumenta el CMRR, aunque la ganancia diferencial permanece constante.

D) Aumentan el CMRR y la ganancia diferencial.

215. En el circuito de la figura, calcule el valor de la tensión de salida V_o, asumiendo que el operacional es ideal. Datos:

$V_1 = 0.2\ V$

$V_2 = 0.005\ V$

$V_3 = 1.2\ V$

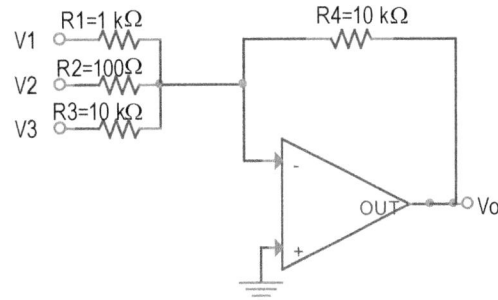

A) $V_o = -2.5\ V$

B) $V_o = -3.7\ V$

C) $V_o = -2\ V$

D) $V_o = 10\ V$

216. Se procede a medir en el laboratorio el *slew rate* y el margen dinámico de un amplificador operacional utilizando para ello una fuente de alimentación de ±15 V. Se obtiene un *slew rate* de 0.65 $V/\mu s$ y un margen dinámico de ±13 V. Calcule cuál sería el ancho de banda a plena potencia para dicho operacional.

A) 9.8 kHz

B) 7.9 kHz

C) 6.9 kHz

D) 5.1 kHz

217. Se ha diseñado un amplificador no inversor como el de la figura con un operacional que presenta una tensión de *offset* de entrada $V_{IO} = 3\ mV$. ¿Cuál será el valor de la tensión continua de salida en ausencia de señal de entrada $(V_i = 0\ V)$?

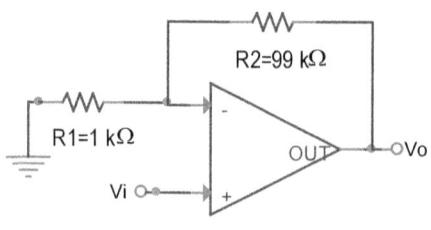

A) 3 V   B) 0 V   C) 0.3 V   D) 30 mV

218. ¿Qué señal se obtendría a la salida del circuito de la figura, considerando que el amplificador operacional presenta un comportamiento ideal y que $V_i = 4\ V$?

A) 2.5 V

B) +12 V

C) 4 V

D) −12 V

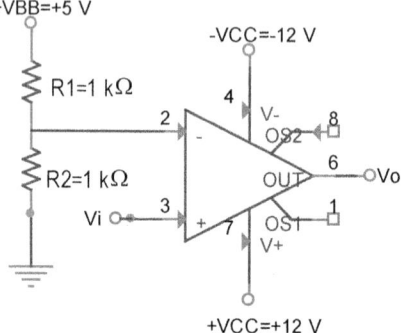

219. ¿Qué señal se obtendría a la salida del circuito de la figura anterior, considerando que el amplificador operacional presenta un comportamiento ideal y que $V_i = 1\ V$?

A) 2.5 V

B) +12 V

C) 4 V

D) −12 V

220. Determine la expresión de la ganancia en modo común $A_{CM} = \dfrac{V_o}{V_{CM}}$ (siendo $V_1 = V_2 = V_{CM}$) en el amplificador de la figura. Considere los amplificadores operacionales ideales.

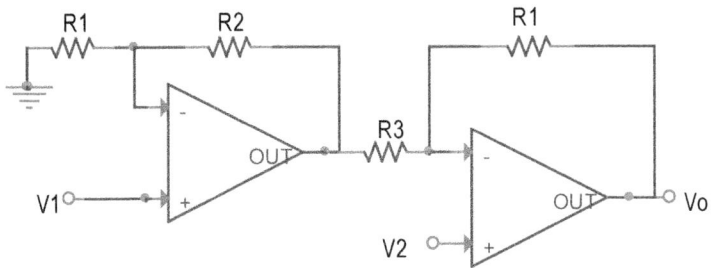

A) $A_{CM} = 1 - \dfrac{R_2}{R_3}$

B) $A_{CM} = 1 + \dfrac{R_2}{R_1}$

C) $A_{CM} = \dfrac{R_1}{R_2} - \dfrac{R_2}{R_3}$

D) $A_{CM} = 0$

221. Calcule I_B en el circuito de la figura. Datos:

$$\beta = 99; V_{EB(ON)} = 0.7\ V; V_{EC(SAT)} = 0\ V$$

A) 0.3 mA

B) 1.2 µA

C) 0 mA

D) 19.8 µA

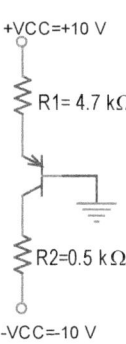

222. ¿A partir de qué valor de R_2 el transistor del circuito anterior entraría en saturación?

A) $R_{2(min)} = 4.7\ k\Omega$

B) $R_{2(min)} = 2.45\ k\Omega$

C) $R_{2(min)} = 5.46\ k\Omega$

D) $R_{2(min)} = 3.29\ k\Omega$

223. En el circuito de la figura determine el valor de la corriente de drenador I_D.

Datos: $K = 2\frac{mA}{V^2}$; $V_T = 1$ V.

A) 2.88 mA

B) 1.13 mA

C) 1.83 mA?

D) 2.273 mA

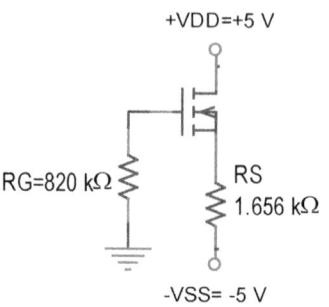

224. Calcule el valor de R_2 para que el transistor del circuito adjunto presente una corriente de drenador de 1.5 mA. *Datos:* $K = 1\frac{mA}{V^2}$; $V_T = 2$ V.

A) $R_2 = 32.2\ k\Omega$

B) $R_2 = 15.7\ k\Omega$

C) $R_2 = 67.4\ k\Omega$

D) $R_2 = 89.5\ k\Omega$

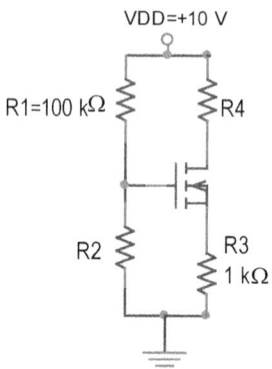

225. Calcule el valor mínimo de R_2 que garantiza que el transistor del circuito anterior conduce.

A) $R_{2(min)} = 5\ k\Omega$

B) $R_{2(min)} = 10\ k\Omega$

C) $R_{2(min)} = 25\ k\Omega$

D) $R_{2(min)} = 25\ k\Omega$

226. Si en el circuito de las dos preguntas anteriores, R_2 vale 12 kΩ, ¿qué ocurriría con el transistor si se empieza a aumentar el valor de R_4.

A) El transistor seguiría en corte con independencia del valor de R_4.

B) El transistor acabaría saliendo de saturación o *pinch-off*.

C) El transistor acabaría entrando en saturación o *pinch-off*.

D) El transistor seguiría en saturación o *pinch-off* con independencia del valor de R_4.

227. Para el circuito de polarización de la figura, la tabla que sigue indica las tensiones en los tres terminales del transistor medidas en tres casos distintos, es decir, con diferentes valores de resistencias en cada caso. Indique la zona de funcionamiento del transistor en cada caso.

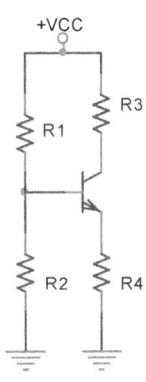

Datos: $V_{BE(ON)} = 0.7\ V$; $V_{CE(SAT)} = 0.2\ V$; $\beta = 100$.

Caso	V_B	V_C	V_E
1	3.9 V	3.23	3.21 V
2	2.7 V	5.56 V	2 V
3	0.07 V	15 V	0 V

A) Caso 1: Activa. Caso 2: Corte. Caso 3: Saturación.

B) Caso 1: Saturación. Caso 2: Activa. Caso 3: Corte.

C) Sin conocer el valor de las corrientes no puede saberse.

D) Caso 1: Activa. Caso 2: Activa. Caso 3: Corte.

228. Se quiere diseñar una etapa en emisor común (con resistencia de emisor) empleando el circuito de la pregunta anterior. ¿Cuál de las siguientes afirmaciones es falsa suponiendo que el transistor se encuentra en activa y que su modelo en pequeña señal es ideal?

A) R_3 no afecta a la impedancia de entrada.

B) Si aumenta la relación $\frac{R_3}{R_4}$, aumenta la ganancia en tensión.

C) Si R_3 aumenta (sin modificar las demás resistencias), puede disminuir el margen dinámico.

D) El consumo en continua del circuito depende de I_C, pero no depende de la corriente que circula por R_1.

229. En el circuito de las cuestione anteriores, suponiendo que el transistor parte de activa, ¿qué ocurre si empezamos a disminuir el valor de R_2?

A) El transistor acabaría saliendo de activa y entrando en corte.

B) El transistor acabaría saliendo de activa y entrando en saturación.

C) La impedancia de entrada disminuiría, pero el transistor no saldría de activa (con independencia del valor de R_2).

D) La ganancia disminuiría, pero el transistor no saldría de activa (con independencia del valor de R_2).

230. ¿En qué zona de polarización se encuentra el trabajando transistor de la figura?

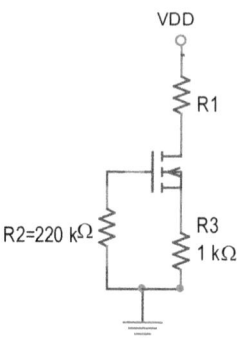

Datos: $K = 1\frac{mA}{V^2}; V_T = 1\,V$.

A) Triodo, gradual u óhmica.

B) Saturación o *pinch-off*

C) Corte

D) No puede saberse a priori si no se conoce el valor del resistor R_1.

231. Se diseña una etapa en fuente común con resistencia de fuente, utilizando el circuito de polarización de la figura. Teniendo en cuenta que tanto el generador de entrada como el transistor son ideales $(V_A = \infty)$, ¿cuáles son las expresiones para calcular las resistencias de entrada y/o la de salida?

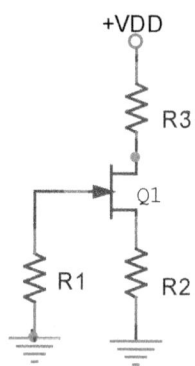

A) $R_{in} = R_1 , R_{sal} = R_3$

B) $R_{ent} = R_1 || R_2 , R_{sal} = \dfrac{1}{g_m}$

C) $R_{ent} = R_1 + R_2 , R_{sal} = R_3 + R_2$

D) $R_{ent} = R_1 + R_2 , R_{sal} = R_3 || \left(\dfrac{1}{g_m}\right)$

232. Calcule la corriente de drenador en el circuito de la figura. Datos: $I_{DSS} = 8\ mA; V_P = 1\ V$.

A) $I_D = 2.7\ mA$

B) $I_D = 1.5\ mA$

C) $I_D = 1\ mA$

D) $I_D = 2m\ A$

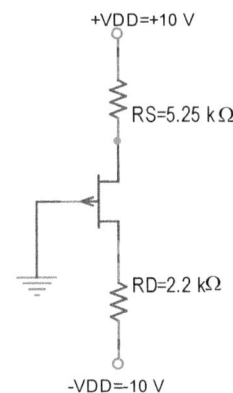

233. En el circuito de la figura calcule la corriente de drenador y las tensiones V_{SD} y V_{SG}.

Datos del FET: $K = 1\ mA/V^2$ y $V_T = -4V$.

A) $I_D = 4\ mA; V_{SD} = 8\ V; V_{SG} = 6\ V$.

B) $I_D = 1\ mA; V_{SD} = 17\ V; V_{SG} = 5\ V$.

C) $I_D = 6.25\ mA; V_{SD} = 1.25\ V; V_{SG} = 6.5\ V$.

D) $I_D = 2.25\ mA; V_{SD} = 13.25\ V; V_{SG} = 5.5\ V$.

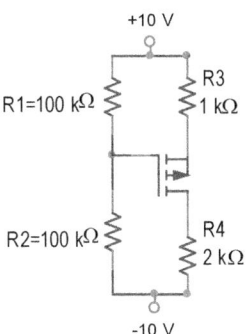

234. Se diseña una etapa en puerta común con el circuito de la pregunta anterior. Suponiendo que el transistor es ideal ($V_A = \infty$) en pequeña señal, ¿qué expresión permitiría calcular la resistencia de entrada de la etapa?

A) $R_{in} = R_1 || R_2$

B) $R_{in} = R_3 || \left(\dfrac{1}{g_m}\right)$

C) $R_{in} = \left(\dfrac{1}{g_m}\right)$

D) $R_{in} = R_4 || \left(\dfrac{1}{g_m}\right)$

235. Si con el circuito de las dos preguntas anteriores se montase ahora una etapa en fuente común, ¿cuál será la expresión que aproximaría la ganancia en tensión en pequeña señal?

A) $A_v = -g_m R_3$

B) $A_v = -\dfrac{g_m R_3}{1 + g_m R_4}$

C) $A_v = -g_m R_4$

D) $A_v = -\dfrac{g_m R_4}{1 + g_m R_3}$

236. Con el mismo circuito de las tres preguntas anteriores se diseña de nuevo una etapa en etapa en fuente común, pero ahora desacoplando en alterna con un condensador la resistencia de fuente (esto es, colocando en paralelo al resistor de la fuente un condensador de valor elevado). ¿Cuál será ahora la expresión que aproximaría la ganancia en tensión a frecuencias medias?

A) $A_v = -g_m R_3$

B) $A_v = -\dfrac{g_m R_3}{1+g_m R_4}$

C) $A_v = -g_m R_4$

D) $A_v = -\dfrac{g_m R_4}{1+g_m R_3}$

237. Calcule la corriente por R_1 en el circuito adjunto. Para el cálculo, desprecie las corrientes de base y considere transistores ideales ($V_A \to \infty$) e idénticos. Son datos: $V_{EB(ON)} = 0.7\ V$; $V_{EC(SAT)} = 0.2\ V$.

A) $I_{R1} = 0.877\ mA$

B) $I_{R1} = 0.652\ mA$

C) $I_{R1} = 1.23\ mA$

D) $I_{R1} = 0.134\ mA$

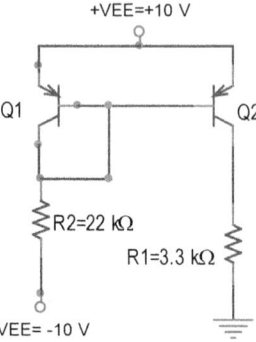

238. En el circuito de la pregunta anterior, determine la expresión de la relación de las corrientes por ambas resistencias $\left(\dfrac{I_{R1}}{I_{R2}}\right)$, sin despreciar las corrientes de base y considerando que los dos transistores presentan el mismo parámetro β.

A) $\dfrac{I_{R1}}{I_{R2}} = \dfrac{1}{\beta+1}$

B) $\dfrac{I_{R1}}{I_{R2}} = \dfrac{\beta}{\beta+1}$

C) $\dfrac{I_{R1}}{I_{R2}} = \dfrac{1}{\frac{2}{\beta}+1}$

D) $\dfrac{I_{R1}}{I_{R2}} = \dfrac{1}{2\beta+1}$

239. En un amplificador diferencial se aplican sobre las entradas no inversora (V_1) e inversora (V_2) las siguientes tensiones:

$V_1(t) = 2.5\ \sin(100\pi t)(V)$ y $V_2(t) = 0.5\ \sin(100\pi t)(V)$.

Si $A_d = 5\ V/V$ y $A_{CM} = 0.05\ V/V$. ¿Cuál será la tensión de salida?

A) $V_o(t) = 2.45\ \sin(100\pi t)\ (V)$

B) $V_o(t) = 7.125\ \sin(100\pi t)\ (V)$

C) $V_o(t) = 9.25\ \sin(100\pi t)\ (V)$

D) $V_o(t) = 10.075\ \sin(100\pi t)\ (V)$

240. En el amplificador diferencial de la cuestión anterior, ¿cuál sería la salida si las tensiones aplicadas a cada entrada se invirtieran, es decir si:

$V_1(t) = 0.5\ \sin(100\pi t)(V)$ y $V_2(t) = 2.5\ \sin(100\pi t)(V)$

A) $V_o(t) = -2.45\ \sin(100\pi t)\ (V)$

B) $V_o(t) = -7.125\ \sin(100\pi t)\ (V)$

C) $V_o(t) = -9.925\ \sin(100\pi t)\ (V)$

D) $V_o(t) = -10.075\ \sin(100\pi t)\ (V)$

241. Dado el siguiente amplificador de instrumentación, determine la expresión de la tensión de salida en función de las entradas:

A) $v_o = \dfrac{R_2}{R_1}(v_1 - v_2)$

B) $v_o = \dfrac{R_2}{R_1}(v_2 - v_1)$

C) $v_o = \dfrac{R_1}{R_2}(v_1 - v_2)$

D) $v_o = \dfrac{R_1}{R_2}(v_2 - v_1)$

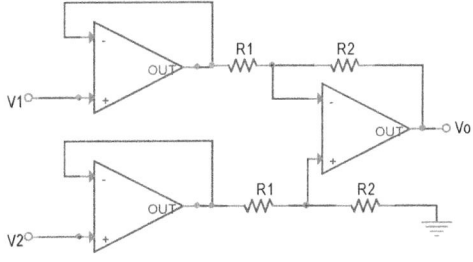

242. Dado el siguiente amplificador operacional (ideal) en lazo abierto y su respuesta en frecuencia. Si la señal de entrada (V_{in}) es una señal periódica de frecuencia 5 Hz, ¿cuál es la máxima amplitud que puede tener dicha señal V_{in} para que la salida del amplificador (V_{out}) siga manteniendo un funcionamiento lineal?

A) 12 V

B) 12 mV

C) 120 μV

D) Ninguna de las anteriores

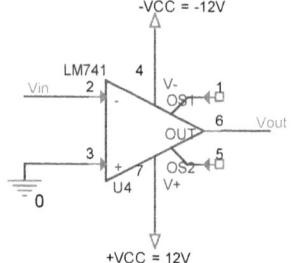

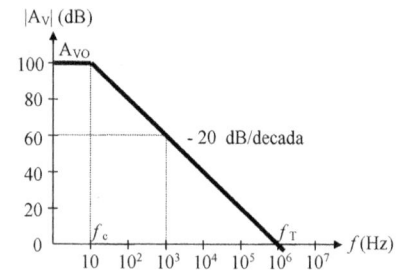

243. Determine la región de polarización del transistor en el circuito de la figura.

Datos: $V_{EB(ON)} = 0.7\ V$; $V_{EC(SAT)} = 0.2\ V$; $\beta = 100$.

A) Corte

B) Activa

C) Saturación

D) Activa inversa

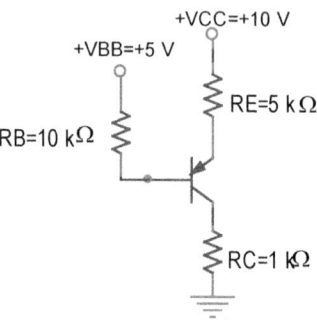

244. ¿En qué región trabaja el transistor bipolar en el circuito adjunto?

Datos: $V_{BE(ON)} = 0.7\ V$; $V_{CE(SAT)} = 0.2\ V$; $\beta = 100$.

A) Corte

B) Activa

C) Saturación

D) Activa inversa

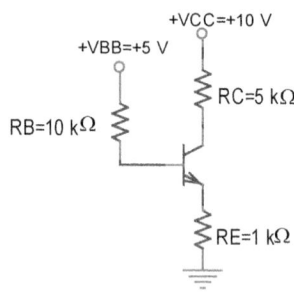

245. Determine el valor de la tensión de colector del transistor del circuito de la figura. Datos:

$V_{EB(ON)} = 0.7\ V; V_{EC(SAT)} = 0.2\ V; \beta = 100.$

A) **15 V**

B) **0 V**

C) **2.40 V**

D) **7.59 V**

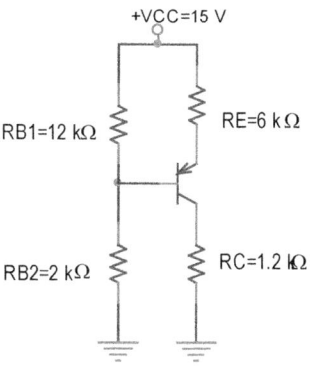

246. Calcule la tensión de colector del transistor en el circuito adjunto. Datos:

$V_{BE(ON)} = 0.7\ V; V_{CE(SAT)} = 0.2\ V; \beta = 100.$

A) **15 V**

B) **0 V**

C) **2.84 V**

D) **7.95 V**

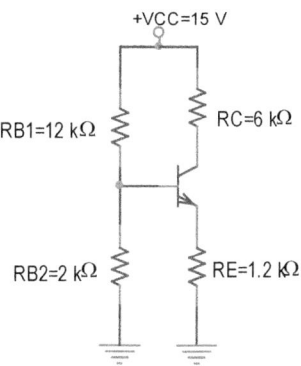

247. Sea el siguiente transistor JFET, ¿en qué región se encuentra trabajando?

Datos: $V_P = -1V$

A) **Corte**

B) **Región triodo o gradual**

C) **Saturación o *pinch-off***

D) **Activa inversa**

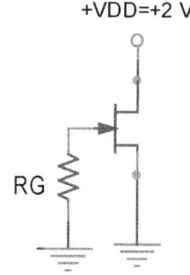

248. Determine la región de funcionamiento del siguiente transistor JFET.

Datos: $V_P = +1V$

A) Corte

B) Región triodo o gradual

C) Saturación o *pinch-off*

D) Activa inversa

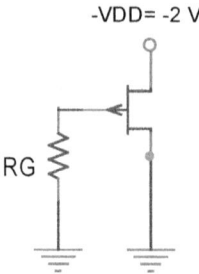

249. Calcule la tensión V_{DS} del transistor JFET en el circuito a la derecha.

Datos: $I_{DSS} = 0.8\ mA; V_P = -2\ V$

A) 15 V

B) 10.8 V

C) 14.2 V

D) 0 V

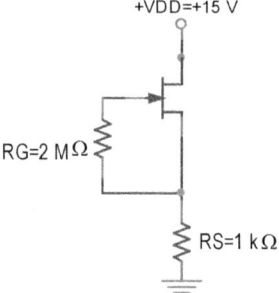

250. Calcule la tensión V_{SD} del transistor JFET en el circuito a la derecha.

Datos: $I_{DSS} = 0.8\ mA; V_P = +2\ V$

A) 15 V

B) 10.8 V

C) 14.2 V

D) 0 V

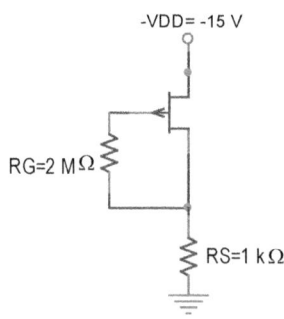

251. ¿En qué región se encuentra operando el transistor en el circuito de la figura?

Dato: $V_T = +1\,V$

A) Corte

B) Triodo, gradual o infralineal.

C) Saturación *o pinch-off*

D) Activa inversa

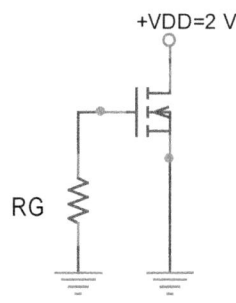

252. ¿En qué región trabaja el transistor de la figura?

Dato: $V_T = +1\,V$

A) Corte

B) Triodo, gradual o infralineal.

C) Saturación *o pinch-off*

D) Activa inversa

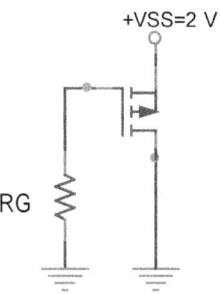

253. ¿Qué expresión de las siguientes describe mejor el factor de amplificación en tensión de la etapa adjunta $\left(\frac{V_o}{V_i}\right)$?

A) $\dfrac{V_o}{V_i} = \dfrac{-g_m \cdot R_C}{1 + g_m \cdot R_E}$

B) $\dfrac{V_o}{V_i} = \dfrac{-g_m \cdot R_C}{1 + \left(\frac{1}{R \| r_\pi} + g_m\right) \cdot R_E}$

C) $\dfrac{V_o}{V_i} = \dfrac{-\beta \cdot (R_C \| R_E)}{R}$

D) $\dfrac{V_o}{V_i} = \dfrac{-1}{g_m \cdot R} + \dfrac{R_C}{R_E}$

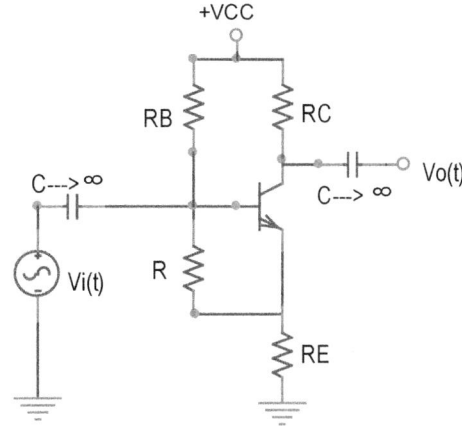

254. Suponiendo que el transistor es ideal, ¿cuál sería la expresión de la resistencia de entrada en el circuito de la pregunta anterior?

A) $R_{IN} = R||R_B$

B) $R_{IN} = R||R_B||((1 + (R||r_\pi) \cdot g_m)R_E)$

C) $R_{IN} = (R||r_\pi + (1 + (R||r_\pi) \cdot g_m)R_E)||R_B$

D) $R_{IN} = (R||r_\pi + g_m \cdot R_C)R_E$

255. Suponiendo un transistor ideal, ¿Qué expresión define el factor de amplificación en tensión $\frac{V_{out}}{V_{in}}$ de la etapa adjunta?

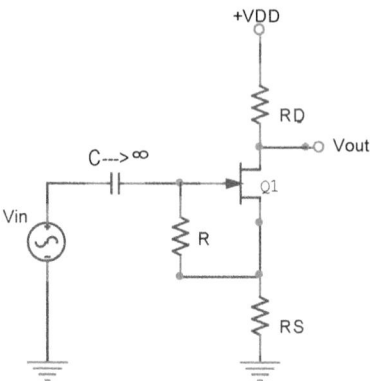

A) $\dfrac{V_{out}}{V_{in}} = \dfrac{-g_m \cdot R_S}{1 + g_m \cdot R_D}$

B) $\dfrac{V_{out}}{V_{in}} = \dfrac{-g_m \cdot R_D}{1 + \left(\frac{1}{R} + g_m\right) \cdot R_S}$

C) $\dfrac{V_{out}}{V_{in}} = \dfrac{-1}{g_m \cdot R_S}$

D) $\dfrac{V_{out}}{V_{in}} = \dfrac{-1}{g_m \cdot R} + \dfrac{R_D}{R_S}$

256. Determine la relación que caracteriza la resistencia de entrada en la etapa de la pregunta anterior.

A) $R_{IN} = R$

B) $R_{IN} = R||R_S$

C) $R_{IN} = R + (1 + g_m \cdot R) \cdot R_S$

D) $R_{IN} = (1 + g_m \cdot R_D) \cdot R_S$

257. Suponiendo un transistor ideal $(V_A = \infty)$ ¿cuál expresión describe la resistencia de salida del circuito adjunto?

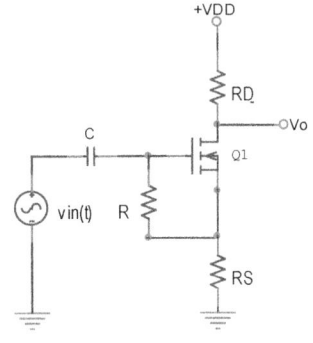

A) $R_{OUT} = R_S$

B) $R_{OUT} = R||R_S$

C) $R_{OUT} = (1 + g_m \cdot R_D) \cdot R_S$

D) $R_{OUT} = R_D$

258. ¿En qué región se encuentra operando el transistor en el circuito de la figura?

Dato: $V_T = -2\,V$

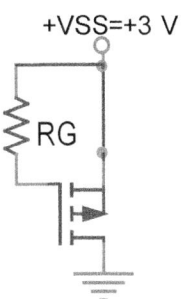

A) Corte

B) Triodo, gradual o infralineal.

C) Saturación *o pinch-off*

D) Activa inversa

259. Se dispone de varios amplificadores operacionales del mismo tipo que presentan en lazo abierto la respuesta en frecuencia que se muestra en la gráfica. ¿Cuál es el número mínimo de operacionales que habrá que conectar en cascada para obtener un amplificador global de ganancia 120 dB y ancho de banda 3 kHz?

A) 1 A.O.

B) 2 A.O.

C) 3 A.O.

D) No se puede realizar porque la ganancia máxima es de 100 dB

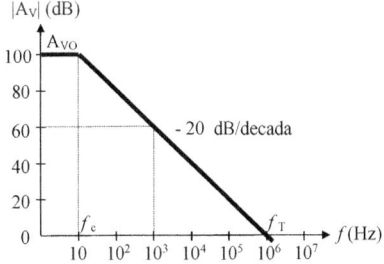

260. Calcule la expresión que determina la relación entre las tensiones de salida y entrada en el circuito aritmético que sigue:

A) $A_V = \dfrac{V_o}{V_{in}} = \left(\dfrac{R_B - R_A}{R}\right)$

B) $A_V = \dfrac{V_o}{V_{in}} = \left(1 + 2\dfrac{R_B}{R_A}\right)$

C) $A_V = \dfrac{V_o}{V_{in}} = \left(\dfrac{1}{2} - \dfrac{R_B}{R_A}\right)$

D) $A_V = \dfrac{V_o}{V_{in}} = \dfrac{1}{2} \cdot \left(1 - \dfrac{R_B}{R_A}\right)$

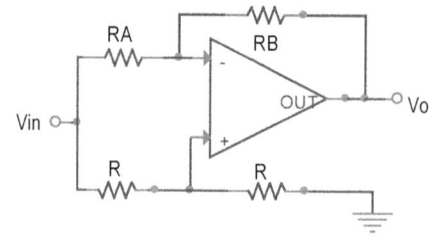

261. La eficiencia de un amplificador se define como:

A) La potencia disipada por el amplificador dividida entre la potencia suministrada al amplificador.

B) La potencia de la señal de salida dividida entre la potencia de la señal de entrada

C) La potencia de la señal de salida dividida entre la potencia suministrada al amplificador.

D) La suma de todas las disipadas en los distintos componentes del amplificador dividida por la potencia de la señal que se desea amplificar.

262. En la gráfica que sigue:

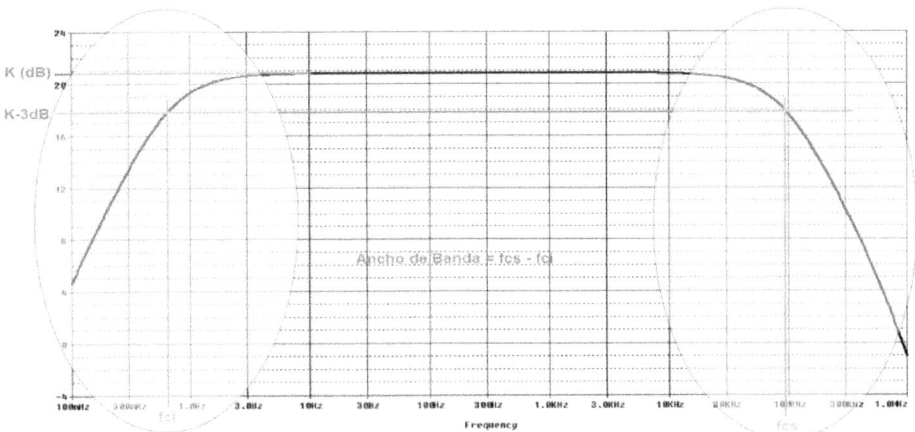

A) En la figura se muestra la respuesta en frecuencia típica de un amplificador. Su ancho de banda viene limitado por el filtrado introducido por los condensadores de desacoplo para bajas frecuencias, y por las capacidades parásitas de los componentes para altas frecuencias.

B) En la figura se muestra la limitación del margen dinámico en frecuencias. Típicamente, para la banda de frecuencias de trabajo hay una limitación en la tensión máxima de salida, a partir de la cual la señal de salida queda limitada en potencia

C) Ambas afirmaciones, A y B, son correctas

D) Ninguna de las dos afirmaciones, ni A ni B, son ciertas

263. Determine cuál de las siguientes afirmaciones es verdadera:

A) El ruido térmico, asociado a elementos pasivos, presenta una energía que depende de la frecuencia de trabajo, en concreto, del armónico fundamental de la señal de entrada.

B) El ruido de disparo se corresponde con el generado por las impurezas donadoras o aceptoras introducidas en el semiconductor por un proceso de choque con el mismo, que altera la estructura cristalina, provocando irregularidades en la misma.

C) El ruido de avalancha aparece en procesos de conmutación, especialmente en las uniones metal-semiconductor, y resulta dominante a frecuencias bajas.

D) La potencia del ruido *flicker* o de parpadeo tiene una relación inversa con la frecuencia, afectando principalmente a las frecuencias bajas.

264. La relación señal-ruido (SNR):

A) Es la relación entre la potencia de la señal, proporcional al cuadrado de la tensión, y la potencia agregada del ruido.

B) Si toma un valor muy bajo, hace muy difícil separar en el receptor la señal del ruido.

C) Sirve para medir la calidad de un canal de comunicación.

D) Todas las afirmaciones anteriores son ciertas

265. El circuito de la figura adjunta:

A) Funciona como un derivador, siempre que se cumpla que $\omega R_F C \ll 1$.

B) Funciona como un derivador, siempre que se cumpla que $\omega R_F C \gg 1$.

C) Funciona como un integrador, siempre que se cumpla que $\omega R_F C \ll 1$.

D) Funciona como un integrador, siempre que se cumpla que $\omega R_F C \gg 1$.

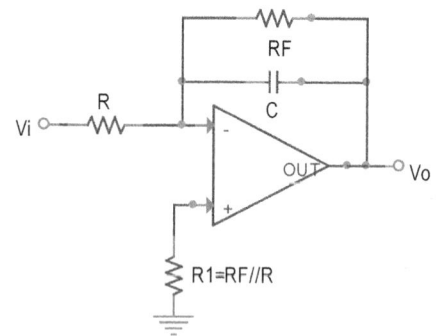

266. El circuito de la figura adjunta:

A) Funciona como un derivador a frecuencias bajas, pero como un inversor para frecuencias altas.

B) Funciona como un integrador a frecuencias bajas, pero como un inversor a frecuencias altas.

C) Funciona como un integrador a frecuencias altas, pero como un inversor a frecuencias bajas.

D) Funciona como un derivador a frecuencias altas, pero como un inversor a frecuencias bajas.

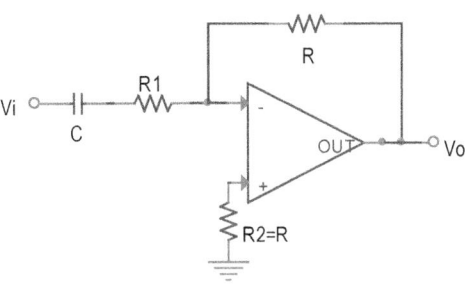

267. ¿Qué circuito de los siguientes elegiría si se desea construir un circuito aritmético que implemente la siguiente función?

$$v_{sal} = 5v_1 + 3v_2 - 2v_3$$

A)

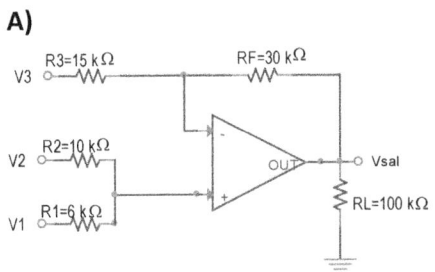

B)

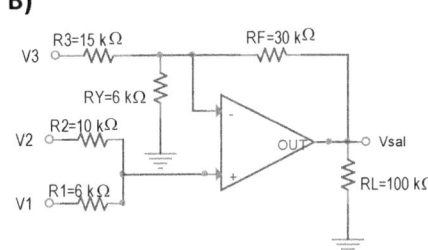

C)

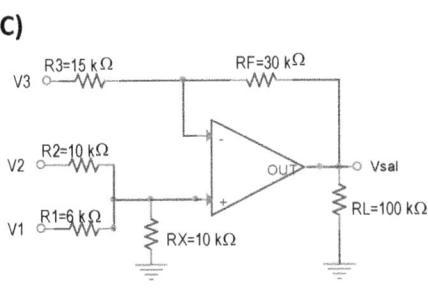

D)

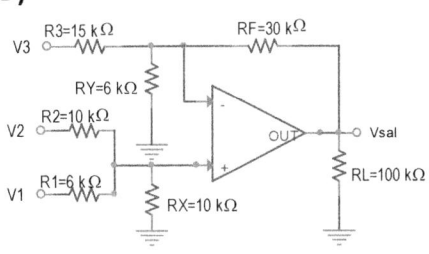

268. Se ha simulado el comportamiento de un amplificador de ganancia unidad, construido con un operacional que presenta un margen dinámico de ±14 V. Para medir cierta no idealidad, se aplica a la entrada una tensión sinusoidal, observándose la siguiente imagen de las señales de tensión de entrada y salida. ¿Qué no idealidad se está tratando de medir y cuál es su valor?

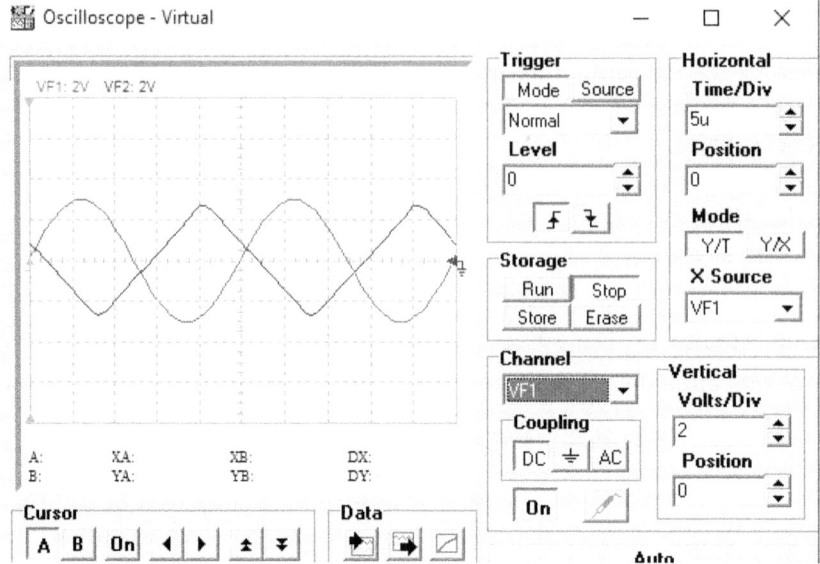

A) En la figura se muestra el experimento necesario para la medición del *slew rate* (SR) del amplificador, que, a partir de los valores que se observan, toma un valor de aproximadamente 5 V/µs

B) En la figura se muestra una imagen de la entrada y la salida para una frecuencia mayor que la de corte. Teniendo en cuenta que el periodo de la señal de entrada es de 25 µs, la frecuencia de corte sería de unos 40 kHz.

C) En la figura se muestra la medición de la corriente máxima a la salida. La limitación en corriente hace que la señal de salida adopte una forma lineal en diente de sierra. Se puede calcular dividiendo la amplitud de la señal de salida por la resistencia de carga, cuyo valor es necesario conocer.

D) A partir de los datos de la simulación, se puede estimar que el ancho de banda a plena potencia valdría alrededor de unos 5.7 kHz.

269. En los transistores, el efecto Early es una no idealidad que:

A) Es específica de los transistores efecto campo y no se incluye en el modelo de los transistores bipolares (o BJT).

B) Se suele despreciar para efectuar el cálculo "manual" o aproximativo del punto de polarización, aunque se introduce como un término de corrección sobre el modelo en pequeña señal.

C) Se introduce como una resistencia en el modelo en pequeña señal entre el terminal de drenador y tierra.

D) Todas las respuestas anteriores son correctas.

270. En el circuito de polarización de la figura, la condición de estabilidad se cumple si:

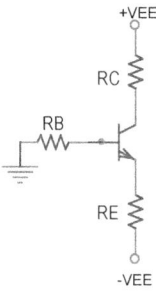

A) $V_{EE} \gg V_{BE(ON)}$ y $R_E \gg R_B/(\beta + 1)$

B) $V_{EE} \gg V_{BE(ON)}$ y $R_C \gg R_B/(\beta + 1)$

C) $V_{EE} \gg V_{BE(ON)}$ y $R_B \gg R_E \cdot (\beta + 1)$

D) $V_{EE} \gg V_{BE(ON)}$; $R_C \gg R_B/(\beta + 1)$ y $R_B \gg R_E \cdot (\beta + 1)$

271. Las etapas de amplificación a emisor común (sin resistencia de emisor):

A) Poseen una alta estabilidad del punto de polarización frente a cambios de parámetro como la beta del transistor.

B) Se utilizan normalmente como etapas de salida porque, aunque su ganancia en tensión es moderada, presentan una impedancia de salida bastante baja.

C) Se utilizan normalmente como etapas de potencia, gracias a su elevada ganancia en tensión.

D) Se utilizan como etapas *buffer*, ya que, aunque su ganancia en tensión es cercana a la unidad, proporcionan una muy alta ganancia en corriente.

272. Las etapas de amplificación en colector común:

A) Se pueden utilizar como etapas de entrada porque presentan una impedancia de entrada bastante alta.

B) Se pueden utilizar como etapas de salida porque presentan una impedancia de salida bastante baja

C) Se pueden utilizan como etapas *buffer*, ya que, aunque su ganancia en tensión es cercana a 1 V/V, proporcionan una muy alta ganancia en corriente

D) Todas las respuestas anteriores son correctas.

273. Suponiendo que los diodos son ideales, ¿qué circuitos de entre los siguientes emplearía para garantizar, con independencia de la tensión de entrada de $V_i(t)$, que la mínima tensión que puede tomar la señal de salida es de +5 V?

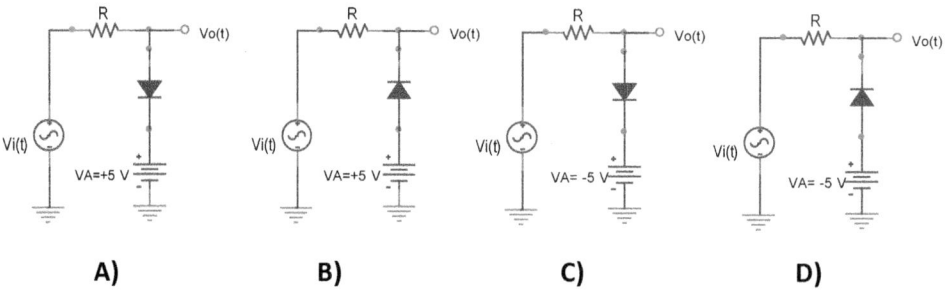

| A) | B) | C) | D) |

274. ¿Qué tensión V_o habría a la salida del circuito adjunto? Datos de los diodos:

D1: $|V_Z| = 8\ V; V_{D(ON)} = 0.7\ V; I_{ZK} = 1\ mA$

D2: $V_{D(ON)} = 0.7\ V$

A) $V_o = +20\ V$

B) $V_o = +7.3\ V$

C) $V_o = +8.7\ V$

D) $V_o = +8\ V$

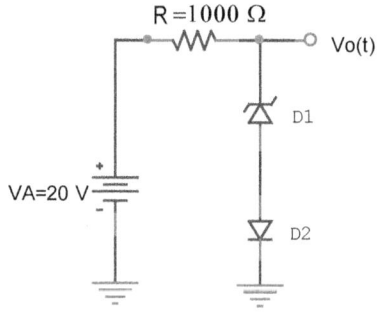

---

275. ¿Qué tensión V_o habría a la salida del circuito de la pregunta anterior si la fuente V_A tuviese un valor de 5 V (en lugar de 20 V)?

A) $V_o = 5\ V$ **B)** $V_o = 4.3\ V$ **C)** $V_o = 5.7\ V$ **D)** $V_o = 5\ V$

276. ¿Qué tensión V_o habría a la salida del circuito de las dos preguntas anteriores si la fuente V_A tuviese un valor de -5 V (en lugar de 20 V)?

A) $V_o = -5\ V$ **B)** $V_o = -4.3\ V$ **C)** $V_o = -5.7\ V$ **D)** $V_o = +5\ V$

277. ¿Qué tensión V_o existe a la salida del circuito adjunto?

Datos de los diodos:

$V_{D(ON)} = 0.7\ V;\ I_{ZK} = 1\ mA$

D₁: $|V_Z| = 13\ V$; D₂: $|V_Z| = 6\ V$;

A) $V_o = +6.66$ V
B) $V_o = +10$ V
C) $V_o = +6$ V
D) $V_o = +2.66$ V

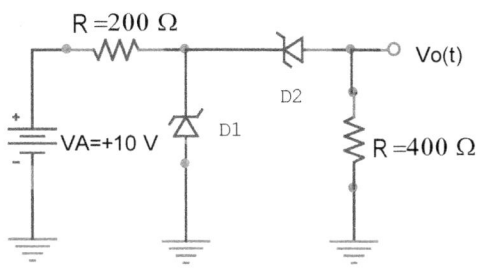

278. En el circuito de la pregunta anterior ¿qué tensión V_o habría a la salida si se aplicasen +20 V en V_A (en lugar de 10 V)?

A) $V_o = 13\ V$ **B)** $V_o = 7.7\ V$ **C)** $V_o = 12.7\ V$ **D)** $V_o = 7\ V$

279. Un amplificador operacional (AO), alimentado con $\pm V_{CC} = \pm 14V$ y con un *slew rate* (SR) de 2 V/μs se emplea en una configuración no inversora con factor de amplificación de 4 V/V. Si a la entrada se aplica una señal sinusoidal de 2.5 V de amplitud y una frecuencia de 10 KHz, la señal de salida:

A) se verá distorsionada por el fenómeno del *slew rate*, pero no por el margen dinámico en tensión del AO.

B) se verá recortada por el fenómeno del margen dinámico en tensión del AO, pero no presentará distorsiones a causa del *slew rate*.

C) se verá afectada tanto por el margen dinámico en tensión como por el *slew rate*

D) no sufrirá ninguna distorsión ni por el margen dinámico en tensión ni a causa del *slew rate*.

280. Al medir la salida de cierto circuito rectificador, para una entrada sinusoidal $(V_i(t))$ de 10 V de amplitud, se obtiene la salida reflejada en la imagen adjunta. ¿Cuál de los siguientes circuitos se puede corresponder con ella?

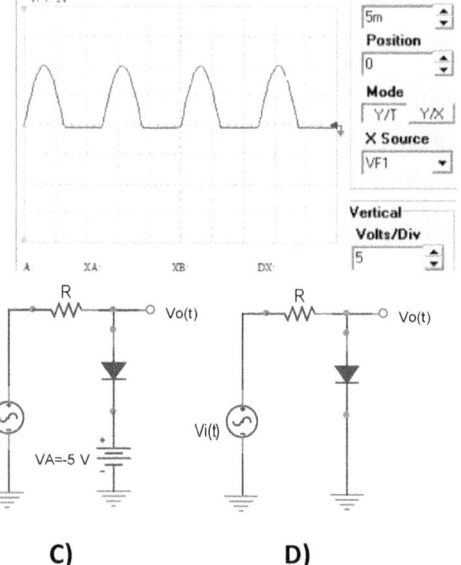

A)   B)   C)   D)

281. Para el circuito de la figura, indique cuál de los siguientes conjuntos de valores se corresponden con los que se encontrarían en su punto de operación. Datos:

$\beta = 100, V_{BE(ON)} = 0.6\ V, V_{CE(SAT)} = 0.2\ V$

A) $V_{CE} = 0.2\ V;\ I_B = 1.2\ \mu A;\ I_C = 1.2\ mA$

B) $V_{CE} = 9.77\ V;\ I_B = 7\ \mu A;\ I_C = 0.705\ mA$

C) $V_{CE} = 12.6\ V;\ I_B = 2.4\ \mu A;\ I_C = 2.4\ mA$

D) $V_{CE} = 8.52\ V;\ I_B = 8\ \mu A;\ I_C = 0.800\ mA$

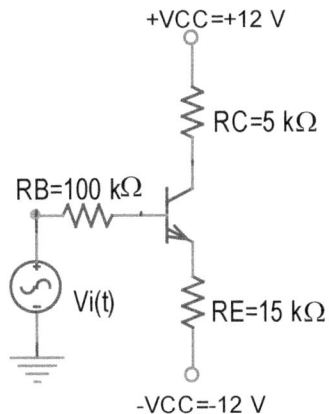

282. Indique qué conjunto de valores de parámetros eléctricos es compatible con la polarización del circuito de la figura.

Datos: $V_T = -1\ V;\ K = 0.5\ \frac{mA}{V^2}$

A) $V_D = 7.87\ V;\ V_S = 4.13\ V;\ I_D = 4.13\ mA$

B) $V_D = 3.74\ V;\ V_S = 5.87V;\ I_D = 5.87\ mA$

C) $V_D = 4\ V;\ V_S = 2\ V;\ I_D = 4\ mA$

D) $V_D = 7.87\ V;\ V_S = 4.13\ V;\ I_D = 3.74\ mA$

283. Calcule el valor mínimo de tensión de la fuente V_{DD} que garantiza la conducción del diodo. Dato: $V_{D(ON)} = 0.6\ V$

A) $V_{DD(min)} = 0.6\ V$

B) $V_{DD(min)} = 1.2\ V$

C) $V_{DD(min)} = 1.8\ V$

D) $V_{DD(min)} = 2.4\ V$

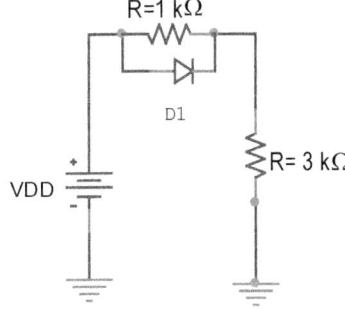

284. En la etapa inversora de la figura, el amplificador operacional tiene una ganancia en lazo abierto (A_{vo}) de $100\,\dfrac{V}{mV}$ Si se sustituye el operacional por otro cuya ganancia en lazo abierto sea $500\,\dfrac{V}{mV}$:

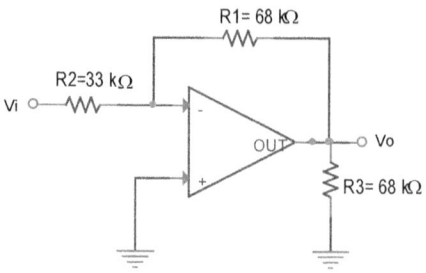

A) La ganancia total de la etapa $\left(\dfrac{V_o}{V_i}\right)$ se multiplica también por 5.

B) El circuito deja de funcionar correctamente pues no es posible intercambiar operacionales con distintas ganancias en lazo abierto.

C) La ganancia real de la etapa apenas se ve modificada, pues la aproximación de cortocircuito virtual es si cabe más válida en el segundo caso.

D) Muy probablemente, la salida del operacional se verá saturada a $+V_{CC}$ o $-V_{CC}$ debido a que la ganancia en lazo abierto es muy superior a la que existía antes.

285. El circuito de la figura:

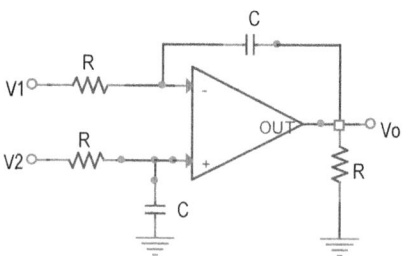

A) funciona como un integrador a frecuencias medias, a frecuencias altas su función se simplifica y es sólo un amplificador seguidor, y para bajas frecuencias la salida es prácticamente nula.

B) es un integrador diferencial, pero presenta un problema porque, si hubiera un pequeño *offset* a la entrada, dependiendo del tiempo de integración podría llegar a saturar el amplificador a la salida.

C) proporciona una salida compuesta por la suma de la derivada de V_2 y la integral de V_1.

D) es un integrador mejorado, el término en V_2 compensa la deriva de la salida para bajas frecuencias.

286. El circuito de la figura:

A) funciona como un derivador a frecuencias bajas, pero se convierte en un amplificador de ganancia *(1+R$_F$/R)* para frecuencias altas.

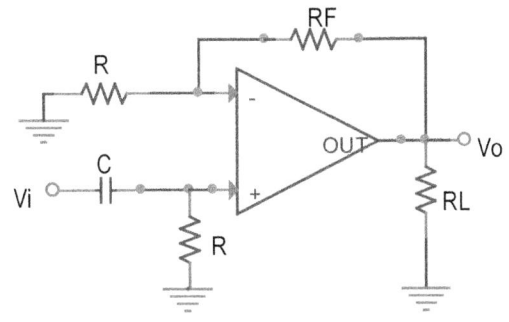

B) funciona como un integrador a frecuencias altas, pero a frecuencias bajas se convierte en un amplificador de ganancia *(1+R$_F$/R)*.

C) es un integrador mejorado, que evita los problemas de las señales de continua.

D) presenta un filtrado paso alto que elimina el *offset* a la entrada, de modo que se puede usar como un amplificador de ganancia *(1+R$_F$/R)*.

287. ¿Qué no idealidad está directamente vinculada con la capacitancia que específicamente se integra en un amplificador operacional compensado?

A) La tensión de *offset* de salida.

B) Las corrientes de polarización por las entradas inversora y no inversora.

C) El *slew rate* o tasa de subida máxima.

D) El margen dinámico en tensión.

288. Se desea implementar la siguiente función:

$$V_o(t) = 2 \cdot V_i(t) + 15\ V$$

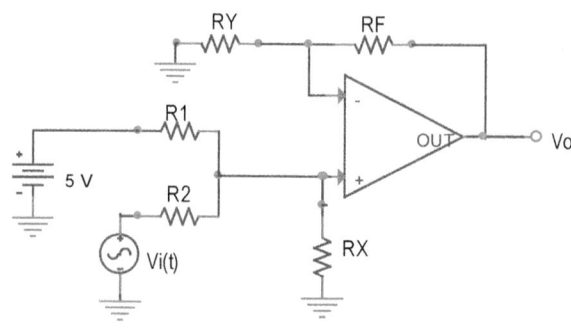

Para ello se decide utilizar un circuito aritmético compensado como el que se muestra en la figura. Elija los valores de las resistencias más correctos para conseguir la función buscada.

A) $R_F = 22\ k\Omega; R_1 = 7.33\ k\Omega; R_2 = 11\ k\Omega; R_Y = 5.5\ k\Omega; R_X \rightarrow \infty;$

B) $R_F = 47\ k\Omega; R_1 = 16\ k\Omega; R_2 = 22\ k\Omega; R_Y \rightarrow \infty; R_X = 12\ k\Omega;$

C) $R_F = 47\ k\Omega; R_1 = 16\ k\Omega; R_2 = 22\ k\Omega; R_Y = 0; R_X = 12\ k\Omega;$

B) $R_F = 22\ k\Omega; R_1 = 7.33\ k\Omega; R_2 = 11\ k\Omega; R_Y = 5.5\ k\Omega; R_X = 0;$

289. En relación con un circuito aritmético (sumador/restador de varias entradas), como el de la pregunta anterior, construido a partir de un amplificador operacional, ¿cuál de las siguientes afirmaciones es falsa?

A) Es capaz de implementar cualquier función lineal que sume y/o reste las tensiones de entrada.

B) Para minimizar la no idealidad de las corrientes por los terminales de entrada del AO, se deben equilibrar las resistencias equivalentes vistas desde cada entrada.

C) Al resolver la ecuación de diseño, se pueden dar tres casos: 1) que haya que insertar una resistencia de compensación entre la entrada inversora del AO y tierra, 2) que haya que añadir dicho resistor entre la entrada no inversora y tierra o bien 3) que haya que añadir dos resistencias en ambos puntos.

D) La ecuación de diseño permite definir todas las resistencias en función de una de ellas.

290. En el circuito adjunto indique los valores más adecuados para Z_{ent} y Z_{sal} que se deberían tener en cuenta al diseñar el amplificador de tensión siguiente:

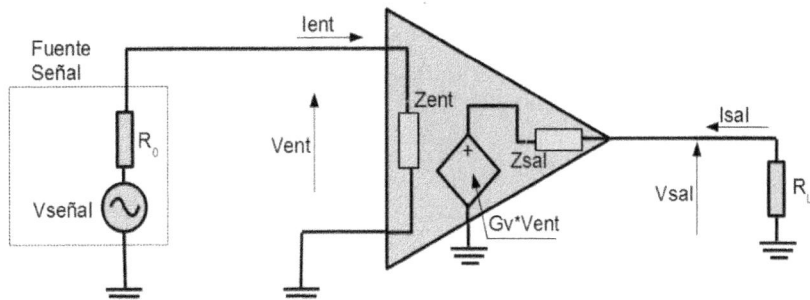

A) $Z_{ent} \gg R_o, Z_{sal} \ll R_L$

C) $Z_{ent} = R_o, Z_{sal} = R_L$

B) $Z_{ent} \ll R_o, Z_{sal} \gg R_L$

D) $Z_{ent} \gg R_o, Z_{sal} \gg R_L$

291. Indique la función de este circuito y el valor de la corriente en R_L:

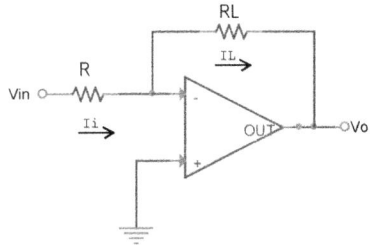

A) Es un convertidor corriente-tensión y el valor de la corriente es $\dfrac{V_{in}}{R+R_L}$

B) Es un convertidor tensión-corriente y el valor de la corriente es $\dfrac{V_{in}}{R+R_L}$

C) Es un convertidor tensión-corriente y el valor de la corriente es $\dfrac{V_{in}}{R}$

D) Es un convertidor corriente-tensión y el valor de la corriente es $\dfrac{V_{in}}{R}$

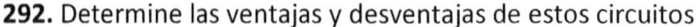

292. Determine las ventajas y desventajas de estos circuitos:

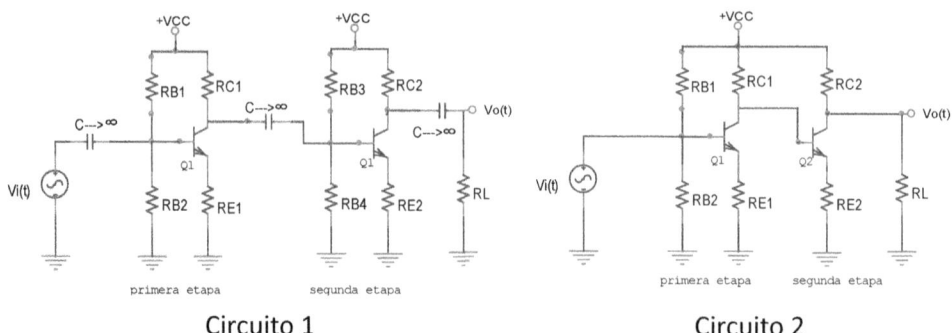

Circuito 1   Circuito 2

A) En el circuito 2, la ventaja es que la polarización de una etapa no afecta a la de la siguiente. La desventaja del circuito 1 es que los condensadores de alto valor introducen una frecuencia de corte superior.

B) En el circuito 2, la ventaja es que la polarización de una etapa no afecta a la de la siguiente. Las desventajas del circuito 1 son que los condensadores de alto valor alto son voluminosos, costosos y difíciles de integrar en un circuito integrado.

C) En el circuito 1, la ventaja es que la polarización de una etapa no afecta a la polarización de la siguiente. Las desventajas del circuito 2 es que la ausencia de condensadores de alto valor introduce una frecuencia de corte inferior.

D) En el circuito 1, la ventaja es que la polarización de una etapa no afecta a la polarización de la siguiente. Las desventajas del circuito 1 son que los condensadores de alto valor alto son voluminosos y costosos y además introducen una frecuencia de corte inferior.

293. En el circuito adjunto indique qué debe cumplir el valor de R_L para evitar alcanzar el límite de la corriente máxima de salida del operacional $I_{o(max)}$:

A) $I_{o(max)} > \dfrac{V_O}{R_2} + \dfrac{V_i}{R_1}$

B) $I_{o(max)} > \dfrac{V_O}{R_L} + \dfrac{Vo}{R_2}$

C) $I_{o(max)} > \dfrac{V_O}{R_L} + \dfrac{V_O}{R_1+R_2}$

D) $R_L < \dfrac{Vo}{I_{o(max)}} + \dfrac{Vo}{R_1+R_2}$

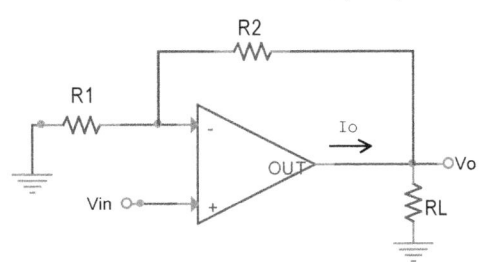

294. En la gráfica adjunta, correspondiente a la evolución de la ganancia en lazo abierto (en dB) de un amplificador operacional, indique el valor del ancho de banda de ganancia unidad y su expresión:

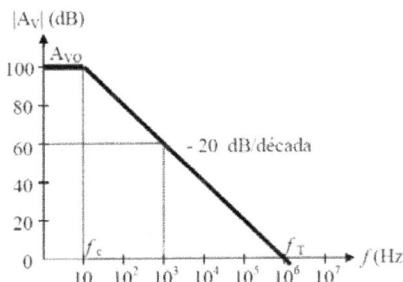

A) El ancho de banda de ganancia unidad es 10 Hz y se puede expresar como el producto de A_{vo} (en V/V) por la frecuencia f_T.

B) El ancho de banda de ganancia unidad es 10^6 Hz y se puede aproximar como el producto de A_{vo} (en V/V) por la frecuencia de corte f_c.

C) El ancho de banda de ganancia unidad es A_{vo} y se puede expresar como el producto de la frecuencia de corte f_c por la frecuencia f_T.

D) El ancho de banda de ganancia unidad es 10^6 Hz y se puede expresar como el producto de la frecuencia de corte f_c por la frecuencia f_T.

295. Indique las diferencias entre la zona de activa y saturación en un transistor bipolar NPN de silicio sabiendo que $|V_{BE(ON)}| = 0,6\ V$:

A) En la zona de activa la tensión V_{BE}es de 0.6 V y la tensión $V_{CB} < 0$ y en la zona de saturación la tensión V_{BE} es la misma, pero la tensión V_{CB} cambia de signo.

B) En la zona de activa la tensión V_{BE}es de 0.6 V y la tensión $V_{CB} > 0$ y en la zona de saturación la tensión V_{BE} es la misma, pero la tensión V_{CB} cambia de signo.

C) En la zona de activa la tensión V_{BE}es de -0.6 V y la tensión $V_{CB} > 0$ y en la zona de saturación la tensión V_{BE} cambia de signo y la tensión V_{CB} es la misma.

D) En la zona de activa la tensión V_{BE}es de -0.6 V y la tensión $V_{CB} < 0$ y en la zona de saturación la tensión V_{BE} es la misma, pero la tensión V_{CB} cambia de signo.

296. Indique las diferencias entre un transistor bipolar NPN y un PNP si ambos están polarizados en la zona activa y $|V_{BE(ON)}| = 0.6\ V$:

A) En el transistor NPN $V_{BE} = 0.6\ V$ y en el PNP $V_{EB} = 0.6\ V$. En el transistor NPN $V_{CB} > 0$ y en el PNP $V_{BC} > 0$.

B) En el transistor NPN $V_{EB} = 0.6\ V$ y en el PNP $V_{BE} = 0.6\ V$. En el transistor NPN $V_{CB} > 0$ y en el PNP $V_{BC} > 0$.

C) En el transistor NPN $V_{BE} = 0.6\ V$ y en el PNP $V_{EB} = 0.6\ V$. En el transistor NPN $V_{BC} > 0$ y en el PNP $V_{CB} > 0$.

D) En el transistor NPN $V_{BE} = 0.6\ V$ y en el PNP $V_{EB} = -0.6\ V$. En el transistor NPN $V_{CB} > 0$ y en el PNP $V_{CB} < 0$.

297. En esta gráfica correspondiente a un diodo zéner indique con qué se corresponden las tres zonas marcadas en la gráfica y cómo modelaría el dispositivo en las distintas zonas:

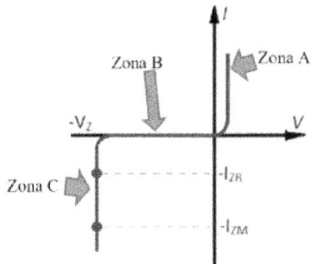

A) En la zona A que se denomina directa, el diodo se comporta como una batería de pocos voltios (o décimas de voltios) y valor positivo. En la zona B llamada inversa se modela como un circuito abierto. En la zona C llamada zona zéner se modela como una batería de valor negativo.

B) En la zona A que se denomina directa, el diodo se comporta como una batería de pocos voltios (o décimas de voltios) y valor positivo. En la zona B llamada inversa se modela como un cortocircuito. En la zona C llamada zona zéner se modela como una batería de valor negativo.

C) En la zona C que se denomina directa, el diodo se comporta como una batería de pocos voltios (o décimas de voltios) y valor negativo. En la zona B llamada inversa se modela como un circuito abierto. En la zona A, llamada zona zéner, se modela como una batería de valor positivo.

D) En la zona A que se denomina directa, el diodo se comporta como una batería de pocos voltios (o décimas de voltios) y valor negativo. En la zona B llamada inversa se modela como un circuito abierto. En la zona C llamada zona zéner se modela como una batería de valor positivo.

298. En el circuito de la figura, determine el máximo valor que puede tomar el resistor R_C sin que el transistor salga de activa:

Datos: $\beta = 100$, $V_{BE(ON)} = 0.7\ V$,

$\qquad V_{CE(SAT)} = 0.7\ V$

A) $R_{C(max)} = 4\ k\Omega$

B) $R_{C(max)} = 7.2\ k\Omega$

C) $R_{C(max)} = 14.1\ k\Omega$

D) $R_{C(max)} = 8\ k\Omega$

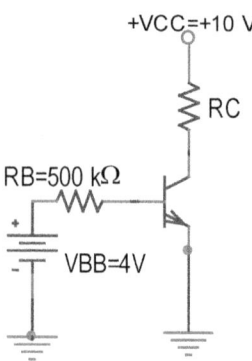

299. Indique a qué tipo de transistor FET corresponde cada una de las gráficas que siguen y que relacionan la tensión de polarización $|V_{GS}|$ con la corriente I_D:

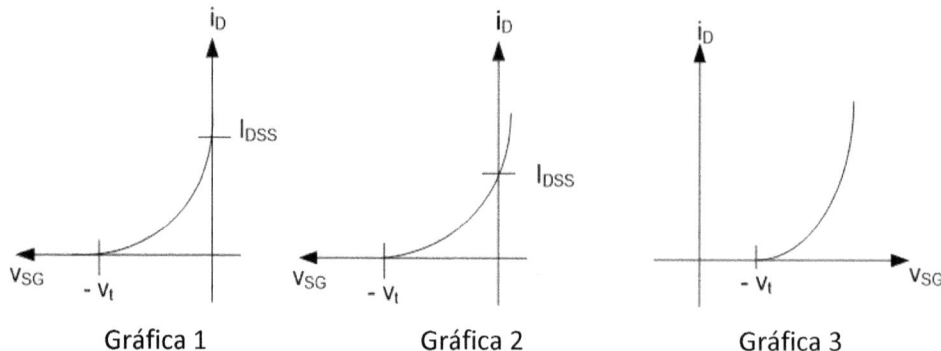

Gráfica 1   Gráfica 2   Gráfica 3

A) La gráfica 1 es la de un MOSFET de deplexión de canal N, la gráfica 2 es un JFET de canal N y la gráfica 3 es un MOSFET de acumulación de canal N.

B) La gráfica 1 es la de un MOSFET de deplexión de canal P, la gráfica 2 es un JFET de canal P y la gráfica 3 es un MOSFET de acumulación de canal P.

C) La gráfica 1 es la de un JFET de canal P, la gráfica 2 es un MOSFET de deplexión de canal P y la gráfica 3 es un MOSFET de acumulación de canal P.

D) La gráfica 1 es la de un JFET de canal N, la gráfica 2 es un MOSFET de deplexión de canal N y la gráfica 3 es un MOSFET de acumulación de canal N.

300. Calcule cuánto vale el parámetro I_{DSS} del JFET si por el circuito la corriente de drenador es de 1 mA.

Datos: $V_P = -2\,V$

A) $I_{DSS} = 4\,mA$
B) $I_{DSS} = 2\,mA$
C) $I_{DSS} = 0.5\,mA$
D) $I_{DSS} = 8\,mA$

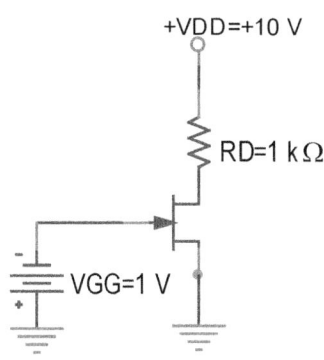

301. En el circuito de la figura (que emplea un transistor de acumulación) circula una corriente de drenador de 1 mA. Indique si se puede cambiar la resistencia de drenador (R_D) por otra de 10 kΩ sin que el transistor salga de la región de saturación o *pinch-off*.

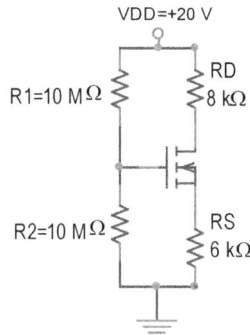

A) La condición de saturación es $V_D \leq V_G - V_T$ y con el valor de 10 kΩ se obtendría: $10 \leq 10 - V_T$, que no se cumple en un MOSFET de acumulación de canal N dado que V_T es positiva; por tanto, no se puede cambiar

B) La condición de saturación es $V_D \leq V_G - V_T$ y con el valor de 10 kΩ se obtendría: $10 \leq 10 - V_T$, que se cumple en un MOSFET de acumulación de canal N dado que V_T es negativa; por tanto, se puede cambiar

C) La condición de saturación es $V_D \geq V_G - V_T$ y con el valor de 10 kΩ se obtendría: $10 \geq 10 - V_T$, que no se cumple en un MOSFET de acumulación de canal N dado que V_T es negativa; por tanto, no se puede cambiar.

D) La condición de saturación es $V_D \geq V_G - V_T$ y con el valor de 10 kΩ se obtendría: $10 \geq 10 - V_T$, que se cumple en un MOSFET de canal N dado que V_T es positiva, por tanto; se puede cambiar.

302. Para la configuración cascodo de la figura determine la expresión de la impedancia de entrada en pequeña señal a frecuencias medias.

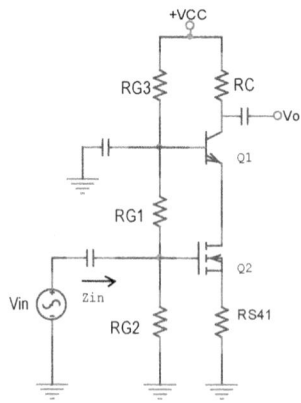

A) $Z_{IN} = R_{G1} + R_{G2} + R_{G3}$

B) $Z_{IN} = R_{G1}\|R_{G2} + R_{G3}$

C) $Z_{IN} = R_{G1}\|R_{G2}$

D) $Z_{IN} = R_{G1}\|R_{G1}\|R_{G3}$

303. Según el teorema de Barttlet, y suponiendo que hay perfecta simetría entre los circuitos:

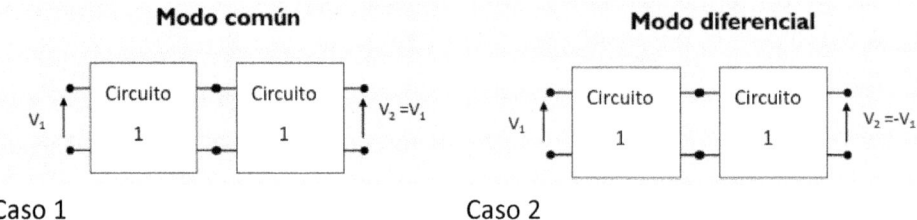

Caso 1   Caso 2

A) En ambos casos la corriente por las ramas intermedias es cero.

B) En ambos casos la tensión en los nodos intermedios es cero.

C) En el caso 1, la tensión en los nodos intermedios es cero y en el caso 2 la corriente por las ramas intermedias es cero.

D) En el caso 1, la corriente por las ramas intermedias es cero y en el caso 2 la tensión en los nodos intermedios es cero.

304. Determine la expresión de la resistencia de entrada del circuito derivador mejorado adjunto.

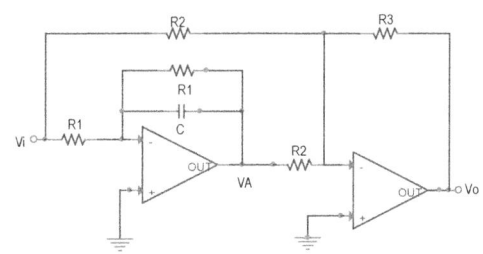

A) $R_{IN} = R_1 \| R_2$

B) $R_{IN} = R_1 \| R_1 = \dfrac{R_1}{2}$

C) $R_{IN} = R_1 + R_2$

D) $R_{IN} = R_1 + R_1 = 2R_1$

305. Indique cuál es la función de este circuito y cómo se podrían calcular las corrientes I_o e I_{ref} (si se desprecian las corrientes por base y suponiendo que ambos transistores son iguales):

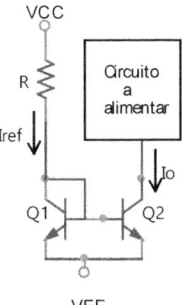

A) Es un espejo de corriente con $I_{ref} = \dfrac{V_{CC} - V_{BE1} + V_{EE}}{R}$ y con I_o igual a I_{ref}

B) Es un espejo de corriente con $I_{ref} = \dfrac{V_{CC} - V_{BE1} - V_{EE}}{R}$ y con I_o igual a I_{ref}

C) Es un espejo de corriente con $I_{ref} = \dfrac{V_{CC} + V_{BE1} + V_{EE}}{R}$ y con I_o igual a $2 \cdot I_{ref}$

D) Es un espejo de corriente con $I_{ref} = \dfrac{V_{CC} + V_{BE1} - V_{EE}}{R}$ y con I_o igual a $2 \cdot I_{ref}$

306. El circuito representa el equivalente en pequeña señal en modo diferencial de un amplificador de dos etapas. Determine la expresión de la corriente i_{b2} respecto a la tensión diferencial v_d:

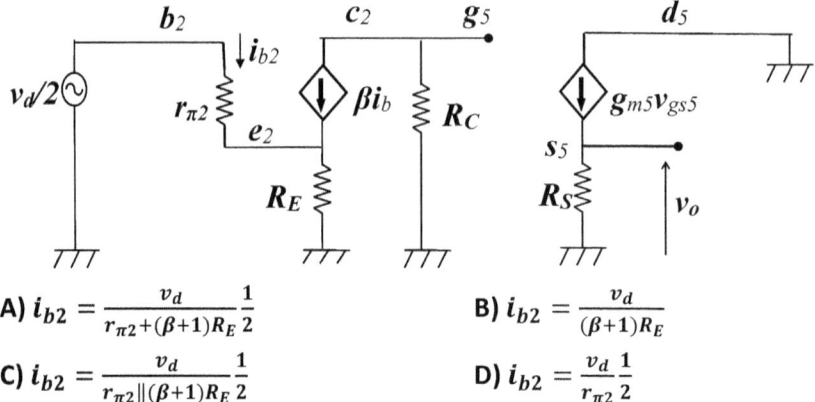

A) $i_{b2} = \dfrac{v_d}{r_{\pi2}+(\beta+1)R_E}\dfrac{1}{2}$ $\qquad$ **B)** $i_{b2} = \dfrac{v_d}{(\beta+1)R_E}$

C) $i_{b2} = \dfrac{v_d}{r_{\pi2}\|(\beta+1)R_E}\dfrac{1}{2}$ $\qquad$ **D)** $i_{b2} = \dfrac{v_d}{r_{\pi2}}\dfrac{1}{2}$

307. En relación con ciertas no idealidades de un operacional ¿cuál de estas afirmaciones es correcta?

A) La tensión de entrada de *offset* está directamente limitada por la tensión de alimentación$\pm V_{CC}$ y suele ser en torno a 1 V inferior a esta.

B) La tensión de entrada de *offset* está directamente limitada por la tensión de alimentación $\pm V_{CC}$ y suele ser en torno a 1 V superior a esta.

C) El margen dinámico en tensión está directamente limitado por la tensión de alimentación $\pm V_{CC}$ y suele ser en torno a 1 V inferior a esta.

D) El margen dinámico en tensión está directamente limitado por la tensión de alimentación $\pm V_{CC}$ y suele ser en torno a 1 V superior a esta.

308. En el amplificador diferencial de la figura, con las entradas en modo diferencial, indique cuál es la impedancia de entrada diferencial.

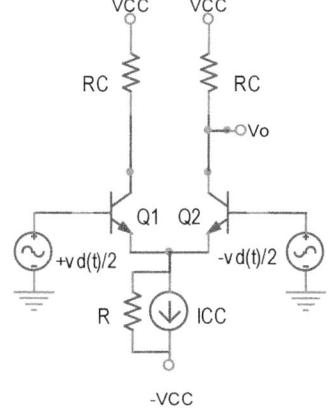

A) $r_{\pi 1} + r_{\pi 2} + R$

B) $r_{\pi 1} + r_{\pi 2}$

C) $r_{\pi 1} \| r_{\pi 2}$

D) $r_{\pi 1} \| r_{\pi 2} \| R$

309. Calcule la impedancia de entrada diferencial de este circuito $R_{in} = \frac{V_2 - V_1}{I}$.

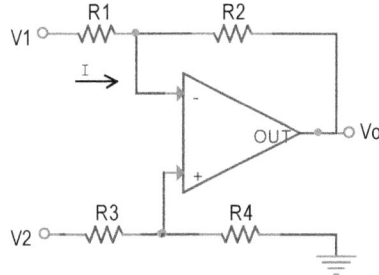

A) $R_{IN} = R_1$

B) $R_{IN} = R_1 \| R_2$

C) $R_{IN} = R_1 + R_3$

D) $R_{IN} = R_1 + R_2$

310. ¿Qué condiciones tienen que cumplir los resistores en el circuito anterior para que se comporte como un amplificador de instrumentación que multiplica por un valor constante la diferencia de tensión entre V_1 y V_2?

A) $R_1 = R_2 = R_3 + R_4$

B) $R_1 = R_3$ y $R_2 = R_4$

C) $R_1 = R_4$ y $R_2 = R_3$

D) Si los cuatro resistores no toman el mismo valor, el circuito no puede comportarse como un amplificador de instrumentación.

SOLUCIONES AL TEST DE REPASO

Cues.	Resp.	Cues.	Resp.	Cues.	Resp.	Cues.	Resp.	Cues.	Resp.
1.-	C	2.-	B	3.-	A	4.-	B	5.-	B
6.-	D	7.-	A	8.-	A	9.-	A	10.-	A
11.-	A	12.-	D	13.-	C	14.-	B	15.-	C
16.-	C	17.-	A	18.-	A	19.-	B	20.-	C
21.-	D	22.-	C	23.-	B	24.-	C	25.-	C
26.-	C	27.-	A	28.-	C	29.-	B	30.-	C
31.-	B	32.-	C	33.-	D	34.-	B	35.-	A
36.-	D	37.-	C	38.-	A	39.-	B	40.-	C
41.-	D	42.-	A	43.-	C	44.-	D	45.-	D
46.-	C	47.-	B	48.-	C	49.-	A	50.-	B
51.-	D	52.-	C	53.-	B	54.-	B	55.-	D
56.-	D	57.-	C	58.-	C	59.-	B	60.-	D
61.-	B	62.-	B	63.-	C	64.-	C	65.-	D
66.-	A	67.-	C	68.-	A	69.-	C	70.-	C
71.-	C	72.-	C	73.-	A	74.-	C	75.-	B
76.-	A	77.-	C	78.-	C	79.-	C	80.-	B
81.-	C	82.-	D	83.-	B	84.-	D	85.-	D
86.-	B	87.-	B	88.-	D	89.-	A	90.-	C
91.-	C	92.-	D	93.-	C	94.-	C	95.-	C
96.-	B	97.-	C	98.-	B	99.-	A	100.-	D
101.-	B	102.-	A	103.-	C	104.-	B	105.-	C
106.-	A	107.-	C	108.-	C	109.-	C	110.-	D
111.-	C	112.-	D	113.-	D	114.-	D	115.-	B
116.-	C	117.-	A	118.-	C	119.-	A	120.-	D
121.-	B	122.-	B	123.-	B	124.-	B	125.-	D
126.-	A	127.-	D	128.-	A	129.-	D	130.-	B
131.-	C	132.-	A	133.-	B	134.-	B	135.-	D

Cues.	Resp.	Cues.	Resp.	Cues.	Resp.	Cues.	Resp.	Cues.	Resp.
136.-	B	137.-	D	138.-	A	139.-	D	140.-	D
141.-	A	142.-	A	143.-	C	144.-	D	145.-	A
146.-	C	147.-	C	148.-	B	149.-	A	150.-	A
151.-	D	152.-	A	153.-	D	154.-	D	155.-	A
156.-	A	157.-	B	158.-	D	159.-	C	160.-	C
161.-	B	162.-	C	163.-	B	164.-	A	165.-	C
166.-	A	167.-	C	168.-	D	169.-	A	170.-	D
171.-	C	172.-	A	173.-	D	174.-	A	175.-	B
176.-	B	177.-	C	178.-	B	179.-	B	180.-	D
181.-	D	182.-	A	183.-	B	184.-	C	185.-	C
186.-	C	187.-	C	188.-	C	189.-	B	190.-	A
191.-	D	192.-	A	193.-	C	194.-	A	195.-	A
196.-	B	197.-	B	198.-	B	199.-	D	200.-	C
201.-	C	202.-	A	203.-	D	204.-	C	205.-	A
206.-	B	207.-	B	208.-	A	209.-	A	210.-	B
211.-	D	212.-	D	213.-	D	214.-	C	215.-	B
216.-	B	217.-	C	218.-	B	219.-	D	220.-	A
221.-	D	222.-	C	223.-	C	224.-	D	225.-	C
226.-	A	227.-	B	228.-	D	229.-	A	230.-	C
231.-	A	232.-	D	233.-	A	234.-	B	235.-	D
236.-	C	237.-	A	238.-	C	239.-	D	240.-	C
241.-	B	242.-	C	243.-	B	244.-	C	245.-	C
246.-	D	247.-	C	248.-	C	249.-	C	250.-	C
251.-	A	252.-	C	253.-	B	254.-	C	255.-	B
256.-	C	257.-	D	258.-	A	259.-	C	260.-	D
261.-	C	262.-	A	263.-	D	264.-	D	265.-	D
266.-	A	267.-	B	268.-	D	269.-	B	270.-	A
271.-	C	272.-	D	273.-	B	274.-	C	275.-	A
276.-	A	277.-	D	278.-	D	279.-	D	280.-	A
281.-	B	282.-	A	283.-	D	284.-	C	285.-	B

286.-	A	287.-	C	288.-	A	289.-	C	290.-	A
291.-	C	292.-	D	293.-	C	294.-	B	295.-	B
296.-	A	297.-	A	298.-	C	299.-	C	300.-	A
301.-	D	302.-	C	303.-	D	304.-	A	305.-	A
306.-	A	307.-	C	308.-	B	309.-	C	310.-	B

FORMULARIO BÁSICO

CONFIGURACIONES DEL AMPLIFICADOR OPERACIONAL

Configuración	Circuito	Relación salida-entrada
Seguidor		$v_o = v^- = v^+ = v_i$
Inversor		$\Delta_v = \dfrac{v_o}{v_i} = -\dfrac{R_2}{R_1}$
No inversor		$\Delta_v = \dfrac{v_o}{v_i} = 1 + \dfrac{R_2}{R_1}$
Sumador inversor		$v_o = -\left(\dfrac{v_1}{R_1} + \dfrac{v_2}{R_2}\right) R_F$

Configuración	Circuito	Relación salida-entrada
Sumador no inversor		$v_o = \left(\dfrac{v_1}{R_1} + \dfrac{v_2}{R_2}\right)(R_1 \| R_2)\left(1 + \dfrac{R_F}{R_S}\right)$
Amplificador con realimentación doble		$\Delta_v = \dfrac{v_o}{v_i} = \dfrac{(R_3 + R_4)R_2}{R_2 R_3 - R_1 R_4}$
Integrador Básico		$v_o(j\omega) = -\dfrac{v_i(j\omega)}{j\omega RC}$ $v_o(t) = -\dfrac{1}{RC}\displaystyle\int v_i(t)\,dt$
Derivador básico		$v_o(t) = -RC\dfrac{dv_i(t)}{dt}$ $v_o(j\omega) = -j\omega RC v_i(j\omega)$

Configuración	Circuito	Relación salida-entrada
Integrador mejorado		$v_o = -\dfrac{R_F}{R(1 + j\varpi R_F C)} v_i$
Integrador Miller		$v_o(t) = \dfrac{2}{RC} \displaystyle\int v_i(t)dt$ $v_o(j\omega) = \dfrac{2v_i(j\omega)}{j\omega RC}$
Derivador mejorado		$v_o = -\dfrac{j\omega RC}{1 + j\omega R_1 C} v_i$

Configuración	Circuito	Relación salida-entrada
Fuente de corriente con carga flotante		$$I_L = \frac{v_i}{R}$$
Fuente de corriente con carga no flotante		$$I_L = \frac{v_i}{R_2}$$

Amplificadores de instrumentación

Con un amplificador operacional	$v_o = \left(-\dfrac{R_2}{R_1}\right)v_1 + \left(1+\dfrac{R_2}{R_1}\right)\left(\dfrac{R_4}{R_3+R_4}\right)v_2$

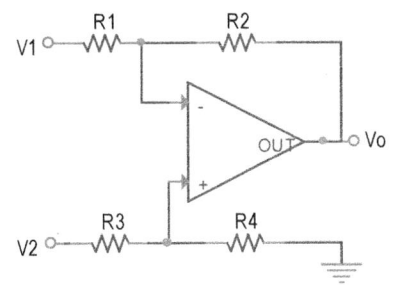

$$Si \; v_1 = v_2 = v_{cm}:$$

$$\Delta_{cm} = \frac{v_o}{v_{cm}} = \frac{R_1 R_4 - R_2 R_3}{R_1(R_3 + R_4)}$$

$$Si \; R_1 R_4 = R_2 R_3:$$

$$v_o = \left(\frac{R_2}{R_1}\right)(v_2 - v_1)$$

$$\Delta_d = \frac{v_o}{v_2 - v_1} = \frac{v_o}{v_d} = \left(\frac{R_2}{R_1}\right); \quad \Delta_{cm} = 0$$

Con tres amplificadores operacionales

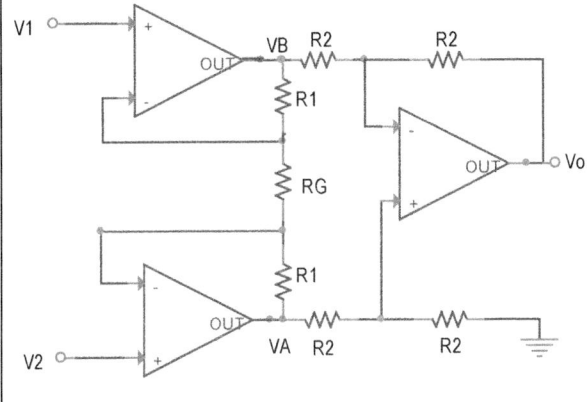

Suponiendo todas las resistencias R_1 (y R_2) iguales entre sí:

$$v_o = v_A - v_B =$$

$$\left(1 + \frac{2R_1}{R_G}\right)(v_2 - v_1)$$

$$\Delta_d = \frac{v_o}{v_2 - v_1} = \left(1 + \frac{2R_1}{R_G}\right)$$

DISEÑO DE UN CIRCUITO ARITMÉTICO

Función a diseñar:

$$v_o = X_1 v_1 + X_2 v_2 + \cdots + X_n v_n - Y_a v_a - Y_b v_b - \cdots - Y_m v_m$$

Circuito-solución:

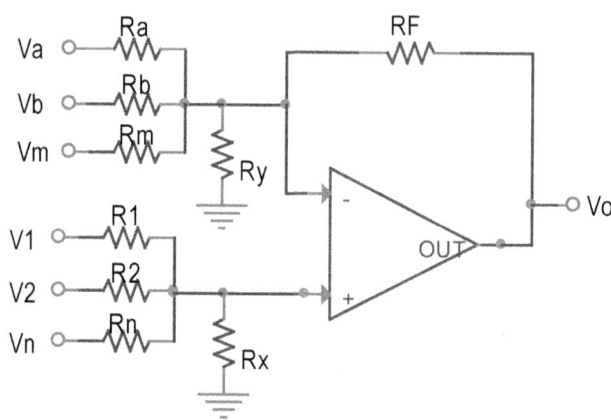

Algoritmo de diseño de las resistencias:

1. Calcular X e Y: $X = \sum_{i=1}^{n} X_i$; $Y = \sum_{i=a}^{m} Y_j$

2. Elegir R_F arbitrario teniendo en cuenta el mayor (o menor) de los coeficientes X, Y o $Z = X - (Y + 1)$ y el mínimo (o máximo) valor de resistencia que se puede emplear.

3. Aplicar la tabla inferior para calcular las resistencias.

$Z=X-(Y+1)$	R_y	R_x	R_i	R_j
>0	R_F/Z	∞		
<0	∞	$R_F/(-Z)$	R_F/X_i	R_F/Y_j
=0	∞	∞		

EL DIODO DE UNIÓN PN

Ecuación de Shockley: $I_D = I_s \cdot \left[exp \left(\frac{V_D \cdot e}{kT} \right) - 1 \right] = I_s \cdot \left[exp \left(\frac{V_D}{V_T} \right) - 1 \right]$

Aproximaciones circuitales en continua:

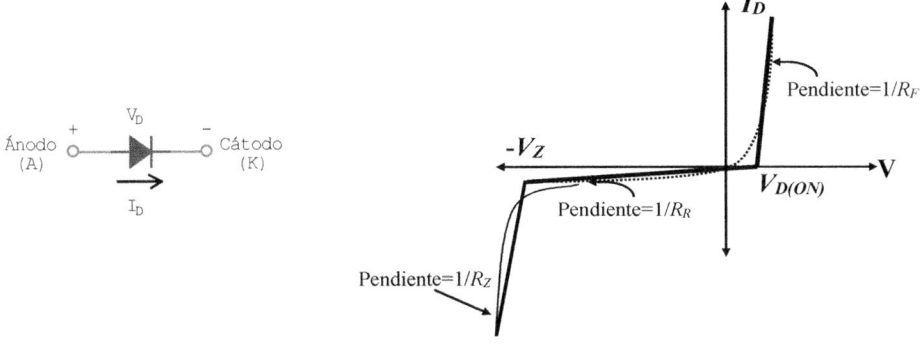

Directa	Inversa	Zéner
$I_D > 0$	$V_{D(ON)} \geq V_D \geq -V_Z$	$I_D < 0 \; y \; |I_D| > I_{ZK}$

Modelo básico en pequeña señal (frecuencias bajas y medias):

Directa	Inversa	Zéner
$r_d = \dfrac{V_T}{I_D}$		$r_z \approx R_z$

EL TRANSISTOR BIPOLAR DE UNIÓN (BJT)

Aproximaciones circuitales en continua:

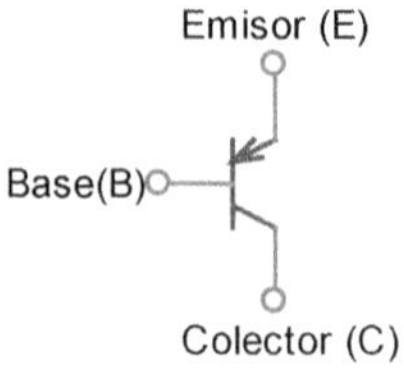

Emisor (E)

Base(B)

Colector (C)

Transistor pnp

Región de Trabajo	Circuito equivalente	Condiciones
Activa Directa	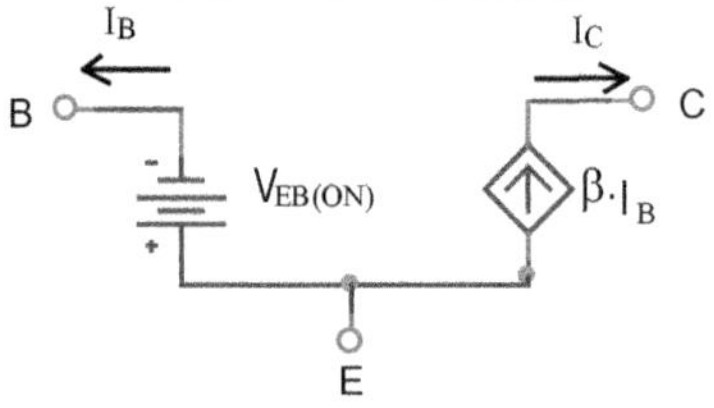	1ª) $I_B > 0$ (saliente) 2ª) $V_{CB} < 0$ $\Rightarrow V_C < V_B$ (También se prueba con: $V_{EC} > V_{EB(ON)}$)
Saturación	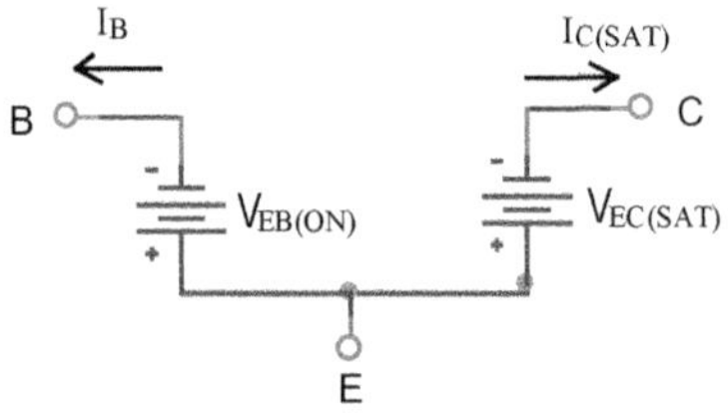	1ª) $I_B > 0$ (saliente) 2ª) $\beta_F \cdot I_B \geq I_{C(SAT)}$
Corte	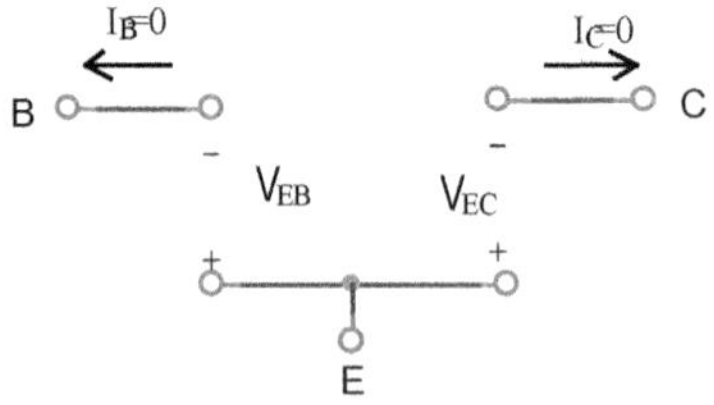	1ª) $V_{EB} < V_{EB(ON)}$ 2ª) $V_{EC} > V_{EC}$ ($V_{CB} < 0$)

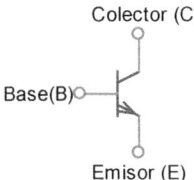

Transistor npn

Región de Trabajo	Circuito equivalente	Condiciones
Activa Directa	$I_B \rightarrow$ B $V_{BE(ON)}$ E $\leftarrow I_C$ C $\beta \cdot I_B$	1ª) $I_B > 0$ (entrante) 2ª) $V_{BC} < 0$ $\Rightarrow V_B < V_C$ (También se prueba con: $V_{CE} > V_{BE(ON)}$)
Saturación	$I_B \rightarrow$ B $V_{BE(ON)}$ E $\leftarrow I_{C(SAT)}$ C $V_{CE(SAT)}$	1ª) $I_B > 0$ (entrante) 2ª) $\beta_F \cdot I_B \geq I_{C(SAT)}$
Corte	$I_B=0 \rightarrow$ B V_{BE} V_{CE} E $\leftarrow I_C=0$ C	1ª) $V_{BE} < V_{BE(ON)}$ 2ª) $V_{CE} > V_{BE}$ ($V_{BC} < 0$)

La condición de activa también se puede probar (aunque de una manera algo menos restrictiva que con la condición expresada en los cuadros anteriores) si se demuestra que:

*Transistor NPN: $V_{CE} > V_{CE(sat)} \approx 0.1 - 0.3\,V$

*Transistor PNP: $V_{EC} > V_{EC(sat)} \approx 0.1 - 0.3\,V$

Modelo básico en pequeña señal (frecuencias bajas y medias):

(Modelo en emisor común, válido para transistores PNP y NPN)

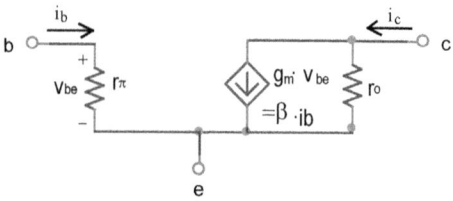

Parámetros en pequeña señal

Resistencia incremental de base: $r_\pi = \dfrac{kT/e}{I_B} = \dfrac{V_T}{I_B}$

Transconductancia: $g_m = \dfrac{I_C}{kT/e} = \dfrac{I_C}{V_T} = \dfrac{\beta}{r_\pi}$

Resistencia de salida: $r_o \cong \dfrac{V_A}{I_C}$ donde V_A = Tensión equivalente de Early

Modelo en base común (equivalente al anterior, sin contar el efecto Early):

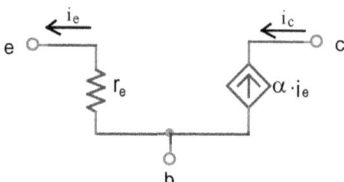

Con parámetros: $r_e = \dfrac{V_T}{I_E} = \dfrac{r_\pi}{\beta+1}$; $\alpha = \dfrac{\beta}{\beta+1}$

EL TRANSISTOR JFET

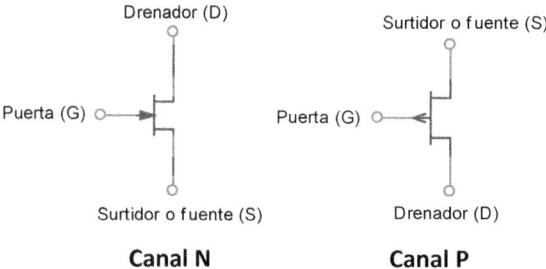

Canal N   **Canal P**

Modelos de continua

Regiones de funcionamiento en un dispositivo de canal N:

$$V_{GS} \leq V_T \Rightarrow \text{ Región de corte}$$
$$V_{GS} > V_T \Rightarrow \text{ Conducción}$$

$$\begin{cases} V_{DS} \rightarrow \text{orden de mV} \Rightarrow \text{Región lineal} \\ V_{DS} < V_{DS(SAT)} = V_{GS} - V_T \Rightarrow \text{Región gradual (óhmica o triodo)} \\ V_{DS} \geq V_{DS(SAT)} = V_{GS} - V_T \Rightarrow \text{Región de saturación (o pinch} - off) \end{cases}$$

Regiones de funcionamiento en un dispositivo de canal P:

$$V_{SG} \leq -V_T \Rightarrow \text{ Región de corte}$$
$$V_{SG} > -V_T \Rightarrow \text{ Conducción}$$

$$\begin{cases} V_{SD} \rightarrow \text{orden de mV} \Rightarrow \text{Región lineal} \\ V_{SD} < V_{SD(SAT)} = V_{SG} + V_T \Rightarrow \text{Región gradual (óhmica o triodo)} \\ V_{SD} \geq V_{SD(SAT)} = V_{SG} + V_T \Rightarrow \text{Región de saturación (o pinch} - off) \end{cases}$$

Corriente en saturación

$$\text{Canal N: } I_D = I_{DSS} \cdot \left(1 - \frac{V_{GS}}{V_P}\right)^2 ; \text{ Canal P: } I_D = I_{DSS} \cdot \left(1 + \frac{V_{SG}}{V_P}\right)^2$$

I_{DSAT}

I_{DSS}

Fórmula empírica genérica:

$$I_D = I_{DSS} \cdot \left(1 - \frac{V_{GS}}{V_P}\right)^n, \text{ con } 2 < n < 2.2$$

V_{GS}

V_P

Considerando los desplazamientos del punto de estrangulamiento:

$$\text{Canal N: } I_D = I_{DSS} \cdot \left(1 - \frac{V_{GS}}{V_P}\right)^2 \left(1 + \frac{V_{DS}}{V_A}\right)$$

donde V_A: Tensión equivalente de Early

Modelo básico en pequeña señal (frecuencias bajas y medias):
(Válido para dispositivos de canal N y canal P)

$i_g = 0$

g

+

Vgs

−

s

$g_m \cdot V_{gs}$

ro

+

Vds

−

id

d

s

$$g_m = \left.\frac{\partial I_D}{\partial V_{GS}}\right|_{V_{GSQ}}$$

$$g_o = \frac{1}{r_o} = \left.\frac{\partial I_D}{\partial V_{DS}}\right|_V$$

Parámetros en pequeña señal

Transconductancia (g_m):

$$g_m = \left.\frac{\partial I_D}{\partial V_{GS}}\right|_{V_{GSQ}} = \frac{2I_{DSS}}{-V_T} \cdot \left(1 - \frac{V_{GS}}{V_T}\right) = \frac{2\sqrt{I_{DSS} \cdot I_D}}{-V_T}$$

Resistencia de salida (r_o):

$$r_o = \frac{1}{g_o} = \left(\left.\frac{\partial I_D}{\partial V_{DS}}\right|_{V_{GSQ}}\right)^{-1} \approx \frac{V_A}{I_D}$$

EL TRANSISTOR MOSFET

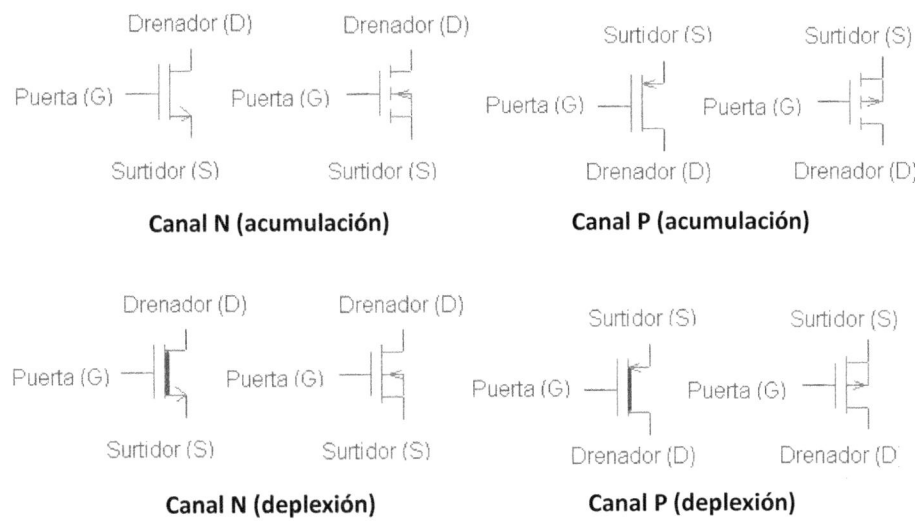

Transistores de deplexión o empobrecimiento: aquellos que conducen con tensión nula entre puerta y fuente. Canal N: $V_T < 0$; Canal P: $V_T > 0$

Transistores de acumulación o enriquecimiento: aquellos que no conducen con tensión nula entre puerta y fuente. Canal N: $V_T > 0$; Canal P: $V_T < 0$

Modelos de continua

Regiones de funcionamiento en un dispositivo de canal N:

$$V_{GS} \leq V_T \Rightarrow \textit{Región de corte}$$
$$V_{GS} > V_T \Rightarrow \textit{Conducción}$$

$$\begin{cases} V_{DS} \rightarrow \textit{orden de mV} \Rightarrow \textit{Región lineal} \\ V_{DS} < V_{DS(SAT)} = V_{GS} - V_T \Rightarrow \textit{Región gradual} \ (\textit{óhmica o triodo} \ ) \\ V_{DS} \geq V_{DS(SAT)} = V_{GS} - V_T \Rightarrow \textit{Región de saturación} \ (\textit{o pinch} - \textit{off}) \end{cases}$$

Regiones de funcionamiento en un dispositivo de canal P:

$V_{SG} \leq -V_T \Rightarrow$ **Región de corte**

$V_{SG} > -V_T \Rightarrow$ **Conducción**

$$\begin{cases} V_{SD} \rightarrow \textbf{orden de mV} \Rightarrow \textbf{Región lineal} \\ V_{SD} < V_{SD(SAT)} = V_{SG} + V_T \Rightarrow \textbf{Región gradual (óhmica o triodo)} \\ V_{SD} \geq V_{SD(SAT)} = V_{SG} + V_T \Rightarrow \textbf{Región de saturación (o pinch - off)} \end{cases}$$

Corriente en transistores MOSFET

Canal N

Parámetros básicos: V_T (Tensión umbral), $K = \frac{1}{2}\mu_n C_o \frac{W}{L}$

Zona lineal: $I_D = 2K(V_{GS} - V_T)V_{DS}$

Zona gradual (triodo u óhmica): $I_D = 2K\left[(V_{GS} - V_T)V_{DS} - \frac{v_{DS}^2}{2}\right]$

Zona de saturación o *pinch-off*: $I_{DSAT} = K(V_{GS} - V_T)^2$

Considerando los desplazamientos del punto de estrangulamiento:

Canal N: $I_D = K(V_{GS} - V_T)^2\left(1 + \frac{V_{DS}}{V_A}\right)$; V_A: Tensión equivalente de Early

Canal P

Parámetros básicos: V_T (Tensión umbral), $K = \frac{1}{2}\mu_p C_o \frac{W}{L}$

Zona lineal: $I_D = 2K(V_{SG} + V_T)V_{SD}$

Zona gradual (triodo u óhmica): $I_D = 2K\left[(V_{SG} + V_T)V_{SD} - \frac{v_{SD}^2}{2}\right]$

Zona de saturación o *pinch-off*: $I_{DSAT} = K(V_{GS} - V_T)^2 = K(V_{SG} + V_T)^2$

Considerando los desplazamientos del punto de estrangulamiento:

Canal N: $I_D = K(V_{SG} + V_T)^2\left(1 + \frac{V_{SD}}{V_A}\right)$; V_A: Tensión equivalente de Early

Nota: En los transistores MOSFET de deplexión, en saturación o *pinch-off*, también es posible emplear la fórmula cuadrática similar a la empleada con los JFET:

Canal N: $I_D = I_{DSS} \cdot \left(1 - \dfrac{V_{GS}}{V_T}\right)^2$; Canal P: $I_D = I_{DSS} \cdot \left(1 + \dfrac{V_{SG}}{V_T}\right)^2$

siendo: $I_{DSS} = I_D|_{V_{GS}=0} = K \cdot V_T^2$

Modelo básico en pequeña señal (frecuencias bajas y medias):

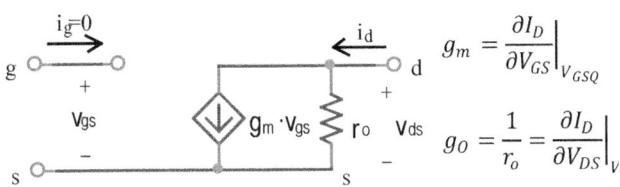

$g_m = \left.\dfrac{\partial I_D}{\partial V_{GS}}\right|_{V_{GSQ}}$

$g_O = \dfrac{1}{r_o} = \left.\dfrac{\partial I_D}{\partial V_{DS}}\right|_{V}$

Parámetros en pequeña señal

Transconductancia (g_m):

$$g_m = \left.\frac{\partial I_D}{\partial V_{GS}}\right|_{V_{GSQ}} = 2K|V_{GS} - V_T| = 2\sqrt{KI_D}$$

Resistencia de salida (r_o):

$$r_o = \left(\left.\frac{\partial I_D}{\partial V_{DS}}\right|_{V_{GSQ}}\right)^{-1} \cong \frac{V_A}{I_D}$$

ETAPAS BÁSICAS DE GANANCIA CON TRANSISTORES BJT

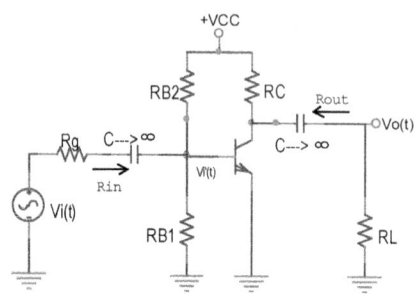

EMISOR COMÚN

$$R_{IN} = R_{B1} \| R_{B2} \| r_\pi$$

$$R_{OUT} = R_C$$

$$\Delta_v = \frac{v_o}{v_i} = \frac{v'_i}{v_i} \cdot \frac{v_o}{v'_i}$$

$$\Delta_v = \left[\frac{R_{IN}}{R_{IN} + R_g} \right] [-g_m (R_C \| R_L)]$$

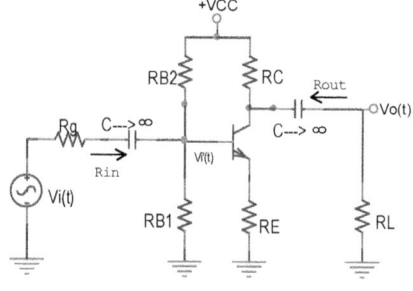

EMISOR COMÚN CON R_E

$$R_{IN} = R_{B1} \| R_{B2} \| (r_\pi + (\beta + 1) R_E)$$

$$R_{OUT} = R_C$$

$$\Delta_v = \frac{v_o}{v_i} = \left[\frac{R_{IN}}{R_{IN} + R_g} \right] \cdot \left[\frac{-\beta \cdot (R_C \| R_L)}{r_\pi + (\beta + 1) R_E} \right]$$

$$si \ (\beta + 1) R_{vista\ desde\ emisor} \gg r_\pi \ \Rightarrow \ \Delta'_v \approx - \frac{R_{vista\ desde\ colector}}{R_{vista\ desde\ emisor}}$$

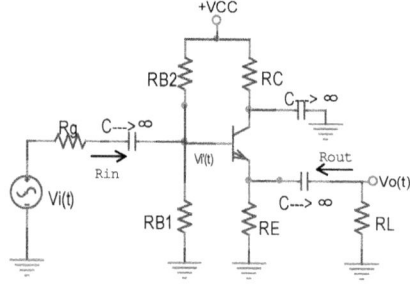

COLECTOR COMÚN

$$R_{IN} = R_{B1} \| R_{B2} \| (r_\pi + (\beta + 1)(R_L \| R_E))$$

$$R_{OUT} = R_E \| \frac{r_\pi + (R_{B1} \| R_{B2} \| R_g)}{\beta + 1}$$

$$\Delta_v = \frac{v_o}{v_i} = \left[\frac{R_{IN}}{R_{IN} + R_g} \right] \cdot \left[\frac{(\beta + 1) \cdot (R_L \| R_E)}{r_\pi + (\beta + 1)(R_L \| R_E)} \right] \leq 1$$

$$si \ (\beta + 1) R_{vista\ desde\ emisor} \gg r_\pi \ \Rightarrow \ \Delta'_v \approx 1$$

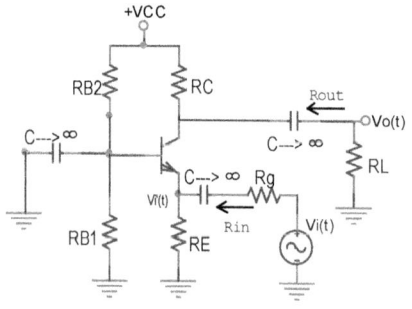

BASE COMÚN

$$R_{IN} = R_E \| \frac{r_\pi}{\beta + 1} = R_E \| r_e$$

$$R_{OUT} = R_C$$

$$\Delta_v = \frac{v_o}{v_i} = \frac{v'_i}{v_i} \cdot \frac{v_o}{v'_i} = \left[\frac{R_{IN}}{R_{IN} + R_g} \right] [g_m (R_C \| R_L)]$$

ETAPAS BÁSICAS DE GANANCIA CON TRANSISTORES FET

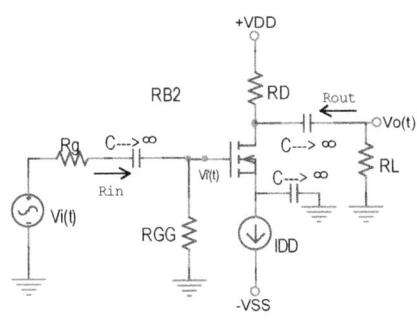

SURTIDOR COMÚN

$$R_{IN} = R_{GG}$$

$$R_{OUT} = R_D$$

$$\Delta_v = \frac{v_o}{v_i} = \frac{v'_i}{v_i} \cdot \frac{v_o}{v'_i}$$

$$\Delta_v = \left[\frac{R_{IN}}{R_{IN} + R_g}\right][-g_m(R_D\|R_L)]$$

$$\Delta'_v = \frac{v_o}{v'_i} = -g_m R_{Vista\ desde\ drenador}$$

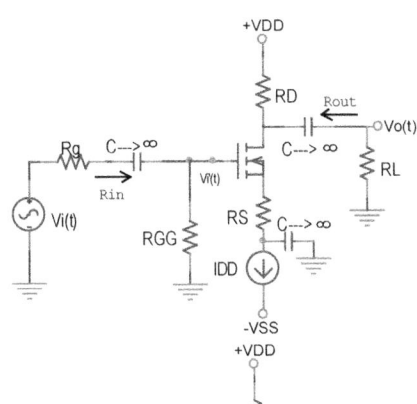

SURTIDOR COMÚN CON R_S

$$R_{IN} = R_{GG}; \quad R_{OUT} = R_D$$

$$\Delta_v = \frac{v_o}{v_i} = \frac{v'_i}{v_i} \cdot \frac{v_o}{v'_i} = \left[\frac{R_{IN}}{R_{IN} + R_g}\right] \cdot \left[\frac{-g_m(R_D\|R_L)}{1 + g_m R_S}\right]$$

$$si\ g_m R_{Vista\ desde\ surtidor} \gg 1 \Rightarrow \Delta'_v \approx -\frac{R_{Vista\ desde\ drenador}}{R_{Vista\ desde\ surtidor}}$$

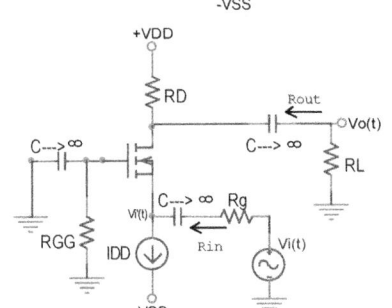

DRENADOR COMÚN

$$R_{IN} = R_{GG}$$

$$R_{OUT} = \frac{1}{g_m}$$

$$\Delta_v = \frac{v_o}{v_i} = \frac{v'_i}{v_i} \cdot \frac{v_o}{v'_i} = \left[\frac{R_{IN}}{R_{IN} + R_g}\right] \cdot \left[\frac{g_m R_L}{1 + g_m R_L}\right]$$

$$\Delta'_v = \frac{v_o}{v'_i} = \frac{+g_m R_{Vista\ desde\ surtidor}}{1 + g_m R_{Vista\ desde\ surtidor}} \leq 1$$

PUERTA COMÚN

$$R_{IN} = \frac{1}{g_m}$$

$$R_{OUT} = R_D$$

$$\Delta_v = \frac{v_o}{v_i} = \frac{v'_i}{v_i} \cdot \frac{v_o}{v'_i} = \left[\frac{R_{IN}}{R_{IN} + R_g}\right][g_m(R_D\|R_L)]$$

$$\Delta'_v = \frac{v_o}{v'_i} = +g_m R_{Vista\ desde\ drenador}$$

EL AMPLIFICADOR DIFERENCIAL CON TRANSISTORES BJT

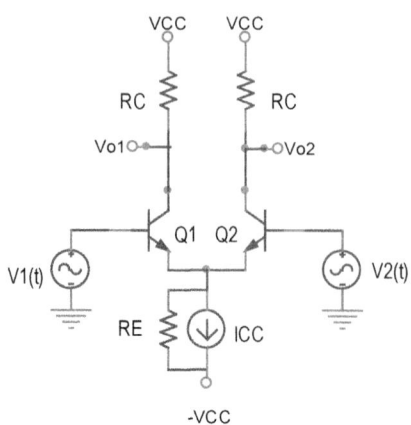

	Entrada diferencial: $v_d = v_1 - v_2$ ($v_1 = v_d/2$ y $v_2 = v_d/2$)	
	Salida asimétrica $(v_o = v_{o1}$ o $v_o = v_{o2})$	Salida diferencial $(v_o = v_{o1} - v_{o2})$
Ganancia de tensión	$\Delta_{da} = \dfrac{v_{o1}}{v_d} = -\dfrac{1}{2} g_{m1} R_C$ $\Delta_{da} = \dfrac{v_{o2}}{v_d} = +\dfrac{1}{2} g_{m2} R_C$	$\Delta_{dd} = \dfrac{v_{o1} - v_{o2}}{v_d} = -g_{m1} R_C$
Resistencia de entrada	$r_{\pi 1} + r_{\pi 2} = 2 r_{\pi 1}$	
	Entrada en modo común: $v_{cm} = v_1 = v_2$	
	Salida asimétrica $(v_o = v_{o1}$ o $v_o = v_{o2})$	Salida diferencial $(v_o = v_{o1} - v_{o2})$
Ganancia de tensión	$\Delta_{cma} = \dfrac{v_{o1}}{v_{cm}} = \dfrac{v_{o2}}{v_{cm}} \approx -\dfrac{R_C}{2R_E}$	≈ 0 (si la simetría es perfecta)
Resistencia de entrada	$\dfrac{r_{\pi 1} + (\beta + 1)2R_E}{2}$	
Resistencia de salida	R_C	$2 \cdot R_C$
Factor de rechazo (CMRR)	$CMRR = \left\|\dfrac{\Delta_{da}}{\Delta_{cma}}\right\| \approx g_{m1} \cdot R_E$	$\approx \infty$ (si la simetría es perfecta)

EL AMPLIFICADOR DIFERENCIAL CON TRANSISTORES FET

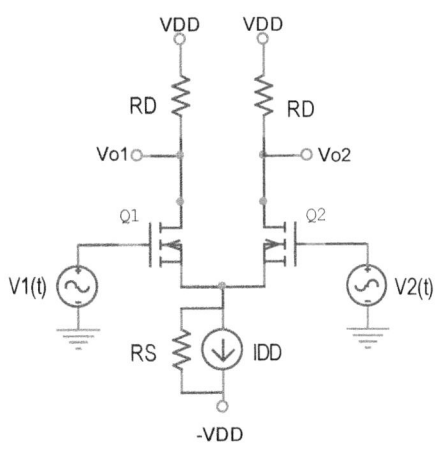

	Entrada diferencial: $v_d = v_1 - v_2$ $(v_1 = v_d/2$ y $v_2 = v_d/2)$	
	Salida asimétrica $(v_o = v_{o1}$ o $v_o = v_{o2})$	Salida diferencial $(v_o = v_{o1} - v_{o2})$
Ganancia de tensión	$\Delta_{da} = \dfrac{v_{o1}}{v_d} = -\dfrac{1}{2}g_{m1}R_D$ $\Delta_{da} = \dfrac{v_{o2}}{v_d} = +\dfrac{1}{2}g_{m2}R_D$	$\Delta_{dd} = \dfrac{v_{o1} - v_{o2}}{v_d} = -g_{m1}R_D$
Resistencia de entrada	$\approx \infty$	
	Entrada en modo común: $v_{cm} = v_1 = v_2$	
	Salida asimétrica $(v_o = v_{o1}$ o $v_o = v_{o2})$	Salida diferencial $(v_o = v_{o1} - v_{o2})$
Ganancia de tensión	$\Delta_{cma} = \dfrac{v_{o1}}{v_{cm}} = \dfrac{v_{o2}}{v_{cm}} \approx -\dfrac{R_D}{2R_S}$	≈ 0 (si la simetría es perfecta)
Resistencia de entrada	$\approx \infty$	
Resistencia de salida	R_D	$2 \cdot R_D$
Factor de rechazo (CMRR)	$CMRR = \left\lvert\dfrac{\Delta_{da}}{\Delta_{cma}}\right\rvert \approx g_{m1} \cdot R_S$	$\approx \infty$ (si la simetría es perfecta)

FUENTES DE CORRIENTE CON BIPOLARES

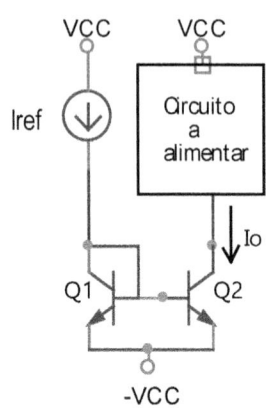

Espejo básico

$$\frac{I_o}{I_{ref}} = \frac{1}{1 + \frac{2}{\beta}}$$

$$R_{out} = r_{o2}$$

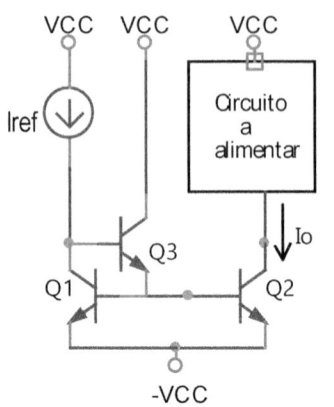

*Espejo con dependencia de beta mejorada ("**beta helper**")*

$$\frac{I_o}{I_{ref}} = \frac{1}{1 + \frac{2}{\beta(\beta+1)}} \approx \frac{1}{1 + \frac{2}{\beta^2}}$$

$$R_{out} = r_{o2}$$

Espejo Widlar

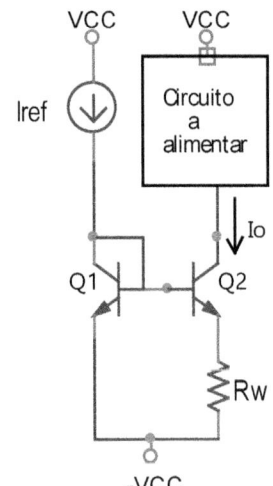

Fórmula de diseño de R_W:

$$R_W = \frac{V_T}{I_o} ln\left(\frac{I_{REF}}{I_o}\right)$$

$$R_{out} \approx \left(1 + \frac{R_W}{R_W + r_{\pi 2}}\beta\right) r_{o2}$$

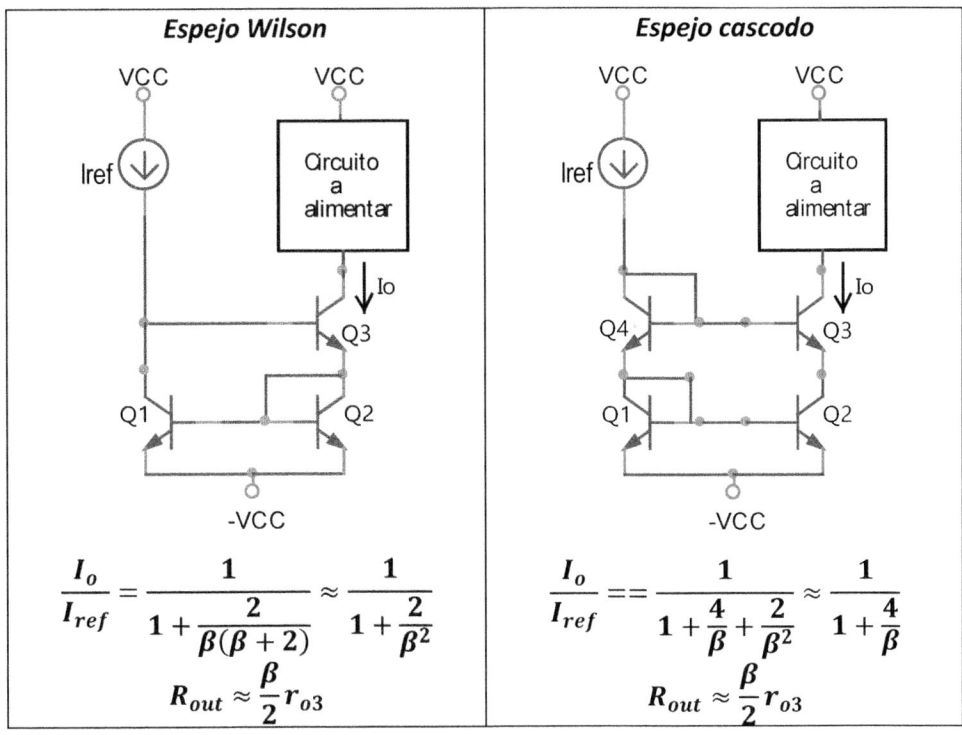

Espejo Wilson	Espejo cascodo

$$\frac{I_o}{I_{ref}} = \frac{1}{1 + \frac{2}{\beta(\beta+2)}} \approx \frac{1}{1 + \frac{2}{\beta^2}}$$

$$R_{out} \approx \frac{\beta}{2} r_{o3}$$

$$\frac{I_o}{I_{ref}} == \frac{1}{1 + \frac{4}{\beta} + \frac{2}{\beta^2}} \approx \frac{1}{1 + \frac{4}{\beta}}$$

$$R_{out} \approx \frac{\beta}{2} r_{o3}$$

FUENTES DE CORRIENTE CON FET

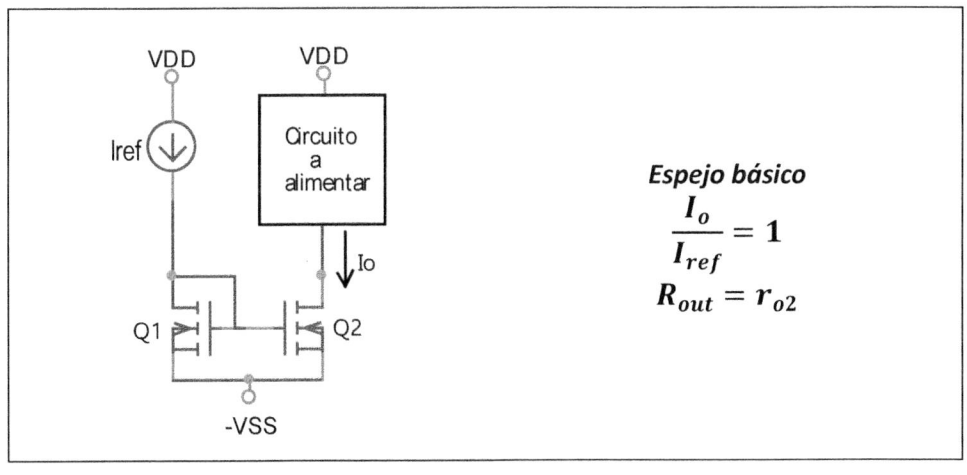

Espejo básico

$$\frac{I_o}{I_{ref}} = 1$$

$$R_{out} = r_{o2}$$

Espejo Widlar

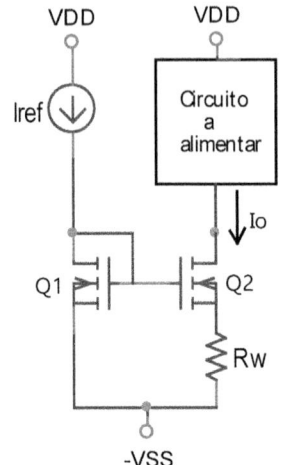

Fórmula de diseño de R_W:

$$R_W = \frac{\sqrt{\frac{I_{REF}}{I_o}} - 1}{\sqrt{K_1 I_o}}$$

$$R_{out} \approx (1 + g_{m2} \cdot R_W) \cdot r_{o2}$$

Espejo Wilson (modificado)

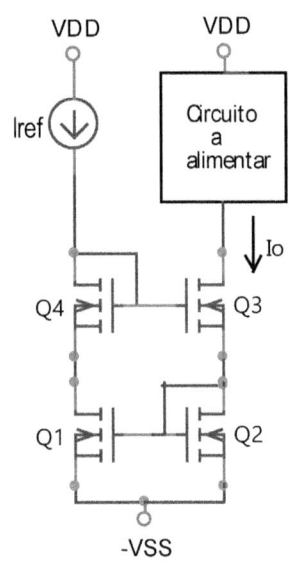

$$\frac{I_o}{I_{ref}} = 1$$

$$R_{out} \approx g_{m3} r_{o3} r_{o2}$$

Espejo cascodo

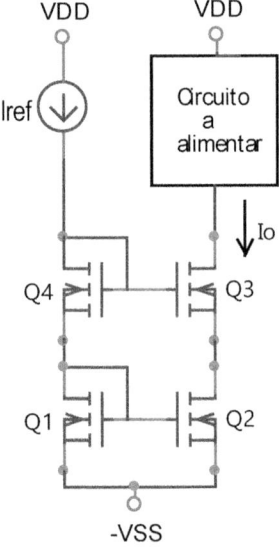

$$\frac{I_o}{I_{ref}} = 1$$

$$R_{out} \approx g_{m3} r_{o3} r_{o2}$$

Teorema de Miller

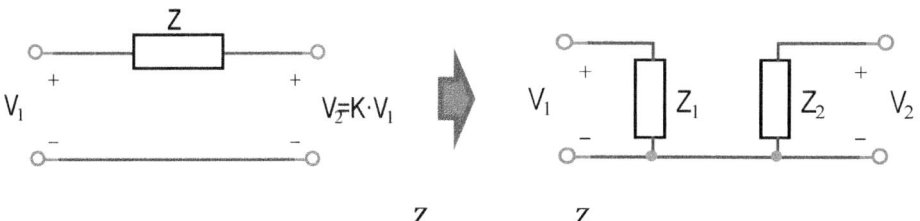

$$Z_1 = \frac{Z}{1-K}; \; Z_2 = \frac{Z}{1 - \dfrac{1}{K}}$$

Teorema de Bartlett

Modo común	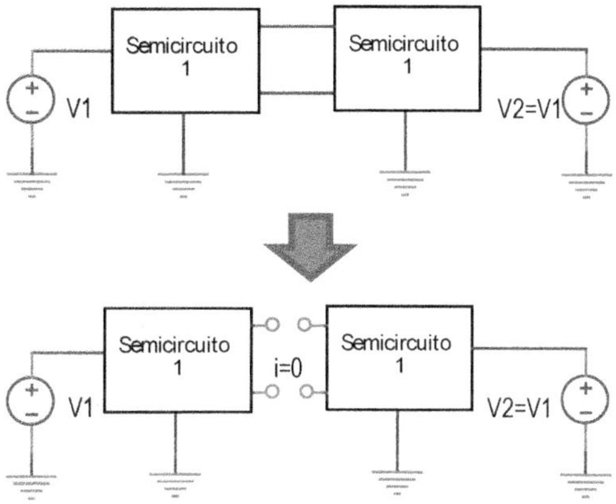 *(diagramas de semicircuitos: V1 con Semicircuito 1 y Semicircuito 1, V2=V1; transformación a i=0)*
Modo diferencial	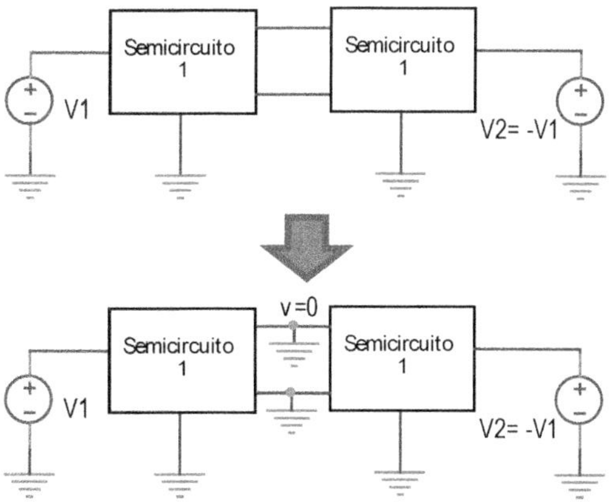 *(diagramas de semicircuitos: V1 con Semicircuito 1 y Semicircuito 1, V2= -V1; transformación a v=0)*

BIBLIOGRAFÍA

B. CARTER, T. R. BROWN, *Handbook of Operational Amplifier Applications*, Application Report SBOA092A de Texas Instruments, octubre 2001. Accesible (marzo 2025) en: https://www.ti.com/lit/an/sboa092b/sboa092b.pdf

J. M. FIORE, *Amplificadores operacionales y circuitos integrados lineales: Teoría y aplicación*, Madrid: Editorial Thomson, 2002.

T. L. FLOYD, ELECTRONIC DEVICES, New Jersey (EUA): Prentice Hall, 1999.D. H. Hart, "Electrónica de Potencia", Pearson Educación, 2008.

F. J. HERNÁNDEZ CANALS, *Teoría y Problemas Resueltos de Circuitos*, Editor Diego Marín Librero, 2007.

R. HAMBLEY, *Electrónica*, Madrid: Prentice Hall, 2000.

M. N. HORENSTEIN, *Microelectrónica: circuitos y dispositivos*, México: Prentice Hall, 1997.

R. MANCINI (editor), *Op Amps For Everyone*, Application Report SLOD006B de Texas Instruments, Agosto 2002. Accesible (marzo 2025) en: https://web.mit.edu/6.101/www/reference/op_amps_everyone.pdf

J. A. MARTÍNEZ CERVER, J. M. BENAVENT GARCÍA, MARCOS PASCUAL MOLTÓ, *Amplificadores operacionales: problemas resueltos*, Valencia: Servicio de Publicaciones de la UPV, 2001.

M. H. RASHID, *Circuitos Microelectrónicos (Análisis y Diseño)*, Madrid: Thomson, 2000.

A. RICH, *Noise Calculations in Op Amp Circuits*, Linear Technology Design Notes DN15-2, 1988.

J. SAVANT, M. S. RODEN, G. L. CARPENTER, *Diseño electrónico: Circuitos y Sistemas*, Wilmington (EUA): Adisson-Wesley Iberoamericana, 1992.

A. S. SEDRA, K. C. SMITH, *Circuitos microelectrónicos*, Oxford University Press, 1999.

manuales

CIENCIA Y TECNOLOGÍA

de la Universidad de Málaga